"十二五"普通高等教育本科国家级规划教材

建筑企业
经营管理

（第三版）

主　编　桑培东　纪凡荣

副主编　卢国华　房勤英

　　　　张　凤　刘兴民

参　编　张　萍　亓　爽

中国电力出版社
CHINA ELECTRIC POWER PRESS

内 容 提 要

本书是"十二五"普通高等教育本科国家级规划教材。全书共十四章，主要内容包括建筑企业经营管理概论、建筑企业经营管理体制、建筑企业战略管理、建筑企业预测与决策、建筑企业计划管理、建筑市场与建筑业招标投标、建筑企业施工管理、建筑企业技术管理、建筑企业质量管理、建筑企业生产要素管理、建筑企业财务管理、建筑企业知识管理与文化建设、国际工程承包、建筑企业信息管理概论。书中以管理科学的基本理论和基本方法为基础，以科学发展观为指导，立足于转型升级期的中国建筑业和建筑企业的实际，理论联系实际，从宏观和微观两个方面对建筑企业经营管理的内容体系、理论方法和发展方向进行系统分析和解剖。本书在编写过程中，立足于应用层面，注重实例和案例教学，同时，注意吸收建筑企业管理方面的最新研究成果，内容新颖，叙述简明扼要，精炼实用。

本书可作为高等院校工程管理、工程造价、房地产开发与管理、土木工程等专业的教材，也可供政府管理部门、建设单位、工程管理咨询单位和施工单位等有关单位和部门参考，还可作为建筑企业管理人员的培训教材。

图书在版编目（CIP）数据

建筑企业经营管理/桑培东，纪凡荣主编．—3版．—北京：中国电力出版社，2022.11
ISBN 978-7-5198-6814-7

Ⅰ.①建… Ⅱ.①桑…②纪… Ⅲ.①建筑企业－工业企业管理 Ⅳ.①F407.96

中国版本图书馆CIP数据核字（2022）第097508号

出版发行：中国电力出版社
地　　址：北京市东城区北京站西街19号（邮政编码100005）
网　　址：http://www.cepp.sgcc.com.cn
责任编辑：霍文婵（010-63412545）
责任校对：王小鹏
装帧设计：赵姗姗
责任印制：吴　迪

印　　刷：望都天宇星书刊印刷有限公司
版　　次：2014年9月第一版　2017年6月第二版　2022年11月第三版
印　　次：2022年11月北京第十次印刷
开　　本：787毫米×1092毫米　16开本
印　　张：21.5
字　　数：529千字
定　　价：65.00元

前　言

本书拓展资源

我国已经胜利实现了第一个百年奋斗目标，正向着全面建成社会主义现代化强国第二个百年奋斗目标迈进，中国特色社会主义建设进入新时代。新技术、新产业、新业态、新模式改变了传统的生产方式和管理模式，促进了供需精准匹配。新工科、新医科、新农科、新文科建设，提高了高校服务经济社会发展能力，进一步促进了建筑业转型升级和持续健康发展。建筑业围绕高质量发展总体目标，以数字化、智能化建造技术为支撑，以新型建筑工业化为路径，不断提升建筑业全要素生产率，持续深化建筑业"放管服"改革，提升了建筑企业核心竞争力，优化了建筑业市场环境。2020年教育部发布了《高等学校课程思政建设指导纲要》，强调要把思想政治教育贯穿人才培养体系，并全面推进高校课程思政建设，发挥好每门课程的育人作用。

在此背景下本书及时进行更新和调整内容与时俱进，融入时代发展大背景。本书第三版在保留第二版结构基础上进行了优化调整，主要调整内容包括：

第一章根据最新的建筑业数据，将相关数据进行了更新。根据国家发展战略，重新修订了建筑业的机遇与挑战等内容。

第二章调整了案例，部分内容放入案例库，读者可通过扫描书上二维码在线阅读。

第三章补充了部分内容，将原来的4节内容调整成5节。

第四章增加了大数据相关内容，增加了相应的思考题。

第五章对建筑企业的计划体系和计划指标体系进行了修订。

第六章根据国家最新法规规定，对相关内容进行了修订。

第七章对施工项目管理、安全管理与文明施工主要内容进行了修订，增加了碳达峰与施工等内容。

第八章根据中华人民共和国标准化法，对建设标准的划分做了调整，增加了团体标准相关内容。

第九章根据最新标准体系，对ISO相关内容进行了修订。

第十章根据关于加快培育新时代建筑产业工人队伍的指导意见，对用工制度进行了修订。

第十一章依据税务法律规范，对相关内容进行了修订。

第十二章删除了本章的案例，增加了施工项目的文化建设一节内容。

第十三章对国际承包市场发展的相关数据进行更新，根据ENR报告增加了部分内容。

第十四章对相关内容进行了更新。

本书由桑培东、纪凡荣主编，卢国华、房勤英、张凤、刘兴民副主编，张萍、亓爽参编。在本书编写过程中，参考、吸收了国内外许多同行专家的相关成果及读者提出的反馈意见，在此表示感谢。

限于编者水平，书中仍可能存在不足之处，恳请读者批评指正。

编　者

2022 年 6 月

第一版前言

建筑企业经营管理课程已在很多高等院校工程管理、工程造价、房地产开发与管理、土木工程等专业中开设，并设置为必修主干课程，满足了建筑企业及相应政府主管部门等用人单位对大学毕业生知识结构的要求。建筑企业经营管理是一门综合性的课程，其内容既涉及国家方针政策、体制机制、经济结构调整发展方式等大政方针问题，也涉及土木工程、管理学、经济学、法律法规等具体专业学科知识，其内容可从理论研究和应用研究两个层面进行探讨。从理论研究层面来看，建筑企业经营管理主要研究三个方面的问题：一是研究如何合理组织生产力以获取最佳社会经济效益；二是研究如何改善生产关系，从而最大限度地挖掘和调动各方面的积极性和主动性，为实现企业目标服务；三是研究上层建筑方面的问题，积极探讨如何使企业的内部环境与外部环境相适应，从而维护正常的生产关系，促进生产力的发展。从应用研究层面来看，建筑企业经营管理可从企业的宏观和微观两个方面进行探讨。从宏观上看，建筑企业经营管理主要研究建筑企业经营管理概论、经营管理体制、战略管理、预测与决策、知识管理与文化建设、国际工程承包、信息管理七部分内容；从微观上看，建筑企业经营管理主要研究建筑企业各环节的专业管理问题，主要包括建筑企业计划管理、建筑市场与招标投标、施工管理、技术管理、质量管理、生产要素管理、财务管理与审计七部分内容。本书在编写过程中，立足于应用层面，注重实例和案例教学，同时，注意吸收建筑企业管理方面的最新研究成果。

建筑企业经营管理包括三个层面，即企业管理层、项目管理层和劳务管理层。因此，在使用本书讲授时，一定要注意授课对象的专业，如果是工程管理类专业，因为该专业还要单独开设工程经济学、建设工程法律法规、招标投标与合同管理、建筑施工组织、建筑工程项目管理、建筑工程质量管理、财务管理等课程，因此，在给该专业授课时，应该站在企业全局的角度上，侧重于企业宏观管理方面的知识，对于微观管理方面的知识可作简单介绍，既要使建筑企业经营管理课程相对独立、自成体系，还要避免与其他课程在内容上交叉重叠。

本书由桑培东、杨杰、卢国华、房勤英、张凤、纪凡荣、张萍、许红蕾、亓爽共同完成。在编写过程中，各参编老师相互学习、相互探讨、相互提供素材、相互核对稿件，凝心聚力，使该书顺利成稿。

全书由桑培东、杨杰主编，卢国华、房勤英、张凤、纪凡荣副主编，张萍、许红蕾、亓爽参编，赵锦锴教授主审。在编写过程中，参考、吸收了国内外许多师尊、同行专家的最新研究成果，谨在此致以衷心的感谢！

建筑企业经营管理是一门时效性很强的发展中的学科，需要在实践中不断丰富和完善。限于编者水平，书中难免存在不足之处，恳请各位师尊、专家学者和广大读者批评指正。

编　者

2014 年 6 月

第二版前言

国家政治经济环境的变化导致法律法规及市场环境等发生了相应的调整，同时，本书被评为"十二五"普通高等教育本科国家级规划教材，因此，本书相关内容也要随之改变。

本次修订在保留第一版结构的基础上，依据最新的政策法规、可获得的数据及第一版使用情况的反馈，进行了优化调整，调整内容主要包括以下方面：

1. 对第十一章章节目录进行了优化。将第十一章改为"建筑企业财务管理"，删除了第四节"建筑企业审计"，将第三节"建筑企业成本与收益管理"分为第三节"建筑企业成本管理"、第四节"建筑企业收益管理"。

2. 对教材涉及的法律法规进行了更新。根据住建部 2015 年发布的《建筑企业资质管理规定》，对第一章相关内容进行了更新；在第八章中更新了工程建设工法管理的相关内容；根据国家"营改增"的政策，在第十一章中增加了"营改增"的内容。

3. 对相关数据进行了更新。在第一章中主要更新了国内建筑业相关统计数据，及建筑企业资质管理相关数据；根据可获得数据，更新了第十三章"国际工程承包"中的相关数据。

4. 增加了最新的理念。在第一章中增加了新机遇与挑战，建筑业发展与 PPP、工程总承包等内容；在第四章中增加了大数据预测相关内容；第十四章中增加了《2016—2020 年建筑业信息化发展纲要》及 BIM 在建筑企业中的应用等相关内容。

本书由桑培东、纪凡荣主编，卢国华、房勤英、张凤、刘兴民副主编，王永明、张萍、亓爽参编，杨杰教授主审。

在本书编写过程中，参考、吸收了国内外许多同行专家的相关成果及读者提出的反馈意见，在此表示感谢。限于编者水平，本书中仍可能存在不足之处，恳请批评指正。

编 者

2017 年 3 月

目 录

第一章　建筑企业经营管理概论

 本章概要

1. 企业、企业管理及现代科学管理、现代企业制度的基本概念；
2. 建筑企业、建筑企业管理的基本概念与我国建筑企业现状分析；
3. 建筑企业资质及资质管理；
4. 建筑业的概念、建筑业面临的机遇与挑战及建筑业的发展趋势、发展思路。

第一节　企业与企业管理概述

一、企业概述

（一）企业的概念

企业是指从事生产、流通、服务等经济活动，以产品或劳务满足社会需要，并以获取营利为目的，依法设立，实行自主经营、自负盈亏的经济组织。从企业的概念来讲，首先企业是一种社会组织；其次企业从事经济活动，也就是为社会提供产品或服务；最后企业以获取盈利为目的。企业作为一种社会组织，其本质是"一种资源配置的机制"，它能够实现整个社会经济资源的优化配置，降低整个社会的"交易成本"，因此是国民经济的重要组成部分；企业作为一种以盈利为目的的经济组织，是市场上资本、土地、劳动力、技术等生产要素的提供者或购买者，又是各种消费品的生产者和销售者，因此企业是市场的主体。

企业的发展状态影响整个社会经济活动发展水平。在生产领域，企业是生产的现场；在交换领域，企业是实现交换的基本环节；在分配领域，员工要从企业得到工资、奖金、津贴等，每个员工的收入，很大程度上取决于企业的经营活动成果。同时，国家的政治、经济、文化生活等，很大程度上也受到企业经营活动成果的影响。

（二）企业的发展简述及基本特征

企业是社会生产力发展到一定水平的商品经济的产物。企业的发展经历了工厂手工业时期、工厂制时期和现代企业时期三个阶段。在这个发展历程中，随着生产力的发展、社会的进步，企业形式也得到不断地发展与完善，从封建社会的家庭手工业发展到资本主义初期的工厂手工业时期，并随着劳动分工的深化和机器设备的普遍采用，逐渐使生产走向社会化，最终形成了成熟的企业形态。企业具有如下基本特征：

（1）企业是从事生产、流通、服务等活动的经济组织。

（2）企业以营利为目的，通过交换生产经营的成果与其他单位发生经济联系，同时满足一定的社会需要。

（3）企业拥有经营自主权，自主经营，自负盈亏。

（4）企业要依法设立，依法纳税。

（5）企业是社会经济力量的基础，企业生产力的总和构成社会生产力。

二、企业管理概述

（一）企业管理的概念

企业管理就是对企业的生产经营活动所进行的决策、计划、组织、控制，以及对员工的领导和激励等一系列工作活动的总称。企业的生产活动主要以内部活动为主，经营活动主要以外部活动为主。由于企业活动包含生产活动和经营活动两部分，所以企业管理包括生产管理和经营管理两大部分。

1. 企业生产管理

企业生产管理是指为了实现企业的经营目标，执行经营确定的方针和策略，对企业的生产活动及人、财、物、信息、时间、空间等资源所进行的计划、组织、指挥、协调和控制等一系列工作活动。其目的是不断提高生产和工作效率，保证企业生产经营活动正常进行。企业生产管理，是以生产为对象的管理，其活动范围主要是企业内部的生产领域，其工作内容主要包括生产、技术、质量、安全、机械设备、劳动、材料、财务等具体管理业务。

2. 企业经营管理

企业的经营管理是面向市场、面向未来的，时刻研究外部环境的变化，不断寻求新出路、新目标的总体思考和战略行动。根据其外部环境和内部条件，制定所应采取的目标、方针与策略等一系列具有全局性战略意义的活动。企业经营管理活动范围主要是社会市场，涉及商品流通领域，其工作内容主要包括市场调研、决策、规划、广告、材料设备采购、人员招聘、筹资、销售和售后服务等。其目的在于不断优化企业经营环境，提高企业的经济效益，保证企业生存和不断发展。

（二）企业管理的性质、任务及职能

1. 企业管理的性质

企业作为一个从事生产经营活动的经济组织，具有二重性。一方面，它具有合理组织生产力的职能，因此具有由生产力、社会化大生产所决定的自然属性；另一方面，它又是体现一定生产关系的组织，因此具有由生产关系、社会制度所决定的社会属性。企业本身既然具有二重性，对企业的管理工作也必然具有二重性。这种管理的二重性是客观存在的。

企业为了提供满足社会及用户需求的产品并获取盈利，为了其生存和发展，必须根据市场的需求和现代化大生产的客观要求，按照生产技术经济规律的要求，对生产经营过程合理地进行决策、计划、组织、指挥、协调和控制，有效地利用企业的一切资源，提高企业的经济效益。这种由合理组织和发展生产力引起管理的需要，就是企业管理的自然属性。它是没有阶级性的，在任何社会的企业都是相同的。

企业的生产经营活动都是生产资料的所有者按照自己的利益和意志来开展的，企业管理就是要维护和完善一定的生产关系，实现特定的目的。生产资料所有制不同，生产目的、人们之间的关系、分配制度也就不同，这就决定了企业管理的社会属性。它是有阶级性的，生产资料所有制不同的企业其社会属性也是完全不同的。

正确认识企业管理的二重性，有着重大的现实意义。

（1）企业管理的二重性体现着生产力和生产关系的辩证统一关系。在重视企业管理对维护和完善社会主义生产关系作用的同时，更要重视企业管理对发展生产力的作用。要提高企业的生产水平，必须着重抓好企业经营和合理组织生产力方面的工作。

（2）企业管理理论、技术和方法是人类长期从事生产经营管理实践的产物，是人类智慧的结晶，是不分国界的。在学习、引进国外先进的管理经验时，要有鉴别和分析的采纳，要根据我国的国情和特点，辩证地使用。

（3）企业管理既受生产力发展水平的制约，又受社会制度、民族文化传统的制约和影响。要建立具有中国特色的科学的企业管理体系，必须认真总结、继承和发展我国企业管理的经验，并吸取国外的先进经验。

2. 企业管理的任务

企业管理的任务取决于企业管理的性质，服从于企业的任务。企业任务的完成是通过管理任务的完成来实现的。企业管理的任务主要包括以下方面：

（1）树立正确的经营思想。经营思想是指企业在整个生产经营活动中的指导思想。它反映了人们对在生产经营全过程中发生的各种关系的认识和态度的总和。它决定着企业的经营目标、方针和经营战略。企业管理的首要任务，就是要确立企业正确的经营思想，其核心就是为社会、用户、员工、出资者服务，提高社会经济效益。为此，企业必须遵守国家的方针、政策、法律、法规，遵循社会道德，杜绝违法乱纪、唯利是图、投机取巧、损人利己、破坏国家经济、妨碍社会发展的各种不正当行为。

（2）根据企业的外部环境和内部条件，正确制定企业的发展目标、经营方针和经营战略。企业的发展目标或经营目标是企业在一定时期内，在生产、技术和经济等方面计划达到的规模、水平和发展速度。企业的发展或经营目标是在其经营思想的指导下，通过认真分析企业经营环境和经营要素的基础上得以确定的。

企业的经营方针是指导企业生产经营活动的行动纲领。它是按照企业的经营思想，为达到企业的经营目标而确定的，它反映了企业在一定时期的经营方向。

企业的经营战略，是为实现其经营目标，通过对外部环境和内部条件的全面估量和分析，从企业全局出发而作出的较长期的总体性的谋划和活动纲领。它涉及企业发展中带有全面性、长远性和根本性特征的问题，是企业经营思想、经营方针的集中表现，是确定企业规划、计划的基础。

（3）合理组织生产力，就是要使劳动力、劳动手段、劳动对象达到优化配置和充分利用，以取得企业的综合经济效益。要合理组织生产力，必须正确处理生产力诸要素同生产工艺技术的关系。只有把劳动力、劳动手段、劳动对象与严格的工艺规程和熟练的操作技术结合起来，才能形成既定的生产力。此外，合理组织生产力，还必须做好一系列的生产组织工作，包括生产计划工作、生产准备工作、技术工作、物资供应、劳动力组织和经济核算等工作。只有全面做好这些工作，并且使它们密切配合，才能保证企业的生产顺利进行。

（4）不断调整生产关系，以适应生产力发展的需要。企业中的生产关系包括三个方面：生产资料所有制形式、生产过程中人与人的关系和产品分配关系。生产关系必须适应生产力的发展，才能促进生产的发展。

企业调整生产关系的内容包括：正确处理企业和国家之间的关系、正确处理企业与企业之间的竞争与协作关系、正确处理企业内部人与人的关系和分配关系，以及企业与消费者（用户）、出资者和地区社会间的关系。

企业管理的过程就是协调生产关系的过程，以调动各方面的积极性和创造性。

（5）不断调整上层建筑，以适应生产关系的改善和生产力的发展。主要途径为根据实现企业经营目标、提高企业经济效益的需要，不断调整和改革管理体制和规章制度，改进领导方法等。

3. 企业管理的职能

所谓职能是指人、事物或机构应有的作用。企业管理的四大职能是计划职能、组织职能、领导职能和控制职能，有的书中也会把创新职能列入其中。四个职能相互影响，以计划职能为核心。其余的三个职能相互促进，为计划的实施做出贡献。

（1）计划职能：管理者需要根据组织内部与外部的实际情况，权衡客观需要与主观可能，通过科学预测，提出一定时期内组织所需要达到的目标及实现目标的方法。

（2）组织职能：管理者根据工作需要与人员特点设计岗位，通过授权与分工，将适当的人员安排在适当的岗位上，用制度规定各个成员的职责和上下左右的相互关系，从而形成一个有机的组织结构，使整个组织机构协调运转。

（3）领导职能：指挥带领与引导激励组织成员为实现组织目标而努力的行为过程。

（4）控制职能：对组织成员的工作成果进行测量与评估，并采取相应纠正的措施以保证组织目标实现的过程。

4. 企业管理的基本观念

在企业管理中应该注重以下九种基本的观念：

（1）战略管理观念。战略管理是指企业围绕战略目标的实现而展开的管理活动，其内容包括战略制定管理、战略实施管理、战略控制管理。

（2）注意力管理观念。企业一方面要采取各种方法扩大知名度，同时要不断提高产品质量和服务水平，提高企业的美誉度，以此来吸引消费者的注意。另一方面，要从内部管理中吸引并保持员工和股东们的注意力，且面对过量的信息要合理地分配自己的注意力。

（3）人力资源管理观念。人力资源管理将人力资源视为第一资源，将人力资本视为最重要的资本，强调加大对人力资本的投入，加强对员工潜能的开发，这样就会使企业得到最大的经济利益。

（4）无形资产管理观念。随着市场经济的发展，无形资产越来越显示其重要性，企业必须使企业无形资产与有形资产有机结合。

（5）知识管理观念。知识管理，是通过知识的积累、共享和交流，运用集体智慧来提高企业应变、创新能力的一种新的管理思想。企业实施知识管理应当抓好 4 项工作：一是创建学习型组织；二是建立适宜知识创新的流动网络；三是设立企业知识主管；四是建立开放管理机制。

（6）时间成本观念。伴随知识经济的崛起，时间成本成为知识经济时代最重要的成本概念。只有降低时间成本，才可能满足市场交易方式多样化和市场需求个性化所决定的多品种、少批量、灵活生产的要求。

（7）生态管理观念。企业生态管理观念的确立，要求企业经营中应努力营造企业生存和发展的和谐环境，包括内部环境和外部环境。企业生态意识下的超越传统竞争观念的管理理念，有利于企业的持续发展，企业能够在竞争与合作的和谐环境中，发挥优势和潜能，从而降低经营成本和风险。

（8）危机管理观念。危机管理观念是对危机实行管理，以达到防止和规避危机或将危机造成的损害控制在最低限度的目的。搞好危机管理的基本要求：首先是重视危机管理，从危机处理意识向危机管理意识转变；其次是构建防范危机的预警系统，对不可避免的危机，精心策划好各种应急预案；最后是提高危机管理水平，危机到来时能够灵活应变，将危机造成的损失降到最低点。

（9）绿色管理观念。绿色管理是以环保作为企业生存发展的基础，将环保的价值观念融入企业的经营管理之中，从各个环节控制污染与节约能源。

三、企业管理现代化

（一）企业管理现代化的内涵、基本内容及实现途径

1. 企业管理现代化的内涵

企业管理现代化是指在企业管理中广泛运用系统论、控制论和信息论等边缘科学，采用以电子计算机为核心的管理手段，建立符合社会化大生产要求的管理组织，从而使企业管理活动达到当今世界现代化发展水平。企业管理现代化要求管理者以发展现代管理科学和管理工程为宗旨，以科学管理为基础，用现代科学技术的理论、方法、手段来研究和处理现代化管理工作中的规律性问题，使管理工作更趋于完善。其内涵主要体现在以下几个方面：

（1）企业管理现代化是一个发展变化的动态概念。

（2）企业管理现代化是世界性概念。

（3）企业管理现代化是一项巨大的系统工程。

（4）企业管理现代化需具有各国的特色。

2. 企业管理现代化的基本内容

企业管理现代化包括管理思想现代化、管理组织现代化、管理控制现代化和管理手段现代化四个方面的内容：

（1）管理思想现代化。管理思想的现代化包括战略管理观念、创新管理观念、经济效益观念、适应市场观念、人力资源管理观念、法制与道德观念等。它要求根据时代变化，以全新的眼光审视整个管理过程，兼顾企业与社会两方面利益实施管理。

（2）管理组织现代化。管理组织的现代化包括管理组织高效化、管理人员专业化、管理方式民主化。它要求从最大限度整体出发，按职责分明、领导和指挥统一等原则合理组织机构，使用人才，健全各项规章制度，以形成完善、科学、高效的管理组织体系。

（3）管理控制现代化。管理控制现代化包括四个方面：确立全新的控制标准、建立健全管理信息系统、研发和使用新兴控制原理和技术、建立有效的反馈系统。通过这四个方面，企业可以对管理活动的效果进行校正。

（4）管理手段现代化。管理手段现代化，可以通过引入管理信息系统和实行电子商务来实现。

3. 企业管理现代化的实现途径

结合我国当前管理实际，实现企业管理现代化应从以下方面着手：

（1）从思想入手，认识到企业管理现代化的重要性和迫切性。

（2）加强管理现代化工作的组织领导：一个结构合理、勇于改革创新、能够开创新局面的企业领导班子，是实现管理现代化的关键。

（3）从实际出发，加强基础管理工作。

（4）进行人才培训和智力开发，不断提高管理人员的素质，使其具有实现管理现代化的观念、知识和能力，这对推进管理现代化具有决定性的作用。

（5）逐步实现计算机辅助管理和知识管理。

（6）总结自己的并学习和借鉴国外先进的管理经验和方法。

（二）科学管理、现代科学管理原理

1. 科学管理原理

科学管理原理最早是由被誉为"科学管理之父"的美国著名工程师和管理学家费雷德里克·温斯洛·泰罗（Frederick Winslow Taylor）提出的。20 世纪初，美国经历了南北战争，在企业管理水平远远落后于资本主义经济发展速度的时代背景下，为了大幅度提高劳动生产率，以泰罗为代表的管理学家通过各种实验，将科学技术的最新成就应用于企业生产管理，从而形成了一套科学管理的理论和方法。通过多年的实践总结，泰罗的《科学管理原理》于1911 年出版，该书将通过各项试验得出的科学管理方法理论化，使管理从经验成为一门真正的科学，标志着一个管理新时代的到来。泰罗的科学管理原理主要包含六个方面的内容，即制定科学的作业方法、科学地选择和培训工人、实行有差别的计件工资制、将计划职能与执行职能分开、实行职能工长制、在管理上实行例外原则。其特征表现为强调管理的规范化、强调管理的责任分担、强调管理的协调性。

2. 现代科学管理原理

现代科学管理原理包括系统原理、分工 - 协调原理、反馈原理、能级原理、封闭原理和弹性原理六个方面的内容。系统原理是指将企业视为一个系统，按照事物之间的内在联系和整体性原则，以系统的观点来剖析企业，并在此基础上运用定量分析方法，研究管理系统的最优设计和实施方案，从而实现对企业的系统管理；分工 - 协调原理是指在了解业务运作流程的前提下，进行界限合理、任务明确的专业化分工，并在专业分工的基础上，通过强有力的协调手段进行有效整合，从而获得业务运作的最高工作效率和最优经济效果；反馈原理是指控制系统通过对反馈结果的偏差分析，改变控制手段，从而使活动沿着预定目标进行；能级原理是指以保证管理结构具有最大稳定性为原则，制定责权利相适应的岗位制度，通过人尽其才的岗位配置手段，建立合理的管理能级，提高管理效率；封闭原理是指企业内的管理过程和管理环节，必须构成一个封闭的环路，这样才能形成有效的管理；弹性原理是指根据管理活动的特点，使管理保持充分的弹性，以及时适应客观事物各种可能的变化。

（三）现代企业制度

1. 现代企业制度的定义

简单来说，现代企业制度就是现代公司制度，其定义有两个要点：第一，它是一个法人组织；第二，它由一个公司（法人）治理结构来经营管理。更深入地说，现代企业制度是由现代企业的治理结构、运行机制和管理行为所构成的动态发展的系统。

治理结构是一种对公司进行管理和控制的体系。它不仅规定了公司的各个参与者，例如，董事会、经理层、股东和其他利害相关者的责任和权利分布，而且明确了决策公司事务时所应遵循的规则和程序。治理的核心是在所有权和经营权分离的条件下，由于所有者和经营者的利益不一致而产生的委托—代理关系。治理的目标是降低代理成本，使所有者不干预公司的日常经营，同时又保证经理层能以股东的利益和公司的利润最大化为目标。治理结构的目的就在于通过适当地配置剩余索取权和控制权（即企业所有权），来确保企业的决策效率和稳定持续发展。

运行机制是指在人类社会有规律的运动中，影响这种运动的各因素的结构、功能及其相互关系，以及这些因素产生影响、发挥功能的作用过程和作用原理及其运行方式。它是引导和制约决策并与人、财、物相关的各项活动的基本准则及相应制度，是决定行为的内外因素及相互关系的总称。各种因素相互联系，相互作用，要保证社会各项工作的目标和任务真正实现，必须建立一套协调、灵活、高效的运行机制。如市场运行机制、竞争运行机制、企业运行机制。

管理的本质就是决策，而决策的过程是一个行为选择过程。决策包含两个因素：事实因素和价值因素，这两个因素包含于所有具体的决策中。这一特点决定了决策是对实现特定目标而言的，管理的任务要关注的是特定目标下的决策。一般来说，管理行为可分为如下四个阶段：调查研究阶段、方案制定阶段、执行阶段、监督反馈阶段。同时，管理行为具有控制性、过程性和动态性。

现代企业制度是适应社会化大生产和市场经济体制发展要求，以完善的企业法人制度为主体，以有限责任制度为核心，以公司制企业为主要形式，以产权明晰、权责明确、政企分开、管理科学为特征的新型企业制度。它要求企业应当是一个独立的经济实体，能够自主经营、自负盈亏、自我发展、自我约束。从法律方面看，现代企业主要是法人企业而非自然人企业，应当是依法成立并依法享有民事权利和承担民事责任的独立法人实体。从上述分析不难看出，现代企业制度是社会化大生产和市场经济的发展，以及随之而来的法制完善的产物。

2. 现代企业制度的特征

（1）现代企业制度是产权关系明确的企业制度。企业设立必须有明确的出资者，必须有法定资本金，依法登记成立。出资者享有企业财产的所有权，企业拥有出资者投资形成的全部法人财产权。在确定法人财产权的过程中，同时需要理顺产权关系，实行出资者所有权和法人财产权相分离的产权形式。出资者所有权在一定条件下表现为出资者拥有股权，并以股东身份依法享有资产收益、重大决策和选择管理者等权利。法人财产权表现为企业依法享有法人财产的占有、使用、收益和处分权，以独立的财产对自己的经营活动负责。

（2）现代企业制度是法人权利责任关系明确的企业制度。企业拥有法人财产权，并以其全部法人财产依法自主经营、自负盈亏、照章纳税，对出资者承担资产保值增值的责任，就是所谓的企业法人有权有责。出资者和企业法人是一种平等的民事主体关系。现代企业制度要求国家所有的资产一旦投资于企业，就应成为法人财产，企业法人财产权也随之确立。这部分法人财产归企业使用，使用中的企业财产必须保值增值，实现法人权责统一。确立企业法人财产权，是在企业内部建立制约和激励机制，主动依法维护所有者权益，实现国有资产的不断增值。

（3）现代企业制度是有限责任的企业制度。一方面，企业的资产是企业经营的基础，是出资者依法投资成立的，所以，出资者所投资本不能抽回，只能转让；另一方面，当企业亏损时，包括国家在内的所有出资者按投入资本额的多少承受损失，承担亏损。

（4）现代企业制度是政企职责分开的企业制度。政企职责分开的目的是使企业彻底摆脱政府机构附属物的地位。一是政府行政管理职能和企业经营管理职能应分开。政府和企业的关系体现为法律关系，政府通过宏观调控引导企业经营活动；政府不直接干预企业的生产经营活动，企业与政府之间没有行政隶属关系。二是政府的社会经济管理职能和国有资产所有权职能分开。

（5）现代企业制度是具有科学组织管理制度的企业制度。科学的组织管理制度由两部分组成：一是科学的组织制度，二是现代企业管理制度。要求企业适应现代生产力发展的客观规律，按照市场经济发展的需要，建立高效的科学管理制度。

作为企业应按现代企业制度标准和要求，建立自己的企业制度，实现可持续发展。

第二节　建筑企业管理基本概念与现状分析

一、建筑企业的概念和分类

（一）建筑企业的概念

建筑企业是指从事建筑与土木工程、线路管道设备安装工程、装修工程等新建、扩建、改建活动或提供建筑劳务的企业。具体来讲，建筑企业是从事铁路、公路、隧道、桥梁、堤坝、电站、码头、机场、运动场、房屋（如厂房、剧院、旅馆、医院、商店、学校和住宅等）等土木工程建筑活动，从事电力、通信线路、石油、燃气、给水、排水、供热等管道系统和各类机械设备、装置的安装活动，从事对建筑物内、外装修和装饰的设计、施工和安装活动的企业。建筑企业又称建筑施工企业，通常包括建筑公司、建筑安装公司、机械化施工公司及其他专业性建设公司等。

（二）建筑企业的基本条件

建筑企业必须具备以下基本条件：

（1）独立组织生产的能力和独立经营的权利。

（2）有与承担施工任务相适应的经营管理人员、技术人员和生产技术工人。

（3）有与承担工程任务相适应的注册资本。

（4）有健全的会计制度和经济核算方法，能独立进行经济核算。

（5）有保证工程质量、工期以及职业健康安全的手段和设施。

（三）建筑企业的分类

建筑企业可以按照以下标准进行分类。

（1）按企业资产组织形式和所承担的法律责任不同分：个人业主制企业、合伙制企业、公司制企业。

（2）按经济类型不同分：国有企业、集体企业、私营企业、联营企业、股份制企业、外资企业、港澳台投资企业和其他建筑企业。

（3）按经营范围不同分：综合性企业、专业性企业和劳务性企业。

（4）按企业规模不同分：大型、中型、小型和微型建筑企业。

建筑业大、中、小、微型企业的划分标准见表1-1。

表1-1　　　　　　　建筑业大、中、小、微型企业划分标准

指标名称	计量	大型	中型	小型	微型
营业收入（Y）	万元	$Y \geqslant 80\,000$	$6\,000 \leqslant Y < 80\,000$	$300 \leqslant Y < 6000$	$Y < 300$
资产总额（Z）	万元	$Z \geqslant 80\,000$	$5\,000 \leqslant Z < 80\,000$	$300 \leqslant Z < 5000$	$Z < 300$

资料来源：国家统计局《统计上大中小微型企业划分办法》（国统字〔2011〕75号）。

（5）按企业资质条件不同分：施工总承包、专业承包和劳务分包企业。

二、建筑企业管理的概念与层次

（一）建筑企业管理的概念

建筑企业管理就是在遵循一般企业管理原理的基础上，根据建筑企业生产经营客观的、技术的、经济的规律和特点，科学地组织建筑企业全部生产经营活动的动态过程。建筑企业管理的目的是不断提高建筑生产经营效率，保证建筑企业各项生产经营活动顺利进行。建筑企业管理不同于一般企业管理，这主要是建筑业的生产经营方式以及建筑产品的特点决定的。建筑企业管理的内容如图 1-1 所示。

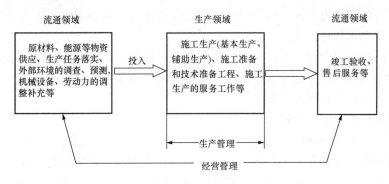

图 1-1　建筑企业管理内容

（二）建筑企业管理的层次

建筑企业管理包括三个层次，即企业层次、项目层次和作业层次，如图 1-2 所示。

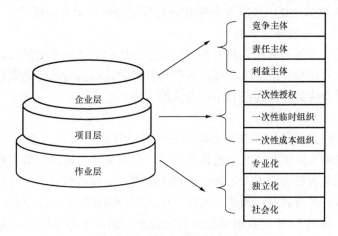

图 1-2　建筑企业管理的层次

1. 企业层次

企业层次代表的是一个法人职责范畴，它具有三个主体特点：一是市场竞争主体；二是合同履约责任主体；三是企业利益主体。企业层次作为生产要素控制的第一层面，要搞好工程信息市场、资金市场、劳动力市场、设备材料市场、租赁市场等五大市场的组织协调和动态管理工作。

2. 项目层次

项目层次的组织形式就是项目经理部，它是新型生产方式和经营管理模式的运作载体。项目层具有"三个一次性"的特点，即项目层是企业法人一次性的授权管理、一次性临时组织、一次性成本中心。项目经理部只负责一个单位项目的质量、工期、成本等，是企业面向市场为用户提供服务的直接责任层面。项目经理作为项目层次的代表，是企业法人所中标的工程项目中负责组织施工的授权责任人；是实现一个单体项目质量、工期、成本、安全等目标的直接责任人；是一个企业面向市场、对接业主、服务用户的岗位责任人。

3. 作业层次

作业层以劳务人员为主体，可以提供工程建设所需要的各种专业施工力量。其发展方向应是专业化、独立化和社会化。

上述三个层次之间的关系是：企业层次服务于项目层次，而项目层次一定要服从于企业层次，这是因为项目层次只是成本中心。企业法人层次与项目层次是授权委托关系，而项目层次与作业层次之间是合同商务关系。

三、我国建筑企业现状分析

在此主要以 SWOT 分析法的理念对我国建筑企业现状进行分析。SWOT 分析是指基于内外部竞争环境和竞争条件下的态势分析，即是将与研究对象密切相关的各种主要内部优势（Strength）、劣势（Weakness）以及外部的机会（Opportunity）、威胁（Threat）等，通过调查列举出来，并以矩阵形式排列，然后用系统分析的思想，把各种因素相互匹配起来加以分析，从中得出一系列相应的结论。运用这种方法，可以对研究对象所处的情景进行全面、系统、准确的研究，从而根据研究结果制定相应的发展战略、计划及对策等。我国建筑企业SWOT 分析主要从建筑企业内部状况分析和外部环境分析两个方面展开。

（一）我国建筑企业内部状况分析

随着我国市场经济体制的建立和完善，建筑企业体制改革正不断深入，建筑企业结构调整已在进行之中，并初步实现了生产型向生产经营型的转变。与发达国家建筑企业相比，我国建筑企业具有自身优势，也存在着不可否认的劣势。

1. 优势

（1）生产能力强。我国的建筑企业特别是具有一级以上资质的企业，大多技术力量雄厚，拥有高素质的施工队伍和高水平的管理人员，具有承建、招揽大型工程项目的能力。我国优秀的建筑业团队先后完成了一系列设计理念超前、结构造型复杂、科技含量高、使用要求高、施工难度大、令世界瞩目的重大工程，体现出我国建筑企业较强的施工能力和较全面的建筑技术能力。仅 2014 年，我国建筑业共完成总产值 176 713 亿元，实现建筑业增加值 70 904 亿元；2020 年我国建筑业完成总产值 263 947.04 亿元，实现建筑业增加值 72 996 亿元，建筑业已形成强大的产业优势。

（2）经济地位不断加强。根据国家统计局资料，建筑业增加值占国内生产总值的比重保持在 6% 左右，2020 年达 7.18%，全社会从事建筑业的人数已达 5 367 万人以上，建筑企业在成功吸纳大量农村富余劳动力就业的同时，拉动了国民经济高速增长。

（3）国际竞争力增强。近年来，建筑企业积极开拓国际市场，2019 年，我国对外承包工程业务完成营业额 1 729 亿美元，同比增长 2.28%；新签合同额 2 603 亿美元，同比增长 7.63%。

2. 劣势

(1) 可持续发展能力差。"十二五"规划确定固定资产投资将由保增长逐步向产业结构调整转变的目标，然而我国多数建筑企业仍然延续劳务密集、粗放经营的模式：行业工业化、标准化程度低，信息化水平落后，尚未形成科学的结构体系，多数建筑企业科技研发投入较低，专利和专有技术拥有数量少。以上劣势导致我国建造资源耗费量大，碳排放量突出，建筑企业可持续发展能力较差。

(2) 人力资源管理体系不健全，一线人员素质偏低。人力资源对企业发展具有巨大的支持与推动作用，然而现阶段，我国多数建筑企业仍未意识到人力资源对企业发展的重要性。一方面，我国建筑企业从业人员多为农村进城务工人员，文化素质偏低，加之企业对人员的岗前培训不到位，导致一线从业人员技术水平不高；另一方面，我国企业专业技术人员及管理人员十分短缺，特别是懂经营、有技术、会管理的复合型工程管理人才更是凤毛麟角，精通金融、法律、索赔的市场营销高级人才奇缺，加上未建立人尽其才的用人机制，人才流失现象也十分严重。

(3) 资金管理和融资能力亟待提高。资金是企业赖以生存和发展的命脉，然而由于企业资金管理不善，造成收支计划性不强、现金流通紧张、成本管理失控、亏损严重、资金分散等诸多问题。目前我国多数建筑企业面临资金短缺的局面，严重制约了企业资金运作与融资能力，进而影响到企业承接项目的能力。

(4) 企业文化建设不到位。企业文化是一个企业中各个部门所共有的价值观念、经营准则及道德规范，体现着一个企业的经营作风与企业精神。很多建筑企业没有认识到企业文化的重要性，导致企业缺乏凝聚力和创造力，从而失去竞争力。

(二) 我国建筑企业外部环境分析

我国建筑市场要按国际惯例与国际市场全面对接，进一步开放建筑市场，这既给建筑企业带来新的发展机遇，又带来了严峻挑战。

1. 机遇

(1) 国内机遇。2013年12月召开的全国城镇化会议指出，城镇化是现代化的必由之路，发展城镇化对全面建成小康社会、加快推进社会主义现代化具有重大现实意义和深远历史意义。城镇化在我国的发展必将推动房地产行业，智能、绿色、低碳建筑产业及建材产业的发展，为建筑企业提供更加广阔的发展空间。

(2) 国际机遇。投资与贸易自由化，资本、技术、劳动力等生产要素出现跨国流动趋势，有利于我国建筑企业海外项目投资，拓展经营领域，增强国际竞争力；同时，具备技术、管理、人才、资金优势和竞争实力的境外承包商进入我国建筑市场，有利于我国建筑企业在与国外承包商的合作中，学习其先进的工程管理方法和经营管理模式，提高我国建筑企业的施工管理水平。

2. 威胁

(1) 竞争升级。随着我国建筑市场的开放，进入我国建筑市场的外国企业必然增加。这些国外优秀的建筑企业经济实力雄厚，具有较强的融资能力和较高的技术装备水平，经营机制灵活，经验丰富，管理水平较高，并且在资金、管理、技术和设备等方面占有优势。

(2) 人才的争夺。随着经济全球化的发展，外国企业会利用他们在技术、薪酬等方面的优势招揽人才，这有可能将导致我国建筑行业现有优秀工程管理人员、技术人才，特别是高级人才的流失，无疑给我国建筑企业本来就人才短缺的现状雪上加霜。

（3）关税降低使国内壁垒消失。关税的降低打破了国内的价格壁垒，国外大量的建筑设备和材料必然抢占我国建筑市场。国外的产品会以其优质价廉的特性和良好的售后服务，取代我国相应的建筑设备和产品，这样国外建筑企业的强大竞争力会对我国的多数建筑企业造成很大压力。

第三节　建筑企业资质及其管理

一、企业资质

所谓资质，包括资格和素质两个方面的内涵。资格是表述企业单位具有的资历、财力、业绩、信誉等；素质主要是指企业单位的人员、资金、装备的数量构成，技术管理水平和生产能力等各方面的基本状况。企业资质是指企业的建设业绩、人员素质、管理水平、资金数量和技术设备等。

为了加强对建筑活动的监督管理，维护公共利益和建筑市场秩序，保证建设工程质量安全，国家建设行政主管部门根据《中华人民共和国建筑法》《中华人民共和国行政许可法》《建设工程质量管理条例》《建设工程安全生产管理条例》等法律、行政法规，形成了住建部2015年制定施行的《建筑业企业资质管理规定》（以下简称《规定》）。《规定》中指出："在中华人民共和国境内申请建筑业企业资质，实施对建筑业企业资质监督管理，适用本规定。本规定所称建筑业企业，是指从事土木工程、建筑工程、线路管道设备安装工程、装修工程的新建、扩建、改建等施工活动的企业。"《规定》还要求："建筑业企业应当按照其拥有的资产、主要人员和已完成的工程业绩等条件申请建筑业企业资质，经审查合格，取得建筑业企业资质证书后，方可在资质许可的范围内从事建筑施工活动。"另外，住房和城乡建设部关于简化建筑业企业资质标准部分指标的通知（建市〔2016〕226号）对《建筑业企业资质规定》中的指标进行了简化：第一，除各类别最低等级资质外，取消关于注册建造师、中级以上职称人员、持有岗位证书的现场管理人员、技术工人的指标考核。第二，取消通信工程施工总承包三级资质标准中关于注册建造师的指标考核。第三，调整建筑工程施工总承包一级及以下资质的建筑面积考核指标。第四，对申请建筑工程、市政公用工程施工总承包特级、一级资质的企业，未进入全国建筑市场监管与诚信信息发布平台的企业业绩，不作为有效业绩认定。全国建筑业企业资质由国务院建设主管部门统一监督管理，国务院铁路、交通、水利、信息产业、民航等有关部门，配合国务院建设主管部门实施相关资质类别建筑业企业资质的管理工作。

二、建筑企业资质类别

国务院建设主管部门先后于1995年10月6日、2001年4月18日、2007年10月18日、2015年1月22日四次颁布《建筑业企业资质管理规定》，对建筑企业的资质管理日臻完善。

建筑企业资质分为施工总承包、专业承包和劳务分包三个序列。施工总承包资质、专业承包资质按照工程性质和技术特点分别划分为若干资质类别。除施工劳务资质不分类别和等级，各资质类别按照规定的条件划分为若干等级。

施工总承包资质、专业承包资质、劳务分包资质序列按照工程性质和技术特点，分别划分为若干资质类别。各资质类别按照规定的条件划分为若干等级。参见有关部门组织制定的《建筑业企业资质等级标准》，并规定了不同等级企业的承包工程范围，见表1-2。

表1-2　　　　　　　　　　建筑企业资质序列、类别及等级分类

企业资质序列	资 质 类 别	资质等级分类
施工总承包（12）	建筑工程施工总承包、公路工程施工总承包、铁路工程施工总承包、港口与航道工程施工总承包、水利水电工程施工总承包、电力工程施工总承包、矿山工程施工总承包、冶金工程施工总承包、石油化工工程施工总承包、市政公用工程施工总承包、通信工程施工总承包、机电工程施工总承包	特级一、二、三级
专业承包（36）	地基基础工程、起重设备安装工程、预拌混凝土、电子与智能化工程、消防设施工程、防水防腐保温工程、桥梁工程资质、隧道工程、钢结构工程、模板脚手架、建筑装修装饰工程、建筑机电安装工程、建筑幕墙工程、古建筑工程、城市及道路照明工程、公路路面工程、公路路基工程、公路交通工程、铁路电务工程、铁路铺轨架梁工程、铁路电气化工程	
专业承包（36）	机场场道工程、民航空管工程及机场弱电系统工程、机场目视助航工程、港口与海岸工程、航道工程、通航建筑物工程、港航设备安装及水上交管工程、水工金属结构制作与安装工程、水利水电机电安装工程、河湖整治工程、输变电工程、核工程、海洋石油工程、环保工程、特种工程	一、二、三级
劳务分包	不分专业	不分级别

三、建筑企业资质管理

（一）资质申请

（1）建筑企业可以申请一项或多项资质。申请多项资质的，应当选择一项作为主项资质，其余为增项资质。企业的增项资质级别不得高于主项资质级别。企业申请资质升级不受年限限制。经原资质许可机关批准，企业的主项资质可以与增项资质互换。

（2）已取得工程设计综合资质、行业甲级资质的企业，可以直接申请一级及以下建筑业企业资质，但应满足建筑业企业资质标准要求。申请施工总承包资质的，企业完成相应规模的工程总承包业绩可以作为工程业绩申报资质。其他工程设计企业申请建筑业企业资质应按照《规定》的要求办理。

（3）选择总承包序列某一类别资质作为本企业主项资质的，可申请总承包序列内各类别资质。取得施工总承包资质的企业，不再申请总承包资质覆盖范围内的各专业承包类别资质，即可承揽专业承包工程。总承包企业投标或承包其总承包类别资质覆盖范围以外的专业工程，须具备相应的专业承包类别资质；总承包企业不得申请劳务分包类别资质。

（二）资质证书

1. 资质证书的概念

建筑业企业资质证书由建设部统一制定。实行全国统一编码，具体编码办法由国务院建设主管部门另行制定。建筑业企业资质证书，由国务院建设主管部门统一印制，正、副本具

备同等法律效力。

取得建筑业企业资质证书的企业，可以从事资质许可范围相应等级的建设工程总承包业务，可以从事项目管理和相关的技术与管理服务。

2. 资质证书的有效期

资质证书有效期为五年。有效期的起始时间：以企业首次取得最高等级主项资质的日期为资质证书有效期计算起始时间。企业资质发生变更的，有效期不变，其中涉及主项升级，或分立、合并事项的，按新批准时间作为有效期的起始日。

3. 资质证书的续期、变更及增补

（1）资质证书的续期。

1）企业应于资质证书有效期届满3个月前，按原资质申请途径申请资质证书有效期延续。在资质证书有效期内遵守有关法律、法规、规章、技术标准和职业道德，信用档案中无不良记录且注册资本和专业技术人员满足标准要求的，经资质许可机关同意，在其资质证书副本上签发有效期延续五年的意见；对有违法违规行为、信用档案中有不良记录或企业资质条件发生变化的，资质许可机关应对其资质情况进行重新核定。

2）企业在资质证书有效期届满前3个月内申请资质延续的，资质受理部门可受理其申请，但自有效期到期之日至批准延续的时间内资质证书失效。资质证书有效期届满仍未提出延续的，其资质证书自动失效。如需继续开展工程建设活动，企业必须重新申请建筑业企业资质。

（2）资质证书的变更。建筑业企业在资质证书有效期内名称、地址、注册资本、法定代表人等发生变更的，应当在工商部门办理变更手续后1个月内办理资质证书变更手续。

由国务院建设主管部门颁发的建筑业企业资质证书，涉及企业名称变更的，应当向企业工商注册所在地省、自治区、直辖市人民政府建设主管部门提出变更申请，省、自治区、直辖市人民政府建设主管部门应当自受理申请之日起两日内将有关变更证明材料报国务院建设主管部门，由国务院建设主管部门在两日内办理变更手续。

前款规定以外的资质证书变更手续，由企业工商注册所在地的省、自治区、直辖市人民政府建设主管部门或者设区的市人民政府建设主管部门负责办理。省、自治区、直辖市人民政府建设主管部门或者设区的市人民政府建设主管部门应当自受理申请之日起两日内办理变更手续，并在办理资质证书变更手续后15日内将变更结果报国务院建设主管部门备案。

涉及铁路、交通、水利、信息产业、民航等方面的建筑业企业资质证书的变更，办理变更手续的建设主管部门应当将企业资质变更情况告知同级有关部门。

申请资质证书变更，应当提交以下材料：

1）资质证书变更申请；

2）企业法人营业执照复印件；

3）建筑业企业资质证书正、副本原件；

4）与资质变更事项有关的证明材料。

企业改制的，除提供前款规定资料外，还应当提供改制重组方案、上级资产管理部门或者股东大会的批准决定、企业员工代表大会同意改制重组的决议。

企业资质证书的变更按照企业主项资质的申请途径办理。资质变更应书面与网上同时进行，网上变更程序与书面变更程序相同。企业报送书面申请材料前，应首先完成网上申请、数据上传。书面申请材料由市级建筑业主管部门和省直有关部门保存。

1）企业名称变更，资质条件和资质证书其他内容无任何变化的，根据有关申请材料和工商管理部门变更证明直接变更。

2）企业改制、分立、合并、重组等资质条件发生变化的，按建设部有关要求重新核定资质。

3）主项资质与增项资质互换，涉及不同初审部门的，按主项资质审批途径，原初审部门同意互换，现初审部门根据资质标准和有关规定审核同意后报审批部门批准。

（3）资质证书的增补。企业领取新的建筑业企业资质证书时，应当将原资质证书交回原发证机关予以注销。

企业需增补（含增加、更换、遗失补办）建筑业企业资质证书的，应当持资质证书增补申请等材料向资质许可机关申请办理。遗失资质证书的，在申请补办前应当在公众媒体上刊登遗失声明。资质许可机关应当在两日内办理完毕。

第四节　我国建筑业改革与发展

一、建筑业的概念、地位与作用

依据新标准《国民经济行业分类》（GB/T 4754—2017）的规定，建筑业包括房屋建筑业、土木工程建筑业、建筑安装业、建筑装饰和其他建筑业。

建筑业是专门从事土木工程、房屋建设和设备安装以及其他工作的生产部门。其产品是各种工厂、铁路、桥梁、港口、道路、管线、住宅以及公共设施的建筑物、构筑物和设施。建筑业的产品转给使用者之后，就形成了各种生产性和非生产性的固定资产。它是国民经济各物质生产部门和交通运输部门进行生产的手段，是人民生活的重要物质基础。建筑业生产是由劳动者利用机械设备与工具，按设计要求对劳动对象进行加工制作，从而生产出一定的产品，这使它具有工业生产的特征。但是，它又有许多不同于一般工业生产的技术经济特点，因而，建筑业是一个独立的物质生产部门。

关于建筑业在国民经济中的地位与作用的问题，从多数资本主义国家看，建筑业是国民经济的三大支柱之一。

从实现宏观经济"促进经济增长、保证充分就业、抑制通货膨胀、保持收支平衡"的四大目标角度来看，建筑业在每一个方面都应该而且能够发挥举足轻重的作用。建筑业在我国国民经济中的地位和作用突出体现在以下几个方面：

第一，建筑业作为国民经济的支柱产业之一，在国民经济和社会发展中的地位越来越重要。建筑业产值在国内生产总值中占有相当大的比重，且近年来一直持续高位增长，其创造的价值是国民收入的重要组成部分。如图 1-3 所示，2020 年全国建筑业总产值达 263 947.04 亿元，同比增长 6.24%；房屋建筑施工面积达 149.47 亿 m²，同比增加 3.68%。

第二，建筑业积极开拓海外市场，能为国家赚取外汇。我国建筑业海外市场增长迅速，如图 1-4 所示，受疫情影响 2020 年我国对外承包工程业务完成营业额 1 559.4 亿美元，同比下降 9.81%；新签合同 2 554.4 亿美元，同比下降 1.81%。

第三，建筑业是物质生产部门，其建造的生产性建筑、构筑物为国民经济各部门提供了重要的物质基础。

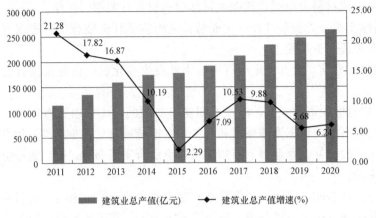

图 1-3　我国建筑业产值统计数据

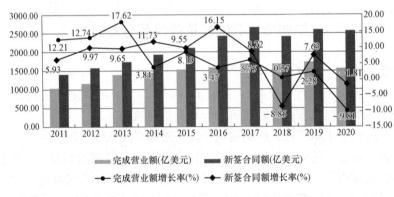

图 1-4　我国对外承包工程营业额统计数据

第四，建筑业对生产材料的需求可带动建材等相关产业的发展。

第五，一方面，建筑业创造的物质基础可促进消费，改善居民生活环境；另一方面，建筑业的用工需求可转移农村富余劳动力，解决就业问题。统计数据显示，我国建筑行业就业人数由 1980 年的 648 万人增加为 2020 年的 5 366.92 万人，建筑业的发展对统筹城乡发展发挥了重要的作用。

在各类教科书和研究文献中，对建筑业的地位和作用也有大量的论述。因此，本书对以上问题不再展开论述，而是结合当前我国改革与发展的实际，重点讨论建筑业如何抓住城镇化进程带来的机遇，在统筹城乡社会经济发展中发挥积极作用，同时全面提升自身的综合实力和国际竞争力等问题。

二、建筑业面临的机遇与挑战

建筑业在国民经济中的地位与作用，随经济发展不同阶段的变化而变化。对全球建筑市场的跨地区分析表明，随着社会经济的发展，建筑业对一个国家国内生产总值（GDP）的贡献份额的变化趋势一般表现为先升后降的∩形曲线：在欠发达国家（LDC，Less Developed Country）阶段呈上升趋势，在新兴工业化国家（NIC，Newly Industrializing Country）阶段达到高峰，进入工业发达国家（AIC，Advanced Industrialized Country）阶段后又呈下降趋势。也就是说，在 NIC 阶段，建筑业最能发挥其应有的重要作用，随着从 NIC 阶段向

AIC 阶段的过渡，建筑业在国民经济中的重要程度就会下降。今后 20 年是我国的战略发展机遇期，也是我国建筑业发展的黄金时期。这个阶段的主要特征是：经济结构剧烈变化，各种矛盾集中呈现，资源与环境问题日显突出；经济增长方式将实现由数量扩张型向质量效益型的转变；经济改革将着眼于改变城乡二元经济结构，着力解决"三农"问题；城市化进程将面临新的机遇，城市化水平将有显著提高。在这种条件下，建筑业面临着巨大的发展机遇和挑战。

（一）解决"三农"问题带来的机遇与挑战

按照统筹城乡社会经济发展的思路，我国建筑业可以在解决"三农"问题方面大有作为。首先，建筑业是推动城镇化建设的重要力量。在党中央、国务院的正确领导下，建筑行业以科学发展为主题，加快推进发展方式转变和产业结构调整，顺利完成年度安居工程建设任务，实现平稳较快发展。2015 年全国建筑业企业（指具有资质等级的总承包和专业承包建筑业企业，不含劳务分包建筑业企业，下同）完成建筑业总产值 180 757.47 亿元，增长 2.29%；完成竣工产值 110 115.93 亿元，增长 9.33%；房屋施工面积达到 124.26 亿 m^2，下降 0.58%；房屋竣工面积达到 42.08 亿 m^2，下降 0.60%；签订合同额 338 001.42 亿元，增长 4.48%；实现利润 6508 亿元，增长 1.57%。截至 2015 年底，全国有施工活动的建筑业企业 80 911 个，减少 0.28%；从业人数 5003.40 万人，增长 10.28%；按建筑业总产值计算的劳动生产率为 323 733 元/人，增长 1.92%。占绝大部分的农民工寄回家乡的汇款是农村的主要收入来源，这部分资金能够刺激农村消费，将巨大的潜在需求转化为有效需求。

（二）城镇化进程带来的机遇与挑战

城镇化建设带来建筑市场的持续增长。2019 年中国城镇化率为 60.6%，而发达国家平均约 80%，中国还有很大空间，但城镇化的人口将更多聚集到城市群都市圈。到 2030 年中国城镇化率达 71% 时，新增 2 亿城镇人口的 80% 将集中在 19 个城市群，60% 将在长三角、粤港澳、京津冀等 7 个城市群，未来上述地区的轨道交通、城际铁路、教育、医疗、5G 等基础设施将面临严重短缺。2020 年中央全面深化改革委员会第十二次会议审议了《关于推动基础设施高质量发展的意见》，会议提出：基础设施是经济社会发展的重要支撑，要以整体优化、协同融合为导向，统筹存量和增量、传统和新型基础设施发展，打造集约高效、经济适用、智能绿色、安全可靠的现代化基础设施体系。

（三）国家积极构建区域协调发展的新机制带来的机遇与挑战

2020 年国务院《关于新时代加快完善社会主义市场经济体制的意见》提出：完善产业政策和区域政策体系，构建区域协调发展新机制，完善雄安新区、海南自贸区、东北振兴发展、京津冀协同发展、长江经济带发展、长江三角洲区域一体化发展、粤港澳大湾区建设、黄河流域生态保护和高质量发展等国家重大区域战略推进实施机制，形成主体功能明显、优势互补、高质量发展的区域经济布局。

（四）国家推进西部大开发形成新格局带来的机遇与挑战

2020 年中共中央、国务院印发了《关于新时代推进西部大开发形成新格局的指导意见》，要求强化基础设施规划建设，加快推进西部地区绿色发展。提高基础设施通达度、通畅性和均等化水平，推动绿色集约发展。加强横贯东西、纵贯南北的运输通道建设，拓展区域开发轴线。要求强化开放大通道建设。深入实施重点生态工程。稳步开展重点区域综合治理。大力推进青海三江源生态保护和建设、祁连山生态保护与综合治理、岩溶地区石漠化综合治理、京津风沙源治理等。

（五）"两新一重"建设重大战略新布局带来的机遇与挑战

"两新一重"分别是新型基础设施、新型城镇化，以及交通、水利等重大工程。强调支持"两新一重"建设主要是：加强新型基础设施建设，发展新一代信息网络，拓展5G应用，建设充电桩，推广新能源汽车，激发新消费需求、助力产业升级。加强新型城镇建设，大力提升县城公共设施和服务能力，以适应农民日益增加到县城就业安家需求。新开工改造城镇老旧小区3.9万个，支持加装电梯，发展用餐、保洁等多样社区服务。加强交通、水利等重大工程建设。增加国家铁路建设资本金1000亿元。

（六）"一带一路"倡议带来的机遇与挑战

"一带一路"倡议对整个国家经济社会发展都将产生重大而深远影响，未来将重点利好五类行业：一是建筑及基础设施；二是交通运输；三是设备及配套类制造业；四是原材料；五是中长期看品牌消费品，如医药、家电、汽车等，传媒等行业也将受益。其中首要的是建筑和基础设施行业。

基础设施互联互通是"一带一路"倡议的优先领域。如果将"一带一路"比喻为亚洲腾飞的两只翅膀，那么互联互通就是两只翅膀的血脉经络。以交通基础设施为突破，实现亚洲互联互通的早期收获，将会优先部署中国同邻国的铁路、公路、管道、海运、航线等项目。根据《全球建筑2020》报告，全球建筑市场将以年均4.9%的速度增长，增至2020年的12.7万亿美元，占全球总产出的14.6%。"一带一路"沿线国家未来5年，累计基建投资需求达5万亿美元，平均每年为6.24万亿元，占2014年我国基建投资的56%。因此，"一带一路"倡议对建筑业是重大利好和难得机遇。

综上所述，如图1-5所示，由时代特征和行业特点所决定，我国建筑业发展处在各种社会经济问题的焦点，在我国城市化进程和统筹城乡社会经济发展、解决"三农"问题、建设节约型社会等方面，建筑业处于其他行业无法取代的关键位置，理应对社会经济的全面、协调、可持续发展承担更多的责任，发挥更大的作用，同时赢得更大的发展空间。

三、建筑业的发展趋势及思路

（一）建筑行业的发展趋势

近年来，我国建筑业在规模、结构、质量和效益等方面均取得了长足的发展，企业的活力和竞争力显著提升。与此同时，也基本完成了积累经验、聚集能量、准备条件的调整过程，为实现"做大做强"的目标奠定了较为坚实的基础。近年来建筑

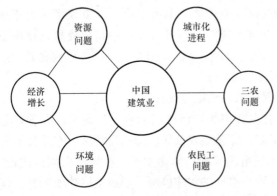

图1-5 处于社会经济问题焦点的中国建筑业

行业的发展趋势可以概括为以下几点：

（1）建筑行业发展趋势——行业地位不会变。尽管中央政府打击高房价政策会动摇房地产商的投资热情，但是拉动内需的要求和国家经济适用房、廉租房的大幅度上马，以及新一届政府将新型城镇化视为中国扩大内需最大潜力的工作思路，使得国内固定资产投资依然火热。

（2）建筑行业发展趋势——企业模式不会变。建筑行业将继续保持其劳动密集型产业和

低技术产业的特征。

（3）建筑行业发展趋势——政策指导思想不变。建筑行业的指导思想依然是拉动国民经济发展、缓解就业压力及平衡城乡发展。

（4）建筑行业发展趋势——国有企业地位不会变。大型国有施工企业仍将是承接各地大型公共建设项目的主力，尤其在技术含量较高的工程和标志性工程方面。

（5）建筑行业发展趋势——低碳节能环保。节能目标提出了建筑行业未来的努力方向，包括绿色建筑、绿色施工评价体系基本确立，降低建筑产品施工过程的单位增加值能耗，新建工程的建筑设计和施工要符合国家建筑节能标准等要求。建筑行业新的管理思想，绿色建设、生态管理等理念的提出也为行业建设提供了新的发展思路。

（6）建筑行业发展趋势——适者生存。建筑行业预计会呈现大型国有企业巩固并扩大垄断，成为建筑行业主导的状态；大型民营企业优化完善现有模式，谋求跨行业和跨地域发展；中小型民营企业扩大融资规模，走局部专业化道路；中小型国有企业坚守市场、等待机遇，实施灵活经营的局面。

（7）建筑行业发展趋势——走出去、国际化。中国对外承包工程量显著增长，统计数据显示，从2006年到2020年，中国对外承包工程合同额由2006年的660亿美元上升为2020年的2 555.4亿美元，营业额由300亿美元上升为1 559.4亿美元。

（8）建筑行业发展趋势——信息化。建筑行业积极通过信息化手段推动企业管理模式的转型，具体体现在操作层、管理层、决策层三个层面上，即实现操作层的信息处理自动化、业务运营规范化、业务操作标准化、业务处理流程化；实现管理层的业务风险可控化、业务管理规范化、信息分析智能化、信息标准统一化；并推动决策层的科学决策、资源整合、集中管控和战略落实。

（9）建筑行业发展趋势——新型工业化。2013年12月，中央经济工作会议期间首次召开全国城镇化会议。会议指出，城镇化对全面建成小康社会、加快推进社会主义现代化具有重大现实意义和深远历史意义。新型建筑工业化作为开启新型城镇化发展的动力源泉，也必将成为我国建筑行业发展的一个重点。

（10）建筑业发展趋势——工程总承包。工程总承包是国际通行的建设项目组织实施方式，大力推进工程总承包，有利于实现设计、采购、施工等各阶段工作的深度融合，发挥工程总承包企业的技术和管理优势，提高工程建设水平，推动产业转型升级，服务于"一带一路"战略实施。

（11）建筑业发展趋势——PPP模式下的一体化发展。PPP模式的大规模推进，无疑给建筑业企业指明了一个方向——由建筑施工向综合运营一体化方向发展。过去建筑业企业参与基础设施项目，多是聚焦于建设环节，建成后的运营主要由政府行业主管部门组织。而PPP模式中建筑业企业作为社会资本方要全程参与项目规划设计、投融资、项目建设、运营管理等项目全生命周期管理，将全面调动企业的综合运营能力。建筑企业的盈利点将向上、下游延伸和扩充，由单一的建设施工盈利扩展为投融资、设计、采购、运营等全链条盈利。

（二）建筑行业的发展思路

我国建筑业的改革与发展虽然取得了很大的成绩，但是还存在着劳动生产率不高，资源、能源浪费大，技术进步和工业化进程缓慢，国际竞争力不强，现代市场体系发育不成熟，政府监管体制有待于进一步完善等问题。

（1）深化企业改革，发展国际竞争力较强的优势企业。继续深化建筑业企业改革，调整产业结构，适应市场需求。建筑业企业要以市场为导向，结合自身优势，加快经营结构调整，或者拓宽服务领域做强做大，或者突出主业做精做专形成特色，逐步形成由总承包、专业承包和劳务分包等企业组成的承包商体系；形成大、中、小企业，综合型与专业型企业并存、协调发展的产业结构，满足投资主体多元化和建设项目组织实施方式多样化的需求。健全重点国家和地区的营销网络，努力开拓国际工程承包市场，形成一批资金雄厚、人才密集、拥有自主知识产权和知名品牌、国际竞争力较强的优势建筑业企业。

（2）提高自主创新能力，提升建筑业技术水平。建筑业技术进步要以标准化、工业化和信息化为基础，以科学组织管理为手段，以建设项目为载体，不断提高建筑业技术水平、管理水平和生产能力。建立以建筑企业为主体、市场为导向、产学研相结合的技术创新体系，加大科技投入，吸引和培养高层次的技术带头人。要跟踪国际工程技术发展步伐，营造人才辈出、人尽其才的社会氛围。要大力发展建筑标准件，加大建筑部品部件工业化生产比比重，提高施工机械化作业水平。要加强农民工教育和培训，培养高技能的新型建筑工人，促进建筑业经济增长方式的根本性转变。

（3）改革建设项目组织实施方式，不断提高投资效益。改革建设项目组织实施方式的关键是建立权责明确、制约有效、专业化、社会化、市场化的工程建设方式。根据建设项目的实际情况，可以采取不同的建设方式，但是无论哪种建设方式，都应当通过招标引入竞争机制，要认真总结经验，继续推进建设项目组织实施方式改革，与工程建设规律和国际惯例接轨。

（4）改进政府监管方式，规范建筑市场秩序。加快建设行政管理体制改革，是建筑业改革、开放、发展的体制保障。要按照 WTO 的规则和我国政府的承诺，根据行政许可法和建筑市场发展的要求，改革和完善建筑市场准入和清出制度，改进并规范招投标规则。建立全国联网的工程建设信用体系，实施信用监督和失信惩戒制度，建立健全企业自律、政府监管、专家咨询和社会保险相结合的质量安全保障机制。重点加强政府投资工程全过程质量安全监管。依法落实安全生产责任制，确保建筑工人作业安全，对人民生命财产安全负责。充分发挥行业协会、学会在行业管理，行业自律，行业发展，以及反映会员诉求，维护会员利益等方面的作用。

本 章 习 题

1. 何谓企业管理。
2. 企业管理的主要任务是什么？
3. 简述现代科学管理原理的内容。
4. 什么是现代企业制度，现代企业制度都有哪些特征？
5. 简述 SWOT 分析的内涵。
6. 简述建筑行业的发展趋势。
7. 我国建筑业面临着哪些机遇和挑战？建筑企业应如何应对？

第二章　建筑企业经营管理体制

 本章概要

1. 建筑企业管理组织的概念、设计原则及结构类型；
2. 建筑企业组织设计、组织变革与再造以及建筑企业组织的发展方向；
3. 建筑企业职能部门绩效管理、建筑企业承包责任制、建筑企业对项目的控制、建筑企业的激励机制。

第一节　建筑企业组织原理

一、建筑企业管理组织的概念

建筑企业管理组织是围绕一项共同目标建立的组织机构，并对组织机构中的全体成员指定职位，明确职责，交流信息，并协调其工作，使其在实现既定目标的过程中获得最大效率。建筑企业管理组织是实现企业利润的组织保障，是建筑企业管理的基石。

二、建筑企业管理组织设计原则

在进行建筑企业管理组织设计时，要遵循一定的原则。首先要遵循的总原则是：在国家有关方针、政策和体制的指导下，结合企业目标和内部承包责任制，围绕如何更好地实施企业管理的基本职能，在现有条件和外部环境的基础上，经综合考虑后确定。其次，建筑企业管理组织设计还要遵循以下原则。

（一）层级化原则

建筑企业组织的层级化是指组织在纵向结构设计中需要确定层级数目和有效管理幅度，需要根据组织集权化的要求，规定纵向各层级之间的权责关系，最终形成一个能对内外环境要求作出动态反应的有效组织结构形式。有效管理幅度是指一个管理者能够直接有效管理下属的人数。影响管理幅度的因素是多方面的，管理幅度会因组织或个人的差异而不同。管理幅度的大小影响和决定着组织的管理层次，以及主管人员的数量等一些重要的组织要素。组织层级与组织规模成正比。在组织规模给定的条件下，组织层级与管理幅度成反比，即每个主管所能直接控制的下属数目越多，所需的组织层级就越少。所以，在建筑企业组织设计时，一要保证建筑企业的部门设置是合理的，二要保证职能部门人员是合理的。

（二）统一指挥原则

统一指挥原则是指在建筑企业组织中每一个下级只能接受一个上级的指挥，并向这个上级负责。如果有两个或两个以上领导人同时指挥，则必须在下达命令之前，进行相互沟通，达成意见后再下达命令，以免下级无所适从。统一指挥原则排除了组织中更高级别的主管或其他部门的主管越级指挥或越权发布命令的现象，有利于组织的政令统一、高效率贯彻执行各项决策。但是在实践中这一原则有时过于刻板，使组织缺乏必要的灵活性，同层次的不同部门之间的横向沟通困难。因此在建筑企业组织结构设计和沟通方式设计时应采取适当的措施予以弥补。

（三）责权一致原则

责权一致原则是指在赋予每一个职务责任的同时，必须赋予这个职务自主完成任务所需的权力，权力的大小与责任相适应。有责无权，无法保证完成所赋予的责任和任务，有权无责将会导致权力滥用。

（四）分工与协作原则

分工是指按照不同专业和性质，将建筑企业管理组织的任务和目标分给不同层次的部门或个人，并规定完成各自任务或目标的手段和方式。分工具有使工作简单化、高度专业化等优点，并且利于企业员工熟练掌握专业化技能。但分工也存在使工作单调化、阻碍内部人员流动、助长组织内部冲突等缺点。协作是指规定各个部门之间或部门内部的协调关系和配合方法的一种行为。分工与协作原则就是指在组织设计时，按照不同专业和性质进行合理的分工，并规定各个部门之间或部门内部界面的协调关系和配合方法的一种原则。该原则将有利于提高组织运行的效率。

（五）机构精简原则

机构精简原则是指在能够保证建筑企业业务活动正常开展的前提下，尽可能减少管理层次，简化部门机构，并配置少而精的主管人员的一种原则。

（六）弹性结构原则

弹性结构原则是指建筑企业的部门结构、人员职位和职责随着实际需要而变动，以便使建筑企业能快速适应环境变化的一种原则。为了使职位保持弹性，应按任务和目标需要设立岗位，而不是按人设岗，且人员岗位职责要根据不同时期的组织目标和任务特性进行调整。

（七）集权与分权相平衡原则

集权与分权相平衡原则就是根据建筑企业管理组织的实际需要决定集权和分权的程度。集权是指组织的大部分决策权都集中在上层，分权是指将组织的决定权根据各个层次职务上的需要进行分配。集权和分权都是一种管理手段，集权和分权的程度需要根据组织在不同时期的需要、不同环境的要求等因素确定。

三、建筑企业管理组织结构类型

从结构形态上，建筑企业管理组织结构类型常用的主要有三种：直线制、矩阵型结构以及处于这两种类型之间的职能制结构。其中直线制组织结构中又派生出直线项目制、直线职能制和事业部制等类型。

（一）直线制组织结构

1.直线项目制组织结构

直线项目制组织结构是指组织中各种职务按垂直系统直线排列，各级主管人员对所属下级拥有直接领导职权，组织中每一个人只能向一个直接上级报告，组织中不设专门的职能机构，至多有几名助手协助高层管理者工作。这种组织结构有以下优缺点：

优点是结构比较简单、权力集中、权责分明、命令统一、沟通简捷、决策迅速、比较容易维护纪律和秩序；缺点是在组织规模较大的情况下，由于所有管理职能都集中由一人承担，往往会因为个人的知识及能力有限而难以深入、细致、周到地考虑所有管理问题，导致管理比较简单粗放，有时会顾此失彼，产生失误。

直线项目制组织结构只适用于那些建筑产品单一，生产技术简单，无须按职能实行专业化管理的小型建筑企业，或者是现场作业管理。直线项目制组织结构如图 2-1 所示。

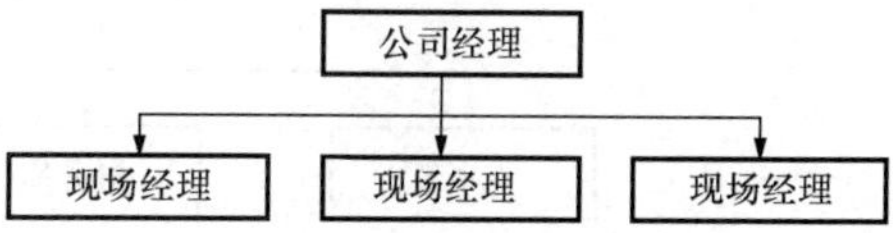

公司经理
现场经理
现场经理
现场经理

图 2-1　直线项目制组织结构

2. 直线职能制组织结构

直线职能制组织结构是以直线制组织为基础，对职能制组织结构的改进。在各级直线主管之下，设置相应的职能部门，即设置两套系统：一套是按命令统一原则组织的指挥系统，另一套是按专业化原则组织的管理职能系统。这种组织结构的特点是：直线部门和人员在自己的职责范围内有决定权，对其下级的工作进行指挥和命令，并负全部责任，而职能部门和人员仅是直线主管的参谋，只能对下级机构提供建议和业务指导，没有指挥和命令的权力。

直线职能制组织结构对中、小型建筑企业比较适用，但对于规模较大、决策时需要考虑较多因素的建筑企业，则不太适用。其组织结构如图 2-2 所示。

公司经理
经营部
总工办
财务部
工程部
办公室
……
项目经理
项目经理
项目经理

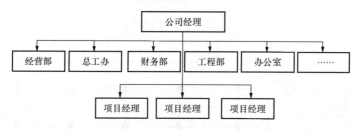

图 2-2　直线职能制组织结构

3. 事业部制组织结构

这种建筑企业组织独立经营、独立核算，有自己的经营自主权。但是它不是法人，不是独立的公司，不能独立签合同，一般需要获得公司的委托才能签合同。它具有以下优缺点：

主要优点：适应性和稳定性强，有利于组织的最高管理者摆脱日常事务而专心致力于建筑企业的战略决策和长期规划，有利于调动各事业部的积极性和主动性，并且有利于公司对各事业部的绩效进行考评。缺点：机构重复，管理人员浪费；部门之间人员互换困难，支援性差；为获取各自部门利益，容易引起内部竞争，造成内耗。

它适用于产品多样化和从事多元化经营的组织，也适用于面临市场环境复杂多变或所处地理位置分散的大型建筑企业和巨型建筑企业。其组织结构如图 2-3 所示。

（二）矩阵型组织结构

矩阵型组织结构是按职能划分的部门同按产品、服务或工程项目划分的部门结合起来的一种组织形式。在这种组织中，每个成员既要接受垂直部门的领导，又要在执行某项任务时接受项目负责人的指挥。这种组织结构具有以下优缺点：

主要优点是灵活性和适应性较强，有利于加强各职能部门之间的协作和配合，并且有利于开发新技术、新产品和激发组织成员的创造性；主要缺陷是组织结构稳定性较差，双重职权关系容易引起冲突，同时还可能导致项目经理过多、机构臃肿的弊端。

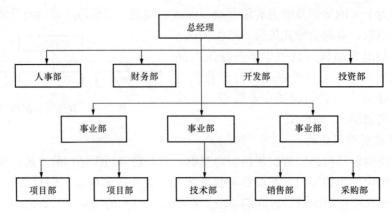

图2-3 事业部制组织结构

矩阵型组织结构主要适用于科研、设计、规划项目等创新性较强的建筑企业。其结构类型如图2-4所示。

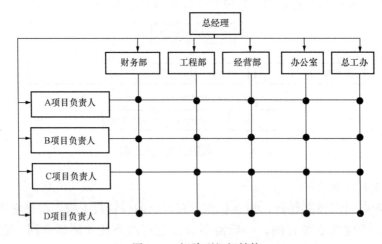

图2-4 矩阵型组织结构

（三）职能制组织结构

这种结构是介于直线制与矩阵型组织之间的一种结构形式。它采用专业分工的管理者代替直线型组织中的全能型管理者。它具有以下优缺点：

优点是能够充分发挥职能机构的专业管理作用，减轻上层主管人员的负担；缺点是妨碍了组织的集中领导和统一指挥，各部门容易忽视与其他部门的配合，忽视组织整体目标，不利于明确划分直线人员职责权限，加大了最高主管监督协调整个组织的要求。其组织结构如图2-5所示。

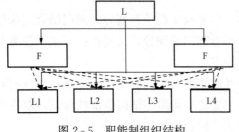

图2-5 职能制组织结构

四、案例分析

某建筑工程总承包有限公司，是具有国家房屋施工总承包特级资质的法人实体，是某控股集团有限公司下属的控股子公司。从事房屋建筑工程施工总承包，承接本行业境外工程和境内国际招标工程及所需设备、材料出口，对外派遣本行

业工程生产及服务劳务人员。其总公司及分公司都是直线制组织结构。如图 2-6、图 2-7
所示。

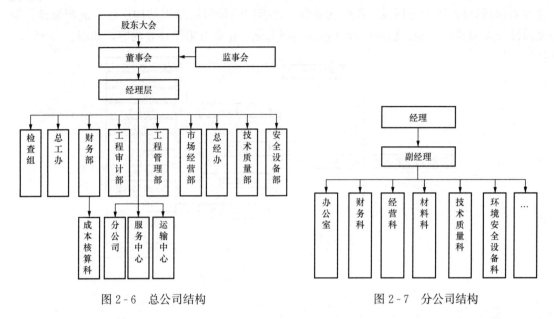

图 2-6 总公司结构　　　　　　　　图 2-7 分公司结构

点评：该公司结构包含三个层次：由股东大会、监事、董事组成的治理机构，由经理层
及总工办、财务部等七个部级部门组成的集团管理层，由分公司经理、副经理、财务科、经
营科等科级部门组成的分公司管理层。这里部科设置不是行政管理，是职能部门在不同层面
的一种标识，是层级化的体现。无论集团还是分公司，部门的设置基本覆盖了建筑企业管理
的各个方面：人事后勤、市场、技术、管理等方面。集团公司及分公司的线性结构设置，有
利于命令传达的唯一性，但传达线路太长，容易失真，建议可通过信息平台解决这个问题。

第二节　建筑企业组织设计与变革

一、建筑企业组织设计

（一）建筑企业组织设计的概念

建筑企业组织设计就是建立一种有效的组织结构框架，对组织成员在实现组织目标过程
中的工作分工及协作关系做出正式、规范的安排，即对组织的结构和活动进行创构、变革和
再设计。

（二）建筑企业组织设计的目的与任务

建筑企业组织设计的目的是要通过架构灵活的组织，动态地反映外在环境变化的要
求，并且能够在组织演化成长的过程中，有效积聚新的组织资源，同时协调好组织中部
门与部门之间、人员与任务之间的关系，使员工明确自己在组织中应有的权利和应承担
的责任。

建筑企业组织设计的任务就是对企业开展有关工作和实现企业目标所必需的各种资源进
行安排，以便在适当的时间、适当的地点把工作所需的各方面力量有效地组合到一起的管理
活动过程。

（三）建筑企业组织设计的内容与方法

建筑企业组织设计的内容包含三个部分：基础工作、硬组织设计及软组织设计。基础工作主要包括目标/需求分析及工作结构分解；硬组织设计包括组织结构设计、流程设计、制度设计及人力资源规划；软组织设计包括组织文化、企业形象设计等内容，如图2-8所示。

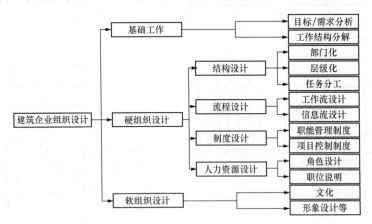

图2-8　建筑企业组织设计的内容

1. 基础工作

（1）目标/需求分析。需求分析是准确地回答"建筑企业组织设计必须做什么"这个问题。需求分析是确定组织设计必须完成哪些工作，也就是对目标系统提出完整、准确、清晰、具体的要求。

（2）工作结构分解。工作结构分解是为了便于管理和控制，对建筑企业任务的分解与再分解。建筑企业工作分解过程是逐层分解其主要可交付成果的过程，其目的就是给企业的组织人员分派角色和任务。

2. 硬组织设计

（1）组织结构设计。结构设计有两项工作：一是形成组织部门，即组织部门化；二是形成组织的层次，即组织层级化。

1）组织部门化。部门化是指将组织中的活动按照一定的逻辑进行安排，划分为若干个管理单位的活动过程。管理者通常按照因事设职和因人设职相结合、分工与协作相结合及精简高效等原则进行部门化。以下是几种常见的部门化方法：

职能部门化是把相同或相似的活动归并在一起，作为一个部门或一个管理单位，归一个部门管理。如常见的财务部、办公室、经营部。

项目部门化是根据项目的不同设置部门。如项目制中的项目部，就是把每个项目都作为一个部门。

地域部门化是指为了配合市场或资源等要素所进行的分散经营，而按照地理区域成立的专门的管理部门。如总部在济南的建筑公司在青岛设立分公司就是地域部门化的一个表现。

流程部门化是指按照建设过程来划分部门。如许多房地产公司都设有开发部、设计部、施工部等部门。

2）组织的层级化。组织的层级化是指组织在纵向结构设计中需要确定层级数目和有效管理幅度，需要根据组织集权化的要求，规定纵向各层级之间的权责关系，最终形成一个能对内外环境要求做出动态反应的有效组织结构形式。

3）任务分工。组织结构设计完成后，就要在部门及部门内部进行工作安排，即将工作分解的成果分配给各部门及各部门的角色，使人人有事做，事事有人做。

（2）组织流程设计。建筑企业的工作任务有一定的联系和顺序，将这些工作任务形成合理的工作流程，是建筑企业正常运行的保证。建筑企业流程设计通过安排好各项任务完成的先后次序，使各部门的工作相互协调、紧密有序进行。流程设计形成的文件可以是程序文件（表2-1），也可以是作业指导书，这可根据需要确定。

表 2-1 　　　　　　　　　　　　　流程程序文件的内容

编号	正文	说　　明
1	目的及适用范围	对为什么开展这项活动，该活动涉及哪些部门，以及哪些场合不适用做出说明
2	引用文件	引用的标准和其他主要文件
3	术语	指文件中需要说明的术语或名词，已经定义的不需要再说明
4	目标和原则	规定达到的目标和预期效果，应遵循的原则和政策
5	职责	明确职责分工以及和其他人员的关系
6	工作流程	阐述管理的内容和方法
7	报告和纪录表式	涉及或形成的报告和形成的纪录表式的编号
8	相关文件	相关的其他程序和指导文件

建筑企业流程一般包含以下内容：投资决策流程、合同评审流程、人力资源管理流程、财务管理流程、技术管理流程、收发文流程、项目控制流程、物资采购流程、材料管理流程及工程分包/劳务分包流程等。在各类流程中，根据工作要求，又分为若干流程，如在材料管理流程中，又包含材料计划编制流程，如图2-9所示。

流程名称：材料计划编制流程
流程责任部门：分公司、项目部 　　　　　　　　　　　　　　　　　　　流程编号：3.1

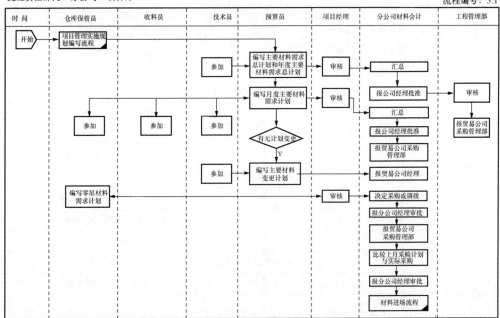

图 2-9　材料计划编制流程图

（3）组织制度设计。建筑企业管理制度是组织管理中各种管理条例、章程、制度、标准、办法、守则等的总称，是对组织各项专业管理工作的范围、内容、程序、方法等所做的规定。它用文字形式规定管理活动的内容、程序和方法，是管理人员的行为规范和准则。组织管理制度主要规定各个管理层、管理部门、管理岗位、各项专业管理业务及项目控制的职能范围、应负的责任、拥有的职权，以及管理业务的工作程序和方法。管理制度的设计通常按以下步骤：

1）根据组织内外环境的变化及企业发展规划的需要，提出建立某项制度的目标和要求；

2）由企业的主管部门组织有关业务部门收集资料，调查研究，起草制度的初步方案；

3）由负责人组织公司内外的专家或智囊团讨论和审核，决定最终方案；

4）由上级组织通过一定的决策程序批准颁布。

需要说明的是，制度不是一成不变的，随着建筑企业的发展，技术的更新，管理水平的提高，认识的深化，管理制度也需要修改和完善。一般来说，建筑企业制度设计需包含的条目，见表2-2。

表2-2　　　　　　　　建筑企业制度的条目

决策系统制度		
	股东会管理条例	对外投资管理条例
	监事会管理条例	公司资质管理条例
	战略规划管理条例	公司贯标管理条例
	……	……
人力资源系统制度		
	人事招聘管理条例	出差管理条例
	人事离职管理条例	薪资管理条例
	……	……
办公管理系统制度		
	行为规范管理条例	安全管理条例
	职业纪律管理条例	公文管理条例
	……	……
财务管理系统制度		
	资金筹集管理条例	电算化管理条例
	财务预算管理条例	固定资产管理条例
	……	……
工程项目管理系统制度		
	项目划分管理条例	工程项目技术交底管理条例
	项目经理管理条例	工程项目档案管理条例
	……	……
保安管理系统制度		
	安全保卫条例	施工现场保卫管理条例
	……	
……		

（4）组织人力资源规划。组织结构设计完成后，就要对人员安排做出规定，这就涉及人力资源的问题。所谓人力资源规划，就是拟定一套措施，使组织稳定地拥有一定质量和必要数量的人员，包括实现个人利益在内的组织发展目标。其主要内容包括：提升规划，补充规划，开发训练规划与分配规划。在人力资源规划的基础上，可以形成职位说明书，见表2-3。

表2-3   职 位 说 明 书

职位：		职位编号：
单位：	职位名称：	编制日期：
部门：	任职人：	任职人签字：
	直接主管	直接主管签字：
任职条件	学历：	
	经验：	
	专业知识：	
	业务范围：	
职位目的：		
沟通关系 内部部门： 外部部门：		
下属人员	人员类别	
人数： 人	经理： 人	
直接： 人	工作人员： 人	
间接： 人	其他： 人	

职责范围	负责程度	建议考核内容	占用时间

它的主要内容包括六项：职位任职条件的确定、职位目的的明确、上下级关系的确定、工作沟通关系的确定、岗位职责范围的确定以及职位考核评价。

1）职位任职条件的确定：具备什么条件的人才能担当此角色，即对任职人员的学历、工作经验、技能、知识水平、体能提出要求；

2）职位目的的明确：为什么设置该职位，它在组织结构中发挥怎样的作用；

3）上下级关系的确定：本职位的上级是哪个职位，下级是哪个职位，这些职位之间存在着怎样的协调管理关系；

4）工作沟通关系的确定：本职位需要和组织内的哪些部门或者上级职位联系协调，在组织之外，要和哪些部门联系；

5）岗位职责范围的确定：本岗位工作需要承担哪些责任，由谁负责，负责到什么程度；

6）职位考核评价：考核的内容是什么，考核的标准如何确定。

职位说明书的形式不是固定统一的，它根据企业的情况确定。某建筑企业的职位说明书见表2-4。

表 2 - 4　　　　　　　　　　某建筑企业的职位说明书

部门名称：建筑公司　　　　　部门编号：001　　　　　职位编号：JSLD-002

岗位名称	经营副总	定　编	1	薪酬等级	一级
所属下级	经营处处长				

工作目标

　　行使对公司经营工作的指挥、指导、协调、监督、管理的权力，组织制定经营管理制度，承担执行公司规章及工作指令义务，对其所分管工作负全面责任

工作联系

直接上级	总经理	关联上级	/
内联对象	公司各部门	外联对象	建委、业主、监理单位等

工作职责

编号	工作职责
1	配合、协助总经理的日常行政、生产和经营管理工作，组织编报年度工作、生产、经营计划及成本费用、利润指标等
2	协助总经理组织研究公司经营、市场开发方面的发展计划
3	负责组织拟报公司业务、经营管理的各种规定、制度及内部机构的设置
4	负责编制上报每月经营合同签订、履行情况及指标完成情况
5	负责协调各处室、项目部之间的关系，加强与财务行政部门的沟通与联系
6	负责组织市场销售、用户反馈信息的收集、分析与市场预测等工作
7	负责组织、推行、检查和落实经营部门销售统计及统计基础核算工作
8	负责完成总经理交办的其他临时性工作
主要权限	

任职资格

学历要求	本科以上	性别要求	不限
专业要求	企业管理、工程管理、土木工程等相关专业	年龄要求	35 岁以上
资格要求	高级工程师、高级经济师	微机操作	熟练掌握 Office 熟悉网络知识
经验要求	5 年以上建筑行业项目管理工作经验		
知识技能要求	熟悉工程造价相关业务流程；擅长营销策划，富有开拓精神		
其他要求	性格外向、善于同他人沟通；具有较强的组织管理能力		

　　3. 软组织设计

　　建筑企业软组织设计就是对企业文化、企业形象等进行的设计或重新设计。它是硬组织设计的保证，如果没有软组织设计，硬组织将不会高效运行。

　　（1）建筑企业文化。建筑企业文化是企业在生存和发展中逐渐形成的，被组织成员认为有效而共享，并共同遵循的基本信念和认知。建筑企业文化设计主要有以下几个方面：

　　1）要设计建设管理文化，规范员工行为。企业文化是企业经济效益的反映，而企业经济效益往往在一定程度上决定于企业管理，因此企业管理是企业文化的支柱。

2）要设计建设激励文化，激发员工热情。在市场经济条件下，人才看重的是能不能在企业中实现自身价值，展示自我风采，这种自我实现只有通过激励才能展现。首先，要建立公正的用人制度。其次，要构建合理的分配机制。

3）要设计建设理念文化，培育员工士气。理念文化是企业经过多年实践形成并为其领导和员工所信守的具有深厚文化底蕴的基本信念，企业理念是企业文化的核心，而且理念越高，企业文化的建设水平就越高。企业的理念文化主要包含三个方面的内容：第一，企业精神，要突出创新求实，展示团队精神；第二，市场理念，是指适应市场、思维超前的市场观念；第三，目标理念，推行一流的交往信条和一流的对待客户的哲学，追求发展的市场观、领先的品牌观、至高的价值观。

（2）建筑企业形象。建筑企业形象是社会公众对企业、企业行为、企业各种活动所给予的整体评价和认定。良好的企业形象本身就是企业的一笔无形资产，是提高企业社会知名度的一大助力，能够使社会公众轻易地感受企业个性的震撼力，使全体员工产生信心和荣誉感。现代企业从领导水平到员工素质、从产品质量到新品开发、从环境建设到管理手段，无不体现着企业形象。建筑企业属于一般竞争性行业，企业形象竞争已成为其竞争策略中最为重要的部分，企业形象塑造和展示对企业发展和腾飞有着不可替代的作用。

建筑企业形象包括企业形象与项目形象，其中项目形象更为重要。建筑企业虽没有固定的产品，但有固定的地点，每一项精品工程就是最好的名片，是宣传企业形象的物质载体和广告牌；每一个施工现场都将企业的经营、管理和文化理念蕴藏其中，是展示企业形象和实力的平台和窗口。打造企业品牌的现场，能够为建设业主和潜在客户提供一个视觉冲击和情感诱惑的感知平台，因而重视施工现场形象建设，有利于建筑企业以其内在品质和外在美感传递企业文化，赢得业主的青睐和认可。如某公司项目的大门形象设计。1 号大门样式采用有门楼式大门。大门高度为 2m，1 号大门宽度为 8m，2 号、3 号、4 号大门宽度为 6m。大门底色为白色，门正腰 1m 范围内为蓝色（中间蓝色，色标卡号为 C100M50），上面用白色黑体字书写"××公司"字样，如图 2-10 所示。

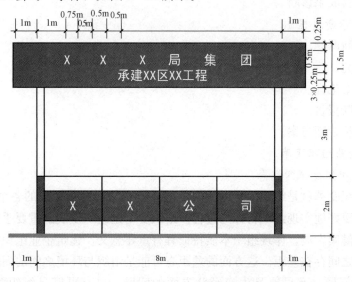

图 2-10　中建某公司项目的大门形象设计

二、建筑企业组织变革与再造

（一）企业诊断

1. 建筑企业诊断的内涵

在建筑企业变革以前，首先要进行企业诊断。建筑企业诊断是指由具有丰富经营管理知识和经验的专家，深入到建筑企业的具体经营活动中，与企业经营管理人员紧密配合，运用科学方法，找出企业经营活动中存在的主要问题，进行定量或定性分析，查明产生问题的原因，提出切实可行的改进方案，进而指导方案的实施，以提高企业经济效益的服务性活动。

2. 建筑企业诊断的类型

（1）根据诊断人员组成划分，可以分为外来专家诊断和企业内部自诊。

（2）根据诊断范围划分，可以分为全面诊断和专题诊断。

（3）根据诊断时间划分，可分为一次性（短期）诊断和长期诊断。

（4）根据诊断的内容来划分，可以分为环境诊断、战略诊断、经营策略及经营成果诊断、组织诊断、技术设备诊断、资源开发诊断和投资项目诊断等。

3. 建筑企业诊断的任务

（1）对经营状况进行调查研究，通过调查研究找出建筑企业在经营过程中存在的问题及其产生的主要原因。

（2）提出改善建筑企业经营的具体方案，指导企业实施诊断方案，对症治理。

（3）预防问题和弊病的产生，防患于未然，保证建筑企业正常运行和发展。

（4）改善经营管理，增强企业市场竞争力，提高经济效益。

4. 建筑企业诊断的内容

（1）企业经营环境诊断。

（2）企业经营战略诊断。

（3）企业经营范围诊断。

（4）企业经营成果诊断。

5. 建筑企业诊断过程

（1）确定诊断课题。

（2）调查研究。

（3）诊断方案论证。

（4）撰写诊断报告。

（5）帮助实施诊断方案。

（二）建筑企业组织变革

1. 建筑企业组织变革的概念

建筑企业组织变革就是组织为了适应内外部环境变化，对其组成的各个要素进行调整、改变和创新从而更好地实现组织目标的过程。组织变革是组织发展的重要手段，对维系组织生存，促进组织健康发展，体现组织本质特征具有重要意义。建筑企业组织变革表明组织的现状与组织目标之间存在差距。这方面的差距有可能是组织与环境之间的问题，也有可能是组织内部之间的问题；有可能是生产经营方面的问题，也有可能是组织管理方面存在的问题。

2. 我国建筑企业组织变革的类型

我国建筑企业组织变革从变革方式上可分为两种：激进式变革和渐进式变革。激进式变革力求在短时间内，对建筑企业组织进行大幅度全面调整，以求彻底打破初态组织模式并迅速建立目的态组织模式；渐进式变革则是通过对组织进行小幅度的局部调整，力求通过一个渐进的过程，实现初态组织模式向目的态组织模式的转变。

我国建筑企业组织变革从变革内容上可分为四种模式：战略性变革、流程主导型变革、结构性变革及以人为中心的变革。战略性变革是指对长期发展战略或使命所做的变革；结构性变革是指根据环境的变化适时对组织结构进行变革；流程主导型变革是指围绕其关键目标和核心能力，充分利用现代技术对业务流程进行的变革；以人为中心的变革是指通过对员工的培训、教育与引导，使他们在观念、态度和行为等方面与建筑企业保持一致。

3. 建筑企业变革的过程与程序

（1）建筑企业变革的过程。建筑企业变革的过程可划分为解冻——变革——再冻结三个阶段。解冻阶段是变革前的心理准备阶段，一般来讲，成功的变革必须对组织现状进行解冻，即打破现状，其中心任务是改变员工原有的观念和态度，使其接受变革；在进入变革阶段后，要充分调动员工参与的积极性，使变革成为全体员工的共同事业；冻结阶段是变革后的行为强化阶段，其目的是通过对变革驱动力和约束力的平衡，使新的组织状态更加稳定。

（2）建筑企业变革的程序，具体程序为：

1）通过建筑企业诊断，发现存在的问题；

2）分析变革问题，制订改革方案；

3）选择变革方案，实施变革计划；

4）评价变革效果，跟踪反馈。

（三）建筑企业组织再造

1. 建筑企业组织再造的概念

所谓"建筑企业组织再造"，就是以工作流程为中心，重新设计建筑企业组织的结构形式及运作方式。它的本质是通过重新设计业务流程，进而带动组织的全面变革，最后形成一种新型组织，它不是对组织进行肤浅的调整修补，而是要抛弃现有的业务流程和组织结构，对组织进行脱胎换骨式的彻底改造。

对建筑企业而言，组织再造能有力地推动企业变革，消除员工的消极怠惰与不满情绪，同时能够更加有效地实现企业新战略的执行，实现业务的整合消化，提升生产效率。

但是建筑企业组织再造必须按照一定的规律进行，否则很可能无法实现预期目标或引发员工更严重的消极情绪，造成许多组织再造计划最后不了了之。因此，为了实现组织再造效能持久，必须做到以下三点：

（1）形成强有力的企业理念。

（2）寻找企业再造的适当时机。

（3）面对社会现实。

2. 我国建筑企业组织再造的必要性

（1）我国建筑企业集团"大"而不"强"，无法实现真正的集团运作，主要表现为：

1）从资产结构上看，我国多数建筑企业集团为多级法人经营同一资产，多级机构管理同一项目的模式，管理链条过长，难以监控。

2）管理控制体系不科学，该分权的未实现分权，该集权的未实现集权。

3）母子公司主业经营结构趋同，同业竞争严重。

（2）建筑企业集团内各单体建筑企业组织结构模式不合理。我国建筑企业的组织结构，大多形成了企业分割、部门分割、地区分割的三重分割局面。企业组织结构布局很不合理，很难形成专业化协作关系下的经济规模。

3. 建筑企业组织再造的思路及措施

（1）建筑企业组织再造的思路：

1）根据企业自身的特点和优势条件，扬长避短、实事求是，明确企业经营领域是多元的。

2）根据目标市场的要求，确定企业应该干什么，应该承担什么任务，这些任务应通过哪些生产经营活动来完成，以及企业应该具备什么样的基本功能。

3）明确这些功能以及相应的活动与任务，应设置哪些部门来担当；部门之间、各层次之间如何分工协作，如何形成合力；这种合力要能够有效地确保企业占领、维持和开拓、依托市场，谋求企业长期稳定的经济效益。

4）国有大型建筑企业在组织结构改革乃至整个经营战略谋划中，要采取"抓大放小、抓主放次"这一思路。

（2）建筑企业组织再造的措施：

1）改善队伍结构，提高队伍素质。

2）辅助生产、多种经营、后勤生活服务部门，应在企业内分立或剥离出去，走社会化、专业化、商品化的道路。

3）企业机关实行机构综合化。

4）实事求是，从企业实际出发，实行组织结构形式多样化。

4. 建筑企业组织再造的注意事项

（1）没有最好，只有适合。在一种环境下适用的建筑企业形式不一定适用于另一种环境，这就是权变理论。权变理论认为组织需要主动变化以适应新环境，否则，组织将缺乏运行效率，并最终被环境所淘汰。这就是"自然选择"原则。

（2）兼顾先进性与可操作性。在对建筑企业进行调整时，不但要考虑组织的先进性，还要考虑组织转变是否易于操作。一般来讲，先进性方面可以考虑如下因素：

1）专业化程度，是否更加有利于内部专业化分工。

2）资源整合能力，是否有利于形成规模优势。

3）人才成长，是否能够给组织成员以更多的学习机会和技术积累机会。

4）客户导向，是否有利于从设计周期、设计品质、服务质量等方面提升客户满意度。

可操作性方面可以考虑如下因素：

1）与人员素质及结构特点的适应程度，包括人员结构，高素质的项目经理数量，人员的协作精神等。

2）与企业管理能力的适应程度，包括项目管理能力和财务管理能力，技术质量管理、人力资源管理能力等。

3）与现有业务特点的适应程度，主要考虑新的组织体系是否符合建筑企业目前的业务结构特点。

三、建筑企业组织的发展方向

（一）虚拟组织

虚拟组织指两个以上的独立实体，为迅速向市场提供产品和服务，在特定时间内结成的动态联盟。它不具有法人资格，也没有固定的组织层次和内部命令系统，而是一种开放的组织结构。虚拟组织形式有着强大的生命力和适应性，它可以使企业准确有效地把握住稍纵即逝的市场机会。虚拟组织具有以下特征：

（1）虚拟组织具有较强的适应性，在内部组织结构、规章制度等方面具有灵捷性。

（2）虚拟组织共享各成员的核心能力。

（3）虚拟组织中的成员必须以相互信任的方式行动。

（二）建筑企业组织结构扁平化

结构的扁平化是对层级制组织类型的进一步发展，即为适应竞争的特点，在信息技术的基础上，着眼于减少层级，改善沟通，促使管理层次的减少和管理跨度的扩大，组织结构形态由标准的金字塔形向扁平模式转化的过程。扁平化管理具有以下优点：

（1）信息传递快，可以使高层较快地发现信息所反映的问题，并及时采取相应的措施。

（2）管理链条缩短，使管理信息在传递过程中失真的可能性降低。

（3）管理跨度宽，高层管理人员由于能力、时间所限，不会对下属管理人员控制过多过死，有利于下属主动性和创造精神的发挥。

（4）优化了组织结构，强化了内部管控，降低了管理成本，提高了管理效率和企业的核心竞争力。

德鲁克提出组织扁平化有两条途径：一是损耗，当某一职位由于就职人员退休、死亡、辞职等因素空缺出来的时候，不要立刻填补它，让它空缺一段时间，看看会出现什么结果；二是以工作扩大取代晋升，对建筑企业可以通过工作扩大化实现组织的扁平化，例如将权力下放到项目，形成项目制的组织结构。

（三）建筑企业组织流程化

传统组织形态面对复杂多变的环境，已经越来越不能适应社会发展的要求，需要进行彻底的、全面的再造。哈默于1993年出版的《再造企业——工商业革命宣言》一书中提出的流程再造理论引发了企业组织结构中层和基层的深刻变化，被认为是对自亚当·斯密以来的分工理论的挑战。

建筑企业流程化并不是要改革建筑企业的分工格局，而是要将这些工作有效地组织起来，形成系统的业务流，便于工作的开展。同时建筑企业流程化也是建筑企业信息化的基础。国家曾发文要求特级建筑企业都要建立信息管理系统，其中建立信息系统的一项重要工作就是梳理建筑企业流程。因此建筑企业流程化是一种发展趋势。

（四）建筑企业组织网络化

网络型组织是由多个独立的个人、部门和企业为了共同的任务而组成的联合体，它的运行不靠传统的层级控制，而是在定义成员角色和各自任务的基础上通过密集的多边联系、互利和交互式的合作来完成共同追求的目标。网络的基本构成要素是众多的节点和节点之间的相互关系，在网络型组织中，节点可以由个人、企业内的部门、企业或是它们的混合组成，每个节点之间都以平等身份保持着互动式联系。如果某一项使命需要若干个节点的共同参与，那么它们之间的联系会有针对性地加强。

随着知识经济和网络技术的快速发展，许多建筑企业纷纷寻找跨企业、跨行业、跨国界的组织兼并与联合，企业组织模式向网络化的方向发展成为可能。建筑企业之间的兼并呈现出"强强联合"态势，即集中双方的资源优势、人才优势、技术优势和市场优势，达到信息、技术、市场、管理、人才的优化配置，取长补短，以此降低生产经营成本，使兼并或联合后的企业更具竞争力。这种通过联合和兼并等途径所形成的建筑企业组织结构的大量出现，使建筑企业呈现出明显的以横向一体化为特征的网络化趋势。

（五）建筑企业学习化

1. 学习型组织的概念及意义

学习型组织，是指通过培养弥漫于整个组织的学习氛围，充分发挥员工的创造性思维能力而建立起来的一种有机的、柔性的、扁平化的，符合人性的、能持续发展的组织。随着建筑企业经营机制改革的不断深化，面对企业求生存、求盈利的压力，企业要想立于不败之地，关键在于建立一个能够促进企业不断学习、不断改进思维方式、提高思想认识水平的机制，将企业逐步改造，过渡为符合这种机制的组织的管理理论、经验与方法。创建学习型组织是一项重要的战略行动，无论对于单个企业，还是建筑企业战略联盟，都具有非常重要的战略意义。

2. 学习型组织的五项修炼

由美国学习理论专家彼得·圣吉提出的学习型组织理论认为，学习型组织演变成一项创新需要五项技能的支撑。他称这五项学习型组织的技能为五项修炼，这也是学习型组织建立的五大原则：自我超越、改善心智模式、建立共同愿景、团体学习、系统思考。

3. 建筑企业创建学习型组织的条件

（1）建立创新理念。

观念创新：思想是行动的先导，观念上的滞后是学习型企业难以建立的最大障碍，只有不断扭转以前落后的学习观念，才能加快学习型企业的形成和发展，才能增强企业的竞争实力，使企业在未来的竞争中处于有利地位。

组织创新：企业培训机构最重要的任务不是向员工传授、灌输知识，而是培养员工学习的兴趣、学习的动力，更重要的是学会学习的能力。尊重、鼓励中下层组织的学习能力和创新能力，进行组织结构调整，发挥培训机构的积极作用，是建立学习型企业的重要条件。

制度创新：学习制度是学习型企业建立的根本性和全局性的问题。建立健全企业的学习制度，就是要使学习制度与考核评价制度、工资福利制度、人事组织制度有效衔接，形成科学的学习激励机制。

领导创新：企业领导对学习型企业的创建起着最为关键的作用。企业领导的引导和激励作用具有巨大的影响，企业领导要起到培养、教育下级，评判、监督实施，率先垂范以及创造发展条件等重要作用。

（2）创建学习型战略联盟。为了进一步增强实力，强强联合，向战略伙伴学习其优点，取长补短，建立学习型战略联盟是重要途径。把介于企业和市场之间的联盟创建为学习型组织，对于提升企业战略联盟的竞争实力和合作质量具有深远意义。

4. 建筑企业创建学习型组织的措施

企业每一个员工、每一个部门、每一个子单位，都要有一个学习的近期计划和远期规划。学习型组织拥有三个层次的含义，即建立学习型组织要从个人的学习、组织的学习和平等精神这三个层次出发。

从个人学习的层面来看：促进个人学习，必须建立员工理性思考和系统思考的思维方式。理性思考有两个基础：一是自我意识，二是自控能力。员工自我意识的真正迸发，是理性的前提。

从组织学习的层面来看：通过组织学习，可以使组织具有明显高于其他企业的竞争能力、经营实力和技术实力。促进组织学习，可以采取如下措施：建立目标管理体制；建立企业信息管理系统；建立双向沟通机制；规范化与自由化并举。

第三节　建 筑 企 业 控 制

建筑企业控制有两种理论，第一种为建筑企业控制理论，第二种为建筑企业承包理论。第一种理论包括三个层次：一是对建筑企业职能部门的管理，表现为绩效管理或岗位承包责任制；二是建筑企业对建设项目的控制，表现为授权、合同归口管理等；三是对建筑企业的第三产业实行包干管理。第二种理论主要包括两个方面：一是建筑企业内部职能部门的承包，实行岗位目标承包责任制；二是生产经营单位的承包，实行经济承包责任制。本节主要介绍第一种理论。

一、建筑企业职能部门绩效管理

（一）绩效管理的概念

绩效（Performance）指工作成绩和经营成果。建筑企业作为一个经济实体，其目的就是赢利，衡量一个建筑企业经营成果的指标之一是企业利润，建筑企业绩效管理就是为企业利润服务的。建筑企业绩效管理（Performance Management）就是管理者通过一定的方法和制度，确保企业及其部门和员工个人等元素的业务成果能够与组织战略目标保持一致并促进组织战略目标实现的过程。绩效管理有以下作用：

（1）绩效管理是实现部门目标及公司发展战略的基础管理保障。

（2）绩效管理是促进业务目标达成的必要手段。

（3）绩效管理是所有管理者的基本职责之一。

（4）管理者与下属持续的沟通是达成绩效管理效果的核心。

（二）绩效管理的方式

建筑企业的绩效管理适用于全体员工，包括管理层和普通员工。因为不同的绩效管理对象承担不同的工作职责，因此应根据其特点实施不同的绩效管理方式。

管理层的特点：对建筑企业生产经营结果负有决策责任，并具有较为综合的影响力。因此对管理人员的考核，应采用量化成分较多，约束力较强，独立性较高，以最终结果为导向的绩效管理方式。

普通员工的特点：工作基本由上级安排和设定，依赖性较强，工作内容单纯，对生产经营结果只有单一的、小范围的影响。因此对普通员工的绩效管理，应采用量化成分少、需要上下级随时、充分沟通，及以工作过程为导向的绩效管理方式。

（三）建筑企业绩效管理的过程

建筑企业绩效管理的过程，就是如何密切监控企业运营情况，使企业向既定目标迈进的过程。它包含以下过程：

首先，要制定一个具体的（反映阶段的比较详细的目标）、可衡量的（可量化的）、可达到的（可以实现的）、相关的（与公司及部门目标一致的）、以时间为基础（阶段时间内）的目标。

其次，考核者与被考核者根据部门职能和岗位职责充分沟通，确定员工在考核期内的工作计划，并对每项工作（绩优和不良关键事件）达成共识。

再次，被考核者按照计划开展工作，直接上级给予指导。在指导过程中既要对员工的成绩认可，又要对员工实现目标进行帮助和支持。同时考核者对被考核者的工作表现适当记录，作为考核依据。

最后，考核者按规定标准进行打分，将考核结果提交考核部门审核。考核部门根据考核结果，给被考核者绩效报酬，报酬形式包括工资、奖金、股权、福利、机会、职权等。

二、建筑企业承包责任制

（一）项目承包责任制概述

工程项目是建筑企业生产经营的基础，是企业经济效益的源头，是塑造企业形象的窗口，是培养人才的摇篮，是企业生存和发展的根本保证。承包责任制作为一种经济管理模式，在强化建筑企业内部管理，降低项目成本方面有明显的效果。承包责任制具有以下特征：

从主体上看，承包的一方为建筑企业，另一方为该企业内部的部门或个人（或数人），且承包方的负责人一般会被任命为项目经理。同样项目经理部也与项目成员签订承包合同。

从费用上看，承包方要按工程标的金额一定比例向单位缴纳管理费（承包费），此费用为固定的收取，无论项目盈亏。

从参与程度上看，工程由承包方组织施工，单位各职能部门参与项目的管理，包括工程项目质量、工期及成本控制等，同时协助承包方办理与业主的结算。

从风险上看，项目最终结算后的盈亏风险由承包人全部承担或由双方分担。

（二）项目承包合同

项目承包合同由企业主管与项目经理/部签订或项目经理/部与项目成员签订（以下只论述公司与项目经理/部的承包合同，因项目经理/部与项目成员的承包合同与公司与项目经理/部的承包合同类似，不再论述），它是根据合同和经营管理目标要求明确规定项目经理/部/成员应达到的成本、质量、进度和安全等控制目标的文件。

公司管理层应对项目经理/部承包合同的实施和完成情况进行考核，根据考核结果和奖惩规定，对项目经理、项目经理部进行奖罚。

1. 承包合同编制依据

（1）项目合同文件。

（2）组织管理制度。

（3）项目管理规划大纲。

（4）企业经营方针和目标。

（5）其他相关文件，如企业制定的企业承包责任系数标准等。

2. 承包合同编制内容

（1）工程项目施工进度、质量、安全、成本等管理目标的具体内容和要求。

（2）企业与项目经理/部的责任、权限和利益分配。

（3）项目需用资源的提供方式和核算办法。

（4）法人代表或总经理向项目经理委托的其他事项。

（5）项目经理/部应承担的风险。

（6）对项目经理/部进行奖惩的依据、标准和办法。

（7）其他规定。

（三）项目承包责任制考核

对项目经理/部的考核要坚持企业发展规划和现状相结合、考核指标设置和企业各项管理制度相结合、管理责任目标和现场实际情况相结合、项目经理/部自我完善与企业管理层监管相结合的原则。企业管理层对项目经理/部考核分过程考核和最终考核两种类型。过程考核和最终考核指标根据企业依据施工合同、管理要求、责任成本指标及企业发展规划等制定。考核内容包括进度管理、质量管理、安全文明施工、成本管理、资金管理等方面。其考核过程如下：

（1）建筑企业应建立考核领导小组，并指定牵头部门，进度、质量、安全、成本及财务等职能部门派员任考核领导小组成员。

（2）建筑企业结合工程实施的总工期，按有序可控、合理安排的原则制定考核周期，由牵头部门根据周期制定考核计划，并在项目开工前下达。此外，还要求被考核的项目经理/部每次考核前，按考核内容和指标要求进行自我考核评价，形成自我考核评价意见上报牵头组织部门，以强化项目经理/部自我改进能力。

（3）将考核结果汇总，建筑企业根据承包合同，将考核结果与项目经理/部薪酬等奖励挂钩。

三、建筑企业对项目的控制

（一）授权管理

授权以人为对象，建筑企业将完成某项工作所必需的权力授给企业代理人。即建筑企业将处理用人、用钱、做事、交涉、协调等决策权移交给代理人，代理人承担完成该项工作的必要责任。授权必须采用书面形式，授权由建筑企业法定代表人向代理人签发授权委托书；授权委托书应当表明代理人的姓名、代理事项、代理的权限范围和代理的有效期，并由公司法定代表人签名及加盖公司印章。它适用于以下范围：

（1）业主合同、投标文件的审批。

（2）分包商/供应商选择的授权。

（3）分包商/供应商合同审批的授权。

（4）分包商工程款和供应商货款支付的审批。

（二）合同归口管理

1. 合同归口管理的组织

合同归口管理实际上是指按赋予的权利和承担的责任，各司其事、各负其责，由一个特定的部门按规定的管理渠道对项目合同及企业合同实施管理。对于建筑企业，一个完整的合同管理组织体系如图2-11所示。

这个体系主要由公司领导层、公司执行层、项目执行层构成以及附加组织构成。公司领导层主要由分管领导及专家委员会构成，公司执行层主要由公司归口管理部门及配合部门构成，项目执行层主要由各项目管理团队构成。这些结构组合在一起，形成了完整的合同管控系统。其主要组成部门的职责如下：

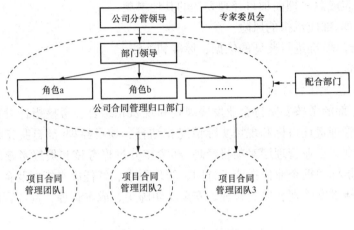

图 2-11　合同管理组织体系

（1）公司分管领导的主要职责。

1）对公司是否进行投标进行评审；

2）对合同进行评审，并对合同管理情况进行检查等。

（2）公司归口管理部门主要职责。

1）制定公司合同管理制度；

2）监督、指导、协助合同承办单位合同的签订和履行；

3）编制合同管理报告；

4）负责合同归档管理工作；

5）负责合同专用章的管理等。

（3）项目合同管理团队主要职责。

1）收集、整理起草合同所需资料；

2）召集相关人员与对方进行谈判，并起草合同；

3）负责将合同报送归口部门组织评审，并根据评审后的意见修改合同；

4）负责项目合同的建档管理和履行，及时解决合同履行中出现的问题；

5）合同完成后，将合同移交相关部门存档等。

2. 合同归口管理的流程

合同管理流程是指合同管理活动中一系列相互关联行为的序列结构，它反映了这些活动的先后顺序、承转关系，制约、推进和输入输出的客观规律。在建筑企业合同管理中，流程主要有两类：收入合同流程和支出合同流程。尽管这两类合同的类型不同，但管理的流程是一样的。根据合同的周期、合同类型以及合同管理的组织，形成的合同管理流程如图 2-12 所示。

（三）成本控制

1. 成本控制的含义和内容

控制工程成本，提高经济效益是建筑企业最终追求的目标，是建筑企业生存与发展的根本保证。成本控制的根本目的在于通过成本管理的各种手段，达到最低的目标成本的要求。成本控制是对建筑企业生产经营过程中发生的各种耗费进行控制，成本控制工作贯穿于从投

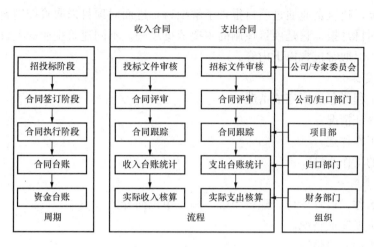

图 2-12 合同管理流程

标开始到竣工结算全过程中。它有广义和狭义之分。广义成本控制就是对成本管理的各个环节和方面进行全过程的控制，包括成本预测、成本计划、成本日常控制、成本分析和考核等一系列环节。狭义成本控制也称成本的日常控制，主要是对施工阶段的成本控制，即运用一定的方法将施工过程中的成本耗费限制在预先确定的计划成本范围内，然后通过分析实际成本与计划成本之间的差异，找出原因，采取对策以降低成本。从全过程成本控制来看，成本控制的关键源头是投标阶段，而在施工准备工作阶段、施工阶段，一直到竣工结算阶段等过程的成本管理和控制是建筑企业节流阶段，直接关系到建筑企业效益的好坏。

2. 成本控制的流程

成本控制通常包含以下内容：一是建筑企业根据项目预算、竣工结算书、分包结算书，编制项目竣工财务报告及项目竣工决算报告，对项目预算进行审核；二是建筑企业根据项目预算、项目竣工财务报告及项目竣工决算报告编制审计报告，对项目竣工进行审计；最后是成本绩效审核，建筑企业根据项目预算及审计报告，对项目部或项目经理成本管理工作做出公正合理的评价。图 2-13 所示为某公司的成本控制流程。

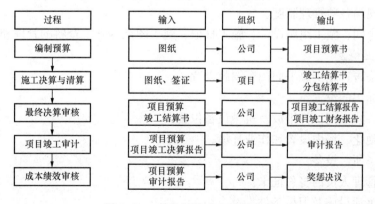

图 2-13 某公司的成本控制流程

（四）项目报告

项目报告包括：项目开工报告、项目月报、项目竣工报告等类型。其目的是使建筑企业了解项目的状况,建筑企业通过项目报告了解项目,进而对项目采取管控措施。在项目报告中最重要的是项目月报,它是项目控制的主要依据之一。不同建筑企业的项目月报都有不同的内容与要求,但通常包含以下内容。

1. 内容提要部分

(1) 本月工程形象进度完成情况。

(2) 工程签证情况。

(3) 本月工作评述。

(4) 本月的工作小结。

2. 具体内容部分

(1) 工程名称、设计单位、建设单位、施工单位简介。

(2) 形象进度完成情况。

(3) 本月工程质量情况。

(4) 本月成本情况。

(5) 本月安全情况。

(6) 工程签证情况。

(7) 本月工作小结。

(8) 下月工作计划。

(五) 现场检查

建筑企业对项目的现场控制,主要通过现场检查来实现,通常建筑企业对现场的检查包含以下三个方面的内容。

1. 基本检查

(1) 相关手续是否办理。

(2) 劳务队伍资质。

(3) 农民工工资支付情况。

2. 工程项目基本情况检查

(1) 项目经理、技术负责人、质量、安全等管理人员到位情况。

(2) 施工现场各项管理制度。

(3) 施工合同、施工组织设计、施工日记、施工图纸等施工资料的管理和归档。

3. 文明施工检查

(1) 工程公告、施工总平面图等图牌设置。

(2) 各类标识的设置。

(3) 材料、构(配)件堆放及机械设备位置。

(4) 地面硬化、场内设置和作业环境。

(5) 办公场所、设备。

(6) 主要管理人员的身份证卡。

(7) 员工生活设施及卫生条件。

(8) 环境污染和危害的防范措施。

(9) 建筑垃圾和渣土是否堆放在指定地点并定期清理。

(10) 施工现场封闭管理措施。

四、建筑企业的激励机制

（一）激励的含义和功能

激励的原意是指人在外部条件刺激下出现的心理紧张状态，它有三个要素：激励对象、激励方式和激励效应。建筑企业激励就是指领导者通过了解员工的需要，采取一定手段，激发员工的动机，使其产生内在的动力，主动向组织所期望的目标努力，最终确保组织目标和个人目标实现的心理和行为过程。

建筑企业激励的功能表现在：形成良好的人际关系；发挥员工的潜能；提高员工的主动性、积极性、创造性。激励的最主要作用是通过动机的激发，调动被管理者工作的积极性和创造性，自觉自愿地为实现组织目标而努力。

（二）激励的过程

激励的具体过程表现为：在各种管理手段与环境因素的刺激（诱因）下，被管理者未被满足的需要（驱力）被强化；从而造成心理与生理紧张，寻找能满足需要的目标，并产生要实现这种目标的动机；由动机驱使，被管理者采取努力实现上述目标的行为；目标实现，需要满足，紧张心理消除，激励过程完结。当一种需要得到满足后，人们会随之产生新的需要，作为未被满足的需要，又开始了新的激励过程。这一过程如图 2-14 所示。

（三）激励理论

1. 马斯洛的需要层次理论

这一理论由美国社会心理学家马斯洛
（图 2-15）于 1943 年在《人类激励理论》
论文中所提出，也称"基本需求层次理
论"，是行为科学的理论之一。他将需要理论分为五个层次，如图 2-16 所示。

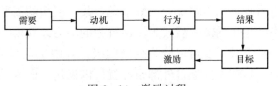

图 2-14　激励过程

马斯洛(1908—1970)出生
于纽约市布鲁克林区。美国
社会心理学家、人格理论家
和比较心理学家，人本主义
心理学的主要发起者和理论
家，心理学第三势力的领导人

图 2-15　马斯洛

图 2-16　需要层次理论

（1）生理需要。生理上的需要是人们最原始、最基本的需要，如吃饭、穿衣、住宅、医疗等。若不满足，则有生命危险。这就是说，它是最强烈的不可避免的最底层需要，也是推动人们行动的强大动力。

（2）安全需要。这是人类要求保障自身安全，摆脱事业和丧失财产威胁，避免职业病的侵袭及接触严酷的监督等方面的需要。马斯洛认为，人的感受器官、效应器官、智能和其他能量主要是寻求安全的工具，甚至可以把科学和人生观都看成是满足安全需要的一部分。当然，当这种需要一旦相对满足后，也就不再成为激励因素了。

（3）社交需要。社交的需要也称为归属与爱的需要，是指个人渴望得到家庭、团体、朋友、同事的关怀、爱护、理解，是对友情、信任、温暖、爱情的需要。社交的需要比生理和安全的需要更细微、更难捉摸。它与个人性格、经历、生活区域、民族、生活习惯、宗教信仰等都有关系，这种需要是难以察觉、无法度量的。

（4）尊重需要。人人都希望自己有稳定的社会地位，要求个人的能力和成就得到社会的承认。尊重的需要又可分为内部尊重和外部尊重。内部尊重是指一个人希望在各种不同情境中有实力、能胜任、充满信心、能独立自主。内部尊重就是人的自尊。外部尊重是指一个人希望有地位、有威信，受到别人的尊重、信赖和高度评价。马斯洛认为，尊重需要得到满足，能使人对自己充满信心，对社会满腔热情，体验到自己活着的用处和价值。

（5）自我实现需要。这是最高层次的需要，它是指实现个人理想、抱负，发挥个人的能力到最大程度，完成与自己的能力相称的一切事情的需要。也就是说，人必须干称职的工作，这样才会使他们感到最大的快乐。马斯洛提出，为满足自我实现需要所采取的途径是因人而异的。自我实现的需要是在努力实现自己的潜力，使自己越来越成为自己所期望的人物。

五种需要像阶梯一样从低到高，按层次逐级递升，但次序不是完全固定的，可以变化，也有种种例外情况。一般来说，某一层次的需要相对满足了，就会向高一层次发展，追求更高一层次的需要就成为驱使行为的动力。获得基本满足的需要就不再是一股激励力量。

五种需要可以分为高低两级，其中生理需要、安全需要和社交需要都属于低一级的需要，这些需要通过外部条件就可以满足；而尊重需要和自我实现需要是高级需要，他们是通过内部因素才能满足的，而且一个人对尊重和自我实现的需要是无止境的。同一时期，一个人可能有几种需要，但每一时期总有一种需要占支配地位，对行为起决定作用。任何一种需要都不会因为更高层次需要的发展而消失。各层次的需要相互依赖和重叠，高层次的需要发展后，低层次的需要仍然存在，只是对行为影响的程度大大减小。

2．麦克莱兰的激励需要理论

（1）麦克莱兰的激励需要理论。戴维·麦克莱兰（图2-17）是美国著名的社会心理学家，以三种需要理论而著称。他从20世纪40～50年代起就开始对人的需求和动机进行研究，提出了著名的激励需要理论，也称三种需要理论（Three Needs Theory）。麦克莱兰注重研究人的高层次需要与社会性的动机，强调采用系统的、客观的、有效的方法进行研究，他提出了个体在工作情境中有三种重要需要。

戴维·麦克莱兰(1917—1998)，出生于美国纽约州弗农山庄，美国社会心理学家，1987年获得美国心理学会杰出科学贡献奖

图2-17　戴维·麦克莱兰

1）权力的需要。麦克莱兰和其他一些研究者发现，具有高度权力需要的人，对发挥影响力的控制都特别重视。这种人一般都追求得到领导的职位，他们往往是健谈者，还常常是好议论的；他们性格坚强，敢于发表意见，头脑冷静且敢于要求；而且他们爱教训别人和公开讲话。

2）归属的需要。有高度归属需要的通常从受到别人喜爱中得到乐趣，并往往避免被社会集体所排斥而带来痛苦。作为个人，他们既能关心并维护融洽的社会关系，欣赏亲密友好和理解的乐趣；也能随时可以抚慰和帮助处境困难的人，并且乐意同别人友好交往。

3）成就的需要。有高度成就需要的人，既有强烈的求得成功的愿望，也有同样强烈的失败的恐惧，他们希望受到挑战，爱为自己设置一些有适度困难（但不是无法达到）的目标，并对风险采取现实态度；他们不可能是投机商人，但更喜欢分析和评价问题，能为完成任务承担个人责任，喜欢对他们怎样进行工作的情况得到明确而迅速的反馈，往往不爱休息，喜欢长时间地工作，假如遭到失败也不会过分沮丧，并且喜欢独当一面。

（2）麦克莱兰激励需要理论的主要观点有：

1）不同的人对权力需要、成就需要、情谊需要的排列层次所占的比重是不同的。

2）具有高成就需要的人，喜欢通过努力独立解决问题，所选择的目标有一定的难度，但经过努力是可以达成的，成就至上，并且希望得到大家尤其是上司的认可。

3）成就需要的高低，对于一个人的发展，一个企业的发展和一个国家的发展都起着很重要的作用。

4）成就需要可以通过教育培训来达成。

3. 赫茨伯格的双因素理论

双因素理论又称为激励保健理论，是美国的行为科学家弗雷德里克·赫茨伯格（图2-18）提出来的，也称为"双因素激励理论"。20世纪50年代末期，赫茨伯格在美国匹兹堡地区对二百名工程师、会计师进行了调查访问。结果他发现，使员工感到满意的都是属于工作本身或工作内容方面的；使员工感到不满的，都是属于工作环境或工作关系方面的。他把前者称为激励因素，后者称为保健因素。

弗雷德里克·赫茨伯格(1923—2000) 美国心理学家、管理理论家、行为科学家，双因素理论的创始人。赫茨伯格曾获得纽约市立学院的学士学位和匹兹堡大学的博士学位，以后在美国和其他30多个国家从事管理教育和管理咨询工作，是犹他大学的特级管理教授，曾任美国凯斯大学心理系主任

图2-18 弗雷德里克·赫茨伯格

（1）保健因素。保健因素的满足对员工产生的效果类似于卫生保健对身体健康所起的作用。保健从人的环境中消除有害于健康的事物，它不能直接提高健康水平，但有预防疾病的效果；它不是治疗性的，而是预防性的。保健因素包括公司政策、管理措施、监督、人际关系、物质工作条件、工资、福利等。当这些因素恶化到人们认为可以接受的水平以下时，就会产生对工作的不满意。但是，当人们认为这些因素很好时，它只是消除了不满意，并不会导致积极的态度，这就形成了某种既不是满意、又不是不满意的中性状态。

（2）激励因素。赫茨伯格认为传统的激励假设，如工资刺激、人际关系的改善、提供良好的工作条件等，都不会产生更大的激励；它们能消除不满意，防止产生问题，但这些传统的"激励因素"即使达到最佳程度，也不会产生积极的激励。按照赫茨伯格的意见，管理当局应该认识到保健因素是必需的，不过它一旦使不满意中和以后，就不能产生更积极的效果。只有"激励因素"才能使人们有更好的工作成绩。

4. 弗鲁姆的期望理论

对激励问题研究较全面的是激励过程的期望理论。这一理论由美国行为学家弗鲁姆（图 2-19）于 1964 年在《工作与激励》一书中提出。期望理论认为，一种行为倾向的强度取决于这种行为可能带来的结果的期望强度，以及这种结果对行为者的吸引力。其理论框架如图 2-20 所示。

埃里希·弗鲁姆(1900—1980)，是20世纪著名的心理学家和哲学家，是精神分析的社会文化学派中对现代人的精神生活影响最大的人物，是“精神分析社会学”的奠基人之一

图 2-19 埃里希·弗鲁姆

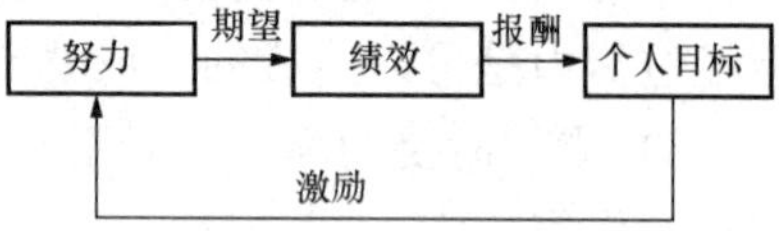

图 2-20 期望理论模型

（1）期望理论的基本假设。

1）个人和环境的组合力量决定一个人的行为，仅有个人或仅有环境是不可能决定一个人的行为的，人们带着各种各样的期望加入组织，所有这些期望将影响他们对组织的回报。

2）人们决定他们自己在组织中的行为，有许多东西限制人们的行为，尽管如此，人们还是做出两条清醒的决定：决定是否来工作，是留在原公司还是跳槽到新公司；决定他们在完成工作时付出的努力程度。

3）不同的人有着不同类型的需求和目标，人们希望从他们的工作中得到不同的成果。

4）人们根据他们对一个假设的行为将带来的希望获得成果的程度，在变化的情况中来做出他们的决定，人们倾向做那些他们认为将导致他们所希望的回报的事情，而避免做那些他们认为将导致他们所不希望的后果的事情。

（2）期望理论的基本内容。一般来说，期望理论认为人们对于他们期望从工作中得到什么有自己的需求或主意，他们据此来决定他们加入怎样的公司和在工作中付出多大的努力，因此人们并非生来就受激励或不受激励的，激励取决于人们所面临的环境以及它如何满足人们的需求。其基本内容主要是弗鲁姆的期望公式和期望模式。弗鲁姆认为，人总是渴求满足一定的需求并设法达到一定的目标。这个目标在尚未实现时，表现为一种期望，这时目标反过来对个人的动机又是一种激发的力量，而这个激发力量的大小，取决于目标价值（效价）和期望概率（期望值）的乘积。弗鲁姆的期望理论公式可以表示为

$$积极性=目标价值\times期望概率$$

$$激发的力量=\Sigma（目标价值\times期望概率）$$

目标效价大小直接反映人的需求动机强弱，期望值反映人实现需求和动机的信心强弱。这个公式说明：假如一个人把某种目标的价值看得很大，估计能实现的概率也很高，那么这个目标激发动机的力量越强烈。当一个人认为实现某个目标无足轻重时，效价为零；而当他认为目标实现反而对自己不利时，效价是负的。这两种结果当然都不会是激励力。同样，如果期望率为零或负时就不会激励一个人去实现目标。

5. 亚当斯的公平理论

（1）公平理论概述。公平理论是由美国学者亚当斯（图 2-21）在综合有关分配的公平

概念和认知失调的基础上，于 20 世纪 60 年代提出的一种激励理论。公平理论的基本观点是：公平来自两方面，每个人会不自觉地把自己付出劳动的所得报酬与他人付出劳动的所得报酬进行横向的比较，也会对自己过去和现在付出劳动的所得报酬进行历史比较。因此，他要进行种种比较来确定自己所获报酬是否合理，比较的结果将直接影响今后工作的积极性。比较有两种，一种比较称为横向比较，一种比较称为纵向比较。

亚当斯(1925—)，美国管理心理学家、行为科学家，美国北卡罗来纳大学著名的行为学教授。他通过社会比较来探讨个人所作的贡献与所得奖酬之间的平衡关系，着重研究工资报酬分配的合理性、公正性及其对员工士气的影响

图 2-21　亚当斯

1）横向比较。所谓横向比较，即一个人要将自己获得的"报偿"与自己的"投入"的比值与组织内其他人做社会比较，只有相等时他才认为公平。如下式所示

$$OP/IP = OC/IC$$

式中　OP——自己对所获报酬的感觉；

OC——自己对他人所获报酬的感觉；

IP——自己对个人所作投入的感觉；

IC——自己对他人所作投入的感觉。

或　　　　　　　　自己的收入/自己的投入＝他人的收入/他人的投入

收入包括工资、职位晋升、表扬、重视、尊重、奖励等。投入包括工作努力程度、学历、工作年限与经历等。

这种理论的心理学依据，就是人的知觉对于人的动机的影响关系很大。一个人不仅关心自己所得所失本身，而且还关心与别人所得所失的关系。人们是以相对付出和相对报酬全面衡量自己的得失。如果得失比例和他人相比大致相当时，就会心理平静，认为公平合理心情舒畅。比别人高则令其兴奋，是最有效的激励，但有时过高会带来心虚，不安全感激增。低于别人时产生不安全感，心理不平静，甚至满腹怨气、工作不努力、消极怠工。因此分配合理性常是激发人在组织中工作动机的因素和动力。

2）纵向比较。所谓纵向比较，即把自己目前投入的努力与目前所获报偿的比值，同自己过去投入的努力与过去所获报偿的比值进行比较，只有相等时他才认为公平。如下式所示

$$OP/IP = OH/IH$$

式中　OH——自己对过去所获报酬的感觉；

IH——自己对个人过去投入的感觉。

因此领导者应该关注员工的这种心理，不管这种不公平感是员工自身的原因所致（对自己自视过高），还是来自组织的原因（组织中奖励存在不公平的地方），都应该引起领导者的高度重视，尽力消除这种不公平感引起的弊端。

（2）不公平的后果。

1）改变付出：报酬偏低的员工会以降低努力的形式来平衡年底的报酬（消极怠工）。

2）改变结果：改变自己的产出（如增加产量但是降低质量）。

3）改变自我认知（如夸大自己的贡献）。

4）离开原有环境（调职）。

5）改变对他人的看法。

6）另选比较对象（比上不足，比下有余）。

6．斯金纳的强化理论

强化理论是美国的心理学家和行为科学家斯金纳（图 2-22）等人提出的一种理论。他在心理学的学术观点上属于极端的行为主义者。他提出了一种"操作条件反射"理论，认为人或动物为了达到某种目的，会采取一定的行为作用于环境。当这种行为的后果对他有利时，这种行为就会在以后重复出现；不利时，这种行为就减弱或消失。这种理论主张对激励进行针对性刺激，只看员工的行为及结果之间的关系，而不是突出激励的内容和过程。人们可以用这种正强化或负强化的办法来影响行为的后果，从而修正其行为，这就是强化理论，也叫作行为修正理论。强化理论的内容见表 2-5。

斯金纳(1940—1990)，于1931年获得哈佛大学的心理学博士学位，并于1943年回到哈佛大学任教，直到1975年退休，1968年曾获得美国全国科学奖章，是第二个获得这种奖章的心理学家

图 2-22　斯金纳

表 2-5　　　　　　　　　强　化　理　论

强化方法	激励目的	表　现
正强化	重复所希望的行为，使人得到满意的结果	奖励、表扬等
惩戒	减少不希望的行为，使人得到不满意的结果	罚款、批评等
负强化	重复所希望的行为，使人避免得到不满意的结果	制定规章制度
自然消退	减少不希望的行为	冷处理

第一种：正强化，又称积极强化。当人们采取某种行为时，能从他人那里得到某种令其感到愉快的结果，这种结果反过来又成为推进人们趋向或重复此种行为的力量。例如，企业用某种具有吸引力的结果（如奖金、休假、晋级、认可、表扬等），以表示对员工努力进行安全生产的行为的肯定，从而增强员工进一步遵守安全规程进行安全生产的行为。

第二种：负强化，又称消极强化。它是指通过某种不符合要求的行为所引起的不愉快的后果，对该行为予以否定。若员工能按所要求的方式行动，就可减少或消除令人不愉快的处境，从而也增大了员工符合要求的行为重复出现的概率（可能性）。例如，企业安全管理人员告知工人不遵守安全规程，就要受到批评，甚至得不到安全奖励，于是工人为了避免此种不期望的结果，而认真按操作规程进行安全作业。

第三种：惩戒，是负强化的一种典型方式。它是在消极行为发生后，以某种带有强制性、威慑性的手段给人带来不愉快的结果，或者取消现有的令人愉快和满意的条件，以表示对某种不符合要求的行为的否定。

第四种：自然消退，又称衰减。它是指对原先可接受的某种行为不再强化。由于在一定时间内不予强化，此行为将自然下降并逐渐消退。例如，企业曾对员工加班加点完成生产定额给予奖酬，后经研究认为这样不利于员工的身体健康和企业的长远利益，因此不再发给奖酬，从而使加班加点的员工逐渐减少。

正强化是用于加强所期望的个人行为；负强化和自然消退的目的是减少和消除不期望发生的行为。这三种类型的强化相互联系、相互补充，构成了强化的体系，并成为一种制约或影响人的行为的特殊环境因素。

（四）建筑企业的激励模式

运用激励机制会使建筑企业发挥其巨大潜力。以上几种激励机制为建筑企业的激励机制的建立提供了参考。在实际中，只要选择适合本企业的激励模式形成激励机制，并采用相应的约束机制，合理地加以运用，就能使建筑企业在激烈的市场竞争中立于不败之地。如果激励模式选择不当，不仅起不到促进作用，反而会适得其反，挫伤员工积极性。以下是几种建筑企业可用的激励模式：

薪酬激励：这是一种建立在工资、福利、奖金、津贴等以货币为主要支付方式，辅以一定的物质对企业的员工进行的激励行为。这种模式的劳动报酬与劳动成果挂钩，能够对员工产生极大的激励，是一种切实可行易于操作的激励模式。

精神激励：就是企业给员工在心理和精神上进行激励，让他们产生一种自我的优越感，从而积极地投身于工作的一种激励方式。

职业生涯计划：这是提供给员工的一项长期的激励方式。它能满足员工在企业中工作的过程中拥有自我完善与自我提高的一个系列过程，包括工作的民主性与参加有关决策的程度、工作技能培训计划与个人学习环境、职位晋升计划、合理的工作时间、退休金计划与社会保障问题等。目前，很多建筑企业已加强了这方面的工作执行力度，为员工提供了较多的职业培训和深造机会。

股票期权计划：是指在一定的时间内以约定的价格购买一定数量的企业股份的权利。它是一种面向建筑企业高级管理人员的一种长期激励计划。股票期权的激励作用来自这样的假定，即企业的股票价格在一定程度上受企业获利能力和利润增长的影响，而企业高级管理人员在相当程度上可以影响这些因素。当激励目标在管理者眼中来说是很容易实现的情况下，管理者就会积极地从事所干的工作以期得到股票期权所带来的收益。

管理层收购：即企业设立员工持股会。员工因此取得对公司的控股权，实现了对原有企业的收购与控制，使企业的管理层转化为企业真正的所有者，从而形成企业利益的共同体。这种激励方式是从员工成为企业的所有者以取得对公司的控制权这个角度来激励的。

项目承包管理（承包责任制）：很多建筑企业实行项目承包管理。员工为了得到预期的报酬，必须完成限定的任务。而想超额完成任务，就要在工作中发挥主观能动性，改进设备和技术方法，节约工、料、机等资源，以获取超额完成部分提成等额外报酬。

建筑企业一般由以下几类人员组成：临时用工、一般员工、技术人才、具备研发能力的员工、中层以下的管理型员工、中层及中层以上的管理者。针对不同的员工，应采用不同的激励方式才能得到理想的效果。另外，无论选择以上激励模式哪几种进行组合，都应遵照以下标准进行，才会产生更好的激励效果。

（1）所选模式能够给员工以尊重、支持和信任；

（2）所选模式能够激励企业领导人和管理者充分发挥自己的聪明才智，创造优异的业绩，为企业的发展做更大的贡献；

（3）所选的模式能够在平等竞争、公平公正的原则下，实行责权利相结合，劳动报酬与劳动成果相联系。

本 章 习 题

1. 查阅文献，分析施工企业、设计院、监理企业的工作分解结构。

2. 如何进行建筑企业组织设计？

3. 如何进行绩效管理？

4. 查阅文献，分析建筑企业的控制体系。

5. 分析承包责任合同构成。

第三章　建筑企业战略管理

 本章概要

1. 企业战略、企业战略管理及建筑企业战略管理的基本概念与内容；
2. 建筑企业内外部环境分析；
3. 建筑企业战略态势的选择；
4. 建筑企业成长战略。
5. 建筑企业战略选择与实施。

第一节　企业战略管理导论

一、企业战略管理的相关概念

（一）企业战略的概念

什么是企业战略？在西方战略管理文献中没有一个统一的定义，不同学者赋予企业战略不同的含义。美国哈佛大学商学院教授安德鲁斯（Andrews）认为，战略是通过一种模式，把企业的目标、方针、政策和经营活动有机地结合起来，使企业形成自己的特殊属性和竞争优势，将不确定的环境具体化，以便较容易地着手解决这些问题。美国著名战略学家安索夫（Ansoff）则认为，战略构造应是一个有控制、有意识的正式计划过程；企业的高层管理者负责计划的全过程，而具体制订和实施计划的人员必须对高层管理者负责，通过目标、项目、预算的分解来实施所制定的战略计划。而加拿大麦吉尔大学管理学教授明茨伯格（Mintzberg）提出了企业战略的5P，即计划（Plan）、计策（Ploy）、模式（Pattern）、定位（Position）和观念（Perspective），从五个不同角度对战略加以阐述。综上所述，企业战略是以企业未来发展为基点，为寻求和维持持久的竞争优势而做出的有关全局的重大筹划和谋略。

（二）企业战略的特征

尽管战略学家对企业战略的内涵有着不同的理解，但对于企业战略特征的认识并没有太大的分歧。概括起来，企业战略具有如下的特征。

1. 全局性

企业战略突出的特征就是对全局的把握，战略家必须有较好的全局观。只有从全局出发考虑战略问题，才能使企业各方面、各阶段的问题在总方向的指引下得到正确的解决。战略的全局性特征，要求企业战略必须根据企业总体发展的需要来制定，追求企业的整体效果。

2. 长远性

企业战略应以企业的长期生存和发展为出发点，研究长远的战略问题。企业战略考虑的是企业未来相当长一段时期内的总体发展战略，通常着眼于未来3～5年乃至更长远的目标。企业战略的长期性特征，要求把企业战略的制定和实施定位在未来，以适应时代发展的趋势和市场变化方向，而不是局限于当前要处理的问题。

3. 指导性

企业战略是对企业未来经营方向和目标的高度规划和计划，对企业经营管理的所有方面都具有指导意义。企业战略规定了企业在一定时期内的基本发展目标，以及实现这一目标的基本途径，从而对企业全体员工起着指导和激励作用。

4. 竞争性

企业在激烈的市场竞争中，不可避免地出现两极对抗或多极对抗，而且其竞争对手实力强劲。企业战略像军事战略一样，其目的也是为了克敌制胜，赢得市场竞争的主动权，因此，竞争性是企业战略非常明显的特征之一。

5. 创新性

企业战略往往是与未来的新趋势相联系的，它区别于以往的五年计划或长期计划的一个重要方面就是其创新性。企业为了生存和发展，就必须不断拓展新的经营领域，开创新的事业。企业战略的创新性源于企业内、外部环境的多变性，因循守旧的企业战略是无法适应时代发展要求的。

6. 风险性

企业战略是对未来发展的规划，然而环境总是处于不确定的、变化莫测的趋势中，任何企业战略都伴随有风险。企业战略的制定并不是企图消除风险，而是对风险的程度做出某种判断，并对风险的后果做出评估，然后做出正确的决策。

7. 适应性

企业战略应建立在现有的主观因素和客观条件基础上，一方面，企业战略必须与企业管理模式相适应，企业战略不应脱离现实可行的管理模式，而且管理模式也应适当调整以适应企业战略的要求；另一方面，企业战略也要与战术、策略、方法和手段等相适应，缺乏实施的力量和技巧，将导致企业战略难以取得好的结果。

8. 相对稳定性

企业战略一经制定后，应在较长时期内保持稳定（不排除局部调整），以利于企业各级单位、部门加以贯彻和执行。

（三）企业战略管理的概念

企业战略管理是从全局和长远的观点研究企业在竞争环境下，生存与发展的重大问题，是现代企业高层领导人最主要的职能，在现代企业管理中处于核心地位。企业战略管理包括企业战略设计、选择、控制和实施等一系列管理活动，涉及企业发展的诸多重大问题，如企业的经营方向、市场开拓、产品开发、科技发展、机制改革、组织机构改组、重大技术改造、筹资融资等。

二、建筑企业战略管理的必要性与紧迫性

（一）建筑企业战略管理的必要性

随着经济全球化进程的加快，我国建筑市场逐步对外开放，市场环境发生了剧烈变化。同时，我国建筑企业（大型承包商）也面临着更大的国际建筑市场竞争压力，有更多的机会与国际大型承包商同台竞争，加强建筑企业战略管理已成为企业求生存、谋发展的必然选择。

1. 实施战略管理是企业适应市场变化的需要

随着社会主义市场经济体制的建立与完善，我国建筑企业的性质、地位以及外部关系发生了变化。建筑企业不仅面对国内错综复杂的金融市场、生产资料市场、技术市场和信息市场，而且还要面对更加多变的国际市场，这就迫使企业必须研究环境变化趋势，认真谋划企业的发展战略。

2. 实施战略管理是优化组织结构和经营格局的需要

优化行业组织结构，加快形成大、中、小企业合理分工、有机联动、协调发展的经营格局，是行业发展的客观要求和必然趋势。未来几年，建筑企业的兼并、重组将不可避免地加速进行。建筑企业只有在内部与外部、微观与宏观、局部与全局结合的基础上，明确自己的战略战术，审时度势，顺势而上，才能求得新的发展。

3. 实施战略管理是提升企业竞争力的需要

随着我国建筑市场逐步对外开放，建筑企业的竞争对手不仅有国内规模各异、层次不同的企业，而且还有大量外资企业，这些竞争对手不仅争夺项目和市场，同时也争夺人才、资金、技术等资源。竞争的存在和激化迫使企业努力提高自身的竞争力，谋划竞争战略，在竞争中求生存，图发展。

4. 实施战略管理是企业长远发展的需要

企业必须从战略角度考虑企业的长远发展问题。只有认识到实施企业战略管理是增强企业实力、谋求企业长远发展的有力武器，才能争取经营主动性，实现企业与外部环境变化的动态平衡，在未来取得长足的发展。

（二）建筑企业战略管理的紧迫性

在建筑业这个特殊的行业中，虽然利润不菲，但是真正快速发展并长盛不衰的企业却不多。一些大型国有建筑企业或集团公司通过行政手段组建而成，虽然规模迅速扩大，产值成倍增长，但缺乏市场竞争的考验，缺乏企业内部治理机制和长远发展规划；一些工程总承包公司，还没有真正成为管理密集、资金密集和技术密集型企业；一些建筑企业实力不是很强，却把有限资源分散到不同的行业，盲目追求"多元化"，到头来只能是以己之短，攻人之长，四面出击而首尾难顾；还有一些建筑企业几乎是什么赚钱干什么，别人干什么我干什么，从而使企业在产品和业务结构方面出现了雷同趋势。这些都是由于缺乏战略管理而暴露出来的弊端。因此，建筑企业实施战略管理有其紧迫性。

三、建筑企业战略管理的特殊性及主要内容

（一）建筑企业战略管理的特殊性

我国建筑企业战略管理起步较晚，行业特征明显，形势发展逼人，实施战略管理有其必要性、迫切性，更有其特殊性。建筑企业战略管理的特殊性体现在以下几个方面。

1. 市场开拓战略是企业战略的重点

建筑产品的单件性、一次性特点导致其生产经营方式的特殊性。即需要企业不断开拓经营领域，多渠道承揽工程项目。因此，市场开拓能力是企业的核心能力，市场开拓战略是企业战略管理的重点和核心。

2. 产业结构调整与优化是战略管理的首要任务

建筑行业涉及面宽，进入门槛低，竞争十分激烈，产业趋同现象严重，迫切需要调整和优化产业结构，延伸建筑业产业链，向建筑业上、下游相关产业发展，形成工程总承包、施工总承包、专业承包、劳务分包的多层次、宽领域的经营格局。因此，调整与优化企业经营结构是战略管理的首要任务。

3. 战略管理具有动态性和不确定性

建筑企业面临复杂多变的环境，且对环境的依赖性大，生产经营具有动态性和不确定性，因此建筑企业应及时调整企业战略目标，优化内部组织架构，以更好地适应外部环境的变化。同时，建筑企业应重视市场细分与目标市场定位工作，强化企业竞争优势的培育和打造。

4. 人才战略具有特殊意义

我国建筑企业大多属劳动密集型，大量使用农民工、临时工和非技术工种工人，人员素质参差不齐、人员结构不合理，管理水平和利润水平有待提高。因此，人才战略有着特殊的意义，其战略的内容和侧重点也有所不同。建筑企业应重视人才战略，形成智力密集型、技术密集型、资金密集型和劳动密集型并存的发展格局。

5. 品牌战略是企业战略的重要内容

目前建筑市场竞争激烈，秩序较为混乱，社会呼唤建筑企业遵法守约，诚信经营。重视品牌战略，加强企业文化建设，提高业主满意度和社会信誉成为建筑企业战略管理的重要内容，这也是增强企业核心能力，促进企业持续发展的有效途径。

（二）建筑企业战略管理的主要内容

对于一个典型的企业来说，其战略内容包括公司战略、竞争战略及职能战略。

1. 公司战略

公司战略又称总体战略。公司战略研究的对象是一个由一些相对独立的业务组合成的企业整体，而公司战略是这个企业整体的战略总纲，是企业最高管理层指导和控制的一切行为的最高行动纲领。

从企业战略管理的角度来看，建筑企业公司战略的侧重点表现在以下三个方面：

（1）企业使命的确定。

（2）战略经营单位的划分及战略事业的发展规划。

（3）关键的战略经营单位的战略目标。

2. 竞争战略

竞争战略也称为业务战略或经营战略，它是在公司战略指导下，经营管理某一特定战略经营单位的战略计划，是公司战略之下的子战略。它的重点是要解决企业如何在选定的行业领域内与对手展开有效的竞争，即主要解决的是竞争手段问题，竞争战略问题是企业赖以生存和与竞争对手争夺市场的基本工具。

从企业外部来看，建筑企业竞争战略的目的是使企业在某一个特定的经营领域或细分市场中取得较好的效果——努力寻求建立什么样的竞争优势。从企业内部来看，是为了对那些影响企业竞争成败的市场因素的变化做出正确的反应，并协调和统筹安排那些影响企业竞争优势的生产、财务、研究和开发、市场开拓、人力资源等经营活动，竞争战略可以为这些经营活动的组织和实施提供直接指导。

3. 职能战略

职能战略是为贯彻、实施和支持公司战略与竞争战略而在企业特定的职能管理领域制定的战略，它的重点是提高企业资源的利用效率，使企业资源的利用效率最大化。企业职能战略是由一系列详细的方案和计划构成的，涉及企业经营管理的所有领域，包括财务、生产、销售、研究与开发、公共关系、采购、人事等各部门。实际上，职能战略是公司战略、竞争战略与实际达成预期战略目标之间的一座桥梁。如果能够充分地发挥各职能部门的作用，加强各职能部门的合作与协调，顺利地开展各项职能活动，特别是那些对战略的实施至关重要的职能活动，就能有效地促进公司战略、竞争战略的成功实施。

建筑企业的职能战略一般可分为市场开拓战略、技术创新战略、人力资源战略、资本运营战略、品牌战略、跨国经营战略等。

四、建筑企业战略管理过程

建筑企业战略管理是一个计划实施和评估的过程，共有九个步骤：

第一，确定建筑企业宗旨、目标。每个企业都有一个宗旨，它规定了企业的目的并回答了这样一个问题：我们到底从事的是什么事业？建筑企业的宗旨是生产能够满足社会和人们所需的各类建筑产品并提供优质服务，它的确定有利于管理者确定建筑企业的产品和服务范围。这也是建筑企业战略管理的起点。

第二，环境分析。在现今的经济社会中，建筑企业是不能自给自足的，它要同环境发生相互作用，并受环境的影响。企业环境在很大程度上决定着企业最高管理层决策的选择。

第三，发现机会和威胁。环境的变化对建筑企业来说是机会还是威胁，取决于建筑企业所控制的资源。建筑企业的管理层需要评估有哪些机会可挖掘，以及企业可能面临哪些威胁。

第四，分析企业的资源。无论具有多么强大竞争优势的建筑企业，其都在资源和技术等方面受到某些限制，不可能具有绝对优势。分析建筑企业的资源，需要回答这样一些问题：企业的现金流状况如何，施工人员的技术力量如何，新工艺、新技术、新材料开发和应用能力如何，施工质量和服务的水平如何等。

第五，识别优势和劣势。在分析建筑企业所拥有的资源的基础上，管理者应识别出本企业在与同行竞争中所具有的优势及所存在的问题。在充分发挥自己优势的同时，通过资源的有效整合弥补自身的劣势，提高企业整体的竞争能力。

第六，重新评价企业的宗旨和目标。把企业的优势和劣势、机会和威胁分析结合在一起，对企业的机会再评价，以便发现企业可能发掘的细分市场，进一步理清建筑企业的组织目标和宗旨，确定其发展方向。

第七，战略制定。以能够充分利用建筑企业的资源和企业外部环境的机会为准则，制定符合要求且可供选择的战略方案。寻求企业的恰当定位，获取领先于竞争对手的相对优势。

第八，实施战略。无论建筑企业的战略计划制定得多么有效和完善，如不能恰当地实施，仍存在其战略失败的可能。

第九，战略的控制与评价。建筑企业的最高管理层要对战略的实施效果进行评价，找出战略计划的成功与不足之处，进一步总结经验，寻求调整方法，以便今后获得更大的成功。

第二节　建筑企业内外部环境分析

一、建筑企业外部环境分析

每个企业都存在于一定的社会环境中，其生存和发展无可避免地要受到外部环境的影响。建筑业是受宏观环境波动影响明显的产业，分析建筑企业外部环境的现状和发展趋势，是进行战略管理的重要工作之一，更是制定战略规划的前提。建筑企业外部环境分析可划分为两部分：宏观环境分析和行业竞争分析。

（一）宏观环境分析

建筑企业宏观环境主要是由政治、经济、社会、技术四大要素构成，简称 PEST（Political，Economic，Social，Technological）。另外还有自然环境，即一个企业所在地区或市场的地理、气候、资源分布、生态环境等因素。由于自然环境各因素的变化速度较慢，企业较易应对，因而不作为重点研究对象。本部分主要以企业宏观环境分析的典型方法——PEST 分析法讲解建筑企业宏观环境分析的内容。

1. 政治法律环境

政治法律环境是指企业所处国家或地区的政治环境和法律环境。其中政治环境是指政局稳定状况、政治制度、政府行为、各政治集团状况等，法律环境主要是指一个市场所处地区的法律法规。建筑企业政治环境分析的内容主要包括保护消费者、保护环境、调整产业结构、引导投资方向的产业政策；建筑企业法律环境分析的内容主要包括保护企业反对不正当竞争、保护消费者、保护员工、保护公众权益免受不合理企业行为的损坏的法律法规。建筑企业要重点关注与自身行业密切相关的政治制度、法规动向，以及与本行业相关的社会热点事件、各政治集团所采取的态度和行动等。此外，对于国内建筑企业来说，对房地产市场泡沫、股市的涨跌以及政府部门出台的宏观调控政策和措施都要时时予以关注和深入了解。特别是国家政策的频繁变动和不断收紧，对国内建筑企业的决策造成了较为重大的影响。

2. 经济环境

所谓经济环境是指构成企业生存和发展的国际贸易、金融行情、国家经济政策和地区经济状况，其中地区经济状况又包括地区经济结构、经济发展水平、经济体制等。经济环境分析的内容包括国际贸易、金融行情、国家经济政策、国家财政收支状况、国内生产总值、人均 GDP 变动情况、经济增长速度、当地地区经济发展目标、产业结构、分配结构、消费结构、建筑相关行业能源、原材料价格变化情况分析。建筑企业要在充分考虑经济的增长率、税收水平、通货膨胀率、贸易差额和汇率、失业率、利率、信贷投放、政府补助等经济影响因素的基础上，进行经济环境分析。

3. 社会文化环境

社会文化环境是由特定的人口规模与地理分布、社会结构、历史文化、社会风俗习惯、信仰和价值观念、伦理道德规范、生活方式、行为方式、审美观念等内容构成的，它影响和制约着人们的需求特点、消费观念及购买行为等，对建筑企业经营活动产生直接影响。建筑企业对社会文化环境的分析一般从以下几个方面入手：第一，人口及劳动力状况分析，结婚率、出生率和死亡率、人口的年龄和地区分布、人口在民族和性别上的比例等区域人口特征将直接影响建筑企业的生产规模；此外，劳动力的数量和构成，就业率、劳动生产率的水平，劳动力价格及其变动程度，也会通过影响建筑企业的雇佣成本而影响企业的利润水平；第二，宗教信仰、价值观念、居民生活水平、教育状况、消费习俗分析、消费结构分析，建筑企业可以通过以上因素的分析了解该地区居民的消费需求及消费偏好。综上所述，企业应了解和分析社会文化环境，根据社会文化环境调整企业战略，牢记为用户服务的宗旨，使自身产品在满足顾客需求的同时，充分利用当地社会文化环境优势，使建筑产品与当地历史文化背景相伴，使其成为文化的延续。

4. 科技环境

科技环境是指一个国家和地区的社会科技水平，社会科技力量，国家科技体制，国家科技政策和科技立法等。社会科技水平是构成科技环境的首要因素，它包括科技研究的领域分布、科技研究成果门类分布及先进程度、科技成果的推广和应用三个方面。随着科技的发展，新材料、新工艺、新的管理模式层出不穷，对企业生产经营活动产生着巨大的影响，提前把握有利的新技术是建筑企业获得竞争优势的前提，是企业扩大经营范围、实现战略目标的有力支撑。因此，建筑企业要密切关注行业相关的科技发展动态，据此调整企业发展战略，及时跟踪并合理引进新材料、新工艺、新设备，以及先进的现代管理思想、管理方法、管理技术等，形成建筑企业的竞争优势，提升自身技术实力，在竞争中立于不败之地。

（二）行业竞争环境分析

竞争环境是企业生存与发展的外部环境，它与企业的生产经营活动密切相关。竞争环境的变化会为企业带来许多威胁，也会不断产生机会。在经济全球化的背景下，企业竞争环境出现了急剧变化，行业结构、竞争格局、消费者需求、技术发展等因素的不确定性增强，任何疏忽都会对企业造成严重的甚至是致命性的打击。因此，企业只有时刻关注行业竞争环境的变化，才能趋利避害。

根据迈克尔·波特的五力分析模型，中国建筑业竞争力模型如图 3-1 所示。

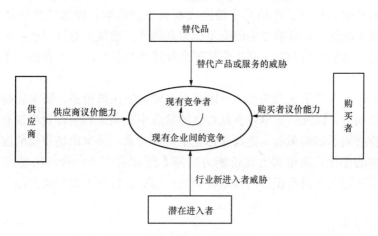

图 3-1　中国建筑业竞争力模型

1. 行业潜在进入者威胁

新进入者为建筑行业带来新的生产力的同时，抢占原有市场份额，并加剧对有限资源的争夺，必将导致行业中现有企业盈利水平降低，从而加剧建筑行业竞争的激烈程度。新进者威胁的严重程度取决于两方面的因素，这就是进入新领域的障碍大小与现有企业对新进入者的反击程度预期。

进入新领域的障碍主要包括规模经济、产品差异、资本需要、转换成本、销售渠道开拓、政府行为与政策、不受规模支配的成本劣势（如商业秘密、产供销关系、学习与经验曲线效应等）、自然资源、地理环境等方面，这其中有些障碍是很难借助复制或仿造的方式来突破的。现有企业对新进入者的反击程度预期主要取决于现有企业的财力情况、反映惯例、固定资产规模、行业增长速度等。总之，新企业进入一个行业的可能性大小，取决于进入者主观估计进入所能带来的潜在利益、所需花费的代价与所要承担的风险这三者的相对大小情况。

2. 行业内现有竞争者威胁

建筑行业市场环境中，生产要素的供应水平和消费者需求在一定时期内是一定的，行业现有竞争者必将占有一部分生产要素和消费者，其采取的价格竞争、广告战、营销策略等市场争夺战略也会对企业的利润水平造成不利影响，因此行业内现有竞争对手的行为动向是值得关注的。建筑企业可以通过了解分析行业内竞争对手的现有竞争者数量、规模及扩张能力，以及各个竞争对手的经营策略、经营方式、经营水平、创新能力、广告宣传、信誉状况、售后服务、应变能力等，确定行业内现有竞争者威胁程度。

3. 替代产品或服务威胁

替代产品或服务是指由其他企业提供的，具有与本企业的产品或服务相同或类似功能的产品/服务。如钢结构建筑和绿色环保建筑对混凝土结构建筑、木结构建筑等传统建筑的取代。互为替代产品生产厂商之间的竞争行为对企业竞争战略的影响主要表现为两个方面。第一，现有企业产品价格以及获利潜力的提高，将由于存在着能被用户方便接受的替代品而受到限制；第二，由于替代品生产者的侵入，使得现有企业必须提高产品质量、性能或者通过降低成本来降低售价，或者使其产品具有特色，否则其销量与利润增长的目标就有可能受挫。替代产品或服务的威胁程度，受产品买主转换成本高低的影响，即替代品价格越低、质量越好、用户转换成本越低，其所能产生的竞争压力就越强。建筑企业可以通过考察替代品销售增长率、替代品厂家生产能力与盈利扩张情况来描述来自替代品生产者的竞争压力的强度。

4. 购买者议价能力

顾客就是上帝，在建筑业也是如此。购买者主要通过压低价格、要求较高的产品质量或索取更多的服务项目，以及从竞争者彼此对立的状态中获利来影响行业中现有企业的盈利能力。因此，企业必须了解购买者（建筑业称业主）的需求，预见市场规模的演变，使企业适应市场需求结构的变化。决定买方议价能力的基本因素有两个：价格敏感度和相对议价能力。价格敏感度决定买方讨价还价的欲望有多大；相对议价能力决定买方能在多大程度上成功地压低价格。

5. 供应商议价能力

建筑行业的供应商主要指钢铁、水泥、玻璃等建材供应商。供应商是企业维持正常经营所需的各种生产要素的源泉。供应商主要通过提高生产要素价格与降低生产要素单位价值质量来影响下游企业的盈利能力与产品竞争力。供应商议价能力的影响因素主要有供应商所在行业的市场地位，其提供的生产要素的种类及可替代性，以及该生产要素占最终产品成本的比例、对产品生产过程的重要程度以及对产品质量的影响程度。

二、建筑企业内部环境分析

企业内部环境分析的实质是对企业内部条件和自身竞争实力的分析，其目的在于掌握企业实力现状，找出影响企业生产经营的关键因素，辨别企业的优势和劣势，以便寻找外部发展机会，确定企业战略。如果说外部环境给企业提供了可以利用的机会，那么内部条件则是抓住和利用这种机会的关键。企业内部环境分析主要从两个方面进行，即企业资源分析和企业能力分析。

（一）建筑企业资源

1. 建筑企业资源的概念

企业资源是企业投入到生产过程中，为顾客提供有价值的产品与服务的生产要素。它既包括人力、物力和财力等这些传统意义上的资源，也包括技术、信息、时间、知识等现代意义上的资源，特别是一个企业所专用的资产，如专利和商标、品牌和声誉、组织文化等。

根据建筑企业和建筑产品的特殊性，把建筑企业资源定义为：建筑企业实际所拥有或控制的，能够对建筑产品的生产或服务提供支持的所有生产要素。

2. 建筑企业资源的特点

建筑企业资源的特点，主要包括以下方面：

（1）建筑企业资源是企业能力的基础，也是企业的专用性资产，存在于企业的所有职能活动中。

（2）建筑企业资源是竞争优势的基础所在，是人们进行经济效益分析的基本单位。

（3）建筑企业资源可以多种形式存在，包括普遍存在的、唾手可得的普遍投入要素，以及存在高度差异化的资源。

（4）建筑企业不像一般工业企业拥有多种宣传渠道和广告资源，建筑企业商誉是长期积累的产品优势（如优质工程奖）和形象优势（如细致周到的服务）逐渐建立起来的。

（5）由于工程建设牵涉面广，所以在建筑产品的生产过程中，需要利用比一般工业企业更多的资源，以解决与相关部门和企业（包括当地政府、材料供应商、设备租赁商、分包商等）之间的协调问题。

（6）建筑企业的工作场地不固定，在前一个工程中建立起的关系资源无法应用到下一个工程中，需要重新建立这类关系资源。

3. 建筑企业资源的分类

运用现代企业资源观对建筑企业资源进行分类，可以分为有形资源、无形资源和人力资源三大类。其类别、主要内容及主要衡量指标见表3-1。

表3-1　　　　　　　　　　建筑企业资源分类

建筑企业资源		主要内容	衡量指标
有形资源	实物资源	固定建筑物、办公设施	人均固定资产、固定资产折旧率、设备平均役龄、设备的专业工艺特性
		施工现场的永久和临时设施	
		机器设备和技术设备	
		企业自有原材料	
	财务资源	企业的资产总值	资产总额、资产负债率
		自有资金规模	可支配现金总量
		融资渠道	授信额度、借贷信用
	组织资源	企业组织结构和形式	定性分析指标
		经营机制与责任	
		激励机制	
		各项规章制度	

续表

建筑企业资源		主要内容	衡量指标
无形资源	技术资源	专利技术和专有技术	专利或专有技术的数量
		技术装备和施工工艺水平	技术装备的先进程度
		企业各项职能活动的管理技术手段	定性分析指标
	文化资源	企业价值观和企业精神	社会知名度
		企业商誉（包括资质）	合同履约率、信用等级、资质等级等
		产品品牌	获"鲁班奖"或"省优工程奖"次数等
	信息资源	及时获取供需信息的渠道	信息来源渠道及速度
		及时获取技术信息的渠道	
		工程施工信息化管理	工程项目信息化管理普及
		网上计量、支付	
	社会资源	企业与政府的联系	问题解决率、机会增加率、财务节省率，以及定性分析指标
		企业与其他企业的联系	
		企业与业主的联系	
		企业与供应商等社会群体的联系	
		企业与其他社会主体之间的联系	
人力资源	人力资源	企业领导者的素质	领导能力
		员工的专业技术水平	技术水平
		员工的创新意识和能力	创新能力
		员工的人际沟通与合作能力	协作能力
		员工的忠诚度和奉献精神	敬业精神

（1）建筑企业有形资源。有形资源比较容易确认和评估，它包括实物资源、财务资源和组织资源。

实物资源是建筑企业生产力水平的重要体现。当建筑企业承接工程量大或者技术含量高的工程项目时，设备装备水平会随之提高，从而提高生产力水平，扩大建筑产品品种和生产经营范围。实物资源是建筑企业生产和经营的基础条件。

财务资源是衡量企业竞争地位和对投资者是否有吸引力的主要因素，它在企业的各项财务报表中得以反映。工程担保制度的推行使得资金实力强、经营规模大的企业有机会承包规模大、技术含量高的大型工程项目，从而获得较高的利益。此外，充足的财务资源对于建筑企业实施资本运营战略也是非常重要的。

组织资源较难识别，但是它可以通过组织效能来表现。企业组织结构建立的基本原则，就是要根据企业的条件和特点，在与环境相关的关键领域内进行合理的劳动分工与发展专业化职能。组织资源的衡量可以将其效能通过一定的考评体系化为量化的指标来进行。有效的组织资源为建筑企业实施人力资源战略提供了保证。

（2）建筑企业无形资源。随着现代企业资源观的深化，无形资源在建筑企业中所占的比重越来越大。它包括技术资源、文化资源、信息资源和社会资源四个部分。

技术资源是建筑企业创造竞争优势的关键要素之一。技术资源雄厚的建筑企业可以提高劳动生产率、降低成本、巩固产品质量，从而创造出更多的利润，赢得良好的声誉。因此，技术资源是建筑企业实施成本领先、差异化、集中化、技术创新等战略的基础。

文化资源是一个企业在长期的生产实践中，由全体员工凝聚起来的企业价值观和企业精神。另外，文化资源还包括基于建筑产品的高质量、低成本以及良好的服务所建立的企业信誉和产品品牌。良好的文化氛围是建筑企业实施品牌战略的首要条件。

信息资源是保证提高企业的应变能力，及时获得供求信息的高新技术信息的重要条件。随着计算机和网络的普及，一些建筑企业实现了信息化管理，进行网上计量、支付等业务。及时掌握企业经营过程中所需的信息是建筑企业创造竞争优势的有利条件。

社会资源是建筑企业与其他部门、企业联系的基础条件。在社会协作的前提下，社会资源对企业内部资源的使用和分配起着非常重要的作用。它包括企业与政府之间、企业与其他建筑企业之间、企业与业主之间、企业与供应商、工程主管部门等社会群体之间，以及企业与其他社会主体（行业协会、科研院所和社会团体）之间的联系。社会资源对于建筑企业进行市场开拓、扩大经营起着非常重要的作用。

（3）建筑企业人力资源。人力资源包括企业所拥有人才的智慧、经验、知识和能力，反映了企业的知识结构、技能和决策能力。人力资源是介于有形资源和无形资源之间的一种特殊资源。建筑工程项目由于自身的特点，对于员工的专业素质、沟通协调和团队精神等要求很高。建筑企业只有拥有优秀的人力资源，才能从根本上建立竞争优势，并有效地实施各种经营战略。

（二）建筑企业的能力

1. 建筑企业能力概述

建筑企业生产和经营的基础是具备一定的物质资源，但是资源本身并不能创造价值。资源的利用效率在很大程度上取决于企业将它们整合的能力。这种能力通过对资源的利用，逐步使其增值。例如，建筑企业的技术人员开发了一项新技术，有效地降低了成本，提高了利润，技术人员通过自己的开发能力形成了技术资源优势，并使财务资源得到了增值。

（1）建筑企业能力的内涵。建筑企业能力是指建筑企业通过对有形资源、无形资源和组织资源的统筹、整合和配置，发挥其生产和竞争作用，从而完成预期施工生产任务和目标的技能。哥本哈根商学院教授尼古莱·J·福斯（Nicolai. J. Foss）博士将能力定义为"企业拥有的特殊资产，即与知识相关的、看不见摸不着却又能让大家都能感受的、难以买卖和企业内部各部门可分割的资产"。他强调企业能力是企业拥有的主要资产，是能为人们共同感受到的社会智力资本。

总的来说，能力对企业内部的表现是千变万化的。首先，能力可能出现在特定的业务职能中，比如市场开拓人员的品牌塑造能力；其次，能力也可能与特定技术或建筑产品相联系，比如某个擅长桥梁工程的建筑企业所拥有的专利技术；最后，能力还可能存在于管理价值链各要素的联系和协调这些活动的能力之中。比如，财务人员通过对工程投标、采购、施工、租赁等一系列环节的资金控制或运作，可以为企业创造更多的利润。

（2）建筑企业能力的特点。从能力的内涵来看，企业能力的概念比较模糊，但是无论能力的表现是怎么样的，建筑企业的能力都具有几个关键的共同特征：

1）建筑企业能力的基础是资源，没有资源，能力就没有其作用的载体，无法得到发挥。

2）建筑企业能力在多个产品或多个市场特别有价值，比如，技术创新能力对于各类建筑产品或工程项目，都非常有价值，可以提高其功能和质量或有效地控制成本。

3）建筑企业能力是企业的全体员工通过长期的实践和积累获得的。因此，能力扎根于"组织惯例"，即组织内部活动的惯用方式之中，即使特定人物离开组织，该项能力仍然能被保持。

4）建筑企业能力与建筑企业资源是相互对应的，因此，建筑企业能力也拥有很多不同种类。但是能力的特点与资源的特点不同，如建筑企业的社会资源会因工程所在地的改变而变化，但社会资源的处理能力却在组织内部不断地积累、提高。

5）建筑企业能力是一种动态的能力，在一个技术飞速进步和需求偏好多变、市场环境日益动态化的竞争环境中，企业必须不断创新，在既有优势的基础上不断地投入，培育能力，形成新的竞争优势。

2. 建筑企业的能力分析

能力是资源实现价值的手段，不同种类的资源都对应着不同的企业能力，因此，对复杂的建筑企业能力进行细分，有利于对其形成全面的认识。按照建筑企业的经营管理、生产管理、财务管理、技术开发、市场开拓、人力资源管理、品牌管理等职能活动，建筑企业的能力可以划分为经营管理能力、生产能力、财务管理能力、技术研发能力、市场开拓能力、人才引进与培育能力和品牌塑造与维护能力，见表3-2。

表 3 - 2　　　　　　　　　　　建 筑 企 业 能 力 分 类

建筑企业能力		主要内容	衡量方法
经营管理能力	高层管理者的能力	内部管理能力，对外部环境的判断与应变能力	定性分析
		决策能力，领导层的协调配合能力	
	企业战略管理水平	经营战略和发展策略是否适合自身发展需要	
		参与市场竞争的能力	
	组织管理完善程度	企业各部门工作之间的受控程度	由实际值与计划值进行比较得出
		企业部门之间信息交流是否完全	
生产能力	目标管理能力	质量、进度、成本等目标的管理能力	定性与定量分析相结合
		信息系统进行实时控制的实现程度	
	技术装备水平	生产能力设施的状况和技术水平 施工技术和设备是否安排恰当	定量分析
	施工工艺先进程度	现有状况下的生产效率有无剩余能力，生产效率的高低	
财务管理能力	筹资融资能力	开拓、掌握筹资渠道	研发人员数量占企业技术人员总数的比率
		不同渠道的筹资比例及筹融资成本	
		分析资金的长期或短期需要	
	财务控制能力	对人、材、机、管理等方面资金支出的控制	
		定期缴纳财务报表，汇报资金的使用与控制情况	
	风险控制能力	通过财务实力和资金运用能力，规避或有效控制市场、经营、生产风险	

续表

建筑企业能力		主要内容	衡量方法
技术研发能力	研发人员素质和数量	研发人员是技术创新的人力基础，其在技术人员中的比率越大，组织研发能力越强	研发经费占企业收入的比重
	研发经费投入量	技术创新的物质基础	新技术开发指数
	技术模仿创新转化能力	学习、应用先进技术的能力	新技术开发指数
		研发新型技术，形成技术优势的能力	新技术产值率
		有效利用高新技术并将其转化为生产力的能力	专有技术的实现程度
市场开拓能力	市场调研能力	掌握产品销售的重点和关键地区	市场占有率（反映主导建筑产品在市场的占有深度）、市场覆盖率（反映主导建筑产品在市场的占有广度）
		提出重点开拓的地区，加强宣传和品牌建设	
	信息及时获取能力	通过各种渠道及时掌握建筑产品的供求信息	
	社会资源协调能力	处理好与各种社会资源（上、下游企业及政府和主管部门等）的协调关系	
	应变能力	对建筑市场或环境中出现的情况及时应变	
人才培育能力	对人才的吸引能力	建立在规模经济、商誉、管理水平、薪酬等方面的优势	定性与定量分析相结合
	人才激励机制	建立、健全合理的人才激励机制和薪酬机制	
		给予优秀员工精神、物质双重奖励	
	人才培育能力	培养员工学习知识和专业技能	
		激励、教育员工增强信任感和忠诚度	
品牌塑造能力	企业形象策划能力	依靠文化资源配合企业总体规模、技术水平，树立企业的商誉，建立品牌	定性分析
	企业文化塑造能力	树立明确的企业价值观、企业精神，全面打造企业文化形象	
	企业商誉维护能力	以高品质建筑产品作为企业的实物广告	
		良好、细致的保修服务	

（1）经营管理能力。经营管理能力是在不同企业之间，体现不同能力的关键因素。它影响着企业的组织力、创新力、资源利用率和经营效果，反映了企业整个经营机制是否充满生机和活力。经营管理能力包括高层管理者的能力、企业战略管理水平和组织管理完善程度。通过对这三个指标的定性分析，就能得到企业经营管理能力的综合评价结果。可以根据该结果决定企业经营者需要进行哪些素质和能力的学习、提高，企业战略是否需要改进，以及组织结构是否合理，需要进行哪些完善。

（2）生产能力。生产能力是描述建筑产品在制造过程中，企业完成工程量的能力和确保产品质量的能力。它是建筑企业的一项关键能力，因为生产能力直接体现了建筑产品的质量、成本、技术和服务等，形成消费者（业主）对企业能力最直观的感受，从而形成企业在竞争中取得竞争优势的重要源泉。生产能力包括目标管理（质量、进度、成本）能力、技术装备水平和施工工艺与流程的先进程度。生产是企业进行资源转换的中心环节，通过对上述三项能力的分析，建筑企业可以知道建筑产品在数量、质量、成本和进度等方面是否形成了有竞争性的生产能力。如果还存在缺陷或不足，建筑企业可以对相应的领域进行改进和完善。

（3）财务管理能力。在建筑企业的运营以及建筑产品的建造过程中，企业通常都要预先垫付一些资金，而在 BOT 项目中，则要对项目进行部分或全面的投资。工程建设投资额数量巨大的特点以及建筑企业资本运营活动的普及使得企业对财务管理能力的要求越来越高。企业必须有能力积聚并合理使用财力，控制风险，才能拥有足够的竞争力。财务管理能力可以分为融资能力、财务控制能力和风险控制能力三个方面。另外，对于已进行股份制改造、上市的建筑企业，财务管理能力还包括资金的分配能力。

财务管理能力的分析可以根据主要财务报表提供的数据计算所得的各类财务比率进行。财务比率不仅表示企业在某一时点上的情况，而是将其与历史数据、竞争对手财务数据以及建筑行业平均水平进行比较，揭示本企业所处的水平和地位，反映财务的优势和劣势。财务比率可以分为五大类十五项指标，见表 3-3。

表 3-3　　　　　　　　　　　　建筑企业财务比例指标

财务比率	作　用	指　标	计算公式
流动性比率	衡量企业偿还短期债务的能力	流动比率	流动资金/短期债务
		速动比率	（流动资金—库存）/短期债务
资产负债率	衡量企业利用债务融资的能力	债务资产比率	总债务/总资产
		债务权益比率	总债务/总资本
		长期负债权益比	长期债务/股东的总资本
		收益与利息比率	税前利润/总年息支出
经营活动比率	衡量企业经营资金的管理能力	固定资产周转率	总收入/固定资产总值
		资产周转率	总收入/资产总值
		应收账款周转率	年应收账款总额/应收账款总额
		平均回收期	应收款/（总收入/360）
盈利率	衡量企业总体投资和销售的能力	毛利率	（收入—成本）/收入
		净利率	（收入—成本—利税）/总收入
		投资收益率	（收入—成本—利税）/总资本
增长比率	衡量企业保持自身地位的能力	销售收入增长率	（本年收入—上年收入）/本年收入
		利润增长率	（本年利润—上年利润）/本年利润

（4）技术研发能力。技术研发能力的大小是衡量建筑企业总体能力的重要参数之一，也是企业确立竞争优势的基础要素。技术研发与经济效益是联系在一起的，它对企业在建筑市场中的竞争有着重大影响。随着建筑企业对技术研发与引进的重视，高新技术和设备代替了原来复杂的劳动，不仅加快了施工进度，而且可以节省工程成本。技术研发能力包括技术人员的素质和数量、技术开发经费的投入量、技术创新能力以及技术转化能力。其中，技术创新是最重要的环节。企业通过技术创新，可以延长建筑产品的寿命，保证质量，形成技术优势，提高竞争能力。

（5）市场开拓能力。建筑企业能否更多地获得业务，提高企业利润，关键在于企业能否有效利用自身资源，使市场开拓能力充分发挥作用。建筑产品和一般工业产品不同，不能将产品直接送入市场，面对消费者，必须通过竞争激烈的投标、评标的过程得到承包权。因此，建筑企业的市场开拓需要更强的企业规模作为后盾，以及市场开发人员投入更多的精力。市场开拓能力包括市场调查、研究能力，供求信息及时获取能力，社会资源协调能力和应变能力。

（6）人才引进与培育能力。有专业技能或管理能力的人力资源，对企业的生产、经营与发展具有决定性的作用。人力资源的核心问题就是引进人才，开发智力，提高劳动者的素质。建筑企业要想在市场竞争中取得优势，必须十分重视人才的引进与培育能力。企业的任何部门都需要有合适的人才。建筑企业的人力有很大一部分是施工队伍，由于企业基本不设固定工，对施工队伍的选择应该重视选择和培育两个环节，选择素质高的队伍，淘汰素质低的人员，对较长时间雇用的人员要加大培训力度，先培训，后作业。

（7）品牌塑造与维护能力。品牌消费是当今的时尚和潮流，对于建筑产品来说也是如此，"鲁班奖""国优奖""省优奖"等成为建筑企业的追求目标。建筑企业要想在市场竞争中取得优势地位，就要提升品牌的塑造和维护能力。它主要包括企业形象策划能力、企业文化塑造能力和企业商誉维护能力。对品牌塑造与维护能力的评价主要是指对建筑产品的知名度、产品质量和成本、企业产品在顾客中的认知度、企业的业务区域等因素进行定性分析。

第三节　建筑企业战略态势

一般说来，企业可采取四种战略态势：稳定型战略、增长型战略、紧缩型战略和混合型战略，这四种战略并不存在孰优孰劣，因为在特定的环境下，这四种战略都有可能是最合适的选择。因此，企业在进行战略态势分析和评估时，不能光凭主观的臆断和美好的愿望，而应当审时度势，果断作出明智的选择。本节将介绍这四种战略态势的特点及适应范围。

一、稳定型战略

1. 稳定型战略的概念与特征

稳定型战略是在企业的内外部环境约束下，企业准备在战略规划期使资源分配和经营状况基本保持在目前状态和水平上的战略。按照稳定型战略的概念，企业目前所遵循的经营方向及其正在从事经营的产品和面向的市场领域，企业在其经营领域内所达到的市场规模和市场地位都大致不变或以较小的幅度增长或减少。

从企业经营风险的角度来说，稳定型战略的风险是相对小的，由于稳定型战略从本质上追求的是在过去经营状况基础上的稳定，它具有如下特征：

（1）企业对过去的经营业绩表示满意，决定追求既定的或与过去相似的经营目标。

（2）企业战略规划期内绩效同比增长大体相同。

（3）企业准备以与过去相同或基本相同的产品和技术服务于社会。这意味着企业在产品上的创新较少。

2. 稳定型战略的类型

在具体实施方式上，稳定型战略又可依据其目的和资源分配的方式分为不同类型。

（1）无变化战略。采用这种战略的企业可能是基于以下两个原因：一是企业过去的经营相当成功，并且企业内外环境没有发生重大的变化；二是企业并不存在重大的经营问题或隐患，因而企业战略管理者没有必要进行战略调整，或者害怕战略调整会给企业带来利益分配和资源分配的困难。

（2）维持利润战略。维持利润战略注重短期效果而忽略长期利益，其根本意图是渡过暂时性的难关，因而往往在经济形势不太景气时被采用，以维持过去的经营状况和效益，实现稳定发展。但如果使用不当，维持利润战略可能会使企业的元气受到伤害，影响企业长期发展。

（3）暂停战略。在一段较长时间的快速发展后，企业有可能会遇到一些问题使得效率下降，这时就可采用暂停战略，即在一段时期内降低企业的目标和发展速度。暂停战略可以实现让企业积聚能量，为今后的发展做好准备的功能。

（4）谨慎实施战略。由于企业外部环境中的某一重要因素仍然难以预测或者其变化方向不明朗，企业的某一战略决策就要有意识地降低实施进度，步步为营，这就是所谓的谨慎实施战略。

二、增长型战略

1. 增长型战略的概念及特征

增长型战略是一种使企业在现有的战略基础水平上向更高一级的目标发展的战略。它以发展作为自己的核心内容，引导企业不断地开发新产品、开拓新市场，采用新的生产方式和管理方式，以便扩大企业的生产规模，提高竞争地位，增强企业的竞争实力。

从企业发展的角度来看，任何成功的企业都应当经历长短不一的增长型战略实施期，因为本质上来说只有增长型战略才能不断地扩大企业规模，使企业从竞争力弱小的企业发展成为实力雄厚的大企业。

增长型战略具有以下的特征：

（1）实施增长型战略的企业不一定比整个经济的增长速度快，但他们往往比其产品所在的市场增长速度要快。市场占有率的增长可以说是衡量增长的一个重要指标，增长型战略的体现不仅应当有绝对市场份额的增加，更应在市场总容量增长的基础上有相对份额的增加。

（2）实施增长型战略的企业往往取得大大超过社会平均利润率的利润水平。由于发展速度较快，这些企业更容易获得较好的规模经济效益，从而降低生产成本，获得超额的利润率。

（3）采用增长型战略的企业倾向于采用非价格的手段来同竞争者抗衡。由于采用了增长型战略，企业不仅仅在开发市场上下功夫，而且在新产品的开发、管理模式上都力求具有优势，因而其作为竞争优势的并不是会损伤自身利益的低价中标，而一般说来总是把相对更为创新的产品和劳务及管理上的高效率作为竞争手段。

（4）增长型战略鼓励企业的发展立足于创新。这些企业经常开发新产品、新市场、新工艺和旧产品的新用途，以把握更多的发展机会，谋求更大的风险回报。

增长型战略能够真正地使企业获得比过去更好的经营规模，事实上有不少建筑企业通过实施增长型战略获得了成功。

2. 增长型战略的类型

在实践中，增长型战略主要有集中战略、一体化战略和多样化战略三大类型，每一个又包含不同的增长模式。这里简要介绍集中战略、一体化战略和多样化战略所包含的内容。

（1）集中战略。采取这种战略的企业将全部或绝大部分的资源集中使用于最能代表自己优势的某一技术或某一市场，或某种产品，或某种服务，他们能根据顾客的需要对产品作不同的加工，他们的目标不只是满足用户目前的需要，而且还为他们的市场确定了新的标准。没有哪个企业能够成功地解决所有用户的所有问题，只有为一定范围的市场提供用途更大的产品或服务的企业才能成为市场上的领先企业。

实施集中单一产品或服务的增长战略的风险较大，因为一旦企业的产品或服务的市场萎缩，企业就会遇到困境。因此，一般企业都不会仅使用集中单一产品战略。

（2）一体化战略。一体化战略是指企业在现有业务的基础上或是进行横向扩展，实现规模的扩大，或是进行纵向扩展，实现在同一产品链上的延长。前者为横向一体化战略，后者为纵向一体化战略。横向一体化战略是以扩大某一阶段生产能力或者兼并同一生产经营阶段的同类企业为其特征的经营方针。纵向一体化战略是集中战略的延伸，它可以通过兼并为自己提供投入，从而使自己企业的产品得到实现。

不管采取何种一体化战略，对企业都存在一定的风险。横向一体化的风险来自行业内竞争的消失，企业难以改变经营方向及由此引起政府对垄断的干预。纵向一体化需要大量的资本投入，给企业财务管理带来很大的压力，还使企业进入了不熟悉的行业，增加了企业管理的难度。

（3）多样化战略。多样化战略是指企业从现有业务基础上分离出新的、与原有业务特性存在根本差别的业务活动种类。一般来讲，多样化战略通过兼并另外一个有协作可能的企业，或从企业内部派生出一个新的但与企业原有业务具有内在联系的新业务，从而能更好地发挥新老业务的优势。

多样化战略包括同心多样化和混合多样化两种。同心多样化又称相关多样化，是一种与企业目前的产品或服务相类似的新产品或服务的增长战略。混合多样化又称不相关多样化，这是一种增加与企业目前的产品或服务显著不同的新产品或服务的增长战略。

三、紧缩型战略

1. 紧缩型战略的概念和特征

所谓紧缩型战略是指企业从目前的战略经营领域的基础水平收缩和撤退，且偏离战略起点较大的一种经营战略。与稳定战略和增长战略相比，紧缩型战略是一种消极的发展战略。一般地，企业实行紧缩战略只是短期性的，其根本目的是使企业挨过风暴后转向其他战略选择。有时，只有采取收缩和撤退的措施，才能抵御对手的进攻，避开环境的威胁和迅速地实行自身资源的最优配置。可以说，紧缩型战略是一种以退为进的战略态势。

紧缩型战略有以下特征：

（1）对企业现有的产品和市场领域实行收缩、调整和撤退，从而使企业的规模呈缩小态势，一些效益指标，比如利润和市场占有率等，都可能会有较为明显的下降。

（2）对企业资源的运用采取较为严格的控制和尽量削减各项费用支出，往往只投入最低限度的经营资源。因而，紧缩战略的实施过程往往会伴随着大量员工的裁减，一些设备和大额资产的暂停购买等。

（3）紧缩型战略具有短期性。与稳定和发展两种战略态势相比，紧缩型战略具有明显的过渡性，其根本目的并不在于长期节约开支、停止发展，而是为了今后发展积聚力量。

2. 紧缩型战略的类型

根据紧缩的方式和程度不同，紧缩型战略又可以分为三种类型：抽资转向战略、放弃战略和清算战略。

（1）抽资转向战略。抽资转向战略是企业在现有的经营领域不能维持原有的产销规模和市场，不得不采取缩小产销规模和市场占有率，或者企业存在新的更好的发展机遇，对原有的业务领域进行压缩投资、控制成本以改善现金流为其他业务领域提供资金的战略方案。另外，在企业财务状况下降时也有必要采取抽资转向战略，这一般发生在物价上涨导致成本上升或需求降低使财务周转不灵的情况下。

（2）放弃战略。在采取抽资转向战略无效时，企业可以尝试放弃战略。放弃战略是指企业的一个或几个主要部门转让、出卖或者停止经营，这个部门可以是一个经营单位，一条生产线或者一个事业部。

放弃战略与下面将要介绍的清算战略并不一样。由于放弃战略的目的是要找到肯出高于企业固定资产时价的买主，所以企业管理人员应说服买主，认识到购买企业所获得的技术或资源，能使对方利润增加。而清算一般意味着基本上只包括资产的有形价值部分。

（3）清算战略。清算是指卖掉其资产或停止整个企业的运行而终止一个企业的存在。显然，清算战略对任何企业来说都不是最有吸引力的战略，而且通常只有当所有其他战略都失败时才启用它。但在确实毫无希望的情况下，尽早地制定清算战略，企业可以有计划地逐步降低企业股票的市场价值，尽可能多地收回企业资产，从而减少全体股东的损失。因此，清算战略在特定的情况下，也是一种明智的选择。

四、混合型战略

1. 混合型战略的概念与特征

前面分别论述的稳定型战略、增长型战略和紧缩型战略既可以单独使用，也可以混合起来使用。事实上，大多数有一定规模的企业并不是长期采取同一种战略态势。

从混合型战略的特点来看，一般是大型企业采用较多，因为大型企业相对来说拥有较多的战略业务单位，这些业务单位很可能分布在完全不同的行业和产业群之中，它们所面临的外界环境，所需要的资源条件不完全相同。因而对所有的战略业务单位都采用统一的战略态势，显然是很不合理的，这会导致由于战略与具体战略业务单位和情况不一致而使企业总体的效益受到伤害。所以，可以说混合型战略是大型企业在特定历史发展阶段的必然选择。

在某些时候，混合型战略也是战略态势选择中时常采取的一种方案。例如，企业遇到一个较为景气的行业前景和比较旺盛的市场需求，因而打算在这一领域采取增长型战略。但如果这时企业的财务资源并不很充裕，可能无法实施单纯的增长型收益时，就可以选择部分相对不令人满意的战略业务单位，对它们采用实行抽资或转向的紧缩战略，以此来保证另一战略业务单位实施增长型战略的充分资源。这样，企业就从单纯的增长型战略变成了混合型战略。

2. 混合型战略的类型

混合型战略是其他三种战略态势的一种组合，其中组成该混合战略的各种战略态势称为子战略。根据不同的分类方式，混合型战略可以分为不同的种类。

（1）按照各子战略的构成不同，混合战略可分为同一类型战略组合和不同类型战略组合两种类型。

1) 同一类型战略组合。所谓同一类型战略组合指企业采取稳定、增长和紧缩战略中的一种战略态势作为主要战略方案，但具体的战略业务单位是由不同类型的同一种战略态势来指导。因此，从严格意义上来说，同一类型战略组合并不是"混合战略"，因为它只不过是在某一种战略态势中的不同具体类型的组合。

2) 不同类型战略组合。这是指企业采用稳定、增长和紧缩战略中的两种以上战略态势的组合，因而这是严格意义上的混合型战略，也可以称为狭义混合型战略。不同类型战略组合与同类型战略组合相比，其管理上相对更为复杂，因为它要求最高管理层很好地协调和沟通企业内部各战略业务单位之间的关系。事实上，作为任何一个被要求采用紧缩战略的业务管理者都多少会产生抵抗心理。

（2）按照战略组合的顺序不同，混合型战略可分同时性战略组合和顺序性战略组合两种类型。

1) 同时性战略组合。这是指不同类型的战略被同时在不同战略业务单位执行而组合在一起的混合型战略。

2) 顺序性战略组合。是指一个企业根据生存与发展的需要，先后采用不同的战略方案，从而形成自身的混合型战略方案，因而这是一种在时间上的顺序组合。

当然，不少企业会既采用同时性战略组合又采用顺序性战略组合。总的来说，对大多数企业的管理层而言，可采用的战略选择方案是挑选一个特定企业最为适合的方案的先决步骤。

第四节 建筑企业成长战略

任何企业都需要正确选择自己的成长道路，建筑企业在对外部战略环境、内部条件及竞争优势进行了战略分析，并制定了战略目标和选择了战略态势之后，就需要确定自身的成长战略。

一、一体化战略

1. 一体化战略的概念

一体化战略是指企业在现有业务的基础上，充分利用自己在产品、技术、市场上的优势，或是进行横向发展，实现规模的扩大，或是进行纵向的扩展，进入目前经营的供应阶段或使用阶段，实现在同一产品链上的延长，以促使企业进一步成长与发展的战略。

一般来说，一体化战略根据物流方向包含三种形式：物资从反方向移动称为后向一体化，包括企业自己供应生产现有产品或服务所需的全部或部分原材料或半成品，如建筑企业从事混凝土预制构件或商品混凝土生产等业务；物资从顺方向移动称为前向一体化，包括企业对本公司产品的深加工，或对资源进行综合利用，或自己建立销售队伍来销售本公司的产品或服务，如建筑企业涉足房地产开发或物业管理；将性质相同的企业或产品组成联合体，称为横向一体化（或称为水平一体化），如房屋建筑企业从事水电安装、园林等经营领域。一体化战略有利于深化专业分工协作，提高资源的利用深度和综合利用率。

2. 建筑企业一体化战略模式

（1）纵向一体化战略。建筑企业纵向一体化战略是指围绕建筑及房地产的产业链（供应链）在两个可能的方向上扩展现有经营业务的一种发展战略，它包括前向一体化战略和后向一体化战略。前向一体化是企业向产业链的下游拓展业务，后向一体化是企业向产业链的上游拓展业务。

（2）横向一体化战略。横向一体化战略是指建筑企业以扩大某一阶段生产能力或者兼并处于同一生产经营阶段的同类建筑企业为其长期活动方向，以促进企业实现更高程度规模经济和迅速发展的一种战略。

二、多样化战略

1. 多样化战略的概念

多样化战略是指企业从现有业务基础上分离出新的、与原有业务特性存在根本差别的业务活动种类的战略。一般来说，多样化战略通过兼并另外一个有协作可能的企业，或从企业内部派生出一个新的但与企业原有业务具有内在联系的新业务，能更好地发挥出新老业务的优势。例如，施工企业原来仅从事房屋建筑，而现在可以拓展到道路、桥梁等大范围的土木工程或房地产开发等。但是企业应该清楚地认识到，成功的多种经营不是简单的聚合，每项不同的经营业务在企业中都有它的作用。

2. 建筑企业多样化战略模式

（1）同心多样化战略。同心多样化战略是指建筑企业增加或生产与现有产品或服务相类似的产品和服务，而这些新增加的产品或服务能够利用企业在技术、产品线、销售渠道、客户资源等方面所具有的特殊知识和经验。如从事土建施工的企业涉足安装和装饰业务、从事基础施工的企业涉足主体施工等。采用同心多样化战略是合理组合企业资源的有效途径，它能使企业在保持主要核心业务的同时分散风险，还可以使企业将竞争优势运用到多个相关的业务。

（2）复合多样化战略。复合多样化战略是指建筑企业增加与现有产品或服务、技术和市场都没有直接或间接联系的大不相同的产品或服务，如建筑企业涉足百货业、金融业等。复合多样化战略的主要优点是企业通过向不同的市场提供产品和服务，可以分散经营风险。但是，复合多样化必将带来企业规模的膨胀进而导致管理的复杂化。

三、专业化战略

1. 专业化战略的概念

专业化战略是指企业在某些特定产品领域成长发展的战略。其目标不仅是从事某个行业或某种专业业务，而是这个行业或专业的领导者地位，即实施这种战略的企业总是站在最有利的能利用各种机会的地位，并不断利用领导者地位的权势和力量，保持其远超于竞争者的状态。

2. 建筑企业专业化战略模式

建筑企业可采用的专业化战略模式主要有三种。

（1）产品专业化。产品专业化，就是按建筑产品的不同而建立专业化的建筑企业。由于建筑产品因用途与功能不同而带来施工工艺上的差别，专业化建筑企业可以发挥其在管理、技术和装备上的优势，形成完整的建筑产品。

（2）施工工艺专业化。施工工艺专业化就是把建筑施工过程中某些专业技术，由某一种专门从事这项工作的建筑企业承担。按最终产品性质和用途组织企业，如冶金、水电、化工、煤炭、石油等建筑公司属于工业建筑的专业化企业；市政工程公司、住宅公司等属于民用建筑的专业化企业。由于这些企业专业性强，在某一专业上具有较强的竞争力，实行专业化会带来很大的好处。

（3）构配件生产专业化。构配件生产专业化就是专门向现代化工地提供大型的经过加工或组装的建筑构件、配件，以便组织建筑工业化的施工。构配件生产专业化要将标准化的构配件制作从施工现场分离出来，组成专门的生产企业，如混凝土制品加工厂、金属结构加工厂、钢木门窗加工厂、木材加工厂等。

四、成本领先战略

1. 成本领先战略的概念

建筑企业成本领先战略是通过取得规模经济效益和市场占有率，使企业总成本低于竞争对手的总成本，从而以低价赢得市场，增加收入，最终获得盈利。"薄利多销"是对成领先战略最好的写照，规模经济则是成本领先战略最根本的经济学逻辑。

2. 成本领先战略的风险

成本领先战略并不适用于所有建筑企业或所有场合，存在着以下一些风险：

（1）过于重视成本而忽视产品或市场的变化。建筑市场的需求会随着社会、经济等诸多因素的变化而变化，如果企业一味强调低成本而忽视市场的改变，企业就可能失去竞争的优势。

（2）规模经济存在的弊端。规模经济是建筑企业保持成本优势的来源。规模经济必然要求建筑企业进行大量投入，但是随着工程任务逐渐减少，大量闲置的设备、人员将成为企业的沉重负担，而那些小型建筑企业对市场变化反应迅速，及时进入新的领域开拓新的工程任务，而且企业人员、设备少，技术转换成本低，那些大型建筑企业原来通过规模经济取得的成本优势将不复存在。

（3）出现模仿。当一个建筑企业的成本优势战略获得成功，其他企业很可能纷纷效仿。成本优势的持久性取决于获取成本优势的途径和模仿的难易性。不同的成本优势来源可模仿的难度是不同的。

五、差异化战略

1. 差异化战略的概念

差异化战略的基本特征就是建筑企业的产品或者服务具有独特的性能或价值、高水平的顾客服务、杰出的产品质量、顾客有独享或者高档的感觉、迅速创新的能力。差异化可使该企业获得额外收益，如果实现的额外收益超出了为差异化而追加的成本，则差异化就会给企业带来理想的效益。

2. 建立差异化的方式

主要有以下五种方式：

（1）产品特性。主要包括以下特性：

1）外观是产品给人的第一印象，往往最能吸引顾客的眼球。在建筑业中，建筑物的外观也是方案评价的一项内容，特别是在城建项目中，建筑产品的外观常常影响到设计方案是否被采用，同时建筑物的美观也是建筑企业树立形象的重要内容。所以，建筑企业在实行产品差异化战略中，必须考虑到产品的外观。

2）质量的重要性不言而喻。建筑物质量的好坏直接关系到企业的生存，目前建筑市场竞争激烈，建筑企业为在竞争中保持优势，凸现产品的差异化，不再满足于生产合格产品，而是要生产精品，为顾客创造出额外价值。

3）性能是产品吸引顾客的一个重要方面。

4）产品的制造方式也可以成为差异化的来源。传统的建设方式是设计施工分离，业主需要投入大量人力、物力进行组织管理，而设计施工一体化、CM 等新型建造模式的出现，减少了业主项目管理的压力，同时有利于节约造价，加快进度，自然在竞争中受到众多业主的欢迎。转换建造模式成为建筑企业，特别是大型建筑企业实现差异化战略的重要途径。

（2）服务与支持。服务和技术支持水平是建筑产品差异化的另一个重要来源。许多建筑产品趋于成熟，产品改进的余地不大。这时，服务和技术支持水平就显得格外重要。建筑企业为业主提供的服务可以贯穿整个项目周期。

（3）产品销售。产品销售中与众不同的销售渠道可以成为产品差异化的来源。目前，公开招投标是建筑产品的主要销售途径。交货速度也是产品销售中的一个重要方面。

（4）产品的识别与认知。在建筑市场中，企业声誉是顾客对产品认识的起点。由于建筑产品的特殊性，顾客往往只能通过对企业声誉的认识对产品进行识别，所以那些在行业中久负盛名的大型建筑企业，中标率往往高于中小企业。

（5）组织管理。不同的组织管理不仅可以影响建筑企业成本，也能为建筑企业带来差异化。一般的建筑企业内部包括办公室、经营部、工程部、财务部、各级项目部等多个部门，各部门都有职责分工，但为满足顾客需求，常常需要各个部门共同合作。因此很多时候，各个职能部门常常会发生冲突。如果一家建筑企业既能保证内部分工明确，又能协调好各部门关系，这家企业就会因此而显得特别。

六、集中化战略

1. 集中化战略的概念

集中化战略是指建筑企业集中力量提供一种类型的建筑产品，或者专为一个细分市场的顾客需求服务。该战略所依据的前提是，对于正在更广泛市场内进行竞争的竞争对手，建筑企业能比其更有效或效率更高地为其狭小的战略目标服务。

2. 集中化战略的建立

市场细分是建筑企业通过集中化战略成功建立竞争优势的基础。建筑企业通过对市场进行有效的、更深度的细分，从而使每一个竞争市场的空间变得更小，企业就有更多的机会赢得竞争优势：一方面，面对更小的细分市场，企业可以更有针对性地了解并满足其顾客的需要从而增强了差异化优势；另一方面，通过迫使竞争对手在更狭小的细分市场上竞争，企业资源劣势可以在很大程度上得到克服。

第五节 建筑企业战略选择与实施

一、竞争性战略选择的要点

1. 在差异化战略和成本领先战略中慎重选择

建筑企业如果实行差异化战略，从产品特性着手建立差异化，不论是创造出新颖美观的建造物的外观，建设精品工程，还是改进建筑物使用功能，或者采用新型建造模式迎合业主需求，都需要在技术升级、人员培训等方面增大投入。通过高水平的服务和技术支持实现差异化，需要大量人员和培训投入；采用独特的工程业务承揽方式、较强的垫资能力需要企业投入大量的社会、技术、财务资源作为基础；建立与众不同的产品的识别与认知，需要企业长期经营；组织管理的创新通常会导致企业管理费用的增加。所以，建筑企业实行差异化战略就可能以牺牲成本作为代价。

同样，实行成本领先战略的建筑企业为了降低工程成本，实现低价中标，就必须对增加成本的因素进行控制。所以建筑企业选择了成本领先战略，也就意味着企业差异化的优势会逐渐丧失。

2. 适当进行战略组合

一般而言，建筑企业不能同时追求成本领先战略和差异化战略。但是也存在以下情况，建筑企业可以进行基本战略的组合。

（1）大型建筑企业中存在多个生产单位，不同的生产单位可以考虑采用不同的竞争战略。

（2）建筑企业在发展的不同时期可以采用不同的基本战略。

（3）在价值链的不同环节上采用不同战略。

3. 根据企业具体情况选择战略

（1）建筑企业的生产、营销能力。大型建筑企业的生产营销能力都较强，因此可以考虑在生产环节采用成本领先战略，在产品销售和服务环节采用差异化战略。中、小型建筑企业生产能力强于营销能力，所以更多地采用成本领先战略。劳务分包、专业分包企业生产、营销能力都比较弱，那么可以采用集中化战略，集中优势力量于某些特定的顾客，或与某一个大型建筑企业形成稳定的总分包关系，或者集中开拓某一细分市场。

（2）建筑产品所处的生命周期。普通房屋建筑物技术成熟，差异小，处于产品成熟期，那么从事这一领域施工的企业应当考虑采用成本领先战略。

（3）建筑企业的市场定位。建筑企业将目标市场定位为工程总承包市场，这一市场对企业的设计、施工、管理能力有着较高的要求，因此，适于通过差异化战略建立企业的竞争优势；监理公司、工程咨询公司的目标市场是工程管理市场，不同业主、不同项目对管理的需求呈多样性、复杂性、独特性，因此，这类企业也可以考虑差异化战略。商品混凝土生产、设备租赁企业定位于专业市场，集中化战略是这类企业的必然选择，但这两类企业的集中化战略又存在区别：由于材料的特性，商品混凝土生产企业只能定位于某一区域的混凝土供应市场，为了在商品混凝土的市场竞争中获得优势地位，往往要采用成本领先战略，而设备租赁企业通过购买新型设备、特种施工设备来满足设备租赁市场的不同需求，因此，设备租赁企业可以采用差异化战略。

4. 竞争性战略选择的方法——战略钟

建筑企业在选择三种基本竞争战略时，由于实际情况复杂，并不能简单地归纳为采取何种基本竞争战略。因此，建筑企业可以借用克利夫·鲍曼（Cliff Bowman）的战略钟这一工具，进行基本竞争战略选择。

战略钟将价格作为横坐标，顾客对产品的认可价值作为纵坐标。战略钟将企业可能的战略选择分为 5 大类 8 种战略，如图 3-2 所示。

（1）集中化战略（途径 1、途径 5）。途径 1 也称为集中成本领先战略，即低价提供

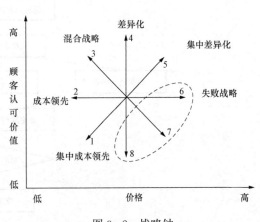

图 3-2　战略钟

给顾客低价值的产品或服务。途径5也称为集中差异化战略，即以特别高的价格提供顾客认可价值特别高的产品或服务。专门从事高档别墅建设的房地产公司（往往是资质高、规模大的企业）由于满足了高收入消费人群的需求，因此这种战略也是有效的。

（2）成本领先战略（途径2）。在保持产品或服务质量不变的前提下降低工程成本，以寻找竞争优势。这就是众多中小型建筑企业以及所从事的建筑产品已进入成熟期的施工企业选择的基本竞争战略。

（3）混合战略（途径3）。即同时追求成本领先战略和差异化战略。建筑企业也可能将这两种战略结合起来使用。

（4）差异化战略（途径4）。即以高价提供给顾客高于竞争对手的顾客认可价值的产品。工程公司、大型建筑企业倾向于采用此种战略。

（5）失败战略（途径6～途径8）。由图3-2可以知道：途径6是提高价格而不能提供质量好的产品或服务，途径7是比途径6更危险的延伸，即提高价格的同时降低产品价值。目前建筑市场处于激烈竞争状态，没有哪家企业拥有绝对垄断地位，因此采用这两种战略的企业必遭市场淘汰。途径8是在保持价格不变的前提下降低顾客认可价值。这种战略有一定的隐蔽性，特别在建筑市场监督不到位、信用体系不健全的情况下，部分企业恶意压低报价，偷工减料来降低成本，提供劣质产品给顾客。但是随着建筑市场的日益完善，采用此种战略的企业将失去持久发展的空间。

二、建筑企业战略实施

建筑企业战略实施是贯彻落实企业战略方案，实现企业长远战略目标的过程。战略实施过程一般包括以下几个主要步骤，如图3-3所示。

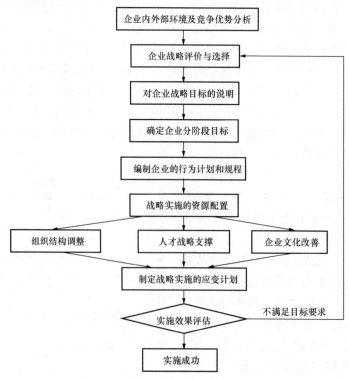

图3-3　企业战略实施流程图

1. 企业战略的评价与选择

基于建筑企业内外部环境和竞争优势的分析，对企业的总体战略、竞争战略和职能战略进行评价与选择，并为战略的有效实施奠定合理和坚实的基础。

2. 对企业战略目标的说明

战略目标是企业战略的核心，表明企业的行动纲领和长期努力方向，可以定量加以描述，同样也可以定性地表述。然而，这种战略目标与具体的、有数量概念的分阶段目标有着本质的区别，它们应该是概括性的和非限制性的阐明。

3. 确定企业分阶段目标

分阶段目标是建筑企业向其总体战略目标前进时欲达到的、有时间限制的里程碑目标。一般需要对分目标加以尽可能具体与定量的阐述，重点是保障实现总体目标。企业的分阶段目标常常与行动计划和规程联系在一起，而这些行动计划与规程是为达成企业总体目标的具体工具和措施。

4. 编制企业的行动计划和规程

行动计划就是关于完成一项任务必须执行的行动或步骤的描述。在建筑企业战略实施阶段，这些行动计划常常包括经营布局、产业调整、人力资源、技术研发、市场开拓、投融资、现金流及资产负债计划等。规程可以定义为对某种政策、制度等所做的分章分条的规定，也就是为达到某目的对某对象所规定的必须遵守的过程、注意事项、要求等。建筑企业规程包括安全工作规程、操作规程、工艺规程、试验规程、调查规程、调度规程、检验规程等。

5. 战略实施的资源配置

企业战略资源是指企业用于战略实施的有形资源、无形资源和人力资源的总和。资源配置是指按照分阶段目标所确定的优先顺序对资源进行重新配置，以保证行动计划的顺利实施。

有形资源包括实物资源、财务资源和组织资源。无形资源包括技术资源、文化资源、信息资源和社会资源等。人力资源是介于有形资源和无形资源之间的一种特殊资源，包括企业所拥有人才的智慧、经验、知识和能力，反映了企业的知识结构、技能和决策能力。

6. 制定战略实施的应变计划

企业战略基本上是由各种对环境的预测与假设而推论得出的，它们在某种程度上正确反映了客观现实，具有诸多可取之处，但它也包含了相当程度的主观性。

本 章 习 题

1. 简述建筑企业战略管理的必要性与紧迫性。

2. 什么是 PEST？

3. 简述中国建筑业竞争力模型。

4. 建筑企业能力包括哪些？

5. 建筑企业成长战略有哪些？

6. 建筑企业战略实施的步骤是什么？

第四章　建筑企业预测与决策

―――――――――― 本章概要 ――――――――――

1. 预测、决策的基本概念和内容，预测与决策的关系；
2. 专家预测法、头脑风暴法、德尔菲法、主观概率预测法等定性预测法；
3. 时间序列分析法、回归分析法等定量预测方法；
4. 确定型决策、不确定型决策、风险型决策等决策方法；
5. 科学预测与科学决策的程序。

第一节　预测与决策概论

一、预测的基本概念

（一）预测的定义

预测是根据历史资料和个人经验，通过一定的科学方法和逻辑推理，对未知事物作出预计和推测，估计事物的内在规律，并对这种估计加以评价，以指导和调节人们的行动。也就是说，预测是预测者根据客观的历史资料和数据，以及预测者本人的知识、经验和教训，对未知事物或行为所做的推断或估计。

预测并不是幻想，也不是主观臆断，而是一种科学的技巧和方法。它是以变化的、联系的辩证观点，研究已知的事物，预言事物的未知部分。预测不仅研究事物本身，而且还要研究它和环境之间的相互作用、相互影响。

（二）预测的精度

预测结果与实际发生的结果相吻合的程度，称为预测精度。预测精度是衡量预测方法是否适用于预测对象的一个重要指标。预测结果与实际情况的误差越大，精度就越低，因而通常用误差指标反映预测精度。

预测对象的许多因素往往受到外部各种因素变化的影响，带有随机性。同时，由于人们对未知事物的认识总有一定的局限性，或者由于掌握的资料不准确、不全面，或者对具有许多复杂因素的事件进行预测时，为了建立模型而简化了一些因素和条件，以致预测的结果往往不能表达事物发展的全体，因而预测结果总会与未知事物发生的实际情况存在一定的偏差。通过以上分析可知，对于预测精度的影响因素可以总结为以下几点：预测对象本身的随机性；资料、情报的准确和全面程度；预测方法选取的合理性；所建模型的正确性；预测者的素质；预测时间。预测精度是预测质量的体现，涉及预测过程各环节的工作质量、误差产生的原因和如何改进等方面的问题，因而是一个过程概念。

（三）预测的分类

近几十年来，随着科学技术的迅速发展，出现了多种多样的预测方法，其中广泛应用的有 30 多种。预测可以按照预测期长短、预测方法或预测时是否考虑时间因素进行分类。

1. 按预测期长短分类

按预测期长短可将预测分为短期预测、中期预测、长期预测。短期预测是指为期一年及一年以内的预测；中期预测是指为期一年以上五年以内的预测；长期预测是指为期五年以上的预测。

2. 按预测方法分类

按预测的方法可将预测分为定性预测、定量预测和综合预测。

（1）定性预测。定性预测是指根据事物的性质、特点、现状等，对事物进行非数量化的分析，然后对事物的未来发展趋势作出预测和判断。这种定性预测是依据人们的主观判断来取得预测的结果。定性预测的方法有集合意见法、专家预测法、头脑风暴法、德尔菲法、主观概率预测法和经济寿命周期分析预测法等。

（2）定量预测。定量预测是指根据较为系统的统计资料和有关数据，建立数学模型，对事物未来发展趋势作出预测和判断。定量预测的主要依据是历史资料计算所得的数据成果，而非人们的主观判断。因此，定量预测一般比定性预测精确。定量预测的方法很多，如增减趋势预测法、线性趋势预测法、消费水平法、回归预测法等。

（3）综合预测。综合预测是将定性、定量预测等多种预测方法进行综合运用的预测方法。它兼有多种预测方法的长处，因而预测的精度和可靠性较高。

3. 按预测时是否考虑时间因素分类

按预测时是否考虑时间因素可将预测分为静态预测和动态预测。

静态预测是指不包含时间变动因素，对事物在同一时期的因果关系进行预测。动态预测是指包含时间变动因素，根据事物发展的历史和现状，对其未来发展前景做出的预测。

二、建筑企业预测的内容

建筑企业生产经营预测要为建筑企业确定生产经营目标、制订发展规划和经营决策提供依据，根据这一要求，它的内容包括以下几个方面。

（一）建筑产品市场预测

随着经济体制改革的进一步深化，在建筑业"供给侧"改革和"一带一路"倡议指导下，建筑企业的发展不仅面临着挑战，也给建筑企业带来了种种机遇，建筑企业与市场的联系更加密切，建筑市场预测的作用和意义也就愈来愈显著。建筑市场预测一般包括：

（1）建筑产品的方向和需求量预测。如国家、部门、地方投资的方向，自筹资金投资的方向；新建性质的建筑产品、建筑维修、加固、建筑劳务以及技术服务等方面需求量的预测。

（2）建筑产品的类型和构成预测。如对生产性建筑产品与非生产性建筑产品、工业建筑产品和民用建筑产品各占比重如何，以及工业化生产方式建筑产品与传统方式生产建筑产品所占比重的发展预测。

（3）建筑产品的功能预测。如对建筑产品的质量要求、功能要求、配套性要求等的预测。

（二）资源预测

资源预测主要指建筑企业对所需原材料、人力、设备、资金等的需求数量、供应来源、配套情况、满足程度和供应条件等的预测，还包括对未来建筑材料发展趋势的预测。它是建筑企业制定生产经营计划、材料物资采购供应计划和确定合理库存的依据。

（三）生产能力预测

建筑企业生产能力通常是通过劳动生产率来衡量的，所以企业生产能力预测主要是针对企业人员和机械设备的需求变化情况进行估计。它为建筑企业制订人员配备和培养计划、技术改造及自身基本建设计划、机械设备配备计划提供依据。

（四）技术发展预测

建筑企业技术发展预测包括施工工艺、企业适用技术和技术改造方向的预测等。它是建筑企业制订技术改造规划、科研和新工艺、新技术试验计划及新技术工人培训计划的依据。如对住宅产业化和新型建筑工业化的发展所带来的技术创新和管理创新等的预测。

（五）多种经营方向预测

建筑企业多种经营方向预测包括企业多种经营产品的市场需求量，所需资源、能源及其来源的预测等。它是建筑企业多种经营业务规划和组织的依据。

（六）利润、成本预测

利润、成本预测是指对建筑企业和本行业不同类型建筑产品的利润和成本的变化范围及趋势的估计。它是建筑企业确定经营目标、经营策略，制订利润计划并组织实施的依据。

三、决策的基本概念

（一）决策的定义

所谓决策就是为了实现特定目标，根据客观条件的可能性，在占有一定信息和经验的基础上，借用一定的工具、方法和技巧拟定并评估各种方案，从中选出合理方案的过程。简单地说，决策就是考虑和选择解决问题方案的行为和过程。

在这里，把决策理解为一个过程更确切些。因为，人们对合理方案的确定，有一个反复考虑和比较的过程，而不是突然做出的。决策要经过提出问题、确定目标、搜集资料信息、制定方案、分析评价到最后抉择等一系列过程。因此，合理方案的选择需要前面多个步骤作为基础，缺少了前面任何一个环节，决策都是不科学的。不仅如此，最后在方案决定后，还需要有一个贯彻、执行、检查、监督的过程，以便发现偏差，加以纠正。如果没有检查、反馈等措施，就无法了解决策执行后的情况与后果，更无法在最后检验决策的是非与优劣。

（二）决策的分类

决策贯穿于整个组织活动的全过程，涉及各方面的内容。因此，根据不同要求，从不同角度对决策过程加以分类，将有助于决策者把握各类决策的特点，根据决策问题的特征以及不同的决策种类，采用相应的方法，进行有效的决策。

1. 按决策的重要程度分类

（1）战略决策。战略决策又称为经营决策，是指直接关系组织生存发展全局的长期性、方向性问题的决策。

（2）战术决策。战术决策又称为管理决策，是指为实现战略目标而做出的局部性的具体决策，如企业的生产计划、人力资源计划。

（3）业务决策。业务决策又称为日常管理决策，是企业在日常工作中为提高效率所做的决策，如企业定额的制定等。

2. 按决策的性质分类

（1）程序化决策。程序化决策即有关常规的、反复发生的问题的决策。如企业日常生产技术管理等，这类决策约占管理工作的 80%。

（2）非程序化决策。非程序化决策是指偶然发生的或首次出现而又较为重要的非重复性决策。如新产品开发、组织结构调整等。

3. 按决策者的人数分类

按决策者的人数可将决策分为个体决策和群体决策。原则上讲，群体决策比个体决策更合理、更科学。但由于决策群体成员的背景、学识、价值观不同，往往很难确定一个共同目标。此外，决策人数多使信息来源广，这虽是群体决策的一大优势，但可能扩大问题范围，分散注意力，又有干扰决策进行的可能。

4. 按决策问题的条件分类

按决策问题的条件可将决策分为以下几种。

（1）确定型决策。确定型决策是指可供选择的方案中只有一种自然状态时的决策。即决策的条件是确定的。

（2）风险型决策。风险型决策是指可供选择的方案中，存在两种或两种以上的自然状态，但每种自然状态发生概率的大小是可以估计的。

（3）不确定型决策。不确定型决策指在可供选择的方案中存在两种或两种以上的自然状态，而且，这些自然状态发生的概率是无法估计的。

四、建筑企业决策的内容

建筑企业决策的内容非常广泛，其内容如图 4-1 所示。本节内容主要对经营战略决策的概念进行详细讲解。

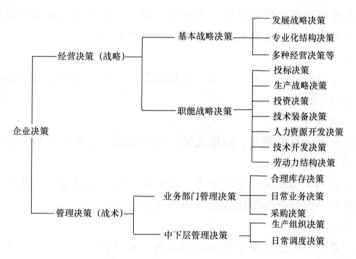

图 4-1　建筑企业决策的内容

（一）基本战略决策

基本战略决策是涉及建筑企业整体活动全局性问题的决策。它包括以下内容。

1. 发展战略决策

它是指建筑企业如何优化、选用其拥有的经营资源，持久地发挥企业优势，以获取尽可能大的经济效益的决策。企业通过发展战略决策正确确定生产经营目标、方向和产品结构。

2. 专业化结构决策

它是指建筑企业内部专业化发展的战略决策。实行专业化，是建筑企业生产发展的必然趋势。在不同时间、地点条件下，专业化应有不同的形式、程度和层次，如部门专业化、产品专业化、工艺专业化等。在建筑企业内部，正确进行专业化结构决策，适应社会生产发展的需求，才能获取更大的经济效益。

3. 多种经营决策

它是指建筑企业根据社会和用户对建筑产品的需求和自身条件，由单一经营向多样化经营转化，确定转化和扩展业务方向等方面的决策。如施工总承包企业向工程总承包企业的转变，或建筑企业成立房地产方向的子公司。

（二）职能战略决策

职能战略决策是指建筑企业某一方面活动的战略决策。它与基本战略决策的区别在于，涉及的范围和活动领域要相对小些。它包括以下内容。

1. 投标决策

它是指建筑企业在选择承包工程对象、确定投标报价时的决策，合理的投标决策能够使企业既能中标、任务饱满，又能获取尽可能大的利润。

2. 生产战略决策

它是指建筑企业在既定生产能力条件下，如何在企业范围内布置生产任务的决策。合理的生产战略决策既要保证项目工期满足合同要求，又要尽可能做到生产的均衡性。

3. 投资决策

它是指建筑企业为实现其投资目标，在投资方向、投资结构以及资金筹措等方面的合理决定，合理的投资决策能使企业获取尽可能优的投资收益。

4. 技术装备决策

它是指建筑企业根据生产发展、技术开发的需要，如何合理确定技术装备方针、装备方式和选择机械设备型号的决策。

5. 人力资源开发决策

它是指建筑企业提高员工素质、获取人才、人才激励等方面的目标和措施规划。

6. 技术开发决策

它是指建筑企业为了不断提高适应能力、竞争能力和经济效益，在生产工艺和技术方面的研究和措施的规划，以及选择适用技术体系的决定。

7. 劳动力结构决策

它是指建筑企业如何根据任务要求和自身条件，合理确定企业自有工人、劳务分包、劳务派遣结构的决策。

五、预测与决策的关系

决策与预测有着不可分割的联系，预测是决策的前提，决策是预测的逻辑延续。预测与决策的关系如图 4-2 所示。

决策是为了在将来（制定决策之后）达到一定目标，制定决策是在现在，而决策付诸实施，达到决策的目标，是在将来；预测则是在现在预言将来和未知。前者是为了"创造"将来，后者则是预言将来和未知。预测是一个认识过程，而决策则是根据认识到的将来的事物变化，按决策人的价值观和偏好作出决策，以达到某种利益和目标。

事物的变化，都有一定的原因。决策和预测都需要找出所决策和预测的事物的前因后果关系，决策是先从结果反方向寻找原因，再设法创造条件去实现结果；预测是顺方向从原因推测结果，设法找到已出现的原因去预言未知的规律。

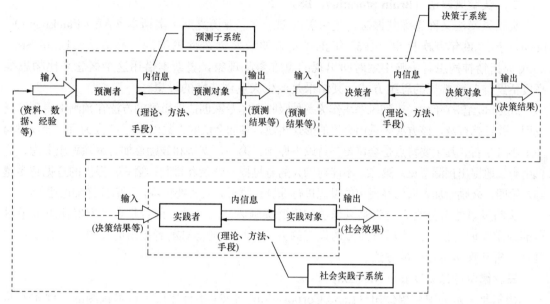

图 4-2　预测与决策的关系

第二节　定性预测方法

定性预测方法又称非数量分析预测法，是指由有关专业人员根据个人经验和知识，结合预测对象特点进行综合分析，对事物未知状况和发展趋势做出推测的预测方法，它一般不需要进行复杂的定量分析，适用于缺乏完备历史资料或有关变量间缺乏明显数量关系等条件下的预测。

定性预测方法利用直观材料，依靠预测人员个人经验和综合分析能力，对未知状况作出估计和判断。定性预测方法很多，这里只简要介绍专家预测法、头脑风暴法、德尔菲法、主观概率预测法和经济寿命周期分析预测法。

一、专家预测法

专家预测法是以专家为索取信息的对象，依靠专家的知识和经验进行的预测。这种预测的准确性，主要取决于专家所具有的知识和经验的广度与深度。因此，调查时所选择的专家，必须对所预测的问题有丰富的实际经验或较高的学术水平。

专家预测法包括专家个人预测和专家会议预测两种形式。

专家个人预测是指向专家们分别提出预测的问题，同时提供有关信息，由专家们独自分析（不开会讨论），最后把意见整理和归纳，形成预测结论。这种方法可以最大限度地利用个人的创造能力，不受外界影响，没有心理压力。但判断结果易受专家知识面、知识深度等因素的影响，难免有一定的片面性。

专家会议预测是指专家们根据提出的预测问题和提供的信息，先进行准备，然后在专家会议上提出自己的预测意见，经过相互讨论、启发、补充、修正之后得出预测结果的方法。

这种方法有助于直接交换意见，相互启发，集思广益，分析的因素比较全面。但是，这种方法也有缺陷，例如，部分专家会上发表意见可能不够充分，有时受心理因素影响，会屈服于权威和大多数人的意见，导致少数人的正确意见被忽略等。

二、头脑风暴法（Brain Storming，BS）

头脑风暴法又称思维共振法，是由美国创造学家亚历克斯·奥斯本（Alex Faickney Osborn）于1939年首次提出，1953年正式发表的激发创造性思维的一种方法。Brain Storming原指精神病患者头脑中短时间出现的思维紊乱现象，奥斯本借用这个概念来比喻思维高度活跃并打破常规的思维方式，其结果是产生大量创造性的设想。

在20世纪50年代，头脑风暴法作为一种吸收全体专家创造性思维的方法在预测中得到广泛应用，并日趋普及，该方法多采用会议的形式实现，参加会议的人数以10～15人为宜，会议时间一个小时左右。其主要特点是会议要坚持以下原则：第一，支持和鼓励参加者解除思想顾虑，能自由奔放地提出预测意见；第二，不能对别人的意见提出怀疑和批判；第三，提出的意见越多越好；第四，鼓励参加者对已经提出的设想进行综合；第五，发言要精炼，不需要详细论述。

头脑风暴法可分为直接头脑风暴法和质疑头脑风暴法两种。前者是在专家群体决策中尽可能地激发创造性，产生尽可能多的设想的方法，后者则是对前者提出的设想、方案逐一质疑，分析其现实可行性的方法。

三、德尔菲法（Delphi Method）

德尔菲法是美国兰德公司（Land Corporation）1964年首先用于技术预测的。德尔菲是古希腊传说中的神圣之地，城中有座阿波罗神殿，可以预测未来，因而借用其名。

（一）德尔菲法的具体步骤

德尔菲法是专家集体预测法的一种发展。它采取匿名方式，通过几轮函询，征求专家们的意见，然后将他们的意见综合、整理、归纳，再反馈给各个专家，供他们分析判断，提出新的论证。如此多次反复，意见逐步趋于一致，得出预测的结果。德尔菲法预测的步骤如下：

（1）选择对预测的问题具有专门知识的专家若干人，预测机构与专家们用信件联系，专家彼此不联系。

（2）首次联系，向专家提出预测目标，并提供有关信息资料。

（3）首次反馈，专家们回函提出自己的分析意见。

（4）多次联系，由预测机构将各位专家预测的情况，用匿名的方式传递给各位专家，并继续提供资料，请专家提出修改后的预测意见。

（5）多次反馈，把专家们最后预测的意见加以归纳，形成预测结论。

这种方法兼有专家调查法的优点，同时可避免其缺点。据国外统计，德尔菲法在定性预测中应用甚广，效果显著。此法具有三个特点：匿名性，消除了专家之间心理因素的影响；多次反馈沟通情况；预测结果采用统计方法进行处理。

（二）德尔菲法的发展

德尔菲预测法问世以来，不少预测学家对其进行了广泛研究，对初始的经典德尔菲法进行了某些修正，修正后的德尔菲法基本上可以分为两种情况：

（1）保持经典德尔菲法的基本特点，对实施过程予以调整修正，如列出预测事件一览表，提供背景材料，减少应答轮数等。

（2）改变德尔菲法的某些基本特点，如部分取消匿名，部分取消反馈等。

四、主观概率预测法

在概率统计中所说的某一事件出现的概率是指这一事件发生的可能性大小。将某一事件发生的概率定义为在相同条件下，进行大量重复试验时该事件出现的相对频率。由于它是事先客观存在的，与人们的主观意愿无关，故称这种概率为客观概率。

然而在实际问题中，经济系统自身内在结构和周边环境均在不断变化，并且由于条件限制，常常无法进行大量重复试验，甚至根本就不允许进行试验。在这种情况下，就不可能通过试验来寻求事件出现的概率。这时可以根据个人的经验和对事物的认识来确定事件发生的概率。由于这种概率是个人主观估计，故称为主观概率。

主观概率预测法常常与专家预测法结合运用，即允许专家在预测时提出几个估计值，并评定各值出现的可能性（概率）；然后，计算各个专家预测值的期望值；最后，对所有专家预测期望值求平均值，即为预测结果。

$$y_f = \frac{\sum\limits_{i=1}^{n} y_{fi} w_i}{\sum\limits_{i=1}^{n} w_i} \tag{4-1}$$

式中 y_f——预测结果；

y_{fi}——第 i 个专家的预测值；

w_i——第 i 个专家的权数；

n——参加预测的专家人数。

五、经济寿命周期分析预测法

在各种经济活动中，任何一项新技术或一种产品都有其自身的自然寿命和经济寿命。所谓经济寿命是指一项新技术或一种产品从诞生之日起，一直到被淘汰之日止的这段历史全过程。此过程大体可分为试销（萌芽）期、畅销（成长）期、饱和（成熟）期和滞销（衰退）期四个阶段，如图 4-3 所示。

$O—A$ 段称为试销期（萌芽阶段）；$A—B$ 段称为畅销期（成长阶段）；$B—D$ 段称为饱和期（成熟阶段），C 点是该类产品或该项技术发展的高峰点，同时又是发展到衰退的转折点；D 以后的阶段称为滞销期（衰退阶段），D 点称为临界点，D 点以后该类产品或该项技术便进入淘汰状态。

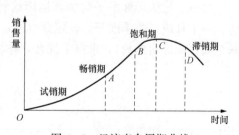

图 4-3 经济寿命周期曲线

经济寿命周期分析预测法是根据对某种产品或某项技术市场供需情况变化的详细调查，由经济寿命周期的一般规律来预测其销售量（或销售额）的一种专门方法。

经济寿命周期分析预测一般要从以下四个方面进行：

第一，调查商品或技术目前处于产品"寿命周期"的哪一个阶段。不同阶段的市场对产品或技术的需求是不相同的，因此产生的经济效益也是不同的。

第二，调查消费者的情况。摸清消费者的经济情况，选择供应者的标准，个人的爱好、风俗、习惯和购买力的变化，以及对商品或技术的要求等因素对建筑企业生产经营状况所产生的影响。

第三，调查市场上竞争对手的情况。充分了解同行业中同类产品或同类技术的销售、创新等方面所采取的改进措施对销售的影响。同时还要掌握本企业产品的竞争能力，即市场占有率、技术装备率等情况。

第四，调查国内外和本地区经济发展的趋势。研究各方面因素的变动对产品销售或技术创新可能产生的影响，如政治因素、经济因素等。

第五，最后将上述四个方面的调查分析资料进行综合、整理、加工、计算，就可以对产品或技术需求等状况作出预测。

第三节 定量预测方法

定量预测是根据比较完备的历史和现状统计资料，运用数学方法对资料进行科学的分析、处理，找出预测目标与其他因素的规律性联系，对事物的发展变化进行量化推断的预测方法。定量预测法的优点是预测结果比较精确。但使用定量预测法也有一些限制条件：历史统计资料比较准确、详细而完备，事物发展变化的客观趋势比较稳定，这些因素使得定量预测法很难取得质的突变。本节主要介绍的定量预测法为时间序列分析预测法和回归分析预测法。

一、时间序列分析法

时间序列分析法的基本思想就是根据历史资料，依据一组观察数值来推算事物未来的发展情况。例如，把过去的统计数字资料按照时间顺序排列，就形成了一个以时间为序的数列；分析这个序列，从中可以找出其变化的规律性，如果能够通过其他的分析认定事物正处于正常发展阶段，将继续按这个规律运动，就可以用它来推测事物的未来发展趋势。常用的时间序列分析法有以下几类。

（一）简单平均法

简单平均法即算术平均法，运用这种方法的程序是：先按照一定的时间间隔（一个星期、一个月或一个季度等）设定观察期，取得观察期的数据，然后以观察期数据之和除以数据个数（或资料期数），求得平均数，作为对下一个时期的预测数。求算术平均数的公式为

$$y_f = \frac{X_1 + X_2 + \cdots + X_n}{n} = \frac{\sum\limits_{i=1}^{n} X_i}{n} = \overline{X} \qquad (4-2)$$

式中　y_f——预测值；

　　　X_i——第 i 期观察值（$i=1, 2, 3, \cdots, n$）；

　　　n——选取的观察值的个数；

　　　$\overline{X}$——平均值。

简单平均法的优点是简单易算。但是，由于这种方法对于数值采取了简单平均的方法，得到的结果有时不够准确，特别是观察期的数据具有明显的季节变动和长期性的增减变化趋势时，用简单平均法得出的预测结果往往误差较大。

（二）加权平均法

加权平均法就是在求平均数时，根据各个观察期数据重要性的不同，分别给予不同权数后再加以平均的方法。通常采用的是加权算术平均法。其公式为

$$y_f = \frac{W_1 X_1 + W_2 X_2 + \cdots + W_n X_n}{W_1 + W_2 + \cdots + W_n} = \frac{\sum\limits_{i=1}^{n} W_i X_i}{\sum\limits_{i=1}^{n} W_i} \qquad (4-3)$$

式中　y_f——预测值；

　　X_i——第 i 期观察值（$i=1$，2，3，…，n）；

　　W_i——第 i 期的对应权数（$i=1$，2，3，…，n）。

加权平均法的关键是确定适当的权数，但至今权数的确定还没有找到一种科学的方法，只能依据经验而定。一般的做法是，给予近期数以较大的权数，距离预测期远的则权数递减。

（三）移动平均法

如果预测值同与预测期相邻的若干观察期数据有密切的关系，则可以使用移动平均法。移动平均法将观察期的数据由远而近按一定跨越期进行平均，取其平均值。随着观察期的推移，按既定跨越期采集的观察期数据也相应向前移动，逐一求得平均值，并将接近预测期的最后一个移动平均值，作为确定预测值的依据。移动平均法的计算公式为

$$M_t = \frac{X_t + X_{t-1} + X_{t-2} + \cdots + X_{t-n+1}}{n} = \frac{\sum\limits_{i=t}^{t-n+1} X_i}{n} \qquad (4-4)$$

式中　M_t——t 时期的移动平均数；

　　X_i——第 i 期观察值（$i=1$，2，3，…，n）；

　　n——移动期数。

移动平均法的预测值为

$$y_{t+1} = M_t \qquad (4-5)$$

式中　y_{t+1}——$t+1$ 时期的预测值。

（四）指数平滑法

指数平滑法是一种用指数加权的办法来进行移动平均的预测方法，所取的指数称为平滑系数。采用这种加权的方法，可以克服移动平均法中各期数据均占相等比重的缺陷，突出近期数据对预测值的影响，进而能较准确地反映出总的发展趋势。

指数平滑法以本期实际值和本期预测值为基数，分别给两者计算出指数平滑值，作为预测基础，其公式为

$$S_t = \alpha Y_t + (1-\alpha) S_{t-1} \qquad (4-6)$$

式中　S_t——时间 t 的平滑值；

　　Y_t——时间 t 的实际值；

　　S_{t-1}——时间 $t-1$ 的平滑值；

　　α——平滑系数，其取值范围为 $[0, 1]$。

从上述基本公式可以看出，本期的平滑值是本期实际值 Y_t 与上一期平滑值 S_{t-1} 的加权平均值。Y_t 的权数是 α，S_{t-1} 的权数是 $1-\alpha$，权数之和为 1。

平滑系数 α 是由预测人员判定的，通常可以选用若干个 α 值做试验，计算出不同 α 值，然后预测误差加以比较，选取误差较小的 α 值用于预测。

运用指数平滑法进行预测，需要估计初始值，当样本为大样本时，初始值以时间数列的

首项替代；当样本为小样本时，初始值以时间序列的前几项求一简单平均数代替。

二、回归分析法

所谓回归分析是指对具有因果关系的现象，根据大量观察，用一种数理统计方法建立数学模型，近似地表达变量间平均变化关系。应用回归分析进行预测，就是分析预测对象发展变化的原因，原因称为自变量，预测对象目标为因变量，表达因变量、自变量之间平均变化关系的数学模型为回归方程。掌握自变量发展变化的数量状态，利用回归方程便可推测因变量变化状况。因此，回归分析是一种重要的因果关系定量分析方法。

回归分析预测根据因果关系所涉及的变量多少不同，可分为一元回归预测和多元回归预测；根据变量之间是否呈线性关系，可分为线性回归预测和非线性回归预测。

在经济预测中，回归分析预测法是一种作用因素分析，是一种比较科学合理的预测方法。时间序列预测法，只就一个经济变量的历史数据来预测未来，没有考虑其他因素的影响，回归分析预测法恰在这一点上弥补了时间序列预测法的不足。但是，回归分析预测法要以所掌握的历史资料为基础进行计算。因此需储存大量资料，同时还不便及时更新所用资料，因为每增加一个新的观测值，整个回归分析预测方程都要重新计算。

（一）一元线性回归预测

一元线性回归预测是对只涉及两个变量，且两个变量又呈线性关联的因果关系进行分析，做出预测。其预测模型为

$$y_f = a + bx_i \tag{4-7}$$

式中　y_f——因变量，即预测值；

x_i——自变量，即引起因变量变化的某一影响因素；

a，b——回归系数，a 为截距，b 为斜率。

求 a、b 的公式。

当 $x=x_i$ 时，预测值为 $\qquad y_{fi} = a + bx_i \tag{4-8}$

真实值为

$$y_i = y_{fi} + \varepsilon_i = a + bx_i + \varepsilon_i \tag{4-9}$$

真实值与预测值的误差为

$$\varepsilon_i = y_i - a - bx_i \tag{4-10}$$

根据最小二乘原理

$$\sum |\varepsilon_i| \to \min \Rightarrow \sum \varepsilon_i^2 \to \min \tag{4-11}$$

即

$$\sum \varepsilon_i^2 = \sum (y_i - a - bx_i)^2 \tag{4-12}$$

对式（4-12）求一阶导数得

$$\frac{\partial \sum \varepsilon_i^2}{\partial a} = -2 \sum (y_i - a - bx_i) = 0 \tag{4-13}$$

$$\frac{\partial \sum \varepsilon_i^2}{\partial b} = -2 \sum (y_i - a - bx_i)x_i = 0 \tag{4-14}$$

即

$$\sum y_i - na - b \sum x_i = 0 \tag{4-15}$$

$$\sum y_i x_i - a \sum x_i - b \sum x_i^2 = 0 \qquad (4-16)$$

令

$$\bar{x} = \frac{1}{n} \sum x_i \qquad \bar{y} = \frac{1}{n} \sum y_i$$

则

$$a = \bar{y} - b\bar{x} \qquad (4-17)$$

$$b = \frac{\sum x_i y_i - n\bar{x}\bar{y}}{\sum x_i^2 - n\bar{x}^2} \qquad (4-18)$$

（二）多元线性回归预测

在回归分析中，如果有两个或两个以上的自变量，就称为多元回归。事实上，一种现象常常是与多个因素相联系的，由多个自变量的最优组合共同来预测或估计因变量，比只用一个自变量进行预测或估计更有效，更符合实际。因此多元线性回归比一元线性回归的实用意义更大。多元线性回归的基本表达见式（4-19）。

$$y_f = a + \sum b_i x_i \qquad (4-19)$$
$$i = 1, 2, 3, \cdots, n, i \geqslant 1$$

多元线性回归的基本原理和基本计算过程与一元线性回归相同，但由于自变量个数多，计算相当麻烦，一般在实际中应用时都要借助统计软件，因此这里只作简要介绍。

（三）时间序列简化算法

（1）对于一元线性回归中的 x_i 为时间序列时，则可以进行简化计算。

当 x_i 为奇数时，则中间数定为零，那么零以前的数为负值，零以后的数为正值，因此，$\sum x_i = 0$。

（2）当 x_i 为偶数时，将中间的两数分别定为 -1 和 $+1$，然后各数间隔为 2，$\sum x_i = 0$。则公式可以简化为

$$a = \frac{\sum y_i}{n} \qquad (4-20)$$

$$b = \frac{\sum x_i y_i}{\sum x_i^2} \qquad (4-21)$$

（四）可化为一元线性回归的一元非线性回归问题

非线性回归预测法是对非线性关联的因果关系进行分析，做出预测。通常是通过变量变换，把非线性回归问题转化为线性回归问题计算。

1. 双曲线问题

$$\frac{1}{y} = a + \frac{b}{x} \qquad (4-22)$$

令 $y' = \frac{1}{y}$，$x' = \frac{1}{x}$，则有 $y' = a + bx'$。

2. 幂函数问题

$$y = ax^b \qquad (4-23)$$

两边取自然对数，且令 $y' = \ln y$；$x' = \ln x$；$a' = \ln a$，则有 $y' = a' + bx'$。

3. 指数函数问题

$$y = ae^{bx} \tag{4-24}$$

两边取自然对数，且令 $y'=\ln y$；$a'=\ln a$，则有 $y'=a'+bx$。

4. 对数函数问题

$$y = a + b\lg x \tag{4-25}$$

令 $x'=\lg x$，则有 $y=a+bx'$。

5. S 形曲线问题

$$y = \frac{1}{a + be^{-x}} \tag{4-26}$$

令 $y'=\dfrac{1}{y}$，$x'=e^{-x}$，则有 $y'=a+bx'$。

三、基于大数据的预测简介

随着云时代的来临，大数据吸引了越来越多的关注。大数据指的是所涉及的数据量规模巨大到无法通过人工，在合理时间内截取、管理、处理、整理成人类所能解读的信息。与传统数据管理相比，大数据具有海量的数据规模、快速数据流转、多样的数据类型和价值密度低的特点。数据分析专业人士认为"大数据"通常是一个公司创造的大量非结构化数据和半结构化数据。对于建筑企业而言，由于其特有的生产方式，在这个过程中产生的数据不仅数量大、多样性而且维度跨度大，如微观层面上有建筑造价类数据、施工工艺类数据、材料类数据、管理类数据等，宏观层面上有顾客需求类数据、市场经济动态数据等。这些已经生成的海量的历史数据如何进行利用，这正是大数据当前的研究重点和热点，其中利用大数据进行预测，为决策提供更为有效的依据，是大数据研究应用中的重点问题，也是大数据应用的主要方向。

根据大数据的特点，显然采用传统人工等手段处理信息的能力是相当薄弱的，需要新处理模式才能具有更强的决策力、洞察发现力。从技术上看，大数据与云计算的关系就像一枚硬币的正反面一样密不可分，是相辅相成，相得益彰的关系。大数据无法用单台的计算机进行处理，必须采用分布式计算架构，如利用分布式数据库或者分布式计算集群。云处理的特色在于对海量数据进行分布式数据挖掘分析。大数据挖掘处理需要云计算作为平台，依托云计算的分布式处理、分布式数据库和云存储、虚拟化技术，实现对海量数据的有效利用。

与传统的逻辑推理的研究不同，大数据的研究是对数量巨大的数据做统计性的搜索、比较、聚类和分类等分析归纳。大数据分析比较关注数据的相关性或关联性，所谓"相关性"是指两个或者两个以上变量的取值之间存在某种规律。"相关分析"的目的是找出数据集里隐藏的相互关系网。因此，大数据分析的侧重在于寻找相关关系，利用相关性分析，大数据可以预测未来趋势和行为，做出知识的决策。比如在 GOOGLE 流感分析案例中预测流感爆发的时间和地点。大数据在建筑业中的应用很多还都处于尝试和起步阶段，如对建设项目需求进行分析预测、进行客户群体细分、提取市场建筑材料等精准指标数据，降低服务成本，对拟建和在建建设工程中的安全隐患分析等方面大数据的作用和优势都已经崭露头角，但是大数据在建筑企业中的应用还有待进一步拓展，而且大数据是支持建筑业、建筑企业转型升级中不可或缺的工具。

第四节 决 策 方 法

一、确定型决策

确定型决策是指可供选择的方案中只有一种自然状态时的决策，即决策的条件是确定的。确定型决策问题应具备的条件具体有四点：第一，存在决策者期望达到的一个决策目标；第二，未来的状况，只存在一个确定的自然状态；第三，存在两个或两个以上的备选方案，供决策者选择；第四，每一个备选方案在确定状态下的损益值可以计算出来。

例如，某企业可向三家银行借贷，但利率不同，分别为8%、7.5%和8.5%。企业需决定向哪家银行借款。很明显，向利率最低的银行借款为最佳方案。这就是确定型决策。确定型决策方法主要有盈亏平衡分析法、经济批量法、线性规划法等。

【例4-1】 某工厂拥有A、B、C三种类型的设备，生产甲、乙两种产品。每件产品在生产中需要占用的设备机时数，每件产品可以获得的利润以及三种设备可利用的时数见表4-1。

表4-1　　　　　　　　　不同设备生产不同产品的参数指标

产品 设备	产品甲	产品乙	设备能力（h）
设备A	3	2	65
设备B	2	2	40
设备C	0	3	75
利润（元/件）	1 500	2 500	

问题：工厂应如何安排生产可获得最大的总利润？

目标函数　　　　　　　　$\max(z) = 1\,500x_1 + 2\,500x_2$

　　　　　　　　　　　　s. t. $3x_1 + 2x_2 \leqslant 65$

约束条件　　　　　　　　$2x_1 + 2x_2 \leqslant 40$

　　　　　　　　　　　　$3x_2 \leqslant 75$

　　　　　　　　　　　　$x_1, x_2 \geqslant 0$

根据单纯形法求解得出：最优解 $x_1 = 5$、$x_2 = 25$，最优值 $z = 70\,000$。即最优方案为生产甲产品5件、乙产品25件，可获得最大利润为 70 000 元。

二、不确定型决策

不确定型决策是指未来事件的自然状态是否发生不能肯定，而且未来事件发生的概率也是未知情况下的决策，即它是一种没有先例的、没有固定处理程序的决策。

（一）构成条件

不确定型决策的构成条件：

（1）存在着决策者希望达到的一个明确目标（收益最大或损失最小）。

（2）存在着可供决策者选择的两个或两个以上的行动方案。

（3）存在着不以决策者意志为转移的、两个或两个以上的自然状态。

（4）不同的行动方案，在各自自然状态下的益损值可以定量地表示出来。

（二）决策方法

不确定型决策一般要依靠决策者的个人经验、分析判断能力和创造能力，并借助于经验方法进行决策。常用的不确定型决策方法有小中取大法、大中取大法和最小最大后悔值法等。

1. 小中取大法（悲观决策法）

决策者对未来持悲观态度，认为未来会出现最差的情况。决策时，对各种方案都按其最低收益考虑，然后选取最低收益值中的最大者为最终选择方案，简称小中取大法。

【例 4-2】 某公司在生产经营过程中，购买某上市公司的股票。在购买过程中遇到三种情况，即大批购买、中批购买、小批购买。预计不同的选择所产生的效益，见表 4-2。试问该企业应当采用何种方案？

表 4-2   不同方案产生的收益值

自然状态 购买方案	收益价值（万元）			最小收益
	好	中	差	
大批购买	130	100	-30	-30
中批购买	90	60	20	20
小批购买	60	40	30	30
最小收益中的最大值				30
拟采用方案				小批购买

根据小中取大法，其决策结果是小批购买。

2. 大中取大法（乐观决策法）

决策者对未来持乐观态度，认为未来会出现最好的情况。决策时，对各种方案都按它带来的最高收益考虑，然后比较哪种方案的最高收益最高，简称大中取大法。

以［例 4-2］为例，表 4-3 可得到决策结果为大批购买。

3. 最小最大后悔值法

决策者在选择了某方案后，若事后发现客观情况并未按自己预想的发生，会为自己事前的决策而后悔。由此，产生了最小最大后悔值决策方法，其步骤是：

（1）计算出每个方案在每种情况下的后悔值，定义为

后悔值＝该情况下的各方案中的最大收益－该方案在该情况下的收益

（2）找出各方案的最大后悔值。

（3）选择最大后悔值中最小的方案。

表 4-3   不同方案产生的收益值

自然状态 购买方案	收益价值（万元）			最大收益
	好	中	差	
大批购买	130	100	-30	130
中批购买	90	60	20	90
小批购买	60	40	30	60
最大收益中的最大值				130
拟采用方案				大批购买

以［例 4-2］为例，表 4-4 可得到决策结果为中批购买。

表 4-4   不同方案不同状态下的后悔值

自然状态	收益价值（万元）			后悔值
购买方案	好	中	差	
大批购买	130－130＝0	100－100＝0	30－（－30）＝60	60
中批购买	130－90＝40	100－60＝40	30－20＝10	40
小批购买	130－60＝70	100－40＝60	30－30＝0	70
最大后悔值中最小后悔值				40
拟采用方案				中批购买

三、风险型决策

（一）基本定义

所谓风险型决策是指决策者对未来发生的情况虽无确定估计值，但却可以判明未来可能发生情况的概率。由于这类问题的决策，不论选择哪个方案，都会承担一定的风险，所以称为风险型决策。风险型决策问题，也称作统计型决策问题，或随机型决策问题。

【例 4-3】 某渔船要对下个月是否出海打鱼作出决策。如果出海后是好天，可获收益 5 000 元，若出海后天气变坏，将损失 2 000 元；若不出海，无论天气好坏都要承担 1 000 元损失费。据预测下月好天的概率为 0.6，天气变坏的概率为 0.4（表 4-5）。该渔船主应如何选择？

表 4-5   不同方案不同状态下的指标值

自然状态 收益 概率 方案	天气好 $P_1＝0.6$	天气坏 $P_2＝0.4$
K_1 出海	5 000 元	－2 000 元
K_2 不出海	－1 000 元	－1 000 元

［例 4-3］是一道典型的风险型决策问题。根据此例题，可以总结出风险型决策问题的基本特征：

（1）存在着决策者希望达到的一个明确目标（收益最大或损失最小）；

（2）存在着可供决策者选择的两个或两个以上的行动方案；

（3）存在着不以决策者意志为转移的一个或一个以上的自然状态；

（4）不同的行动方案，在各自然状态下的损益值可以定量地表示出来；

（5）在几种不同的自然状态之中，决策者不能确定未来究竟将出现哪种自然状态，但各自然状态发生的概率可以估计或计算出来。

（二）决策原则

1. 最大可能性准则

一个事件的概率越大，则它发生的可能性就越大。按照概率最大的状态进行决策的方法，称为最大可能性准则决策方法。因此按上述准则，应在这种自然状态下进行决策，这时问题已经转化为确定型决策问题。以［例 4-3］为例，天气出现好天的概率 $P_1＝0.6$ 最大，选择方案出海是最优方案。

2. 期望值准则

期望值准则就是先计算各个方案的期望值，然后按照决策目标选择最优方案。如果决策

目标是收益最大，那么选择数学期望值最大的方案。反之，选择数学期望值最小的方案。以［例4-3］来说明，则

$$EK_1 = 5\ 000 \times 0.6 - 2\ 000 \times 0.4 = 2\ 200 \text{ 元}$$

$$EK_2 = -1\ 000 \times 0.6 - 1\ 000 \times 0.4 = -1\ 000 \text{ 元}$$

$$EK_1 > EK_2$$

由于方案一的期望值大于方案二的期望值，所以应当选择出海方案。

（三）决策树法

关于风险型决策问题除了采用最大期望值准则外，还可以采用决策树方法进行决策。利用这种方法绘出的决策图形状好似树形结构，故起名为决策树方法。

1. 决策树方法的步骤

（1）画决策树。对某个风险型决策问题的未来可能情况和可能结果所做的预测，可以用树形图的形式反映出来。画决策树的过程是从左向右，对未来可能情况进行周密思考和预测，对决策问题逐步进行深入探讨的过程。

（2）预测事件发生的概率。概率值的确定，可以凭借决策人员的估计或者历史统计资料的推断。估计或推断的准确性十分重要，如果误差较大，就会引起决策失误，从而蒙受损失。但是为了得到一个比较准确的概率数据，又可能会支出相应的人力和费用，所以对概率值的确定应根据实际情况来定。

（3）计算损益值。在决策树中由末梢开始从右向左顺序推算，根据损益值和相应的概率值推算出每个决策方案的数学期望。如果决策目标是收益最大，那么取数学期望的最大值；反之，取最小值。

2. 决策树的作图方法

（1）画一个方块"□"作为决策结点，由决策结点向右引出若干条直线表示不同的策略（方案）称为策略分支。

（2）策略分支的右端画一个圆圈"○"作为状态结点，由它引出表示不同状态及其发生的概率的分支称为概率分支。

（3）最后在概率分支的终点画"△"符号表示这一分支的最终结果的效益值（期望值），正值表示收益，负值表示损失。

根据表4-5画出的决策树，如图4-4所示。

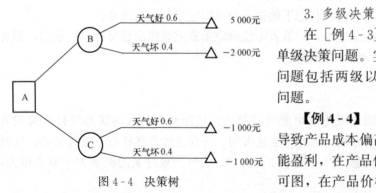

图4-4　决策树

3. 多级决策

在［例4-3］中只包括一级决策，称为单级决策问题。实际生活中的一些风险决策问题包括两级以上的决策，称为多级决策问题。

【例4-4】　某工厂由于生产工艺落后，导致产品成本偏高。在产品销售价格高时才能盈利，在产品价格中等时持平，企业无利可图，在产品价格低时，企业要亏损。现在工厂的高级技术人员准备将这项工艺加以改造，用新的生产工艺来代替。新的生产工艺的取得有两条途径：自行研制，成功的概率是0.6；购买专利技术，预计谈判成功的概率是0.8。

但是不论研制还是成功谈判，企业的生产规模都有两种方案：产量不变和增加产量。如果研制或者谈判均告失败，则按照原工艺进行生产，并保持产量不变。

按照市场调查和预测的结果，预计今后几年内该种产品价格上涨的概率是 0.4，价格在中等的概率为 0.5，价格下跌的概率为 0.1。通过计算得到各种方案在各种价格下的收益值，见表 4-6。通过决策分析，确定企业选择何种决策方案最为有利。

表 4-6　　　　　　　　　　　　不同方案的收益　　　　　　　　　　　百万元

方案 / 自然状态（收益）	原工艺生产	买专利成功 0.8		自行研制成功 0.6	
		产量不变	增加产量	产量不变	增加产量
价格下跌 0.1	−100	−200	−300	−200	−300
价格中等 0.5	0	50	50	0	−250
价格上涨 0.4	100	150	250	200	600

解

（1）画决策树，如图 4-5 所示。

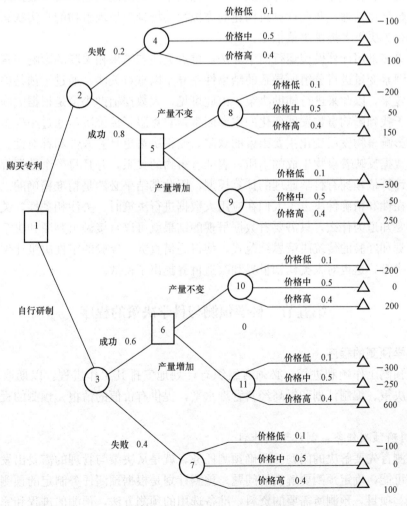

图 4-5　[例 4-4] 决策树

（2）计算各节点的收益期望值。

节点 4：$0.1 \times (-100) + 0.5 \times 0 + 0.4 \times 100 = 30$（百万元）

节点 8：$0.1 \times (-200) + 0.5 \times 50 + 0.4 \times 150 = 65$（百万元）

节点 9：$0.1 \times (-300) + 0.5 \times 50 + 0.4 \times 250 = 95$（百万元）

节点 10：$0.1 \times (-200) + 0.5 \times 0 + 0.4 \times 200 = 60$（百万元）

节点 11：$0.1 \times (-300) + 0.5 \times (-250) + 0.4 \times 600 = 85$（百万元）

节点 7：$0.1 \times (-100) + 0.5 \times 0 + 0.4 \times 100 = 30$（百万元）

因为 $65 < 95$，所以节点 5 的产量不变是剪枝方案，将节点 9 移动到节点 5。同理，节点 11 移动到节点 6。问题就转化为一级决策问题。

由于节点 2 的期望值比节点 3 大，因此，最优决策是购买专利。

四、基于大数据的决策简介

大数据是真实世界的记录载体，事物的状态尽在数据之中。大数据既然有表征事物本质和事物关系的功能，对人类而言，不仅希望通过大数据来认识生活世界，更希望通过对大数据的把握和挖掘分析使未来世界透明化，进而通过决策来科学地改造世界。物联网、互联网、传感器设备、移动通信终端等获取所需信息数据，进而建立起庞大的数据库，以镜像形式对其进行数字化处理，并在计算机构建的虚拟社会场景中呈现事物的真实状态，演绎其发展变化趋势，为决策者提供决策依据。

大数据更多采用计算模型运行简单算法，重点关注与结果相关联的影响因素。决策者只需要对某些因素变量进行分组所导致的结果性差异予以重点关注，通过干预某些因素变量组去衡量干预效果，以此来进行辅助决策。由此可见，大数据辅助决策是根据关联性研究进行的，更有利于找到影响事物发展变化的主要因素，它克服了传统决策通过小样本因果关系分析难以找到影响事物发展变化主要因素的缺陷，使得决策更具有效性和针对性。

由于大数据反映着事物生成的本质，表征着事物的关系，并且每一个数据都是真实存在的，数据的计算依赖拥有科学原理的计算模型，因此其结果必然是精准精确的。数据的这种客观真实存在性和精确性决定了人们在应用大数据进行决策时，关注相关性，关注事物是什么，而不需要知道为什么，只需要看数据呈现的结果就可以直接做出判断和决策。这颠覆了人类依赖直觉和经验的传统决策思维范式，使得凭借直觉、经验的定性决策让位于精准的数据分析定量决策，这也对人类认知世界和改造世界提出了挑战。

第五节　科学预测与科学决策的程序

一、科学预测的程序

为保证预测工作顺利进行，必须有组织有计划地安排其工作进程，以期取得应有的成效。为制订决策、编制计划和提高经营管理水平，提供有价值的情报。预测的程序或步骤如下所述。

（一）明确预测任务，制订预测计划

这是预测首先要解决的问题。明确预测任务，就是从决策与管理的需要出发，紧密联系实际需要和可能，确定预测要解决的问题。预测计划是根据预测任务制定的预测方案，包括预测的内容、项目，预测所需要的资料，准备选用的预测方法，预测的进程和完成时间，编

制预测的预算，调配力量，组织实施等。只有目的明确，计划科学，有方向地安排预测内容、方法和工作进程，才能确定预测的经费和所需要的信息、资料。一项预测若无明确的目的、周密的计划就会迷失方向，无所适从。

（二）搜集、审核和整理信息

准确无误的调查统计信息是预测的基础。进行预测需要有大量的历史数据，掌握与预测目的、内容有关的各种历史资料，以及影响未来发展的现实资料，即要从多方面搜集信息。

信息按来源不同有内部信息和外部信息之分。内部信息，对建筑企业来说，是反映该企业历年经济活动情况的统计信息、市场调查信息和分析研究的信息资料。外部信息，对建筑企业来说，是从本企业外部搜集到的统计资料和经济信息、政府统计部门公开发表和未公开发表的统计资料，同行企业定期的经济活动信息资料，报纸杂志上发表的信息资料，科学研究人员的调查研究报告；以及国外有关的经济信息和市场资料等。随着科学技术的发展，为了提高预测和决策的效率和准确性，很多企业都在逐步建立和完善适合企业发展需求的基础信息数据库，并进行科学有效的文档管理。在众多的资料和信息中获取预测有效的基础资料和信息的标准有三个：直接有关性、可靠性和最新性。在把符合这三点的资料、信息搜集到之后，经过分析研究，可以对资料信息进行及时跟踪和补充。

为了保证资料、信息的准确性，要对基础资料、信息进行必要的审核和整理。审核，主要是审核预测基础的来源是否可靠、准确和齐备，是否可比。可比性包括：基础信息在时间间隔、内容范围、计算方法、计量单位和计算价格上是否保持前后一致。如有不同，应进行调整。整理包括：对不准确的数据进行查证核实或删除；将不可比的资料调整为可比；对短缺的信息进行估计核算；对总体的资料和信息进行必要的分类组合。

只有根据经济目的和计划，从多方面搜集必要的信息，经过审核、整理和分析，了解事物发展的历史和现状，认识其发展变化的规律性，预测才会准确可靠。

（三）选择预测方法和建立数学模型

在占有资料的基础上，进一步选择适当的预测方法和建立数学模型，是预测准确与否的关键步骤。

1. 选择预测方法

定性预测方法或定量预测方法的选择，应根据掌握资料的情况而定。当掌握信息不够完备、准确程度较低时，可采用定性预测方法。如对新的投资项目、新产品的发展进行预测时，由于缺乏历史统计资料和经济信息，一般采用定性预测方法，凭掌握的情况和预测者的经验进行判断预测。当掌握的信息比较齐全、准确程度较高时，可采用定量预测方法，运用一定的数学模型进行定量分析研究。为充分考虑定性因素的影响，在定量预测基础上要进行定性分析，经过调整才能定案。

在进行定量预测时，对时间序列预测法或回归预测法的选择，除根据掌握资料的情况确定外，还要根据分析要求而定。当只掌握与预测对象有关的某种经济统计指标的时间序列资料，并只要求进行简单的动态分析时，可采用时间序列预测法。当掌握与预测对象有关的、多种相互联系的经济统计指标资料，并要求进行较复杂的依存关系分析时，可采用回归预测法。

2. 建立数学模型

数学模型也称为预测模型，是指反映经济现象过去和未来之间、原因和结果之间相互联系和发展变化规律性的数学方程式。预测模型选择是否适当，是关系到预测准确程度的一个关键问题。

要建立数学模型，还必须估计模型参数（常数）。参数估计是根据从总体中抽取的样本估计总体分布中包含的未知参数的方法。即人们常常需要根据手中的数据，分析或推断数据反映的本质规律。参数估计有多种方法，如最小二乘法、极大似然法、极大验后法、最小风险法和极小化极大熵法等。不同的方法得出不同的参数估计值，从而得到不同的结果，应从实际出发，认真分析，选择合适的方法。

（四）检验模型，进行预测

模型建立之后必须经过检验才能用于预测。模型检验主要包括考察参数估计值在理论上是否有意义，统计显著性如何，模型是否具有良好的超样本特性。当然，不同类型的模型检验的方法、标准也不同。一般评价模型优劣的基本原则有以下几条：

（1）理论上合理。参数估计值的符号、大小应和有关的经济理论相一致，所建立的模型应能恰当地描述预测对象。

（2）统计可靠性高。模型及其参数估计值应当通过必要的统计检验，以确定其有效性和可靠性。

（3）预测能力强。预测效果好坏是鉴别模型优劣的根本标准。为保证模型的预测能力，一般要求参数估计值有较高的稳定性，模型检验精度较高。

（4）简单适用。一个模型只要能够正确地描述系统的变化规律，其数学形式越简单，计算过程越简便，模型就越好。模型自身适应能力强，模型应能在预测要求和条件变化的情况下做调整和修改，并能在不同情况下进行连续预测。

（五）分析预测误差，评价预测结果

分析预测值偏离实际值的程度及其产生的原因。如果预测误差未超出允许的范围，即认为模型的预测功效合乎要求，否则，就需要查找原因，对模型进行修正和调整。由于在预测当时，预测对象的未来实际数值还不知道，此时的预测误差分析只能是样本数据的历史模拟误差分析或已知数据的事后预测误差分析。因此，对预测结果进行评价时还要对预测过程的科学性进行综合考察，必要时可邀请相关专家举行预测评论会议对预测结果的科学性进行论证。

（六）提交预测报告

最后，以预测报告的形式将预测评论会议确认可以用来决策的预测结果提交给建筑企业管理层，其中应当说明假设前提、所用方法和预测结果合理性判断的依据等。

二、科学决策的程序

现代决策是一个完整的动态过程，表现为一定的连续性和序列性，这就是决策的程序。

（一）提出问题

任何决策都是从发现和提出问题开始的。建筑企业生产经营管理中的问题就是企业目标与客观实际之间存在的差距。决策者通过广泛深入的调查研究，准确、全面、及时地收集整理各种情报资料，分析外部环境所带来的机会和威胁，以及企业自身所存在的优势与劣势，进而发现企业目标同客观实际之间的差距，找出所要解决的关键问题，这是决策工作的起点。问题不明，就难以找到解决问题的突破口，无法进行正确决策。

（二）确定目标

决策的目的是解决问题。在所要解决的问题明确之后，还要指出应该把问题解决到何种程度，这就是目标。决策者应根据企业所处的环境条件及其发展变化趋势，提出一个切实可行的目标。一般说来，决策目标应该是可以计量、可以规定其时间和明确实施人员责任的。目标的确定十分重要，对于同样的问题，决策目标不同，其决策方案也会大不相同。

（三）确定选择的价值标准

价值标准是确定目标和评价选择方案的基本判据。它包括三个方面：

（1）把目标分解为若干层次的价值指标。这些指标实现的程度是衡量达到决策目标的程度。价值指标有学术价值、经济价值和社会价值三类。每类又可分为若干项，每项又可分为若干条，从而构成一个价值指标系统。例如：科研价值——施工工艺与世界水平、国内水平的对比；经济价值——基本投资、建设成本和经济效益；社会价值——建筑产品使用后对从环境保护到伦理道德等的社会影响。

（2）规定价值指标的主次、轻重缓急及发生矛盾时的取舍原则。在大多数情况下，同时达到整个价值指标体系是不可能的，只能以"满意决策"作为决策的目标。

（3）指明实现这些指标的约束条件。确定价值准则的科学方法是环境分析，即了解各种背景材料，包括问题的来龙去脉，国内外、历史上同类问题的情况、现状等。

（四）拟定各备选方案

目标确定后，就要根据目标的要求和约束条件制定出各种备选方案，以供决策者选择。如果只有一个方案，就没有比较和选择的余地，也就无所谓决策。这项工作主要由决策参谋机构承担。每一种备选方案，通常都是在广泛搜集和充分研究有关信息资料的基础上，由决策参谋机构运用各种决策技术和方法拟定出来的，为此应该使每一种方案都具有整体详尽性和相互排斥性。

（五）评估备选方案

拟定备选方案后，要对各个方案实施的可行性用定性分析和定量分析相结合的方法进行论证和评估。由于定性分析主要是利用人的知识、经验，根据已知的信息资料对决策方案做出的评价，带有较多的主观成分，故需要运用定量分析方法进行补充和修正，由此做出的决策才有可能具有较高的科学性。

（六）优选方案

对各方案的可行性进行分析评估之后，即可进行优选。优选方案应兼顾整体与局部、长期效果与短期效果之间的关系，以有效合理的标准选出"令人满意"的决策方案。为此，决策者要广泛听取专家和群众的意见，采用现代决策技术与方法，对各种方案的利弊做全面权衡比较，然后从中选出最优的方案。

（七）方案实施

决策方案选定后就进入实施阶段。在组织方案的实施过程中应建立起一套完整有效的信息反馈系统，对实施情况进行监督和验证，对偏离决策目标的情况，应及时反馈，以便采取措施加以解决。验证工作包括根据价值标准和决策目标衡量方案执行情况和效果、发现偏差、纠正偏差等方面的内容。

（八）追踪决策

在决策执行过程中，如果通过信息反馈发现原来的决策有错误，或主客观条件发生了重大变化，原来的决策方案难以继续实施时，还必须进行追踪决策，以便对原来的决策方案进行必要的修正和调整。

以上八个步骤是决策的一般程序，但实际决策的过程，也不是一成不变的。根据具体的决策问题，各步骤之间可以互相渗透和交叉，就整个决策过程来看，它是一个"决策—执行—再决策—再执行"的复杂的动态过程，只有做好每一个阶段的工作，并使各阶段之间相互协调，才能做出科学的决策，保证决策目标方案的顺利实现。

 本 章 习 题

1. 预测、决策的含义是什么？预测与决策有何区别与联系？

2. 预测与决策常用的方法有哪几类？

3. 选取预测方法时应考虑哪些因素？预测的步骤有哪些，应当注意哪些事项？

4. 已知某建筑公司 2016～2022 年所完成的产值和利润见表 4-7。试预测当产值为 1 900 万元时，该企业实现的利润。

表 4-7　　　　　　　　某建筑公司 2016～2022 年所完成的产值和利润

年　份	产值（百万元）	—	利润（万元）
2016	10.0		85
2017	12.0		95
2018	12.5		90
2019	14.0		100
2020	15.1		120
2021	16.3		135
2022	17.0		145

5. 大数据已经成为当今各行业发展中重要的信息资源，请你通过互联网或者图书馆资料了解大数据在建筑业企业生产经营中的预测和决策的具体应用有哪些？请整理一个你感兴趣的案例在课堂上分享。

第五章 建筑企业计划管理

 本章概要

1. 建筑企业计划管理概述；
2. 建筑企业计划体系及计划指标体系；
3. 建筑企业计划的编制原则、编制程序及方法；
4. 建筑企业计划的执行、控制与评估。

第一节 建筑企业计划管理概述

一、计划管理的相关概念

现代建筑企业的生产经营活动，涉及企业内部和外部的诸多因素，迫使管理人员不能单凭经验、直觉和主观意志来进行管理，而必须按照现代管理科学所确立的原理和方法，对企业进行严格科学的管理。只有这样，才能最有效地运用所掌握的人力、物力、财力、信息、技术、内部环境等企业资源，确保建筑企业生产经营目标的实现，争取最大的社会效益和经济效益，求得建筑企业的生存和发展，在激烈的市场竞争中立于不败之地。

（一）计划的定义

计划就是基于对客观实际的认识，筹划安排实现目标的行动纲领。它以决策为基础，把通过决策程序选定的有关方案所确定的目标进行量化，并调整、汇总成一个体系，借以有效地把握未来，达到有效利用各种资源，获取最大经营成果的目的。

（二）计划管理的定义

计划管理是建筑企业对计划的编制、实施、控制、检查、处理等一系列工作的总称。建筑企业计划管理的主要研究内容包括建筑企业的生产经营计划体系，计划指标体系以及计划的编制、实施、控制与评估。建筑企业根据对现状的认识，进行资源的综合平衡，确定未来一段时间内应达到的目标；通过组织系统，把企业的人力、物力、财力、信息、技术、管理、可控市场、内部环境等各项资源组织起来，为完成共同目标使工作有效地按计划进行；把执行的结果和计划对照，进行调查、分析和检查，并根据信息反馈，对原计划进行评审、调整、优化，使原计划更加完善，以保证整个计划的顺利实现。因此，计划管理是从编制计划开始，经过组织计划的实施，并用计划作为标准进行控制，从实施与控制中得到信息反馈进行计划调整的周期性的生产经营管理活动，如图 5-1 所示。

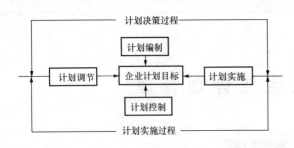

图 5-1　建筑企业计划管理周期循环图

二、建筑企业计划管理的特点及意义

（一）建筑企业计划管理的特点

建筑工程及建筑施工生产的技术经济特点，决定着建筑企业生产经营活动规律的特殊性，这使得建筑企业的计划工作与工业企业的计划工作相比更为复杂。建筑企业计划管理的特点具体表现为以下几点。

1. 被动性

建筑企业计划管理的被动性表现为以下几个方面：首先，建筑企业能够承接的任务受国家宏观经济政策以及市场变化的影响；其次，建筑企业施工生产的工程对象、工程数量、工程需要的时间、工程建设的地点等都无法准确预知；第三，建筑产品生产周期长，占用资金多，很难做到先生产后销售，一般是确定了使用者后才开始建造。上述不确定因素导致了企业建筑产品的类型、数量、工期、使用功能、结构特点等的不确定性，进而导致建筑企业计划管理的不确定性。

2. 多变性

建筑企业计划管理的多变性表现为以下几点：第一，建筑产品是单独设计的，不能批量生产，建筑企业承担的工程任务多种多样；第二，建筑产品施工周期长，露天施工，受自然条件影响大，不可预见因素多，因而劳动生产率变化大，使企业的生产能力不稳定；第三，建筑施工生产的流动性，导致企业的生产环境多变，协作关系多变，材料供应渠道多变。这些都直接影响建筑企业计划管理的稳定性。

3. 不均衡性

建筑企业计划管理的不均衡性主要是由任务来源的不均衡性和施工生产过程的不均衡性所导致的。从建筑企业获得任务的途径来看，建筑企业的任务主要是通过投标竞争的方式来获取，任务获取时间的不均衡，导致了工程任务的不均衡，以及开工项目和竣工项目在企业施工项目中所占比例的不均衡，从而影响计划管理的均衡性；从建筑施工生产过程来看，建筑产品的单件性决定了建筑产品的施工生产是个别进行的，施工生产过程按分部分项工程展开，各个施工阶段需用的材料、机具、劳动力的不均衡，都是施工生产过程不均衡的表现，这也导致了计划管理的不均衡性。

4. 全面性

建筑企业计划管理的实施涉及整个企业内部的各岗位、各工种及各个生产环节，企业计划的实现需要企业全员、全部门、全过程的参与和支持。因此，建筑企业计划管理具有全面性。

（二）建筑企业计划管理的意义

建筑企业计划管理的意义如下：

（1）计划管理在建筑企业管理中居于首位，是管理循环的起始，任何管理都不能与计划相脱节。没有计划就失去了对行动的引导，就谈不上管理，无法管理好企业。

（2）计划管理是发展国民经济的需要。建筑企业计划管理必须适应发展国民经济的要求，满足市场调节的需要，按照市场供求关系、经济和社会环境从事企业经营，使国家、企业、员工的利益得到充分保障，从而促进国民经济的和谐发展。

（3）计划管理是现代化生产的客观需要。现代建筑生产规模大，施工过程复杂，分工细，协作性强，机械化以及信息化程度不断提高。因此，现代建筑企业要应用综合性生产经营计划，对计划进行全面管理，协调生产经营中的各个环节，组织全体员工在统一计划下行动。

（4）实行计划管理才能最大限度地提高经济效益。现代建筑企业处在一个经济和科技日新月异的时代，生存在竞争环境之中，只有那些注重计划管理的企业，才能预测到可能出现的趋势，抓住有利时机，对出现的风险作出正确的对策，从而抓住决策目标和控制目标的主动权，最终达到提高经济效益的目的。

三、建筑企业计划管理的基本任务

建筑企业计划管理的任务，是以社会效益、经济效益为中心，根据国家与社会的需求、企业内部条件和经济利益关系，通过计划编制、实施、检查和控制，科学地组织人力、物力、财力、信息、技术、内部环境等企业资源，挖掘企业内部潜力，充分利用外部条件，不断完善企业生产经营管理职能，以期提高产品质量、缩短工期、降低成本，为社会提供符合要求的建筑产品。其具体任务如下：第一，正确贯彻国民经济建设的方针和政策，在对市场进行科学预测的基础上，确定企业发展方向，制定企业长期目标规划；第二，在国家政策指导下，根据市场条件、企业施工能力及签订的工程承包合同，编制中长期、年度、季度计划和作业计划，搞好综合平衡和优化，确定企业各级组织的具体目标任务；第三，根据企业中长期规划、年（季）度计划的任务，编制施工组织设计，积极采用新技术、新工艺、新材料，强化工程项目施工管理，不断提高综合效益；第四，通过企业控制与调节的职能，保持计划实施过程中的动态平衡，消除执行过程中的薄弱环节及不协调因素，保证施工正常秩序，使工程项目快速高效地完成、竣工投产、形成生产能力、发挥投资效益；第五，做好执行情况的检查、统计和分析，总结企业计划管理的经验及教训，及时反馈、调整和改进，不断提高企业的计划管理水平。

四、建筑企业计划管理的工作过程及工作内容

（一）建筑企业计划管理的工作过程

建筑企业计划管理的工作过程包括计划的编制、计划的实施、计划的控制与评估三部分内容，该过程构成了一个管理工作体系和管理工作循环，如图 5-2 所示。

图 5-2　计划管理工作的过程

（二）建筑企业计划管理的基础工作

建筑企业计划管理的基础工作包括建立企业管理信息系统、建立和健全企业规章制度、制定和完善企业技术和经济定额、建立和健全企业技术标准四个方面的内容，如图 5-3 所示。

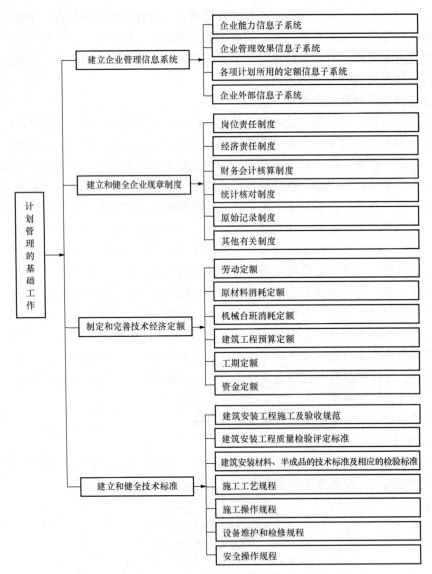

图 5-3　计划管理的基础工作

第一，建立企业管理信息系统。建筑企业管理信息系统主要由能力信息子系统、管理效果信息子系统、各项计划所用的定额信息子系统、企业外部信息子系统四部分构成。能力信息子系统包括人员、机械设备、技术成就、加工企业、联营企业等；管理效果信息子系统包括历年的产值、产量、利润、质量、工期、成本、材料消耗、劳动生产率、员工收入、资金周转等；各项计划所用的基础信息系统包括从国家规定到企业内部使用的各类工程工期、人员编制、质量与安全标准，各种耗工、耗料、机具、劳保用品消耗、福利、定额标准及奖惩标准等信息；企业外部信息子系统包括市场对建筑产品的要求，行业竞争情况，市场原料、建筑市场劳务供应情况以及建筑市场信息等，其中建筑市场信息尤为重要。

第二，建立和健全企业规章制度。企业规章制度包括岗位责任制度、经济责任制度、财务会计核算制度、统计核算制度、原始记录制度等。

第三，制定和完善技术经济定额。企业技术经济定额包括劳动定额、原材料消耗定额、机械台班消耗定额、建筑工程预算定额、工期定额、资金定额等。

第四，建立和健全技术标准。建筑企业技术标准包括建筑安装工程施工及验收规范，建筑安装工程质量检验评定标准，建筑安装材料、半成品的技术标准及相应的检验标准，施工工艺规程，施工操作规程，设备维护和检修规程，安全操作规程等。

第二节　建筑企业的计划体系和计划指标体系

一、建筑企业的计划体系

建筑企业的计划体系是为了有效而全面地指导建筑企业的生产经营活动而制定的，由多种多样紧密联系、相互补充的计划所构成的计划系统。建筑企业计划体系的构建，应符合社会主义市场经济的客观要求，应符合建筑企业施工生产任务和计划资料的来源情况。

建筑企业的计划体系通常划分为两类：一类是按计划期划分的计划；另一类是按计划对象划分的计划。这两类计划从时间和施工对象两个不同角度，反映出建筑企业的计划整体。按计划期划分的计划系列以时间期的长短为基础；按计划对象划分的计划系列以施工对象为基础。它们相互联系、相互制约、互为依存、互为补充，构成了两类计划间的关系，即建筑企业的计划体系，如图 5-4 所示。

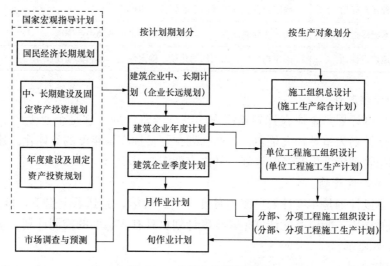

图 5-4　建筑企业计划体系

（一）按计划期划分的计划

按计划期限的长短，可以将建筑企业计划划分为长期计划（3 年以上）、中期计划（1～3 年）、短期计划（年度计划和季度计划）以及作业计划（月、旬计划）。

1. 建筑企业的中、长期计划

建筑企业的中、长期计划又称长远发展规划，如3年、5年、10年计划等。中、长期计划是明确企业发展方向、经营方针、长期经营目标和主要技术经济指标水平的计划，是企业的战略性计划，对近期计划具有指导作用。

企业要在国家宏观政策的指导下，结合自身实际情况确定企业的长远发展规划。2020年11月3日，中央政府发布了《中共中央关于制定国民经济和社会发展第十四个五年规划和二〇三五年远景目标的建议》，"十四五"规划建筑业发展的主要任务是继续深化供给侧结构性改革，加快建筑业转型升级，优化产业结构。让信息技术为建筑业工业化、数字化、智能化、低碳化发展注入新鲜活力，实现建筑业的高质量发展，这就在客观上迫使建筑业企业制定好中、长期计划，有效地保证企业战略决策的实施，避免短期行为。对于一般建筑企业来讲，长远发展规划主要包括产品开发规划、发展规模规划、人才培训规划、技术改造规划、多种经营规划、主要技术经济指标规划、基地建设规划，其中产品开发规划是企业发展规划的核心。建筑企业长远规划的具体内容见表5-1。

表 5-1　　　　　　　　　　　　　建筑企业长远规划的具体内容

序号	规划类别	规划内容
1	产品开发规划	确定建筑企业承揽工程类型、规模和复杂程度，确定经营地域等
2	发展规模规划	确定建筑企业人员数量、素质，确定企业拥有固定资产净值水平，确定企业完成建安工作量等
3	人才培训规划	确定培训人员数量、培训方法、培训内容等
4	技术改造规划	确定预期达到的技术水平、技术改造的项目、技术改造途径等
5	多种经营规划	确定企业多种经营内容、规模、地域等
6	主要技术经济指标规划	确定主要总产值、净产值、利润、全员劳动生产率等
7	基地建设规划	确定构件厂、加工厂的建设，确定住宅、福利设施建设等

2. 建筑企业年度计划

建筑企业年度计划是企业在计划年度内的综合经营计划，它是企业生产经营活动的纲领，以中、长期计划为指导，又是中、长期计划预订目标在该年度的具体化。建筑企业要根据环境变化动态管理年度生产经营计划，其内容如图5-5所示。

3. 建筑企业季度计划

建筑企业季度计划是年度计划过渡到月度计划的桥梁，起到承上启下，落实年度计划、控制季度计划的作用。所以季度计划是较年度计划更具有实施性的控制计划。季度计划的一般内容如图5-6所示。

4. 月、旬作业计划

月作业计划是企业年度、季度计划的具体化，是建筑企业基层施工单位组织生产的直接依据，是计划管理的中心环节。旬作业计划是月作业计划的具体化，是更加切合企业施工任务实际的实施性计划。

上述各类计划，计划期越长，越侧重于规划性，计划的实施性越差，计划内容越概括；计划期越短，计划的规划性越弱、实施性越强，计划内容越详尽，指标也越详细、具体。

（二）按计划对象划分的计划

建筑企业计划按计划对象的规模不同划分为三种，它们是以施工组织总设计为依据编制的施工生产综合计划，以单位工程施工组织设计为依据编制的施工生产计划，以及以分部、分项工程施工组织设计为依据编制的分部、分项工程施工生产计划。

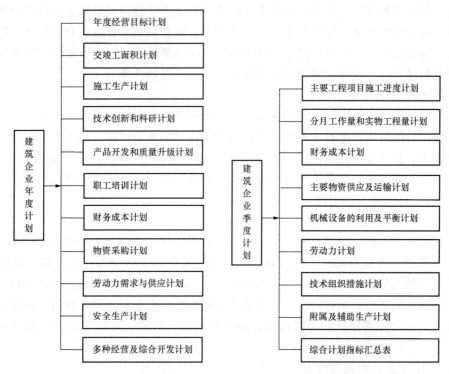

图 5-5　建筑企业年度计划的内容　　　图 5-6　建筑企业季度计划的内容

（1）施工生产综合计划。以施工组织总设计为依据编制的施工生产综合计划，计划对象是多个项目或者建设项目，其作用是指导该建设项目的施工生产。

（2）施工生产计划。以单位工程施工组织设计为依据编制的施工生产计划，计划的对象是一个单位工程，如一幢办公楼，其作用是用来具体指导单位工程的施工生产。

（3）分部、分项工程施工生产计划。以分部、分项工程施工组织设计为依据编制的分部、分项工程施工生产计划。计划对象是单位工程中施工技术特别复杂的分部、分项工程，其作用是用来具体指导该分部、分项工程的施工生产。

二、建筑企业的计划指标体系

（一）计划指标体系的含义

指标在辞海中的定义是，反映社会现象在一定时间和条件下的规模、程度、比例、结构等的概念和数值，它由名称、数字、单位三部分组成，能够表现出某一社会现象的特性及数量特征。当指标用来表现企业生产经营活动的预期目标时，就被称为计划指标。计划指标是计划的语言，是计划的基本表现形式。编制计划的主要任务就是确定各项计划指标。一项指标只能反映事物的某一方面的现象，为了全面反映企业生产经营活动，就必须设置一系列相互联系而又独立的指标，这些指标应全面、具体、计算方便，又便于检查。这一系列独立而又相互联系的计划指标，就构成了计划指标体系。

（二）计划指标的分类

1. 按指标的性质不同

按指标的性质不同，计划指标可划分为数量指标和质量指标。前者表示企业在计划期内生产经营活动所应达到的数量目标，通常以绝对数值来表示，如建筑面积、实物工程量、产值、工资、物资需要量等；后者表示企业在计划期内生产经营活动的质量目标，通常以相对数值表示，如劳动生产率、优良品率、工程竣工率、资金利润率、设备利用率等。数量指标和质量指标是相互联系、相互制约、不可分割的。达不到质量指标，数量指标也就失去了意义；而没有数量指标，即使质量达标也不能算是完成了计划任务。

2. 按指标的计量尺度不同

按指标的计量尺度不同，计划指标可分为实物量指标和货币量指标。前者是表示企业在计划期内使用价值再生产过程中各种实物产品所应达到的数量目标，如实物工程量（米、平方米、立方米、公斤等），各种材料需要量（块、吨、套、模等），全员劳动生产率等；后者是表示企业在计划期内价值再生产过程中所应达到的数量目标，通常以货币数量表示，如总利润（万元）、总产值（万元）、人工费（万元）等。

3. 按指标的作用不同

按指标的作用不同，计划指标可分为国家考核指标和企业内部考核指标。前者用来考核企业生产经营活动的全面情况。它们的关系是通过实现后一种指标，保证前一种指标的完成。建筑企业的内部考核指标有：企业对项目经理、各职能部门的考核指标，项目经理部对各生产班组的考核指标，生产班组对工人的考核指标等。企业对下属各级的考核指标，实质上就是企业为完成经营目标的考核指标，将考核的指标分解，逐级下达，层层考核，层层落实。

（三）建筑企业计划指标的内容

企业计划指标是在企业发展规划的基础上，结合企业内部考核的需要制定的。企业可依据其内部机构体制的变化和经济责任制的调整，及时增加或减少内部考核指标。建筑企业对下属单位的考核应紧密结合本企业的实际，实行指标对口，逐级分解，层层考核。

建筑企业的指标体系可以由以下内容组成：

（1）反映建筑企业生产经营规模的价值量指标，包括企业总产值（包括各项主营施工、安装、竣工产值，附营总产值）、建筑业增加值、工资总额等。

（2）反映建筑企业财务状况的价值量指标，包括企业资本金、固定资产、流动资产、长期投资、长期负债、流动负债、所有者权益、企业总收入、利润等。

（3）反映建筑企业生产经营状况的实物量指标，包括新开工工程、在建工程、竣工工程、投标工程个数、施工面积、竣工面积等。

（4）反映建筑企业机械设备装备状况的指标，包括机械设备总值、总台数、总功率、装备率等。

（5）反映建筑企业技术进步状况的指标，包括科技人员比率、技术装备提高率、科研经费增长率、节能降耗率等。

（6）房屋建筑工程工期及造价指标，包括不同用途、不同结构的工程面积及造价、施工日历天数等。

（四）建筑企业主要计划指标的含义及计算公式

1. 建筑产品产量指标

竣工面积：指计划期内房屋建筑按设计要求全部完工达到使用要求，经检查验收鉴定合格的房屋建筑面积的总和。

房屋建筑面积竣工率综合反映企业的施工进度和竣工程度。

$$房屋建筑面积竣工率 = \frac{计划期内竣工的房屋竣工面积}{计划期内施工的房屋建筑面积} \times 100\%$$

2. 建筑产品产值指标

建筑业总产值：自行完成的施工产值，是以货币表现的企业在计划期要生产的建筑产品的总和。

建筑业增加值：企业在计划期内以货币表现的建筑生产经营活动的最终成果。

增加值率：企业在计划期内新创造的价值占自行完成的施工产值的比例。计算公式为

$$增加值率 = \frac{计划期增加值}{计划期总产值} \times 100\%$$

竣工产值：也称竣工工程产值，是指企业在计划期内以货币表现的最终建筑产品的总和。

销售率：反映企业的产销衔接和市场状况的指标。

$$销售率 = \frac{交工工程产值}{建筑业总产值} \times 100\%$$

3. 全员劳动生产率指标

全员劳动生产率指标：反映计划期内企业劳动效率，是经济效益的指标之一。它是以建筑产品的产量或产值和与其相适应的劳动消耗量的比值来表示。其计算方法有两种：

用产值表示的全员劳动生产率（元/人）

$$全员劳动生产率 = \frac{计划期内自行完成的施工产值}{计划期内全部员工平均人数} \times 100\%$$

用竣工面积表示的全员劳动生产率（m²/人）

$$全员平均竣工面积 = \frac{计划期内竣工面积}{计划期内全部员工平均人数} \times 100\%$$

4. 工程质量指标

工程质量指标：反映企业在计划期内完成最终建筑产品的质量情况，是综合反映企业的施工技术管理水平和经济效益的一项重要指标。一般用工程质量优良品率表示，其计算公式为

$$工程质量优良品率 = \frac{计划竣工的单位工程优良品个数(或面积)}{计划竣工的全部单位工程个数(或面积)} \times 100\%$$

工程项目合格率：反映了建筑企业在计划期内完成并进行鉴定验收的工程项目中，被评为合格的工程所占的百分比。

$$工程项目合格率 = \frac{计划期内评为合格品的单位工程优良品个数(或竣工面积)}{计划期内完成并进行鉴定验收的单位工程个数(或竣工面积)} \times 100\%$$

5. 利润指标

利润指标：反映企业在计划期内生产经营管理效果的重要的综合性指标，是反映企业经济效益的指标之一。一般用产值利润率、销售利润率、人均利润率、总资产报酬率等指标

表示。

利润总额＝工程利润＋产品销售利润＋劳务作业利润＋材料销售利润＋多种经济利润＋其他业务利润

$$产值利润率 = \frac{计划期利润总额}{计划期自行完成施工总额} \times 100\%$$

$$销售利润率 = \frac{计划期利润总额}{计划期建筑产品销售收入} \times 100\%$$

$$人均利润率 = \frac{计划期利润总额}{计划期全部员工平均人数} \times 100\%$$

$$总资产报酬率 = \frac{计划期利润总额＋利息支出}{计划期平均资产总数} \times 100\%$$

6. 工程成本降低率指标

工程成本降低率指标：反映建筑企业生产经营活动质量、企业管理水平和施工技术水平的综合性指标。其计算公式为

$$工程成本计划降低率 = \frac{工程成本计划降低额}{工程预算成本} \times 100\%$$

7. 流动资产周转率指标

流动资产周转率指标：反映企业流动资产的周转速度和营运状况，是企业在生产经营过程中资产利用和发挥水平的体现。其计算公式为

$$流动资产周转率 = \frac{计划期建筑产品销售收入}{计划期流动资产平均余额} \times 100\%$$

8. 安全生产指标

安全生产指标：反映企业在计划期内工伤事故的内部控制指标，一般用工伤事故频率表示。

$$工伤事故频率 = \frac{工伤事故人数}{全部员工平均人数} \times 100\%$$

9. 机械设备完好率、利用率

机械设备完好率、利用率是反映企业机械设备管理水平的指标。

$$机械设备完好率 = \frac{计划期内机械设备完好台班数}{计划期内机械设备制度台班数} \times 100\%$$

$$机械设备利用率 = \frac{计划期内机械设备使用台班数}{计划期内机械设备制度台班数} \times 100\%$$

10. 材料节约率指标

材料节约率指标：反映施工技术水平和材料管理水平的指标，通常计算主要材料（钢材、水泥、木材）的节约率。其计算公式为

$$某种材料计划节约率 = \frac{某种材料计划节约量}{某种材料的预算用量} \times 100\%$$

11. 全要素生产率（技术进步贡献率）

全要素生产率是衡量单位总投入的总产量的生产率指标，即总产量与全部要素投入量之比。它的一般含义为资源（包括人力、物力、财力）开发利用的效率。如果作为研究的对象的投入只包括一种要素，如劳动、资本等，所得生产率成为单要素生产率，如劳动生产率；如果作为研究对象的投入包括了土地、劳动、资本和自然资源等所有要素，所得的生产率则

表现为全要素生产率。全要素生产力是经济系统管理效率定量评价的一个综合指标。

全要素的生产率（TFP）无法从总产量中直接计算出来，故只能采取间接的办法，公式为

$$GY = GA + \alpha GL + \beta GK$$

式中 GY——经济增长率；

GA——全要素生产率（技术进步率）；

GL——带动增加率；

GK——资本增长率；

α——劳动份额；

β——资本份额。

12. 社会贡献率

社会贡献率是指企业对社会贡献总额与资产平均总额的比率，用以衡量企业运用全部资产为国家或社会创造或支付的价值的能力，计算式为

$$社会贡献率 = \frac{企业对社会贡献总额}{资产平均总额} \times 100\%$$

其中，建筑企业对社会贡献总额包括企业员工的工资福利、利息、营业税、增值税及附加和应交其他税额等。

第三节　建筑企业计划的编制

一、计划的编制原则

计划编制本身是一个过程。为了保证编制计划的合理性，提高计划的可操作性，计划编制必须采用科学的方法。虽然计划的形式多种多样，不同层次的管理人员在编制计划时却遵循着相同的原则。

（一）统一性和灵活性相结合

在计划编制过程中，建筑企业生产经营计划必须同国家指导性计划统一，做到"两个保证"。一是保证将上级下达的或合同所规定的基本指标作为主要的控制指标列入企业长、短期计划之中，并以最优控制去完成基本指标；二是保证优先安排国家重点建设项目，确保工程进度和质量，节省投资，尽早交工投产。编制计划应留有余地，也要尽可能挖掘内部潜力，在可能的条件下，开展多种经营，完成更多的经营和施工生产任务。

（二）预见性与现实性相结合

企业经营计划的核心问题是预见未来和保障企业未来的发展。所谓预见性，就是要在编制计划时准确地预计未来目标，正确地编制长期计划，按照"远粗近细"和滚动原理使长、短期计划有机结合，保持计划的连续性和阶段性，以保证未来目标的实现。所谓现实性，即编制计划时应从客观实际出发，按照企业实际情况编制计划。

（三）分解性与相关性相结合

企业经营计划可以分解为许多相对独立而又互相关联、互相影响的子系统。编制企业计划时应注意计划系统的综合平衡，便于从全局出发控制计划的实施。既要照顾到各类专业计划、生产单位与部门计划的相对独立性和它们之间的相互协调，又要有利于各生产单位和职

能部门内部系统管理，同时还要有利于协调各生产单位与部门计划、专业计划之间的局部矛盾与冲突，达到动态平衡，保证计划系统的协调统一。

（四）科学性与群众性相结合

现代生产是以科学技术为第一生产力的生产，现代计划管理是群众性的计划管理，在编制计划的过程中，应充分发扬民主，发动企业员工献计献策，广泛集中企业员工的经验和智慧，充分激发其自觉性，为计划的实施奠定良好的群众基础。

二、建筑企业计划的编制程序和方法

（一）中长期计划的编制

由于建筑企业生产的建筑产品要先有用户才能安排生产，计划自主性差，而且建筑产品的商品化程序较其他工业产品低，这使得建筑企业中长期计划的编制与一般工业企业相比具有更多的困难。随着社会主义市场经济的建立和完善，中长期计划对建筑企业长期生产经营活动的指导作用越来越重要。编制中长期计划，应依据企业生产经营的内、外部环境，并广泛应用现代预测技术和决策方法，按照一定的程序和方法进行。

1. 企业中长期计划的编制程序

（1）通过调查和预测，进行环境分析。构成建筑企业环境的因素很多，这些因素由主体环境因素、一般环境因素和地域环境因素构成。建筑企业的主体环境因素是指与企业的经营成果有利害关系的个人和集团，如股东、顾客、金融机构、交易关系单位、竞争企业等；建筑企业的一般环境因素是由社会的政治因素、经济因素、文化因素和科学技术因素等社会因素构成；而地域环境因素是就环境因素产生的地理位置而言的，地域环境因素包括国内环境因素和国际环境因素。

对一个具体建筑企业而言，从时间、费用和必要性看，不可能也没有必要对所有环境因素进行分析。因此，首先要确定特定企业的特定环境内容，然后集中人力和费用，对影响较大的因素进行调查和分析。

（2）建筑企业能力分析和业绩分析。在进行环境分析的基础上，建筑企业应认真做好能力分析，预知企业现有能力与将来环境的适应程度，明确企业的优势和劣势，从而使企业的长远发展规划建立在切实可靠的基础上。企业能力分析首先要明确企业能力的结构，即明确反映企业能力的因素有哪些；其次，在分类基础上，切实掌握企业现有能力的实际情况，这关系到企业长远发展规划提出的合理性，是企业能力分析的关键；最后通过对企业能力评估，发现企业现有能力存在的问题，明确企业的优势和劣势。

（3）经营目标的设定。经营目标是建筑企业管理观念、经营方针和最终生产目的的具体贯彻和体现。建筑企业经营目标的设定，原则上应以适应环境变化的需要和企业能力为依据，一般包括收益性、成长性和安全性三项目标。收益性目标包括总资本利润率、销售利润率、总资产报酬率等；成长性目标包括销售额增长率、市场占有率、利润额增长率等；安全性目标包括自有资本比率、附加值增长率、盈亏平衡点等。

（4）建筑企业经营战略的形成和确定。建筑企业根据面临或预感到可能面临的问题，从对环境的调查分析入手，并依据企业能力和长期目标，提出解决问题或适应未来环境变化的多个战略设想，再经过整理、归纳、分析和评估，最后形成和确定企业的最优发展战略。

（5）编制建筑企业长远发展规划。选定了最优发展战略后，就可以编制建筑企业的长远规划。编制企业的长远规划是企业领导的中心任务，一般由企业最高决策层先提出目标方案，然后由计划部门将目标方案分解下发到相关部门，由各部门分别编制生产计划和专项计划。

2. 企业中长期计划的编制方法

由于长远发展规划计划期长，建筑企业的内、外条件不断变化，很多因素难以准确预测。因此，要求计划具备一定的弹性，以适应企业内外条件变化的需要。在现代企业管理中，多采用滚动计划方式编制长远规划。

滚动计划法是一种动态计划方法，该方法根据计划的执行情况和环境变化情况定期修订未来的计划，并逐期向前推移，形成一个连续地形成计划的过程。其具体做法是用"近细远粗"的办法制订计划，即对当前的近期计划要较详细的编制，对远期计划的编制可以适当粗略些。如编制五年计划，第一年计划制定详细具体，以后几年比较笼统，随着第一年计划的实际执行情况，就可以与计划进行对比分析，作为第二年及以后各年计划的调整依据，并使第二年的计划变得具体可行。如此随时间推移，一年一年地调整，如图 5-7 所示。

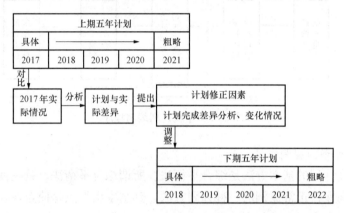

图 5-7　滚动计划框图

滚动方式编制计划的优点是：计划前后期的衔接能更好地反映生产的连续情况，既可指导企业当前的生产经营活动，又可为未来发展做好各方面的准备工作；计划能真正结合企业内、外环境的变化，适时调整，提高计划的准确性和指导性；长期计划与短期计划之间，以及短期计划内部的年度、月度计划，可前后衔接，即使不平衡也可及时修正，使计划不至于脱节。

（二）年度计划的编制

年度计划是一个综合性计划，由若干重要的专业计划组成，将企业全年生产经营活动中的全部活动密切地联系起来。同时，计划中的各项指标均以技术经济规律和企业主客观条件为依据，应用必要的技术组织措施予以保证。所以，年度生产经营计划是控制建筑企业全年生产经营管理活动的重要依据。

1. 企业年度计划的编制程序

（1）分析研究，初步平衡，提出年度计划方案。由企业领导层和计划部门共同对编制依据进行全面分析、研究；与工程部门、物资部门、其他协作部门协调落实有关计划；企业内部各专业职能部门协商指标数据，组织调查、广泛收集意见；在此基础上，进行计划的初步平衡，提出企业年度计划的建议指标。

（2）指标分解，分配任务，分工编制计划。将建筑企业年度计划初步提出的指标分解，并下达到各分公司、工程项目经理部等单位，由企业经理主持计划会议，计划部门为主，各专业职能部门和各分公司、工程项目经理部负责人和计划人员参加，共同讨论。对会上提出的新问题进行平衡后，各专业职能部门、各分公司、工程项目经理部分别编制计划。

（3）综合平衡，总体优化，汇总上报。以上分工编制计划完成后，公司计划部门再进行综合平衡和总体优化，直至达到企业经营目标的要求，经汇总定案后上报董事会审批。

整个过程如图 5-8 所示。

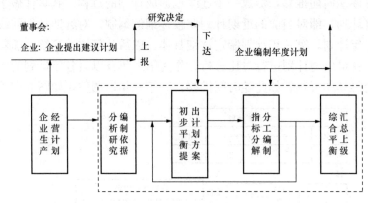

图 5-8　年度计划编制程序

2. 企业年度计划的编制方法

编制企业年度计划的基本方法是综合平衡法。所谓综合平衡法，就是使企业生产经营各环节、各要素之间保持正常比例的一种计划方法，其基本出发点是使企业在计划期内所确定的计划任务，建立在市场需求与企业自身综合生产能力平衡的基础上。利用综合平衡法编制年度计划，通常要进行以下平衡：

（1）生产任务与所需原材料及其他资源之间的平衡。建筑企业完成生产任务对所需原材料及其他资源在数量、规格、质量、交货期等方面提出的要求，要和资源的可能供应情况相适应。

（2）生产任务与生产能力之间的平衡，同时使基本生产、辅助和附属生产之间保持适当的比例关系。

（3）生产任务与劳动力（包括工种、数量）之间的平衡，同时在固定工、劳动分包、劳务派遣人员之间保持合理的比例关系。

（4）生产任务和生产技术准备能力之间的平衡。

（5）生产任务和资金之间的平衡。

以上五个方面的平衡问题是互相制约的，任何一个方面的变动，都会影响到其他方面。因此，既要逐项试验，又要反复调整。只有在综合分析的基础上，才能较好地解决全面的平衡问题。

编制企业季度、月、旬作业计划的基本方法与编制企业年度作业计划的方法相同，均为综合平衡法。

（三）季度计划的编制

季度计划具有落实年度计划及控制月度计划的作用。它根据年度计划的指标，结合季度的具体情况，现场的具体条件、交付的施工图纸、设备材料的供应进度，对月度计划进行综合平衡，安排好季度的施工项目和各项技术经济指标。

季度计划一般由建筑企业提出任务、项目和各项技术经济指标，下达给分公司或工程项目经理部，由分公司或工程项目经理部具体组织季度计划的编制。编制后上报企业，汇总出企业季度计划，并上报下达。

（四）月、旬作业计划的编制

月作业计划的主要任务是保证年度、季度计划指标的完成；平衡、调整和落实季度计划；实现参加施工的各单位、各工种间的协作配合；指导材料、机械、劳动力的供应。

月作业计划的编制依据是：季度计划、施工组织设计、经会审的图纸、各项资源落实情况、上月计划完成情况。月作业计划的编制程序与季度计划编制程序相同。

旬作业计划的编制依据是月作业计划、上旬计划完成情况、各种资源的落实情况及施工定额，由项目经理部或施工作业队负责编制。

第四节　建筑企业计划的执行、控制与评估

计划的执行、控制与评估是建筑企业计划管理中最重要的内容。建筑企业在计划的指导下，通过执行和控制有效地实现建筑企业的目标，并在执行和控制的过程中，不断地完善计划，总结评估。因此说，离开了执行、控制与评估，计划只能是空头文件；离开了计划，执行、控制与评估则没有任何意义可言。

一、建筑企业计划的执行

所谓计划的执行是指建筑企业对计划方案中的各项指标进行分解落实，组织实施计划的过程。为此，必须有相应的措施作为保证，而且应做好以下几方面工作。

（一）指标分解，层层落实

要根据建筑企业生产经营的特点，建立适合企业的责任中心制度，把各项主要经济指标分解为一系列具体的小指标，层层落实到各公司、项目部、班组和个人，使企业全体成员都既有努力的目标，又有行动的准则。

建筑企业内部可以采用施工目标责任书。施工目标责任书的签订过程正是计划全面交底的过程。通过交底把计划要求的目标贯彻到项目部中去，使该目标成为项目部指导项目管理工作的重要依据。班组贯彻作业计划则可采用施工任务单的形式，规定不同时间段班组计划完成的工程量、成本、质量以及安全目标。

（二）组织实现各项技术组织措施

技术组织措施是实现计划的保证，必须把纳入计划的各项技术组织措施落实到职能部门和执行人，经常了解其执行情况和存在的问题，并及时采取措施加以解决。

（三）采取有效的激励措施，提高员工主观能动性

组织计划的执行，关键在于组织和动员企业员工，充分调动他们的主动性和积极性。通过不同的激励措施可以使计划指标激励广大员工的自觉行动，企业管理者要及时总结和推广先进经验，做好评比和奖励工作，促进生产发展，保证计划正确有效实施。

二、建筑企业计划的控制

根据既定的计划指标和标准，对计划执行和完成情况进行检查分析，发现偏差，及时采

取措施纠正偏差，保证计划执行的活动，称为计划的控制。计划的执行与控制是密切联系的，计划执行过程中必须实施有效的控制，以确保计划顺利执行。

控制的程序大致分为四个阶段。

（一）确定标准（基准）

首先，计划的控制要有标准和依据。计划控制的主要标准是各部门、各层次、各岗位的计划指标。因此，要把计划指标分解到每个生产环节、每个部门、每个人、每个单位时间的活动中，使控制既有对主要目标的定期控制和检查，也有日常每个时间单位的指标控制标准。其次，计划的控制要有保证完成计划指标的各种条件（标准）。如各种定额，操作规程，工艺、技术标准，设备、工装使用标准，原材料规格，质量标准，以及工作环境标准等，都是控制的依据。按这些标准进行的控制是一种事前控制，若不符合这些标准，就不允许进行生产。

（二）进行检查

检查计划实际执行结果与计划标准的差异，进行分析，作出评估，找出原因，是保证全面完成计划的重要环节，是计划管理的重要内容。

计划检查的方法是多种多样的。从检查时间上分，有日常检查和定期检查；从检查的内容和范围分，有全面检查和专题检查；从检查的人员分，有专职人员检查和群众检查；从检查的方式分，有听汇报、利用会计、统计报表检查和深入现场直接观察进行检查等。

根据计划指标内容的不同，可采用日常检查、定期检查和专题检查三种形式来检查计划的执行情况。

1. 日常检查

日常检查是按日按班进行的常规性检查。它是由专职人员进行现场检查，或者建筑企业（如智慧工地现场监测系统无人机等）实施监督检查。检查的内容是生产进度和各项消耗定额执行情况，以及各种操作、设备和环境等的变化情况。

2. 定期检查

定期检查是按周、旬、月进行的检查。它检查的内容较全面，且应进行较细致的分析，总结经验，找出问题，提出解决问题的办法。

3. 专题检查

专题检查是有针对性的检查。它是根据管理的实际需要对先进或薄弱环节以及某些重大的问题进行检查，通常以现场会的形式进行。

在所有检查方法中，都应当贯彻领导和群众相结合，自上而下的检查与自下而上的检查相结合，计划检查与劳动竞赛、评比奖励相结合，同总结工作相结合的精神，使计划执行情况的检查真正成为促进计划实现的有力措施。

（三）分析与评估

对计划执行情况进行检查之后，要对检查的结果，进行比较详细的分析和评估。其中对企业各项指标完成情况的分析，是经济活动分析最重要的方面。如对成本指标完成情况的分析，就是要找出能够促使成本降低的要素，具体分析影响成本的主要因素，如产量、品种结构和单位产品成本等，还要进一步分析可变费用和固定费用对降低成本的影响，从中找出提高劳动生产率、节约生产费用和缩减非生产性开支等方面的潜力。

对各项技术经济指标完成情况的分析过程，也就是进一步挖掘利用企业内部潜力，不断改善技术经济指标的分析方法。通常是从事物的相互联系和发展变化中对各经济指标进行基本的数量分析，常用的方法有对比分析法、平衡分析法、因素分析法和分项分析法。

1. 对比分析法

对比分析法是把性质相同的经济指标及其数量进行对比分析的方法。例如计划指标对比，即通过计划指标进行对比，来检查计划完成情况；动态对比，即与去年同期、上期、某一历史时期或者企业历史最高水平进行对比，来研究各项经济指标的发展趋势和达到的水平；同类对比，即同国内同行业先进水平或国际先进水平进行同类对比，来反映企业赶超国内外先进水平的情况。通过这种对比分析法，可以找出两者的差距，分析产生差距的原因，确定改进措施。

2. 平衡分析法

平衡分析法是用来分析研究有关经济指标相互平衡关系的方法。建筑企业的各项技术经济指标是具有内在联系的，需要保证一定的平衡关系。例如生产量与原材料消耗的总数、流动资金占用额、利润额之间都要保持一定的平衡协调关系。因此，平衡分析法不仅是编制计划的基本方法，也是进行综合分析的重要方法。

3. 因素分析法

因素分析法是对影响产品技术经济指标的各种因素进行分析的方法。例如，影响项目利润增减的因素有成本、税金、价格等因素。采用因素分析法可以逐个地把各个影响因素及其影响程度揭示出来，从而抓住其中主要影响因素，找出问题，分析原因，采取措施。抓住主要影响因素，并不是说对其他影响因素就可以放松，而是应当针对各个影响因素的薄弱环节逐个加以解决。

4. 分项分析法

分项分析法是对构成指标的多个项目逐个地进行分析的方法。例如，分析建筑企业管理费，可能从整体看来该项费用是节约的，但构成该费用的个别项目仍会存在超支现象，只不过是被其他项目中的节约所弥补而掩盖。通过分项分析就能分别查明个别项目产生节约或超支的数额。这种分析法对于挖掘企业潜力和全面评定计划完成情况都是十分有效的。

在实际应用中，为了达到较好的分析效果，常是多种分析方法并用。

（四）采取措施，纠正偏差

通过检查和分析得出偏差产生的原因后，要研究如何采取改进措施对计划进行完善和修正。控制措施之一就是调整计划，对目标过高、过低的计划作相应调整。措施之二就是实施调度，它是指对计划目标合理、但条件不落实的，可通过调度创造必要的条件，使生产沿着原定计划目标顺利实现。调度就是求得动态中的计划平衡。因此，在动态中求新的平衡是计划控制及整个计划管理的一个重要环节。最后还需要指出，计划的控制一般由计划的编制单位实施。

三、建筑企业计划的评估

建筑企业计划的执行情况应进行必要的评估。为了全面正确地评价建筑企业生产经营管理工作的好坏，就要对企业的各项计划指标进行综合考核和评估。

进行综合评估，可采用综合经济动态指数为依据，其计算采用总分评定法即比重百分评估法。综合评估的指标根据国家及本企业的实际情况确定。计算综合经济动态指数，可以给各项指标分别规定一定的权数。对于那些关键性的指标或亟待改进的方面，增大它的权数，以促使各单位重视这些权数对应的指标，短期内改善这些方面的工作。

本 章 习 题

1. 建筑企业的计划体系包括哪些内容？

2. 请用公式表达计划指标体系中的各主要指标的含义。

3. 建筑企业计划编制的特点与原则有哪些？

4. 建筑企业长期发展计划编制的方法是什么？

5. 请比较建筑企业不同阶段计划编制方法。

6. 建筑企业计划执行包括哪些内容？

7. 建筑企业计划控制的方法有哪些？

8. 请根据上一章以及本章学习的内容，谈谈在编制建筑企业计划时应注意哪些问题？

第六章　建筑市场与建筑业招标投标

 本章概要

1. 建筑市场的基本概念、市场体系的构成及我国建筑市场存在的问题及对策；
2. 我国建筑企业的经营方式、发展历程及分类；
3. 工程招投标的基本概念、方式、方法、程序与工程投标准备工作；
4. 工程承包合同的概念、基本内容与管理；
5. 建筑企业风险的种类、危害及管理体系建设。

第一节　建筑市场概述

一、建筑市场的基本概念

（一）建筑市场的概念

狭义的建筑市场是指交易建筑商品的场所。广义的建筑市场是指建筑商品供求关系的总和，包括狭义的建筑市场、建筑商品的需求程度、建筑商品交易过程中形成的各种经济关系等。建筑市场是商品经济的产物，是建筑产品商品化的必然结果。

（二）建筑市场的分类

哪里有商品的交易，哪里就有市场。因此，建筑市场存在于建筑产品的生产、流通、分配和消费的各个环节，反映着商品所有者之间的经济关系。不同阶段、不同领域的建筑市场有不同的形式和特点。因此，建筑市场的种类多种多样。

1. 按地区范围划分

按地区范围划分，建筑市场可分为国际市场和国内市场。

（1）国际市场。国际市场以跨国经营为特点，是各个国家对外输出和对内引进资金、劳务、技术设备及材料的重要市场，是对国内市场的补充。国际市场受价值规律的支配，具有盲目竞争的基本特征，但也受到国家保护主义政策的限制。

（2）国内市场。招标投标制的全面推广促进了国内市场的发展。目前，国内市场比较活跃，它打破了地区的界限，在全国范围内发挥市场机制的调节功能。国内市场又包括城市市场和农村市场、内地市场和沿海市场等。

2. 按建筑产品的出售形式划分

按建筑产品的出售形式划分，建筑市场可分为期货市场和现货市场。

期货市场是指通过招标承包、签订承包合同进行生产并定期交货的市场。现货市场是指把已建成的建筑产品在市场上出售的市场，如商品化住宅楼或小区的出售或出租，标准厂房、综合公寓的出售或出租等。

3. 按市场构成的内容划分

按市场构成的内容划分，建筑市场可分为劳务市场、技术市场、资金市场、材料市场、勘察设计市场和工程施工市场等。

（三）建筑市场的特点

与一般市场相比，建筑市场有许多特点，主要表现在以下几个方面：

（1）建筑市场多通过招标代理进行交易。

（2）在建筑市场中，交换关系确立在产品生产之前。

（3）与一般商品的交换相比，建筑产品的交换过程长。

（4）建筑市场具有显著的地域性特点。一般来说，建筑产品的规模越小；技术越简单，则建筑产品的地域性越强，或者说区域范围越小；反之亦然。

（5）建筑市场的竞争较为激烈。

（6）建筑市场的风险较大，不仅对生产者有风险，对需求者也有风险。

（四）建筑市场的发展历程

西方建筑市场的形成和发展已有几百年的历史，它伴随着商品经济的发展而发展，无论从形式到内容还是市场监督机制和法律建设方面都比较完善，形成了一个适应商品经济运行机制的完整的市场体系。

我国建筑市场发展时间较短。新中国成立以来，建筑业一直被视为消费部门，建筑产品被作为福利产品而不是商品，因此，建筑市场也就无从谈起。1984 年 9 月，中共十二届三中全会通过了《中共中央关于经济体制改革的决定》，《决定》指出：社会主义计划经济必须自觉依据和运用价值规律。从此确立了社会主义公有制基础上的计划商品经济的理论，为建筑市场的形成奠定了理论基础。1985 年，建筑业全面推行招标投标制，改行政分配施工任务为招标投标制，把竞争机制引入建筑业，让建筑最终产品（例如住宅）作为商品投入流通消费领域，从而实现了建筑业从产品经济向商品经济的转变，建筑市场初步形成。招标投标制的不断发展和完善对建筑市场的发展起了积极的推动作用，建筑市场从无到有、从局部到全国，目前已发展成为包括工程施工市场、建筑材料市场、勘察设计市场和劳务市场等比较完善的建筑市场体系。

二、建筑市场体系

建筑市场经过近年来的发展已形成由发包人、承包商、工程咨询服务机构组成的市场主体，由不同形式的建筑产品组成的市场客体，以招投标为主要交易形式的市场竞争机制，以资质管理为主要内容的市场监督管理体系，以及我国特有的有形建筑市场等。这些要素共同构成了完整的建筑市场体系。

（一）建筑市场的主体

1. 发包人

发包人是指既有某项工程建设需求，又有该项工程建设资金和各种准建手续，在建筑市场中发包工程建设的勘察、设计、施工任务，并最终得到建筑产品的政府部门、企事业单位或个人。在招标投标制度中，建筑产品的需求者就是招标人。招标者通过招标、竞标、决标的方式选择供给者，在若干个投标者中进行选择，然后与其中的一个或几个建筑企业缔结买卖的契约。需求者不是一成不变的，它总是相对于供给者而言，供需双方在不同的场合可以相互转化。

2. 承包商，即卖方

承包商是指拥有一定数量的建筑装备、流动资金、工程技术经济管理人员，取得建设资质证书和营业执照的，能够按照业主要求提供不同形态建筑产品并最终得到相应工程价款的施工单位或勘察、设计单位。相对于业主，承包商作为建设市场的主体是长期和持续存在的，因此，无论是按国内还是国际惯例，对承包商一般都要实行从业资格管理。

3. 工程咨询服务机构

工程咨询服务机构是指具有一定注册资金和工程技术、经济管理人员，取得建设咨询证书和营业执照，能对工程建设提供估算测量、管理咨询、建设监理等智力型服务并获取相应费用的企业。工程咨询服务包括勘察设计、工程造价（测量）、工程管理、招标代理、工程监理等。这类服务企业在国际上一般称为咨询公司，主要向业主提供咨询和管理服务，弥补业主对工程建设过程不熟悉的缺陷。

在我国，目前数量最多并有明确资质标准的是工程设计院、工程监理公司和工程造价（工程测量）单位。招标代理、工程管理和其他咨询类企业近年来也有所发展。咨询单位虽然不是工程承发包的当事人，但其受业主聘用，对项目的实施负有相当重要的责任。此外，咨询单位还因其独特的职业特点和在项目实施中所处的地位要承担一定的风险。

（二）建筑市场的客体

建筑市场的客体即建筑产品。建筑产品是建筑市场的交易对象，它既包括有形建筑产品——建筑物，也包括无形建筑产品——各种智力型服务。建筑产品在其不同的生产交易阶段，表现为不同形态。它可以是勘察设计单位提供的设计方案、施工图纸、勘察报告，可以是生产厂家提供的混凝土构件、非标准预制构件等产品，也可以是施工企业提供的最终产品——各种各样的建筑物和构筑物。建筑产品的特点可概括为：建筑生产和交易过程的统一性；建筑产品的单件性；建筑产品的整体性和分部分项工程的相对独立性；建筑生产的不可逆性；建筑产品的社会性。

三、我国建筑市场存在的问题和对策

（一）存在的问题

近年来，我国建筑市场体系建设日趋完善，但仍存在较多问题，主要表现在以下几个方面：

（1）建筑市场各方主体法治意识有待提高。部分建筑市场主体法治意识淡薄，虚假招标、越级承揽、内部串标等违法违规现象时有发生。

（2）建筑市场竞争加剧。经济危机及国内房地产宏观调控政策的影响使得建筑市场面临着僧多粥少、竞争加剧的局面。

（3）工程项目垫资施工已成普遍现象。建筑市场呈现工程项目垫资施工越来越普遍、垫资程度越来越高的发展趋势，该现象导致施工企业大量流动资金被垫资项目长期占用，财务费用加大，收益明显减少，建筑企业生存空间进一步受到挤压。

（4）工程项目过度肢解分包。过度分包导致总承包企业利润大幅度缩减；此外，总包还要担负分包单位的工期、质量、安全等一系列责任，其协调管理项目的成本和难度加大。

（5）工程款拖欠严重。当前建设单位拖欠建筑企业工程款的现象十分普遍，导致许多项目工程款形成坏账；此外，部分建设单位以物抵款，将一些物品以原值或高于原价值的价格抵给施工单位，变相克扣施工单位的应得款项。

造成这些问题的原因很多，既有历史的原因，又有机制的问题，因此进一步完善建筑市场是一项艰巨而复杂的系统工程。既要解决问题，又不能操之过急，要统筹考虑、有计划地进行。

（二）完善我国建筑市场的对策

完善我国建筑市场可以从以下几个方面进行：

（1）依据国家及地区法律法规，结合各地实际情况，形成适应地区建设的法律法规体系，进一步推进建筑市场运作程序制度化，从源头上预防违法违规行为的发生；加快信用体系建设，调动社会各方积极性，按照守法经营、失信必惩的原则，营造良好的建筑市场诚信环境，形成良好的建筑市场经营氛围。

（2）深化建筑业简政放权改革。优化资质资格管理，进一步简化工程建设企业资质类别和等级设置，减少不必要的资质认定。

（3）完善招标投标制度。缩小并严格界定必须进行招标的工程建设项目范围，放宽有关规模标准，防止实行招标"一刀切"。

（4）严格审查建设单位的发包条件，尤其是资金到位情况，结合建设单位工程款支付担保制度，防止违法建设和恶意拖欠工程款的情况发生，全面规范建筑市场秩序。2016年1月9日，国务院发布《关于全面治理拖欠农民工工资问题的意见》，要求政府投资项目一律不得以施工企业带资承包的方式进行建设，并严禁将带资承包有关内容写入工程承包合同及补充条款，全面推行施工过程结算。

（5）完善工程建设组织模式，加快推行工程总承包、培育全过程工程咨询。

第二节　建筑企业的经营方式

一、我国建筑企业的经营方式及发展历程

建筑企业的经营方式，是指建筑企业向用户、业主（建设单位）或服务对象提供产品或服务的方式，也是建筑企业获得工程任务并组织建设所采取的经营管理方式。

经营方式作为经济活动的方式，必然伴随着生产的发展和科学技术的进步而不断演变、不断丰富起来。

我国是世界四大文明古国之一，自古以来就有许多闻名中外的土木建筑工程的营造，诸如宫室、坛庙、苑圃、官署、府第等。12世纪初，即北宋后期，由主管工程的将作监少监李诚编修了《营造法式》，成为人类工程建筑史上的一份珍贵遗产。当时的经营方式是由官府主持征工征料，自行建造，民间的房屋也是自己营建。这种自营方式仍然对现在有着很大的影响。

16世纪初，即明朝中叶，随着社会的发展，出现了从事工程承包的营造商，这比经济发达的西方国家早了约一个世纪。1840年中英鸦片战争的战败，宣告了中国封建制度的末日。从此在帝国主义的政治侵略而至的经济制度影响下，我国传统建筑生产模式发生了前所未有的变化。随着租界的建立，西方建筑技术和建造模式传入我国，租界内西方人建造房屋所用的招标承包模式、管理体系、建造标准等起到了很大的示范作用，各地大规模的建设相继开始采用招标承包的建造模式，且现代意义上的建筑师、估价师、监理师等服务性行业兴起。新中国成立以来，工程建设的经营方式历经了多次变化。中华人民共和国成立初期多数

工程实行承发包制，少数工程实行自营；"一五"期间，中央各部多是自己组织营造，使自营方式扩大；"大跃进"以后，建筑业的管理体制、组织结构和规章制度基本上仿照苏联的模式，实行高度计划经济，废除招标承包制，实行工程任务分配制，采取"指挥部"方式，仍属自营方式，造成建筑企业吃大锅饭的局面，效果很差。

十一届三中全会以来，我国建筑业恢复了承发包方式，特别是经济体制改革以来，推行发包（招标）、承包（投标）制度，使经营方式向市场化发展。

20世纪90年代，随着社会主义市场经济体制的逐步完善及国际工程市场的发展，我国出现了总承包企业。到了21世纪，我国的建筑市场越来越完善，逐渐形成了以承发包为主要特征的多种经营方式。

近年来，我国建筑市场上出现了设计 - 施工一体化和成套供应的经营方式，改变了传统经营方式。

从历史发展看，我国的建筑企业的经营方式先是业主自营，把计划、设计和施工集中于一身的原始状态，后来有设计与施工的分工，有总包与分包的出现，再发展到现代的设计与施工一体化和具有高度能力的工程管理者的出现。即经历了由原始的"合"到后来有了分工的"分"，发展到现代的"合"。这不是简单地由合而分，又由分而合。原始的"合"是在社会生产力水平较低，社会生产的专业化和协作程度较低情况下的合，而现代的"合"则是科学技术进步和社会生产高度发展的结果。这个"合"中包含了高度的科学技术和科学管理。在"合"的系统中又有了更细的分工。因此，现代建筑业在处理分与合的矛盾中，创造了各种形式的经营方式。

二、经营方式的分类

建筑企业经营方式总体上可分为承包性经营方式和开发性经营方式两大类。

（一）承包性经营方式

即建筑企业通过承包工程向建设单位提供建筑商品的一种经营方式。承包性经营方式可按照承发包关系、承包范围、承包费用进一步划分。

1. 按承发包关系分

（1）总包 - 分包经营方式。这种方式已经历了一个多世纪，形成了比较完整的责任分担体系，这是一种由一家承包方承包全部工程任务，然后将一部分工程施工任务发包给其他分包单位的一种经营方式。

总包 - 分包经营方式最突出的优点是：专业化分工的发展促进施工专门技术的发展和施工组织管理技术的发展；责任分担体系比较合理，建筑企业由于受到合同的严格控制，在确保工程施工期限、降低造价和提高质量上受到一种外部压力，同时又由于当事人双方利益得到合同的保证，承包人的主动性和积极性得到充分发挥。

但是，采用总包 - 分包经营方式，分工越来越细，环节越来越多，每个环节都有未知因素，因而导致总包单位控制上的难度增加。

（2）单独承包经营方式（直接承包经营方式）。这种方式是由承包企业直接和建设单位签订合同，单独承包施工任务的一种方式。其特点是层次简单，关系明确，但是易产生矛盾，难以协调。

（3）联合经营方式。联合经营方式是两家以上企业联合向建设单位投标（包括与设计、供应、销售、房地产的联合），按各自投入的资金或人力的份额分享利润并承担风险，或做任务上的划分，各自负责、承担风险。这种联合经营的方式使得联合体资金雄厚，且其成员能够在技术及管理上取长补短，各自发挥自己的优势。同时在投标中联合体成员同时报价，在标价和投标策略上得到交融，从而提高了竞争能力。此外，由于与当地企业联合经营有利于对当地国情民俗的了解和适应，联合经营在海外应用相当普遍。

2. 按承包范围分

建筑企业经营方式按承包范围可分为工程总承包和施工总承包两种。

（1）工程总承包。工程总承包是指从事工程总承包的企业受业主委托，按照合同约定对工程项目的勘察、设计、采购、施工、试运行（竣工验收）等实行全过程或若干阶段的承包。工程总承包企业对承包工程的质量、安全、工期、造价全面负责。

2003 年 2 月 13 日，建设部发布了《关于培育发展工程总承包和工程项目管理企业的指导意见》。2003 年 7 月，建设部又对工程总承包企业市场准入问题做出了解释与说明。"2017 年 2 月国务院办公厅发布了"关于促进建筑业持续健康发展的意见"，指出要加快推广工程总承包。"工程承包制度的不断完善为我国工程总承包企业的发展铺平了道路。

建设项目工程总承包主要有以下两种形式：

1）设计采购施工（EPC）/交钥匙总承包。设计采购施工总承包（Engineering Procument Construction）是指工程总承包企业按照合同约定，承担工程项目的设计、采购、施工、试运行服务等工作，并对承包工程的质量、安全、工期、造价全面负责。

交钥匙总承包是设计采购施工总承包业务和责任的延伸，最终向业主提交一个满足使用功能、具备使用条件的工程项目。

根据工程项目的不同规模、类型和业主要求，工程总承包还可采用设计 - 采购总承包（Engineering - Procurement）、采购 - 施工总承包（Procurement - Construction）等方式。

2）设计 - 施工总承包（D - B）。设计 - 施工总承包（Design - Build）是指工程总承包企业按照合同约定，承担工程项目设计和施工，并对承包工程的质量、安全、工期、造价全面负责。承包企业不必等到设计文件成套齐备，就可以分项施工。这种方式可以减少中间的合同变更，提前开工，加快工程进度，并简化了用户的管理工作。

工程总承包对建筑企业的技术力量、资金实力和管理能力提出了较高的要求。

（2）施工总承包。施工总承包是指建筑工程发包方将全部施工任务发包给具有相应资质条件的施工总承包单位。施工总承包的一般工作程序为：通过招投标取得工程施工资格→办理施工手续→进场、组织施工图会审→正式施工→竣工验收。一般情况下，招标人在通过招标选择承包人时通常以施工单位的投标书为依据，综合考虑应标单位的施工条件，施工总承包合同一般实行总价合同。我国建筑施工总承包企业根据承接工程的经验、资金能力、拥有技术和管理人员的情况分为特级、一级、二级、三级，四个不同等级的资质，承接不同规模和技术难度的建筑产品的施工。

3. 按承包费用划分

（1）工程造价总包。工程造价总包是指对工程造价进行全面承包，包括全部直接费用和间接费用。

（2）工程造价部分承包。一是只包人工费，主要材料和设备由发包单位提供；二是包人工费、机械费、部分材料费和管理费，部分材料由建设单位提供。

（二）开发性经营方式

开发性经营方式是指建筑企业按城市建设统一规划的要求，将工程项目建成后以出租或出售的经营方式进行运营。有投融资能力的工程总承包企业对具备条件的工程项目，可以根据业主的要求，按照建设 - 转让（BT）、建设 - 经营 - 转让（BOT）、建设 - 拥有 - 经营（BOO）、建设 - 拥有 - 经营 - 转让（BOOT）等方式组织实施建设项目。

BT、BOO、BOOT 是在 BOT 模式基础上延伸出来的几种模式，都可以归并到 BOT 模式中。BOT 模式是融资模式和建造管理模式的集成，自问世以来，得到世界上多数国家的青睐，被用于大型基础设施项目的融资和建设中。

第三节　建筑企业招标投标管理

一、工程招标投标的基本概念

招标投标是指在市场经济条件下进行大宗货物的买卖、工程建设项目的发包与承包，以及服务项目的采购与提供时所采用的一种交易方式。

我国招投标制度的发展经历了以议标为主的 20 世纪 80 年代的起步阶段；并在 20 世纪 90 年代中后期得到长足发展，逐渐建立起一些规范招标活动的规定；最终于 2000 年颁布实施了《招标投标法》，标志着我国招标制度进入规范化阶段。

《中华人民共和国招标投标法》于 2000 年 1 月 1 日起实施以来，有力地促进了我国建筑市场的发展和完善。随着实践的不断发展，招投标领域出现了许多新情况、新问题。面对这些新的情况和问题，国务院于 2011 年 11 月 30 日第 183 次常务会议审议通过了《中华人民共和国招标投标法实施条例》，作为《招投标法》的补充和完善。为了规范电子招标投标活动，促进电子招标投标健康发展，根据《中华人民共和国招标投标法》《中华人民共和国招标投标法实施条例》，2013 年 2 月 4 日国家发展和改革委员会等八部委令第 20 号制定了《电子招标投标办法》。在 2018 年针对《中华人民共和国招标投标法实施条例》完成修订之后，2019 年国家发改委公布了《中华人民共和国招标投标法（修订草案公开征求意见稿）》。

二、工程招标方式和方法

（一）招标方式

根据《中华人民共和国招标投标法》的规定，招标分为公开招标和邀请招标。依法必须进行招标的项目，公开招标是采购的主要方式，除法律、行政法规规定可以进行邀请招标和不招标的外，应当公开招标。国家推广以数据电文形式开展电子招标投标活动，推进交易流程、公共服务、行政监督电子化和规范化，以及招标投标信息资源全国互联共享。除特殊情形外，依法必须进行招标的项目应当采用电子招标投标方式。

1. 公开招标方式

公开招标是指招标人以招标公告的方式邀请不特定的法人或者非法人组织投标。优点是投标的供应商多，竞争范围大，招标人有较大的选择余地；缺点是投标人过多，组织工作复杂，投入的人力、物力较多，招标过程所需时间较长。因此公开招标适合于投资金额大的工程物资招标，一般特点表现在以下几方面：

（1）公开招标是最具竞争性的招标方式。参与竞争的投标人数最多，只要符合相应的招标资质就不受限制，在实际招标中少则十几家，多则几十家，因而竞争程度最为激烈。

（2）公开招标是程序最完整、最规范、最典型的招标方式。它形式严密，步骤完整，运作环节环环入扣，是目前最常见的一种招标方式。

（3）公开招标也是所需费用最高、花费时间最长的招标方式。由于竞争激烈，程序复杂，组织招标和参加投标所做的准备工作和需要处理的实际事务比较多，特别是编制、审查有关招投标文件的工作量十分浩繁。

2. 邀请招标方式

邀请招标是指由招标单位有选择地直接通知有承担该项工程能力的承包单位至少三家以上参加投标。优点是参加投标的供应商可由招标人控制，比较集中，招标的组织工作较容易，工作量比较小；缺点是参加投标供应商数量少，竞争范围小，招标人的选择余地较小。由于限制了竞争范围，信息资料的局限性会把可能的竞争者排除在外，不能充分展示竞争自由、机会均等的原则。

（二）招标方法

1. 一次招标

一次招标是指一项工程设计图纸、工程概算、建设用地、施工许可等均已具备，中标后即可签订正式合同。目前，国内外多采用此法。该方法一次确定了整个工程承发包的内容，便于管理。但由于须事先做好所有招标准备工作，故招标时间较长，且不适用于大型工程的招标。

2. 多次招标

多次招标是对于较大型工程采取按工程分项目或施工阶段进行招标，如按土方和场地平整、基础工程、主体结构工程、装修工程、安装工程等分阶段招标。建设单位为了争取时间提前开工、早见效益，往往是边设计、边施工，或边施工、边营业。这种情况往往给后期竣工结算带来扯皮现象。

3. 两次报价招标

这种方法是首先公开招标报价，经过开标评标后，再选择其中报价较低或满意的三四家再进行第二次报价。这是当招标单位对新的项目没有经验时，将第一次招标作为摸底，真正要依靠第二次的详细报价招标。此法在国际招标中常用，也有实效。

三、工程招标投标程序

招标投标的程序如图 6-1 所示。

（一）招标准备工作

招标准备工作有：

（1）由业主组建一个符合规定条件的招标班子或委托招标代理。

（2）申请批准招标。由招标单位持招标申请书，附准备工作情况和相应的证件，向政府主管部门申请招标。

（3）制定招标文件。主要由文字和设计图两部分组成。内容应是：综合说明书（包括工程名称、工程内容、发包范围、技术要求，可供使用的场地、水、电、道路等情况）；全套设计图纸、设计说明书；工程量清单；对工程的特殊要求及对投标企业的相应要求；合同主要条款（包括开、竣工日期、工程款支付方式，工程质量监督验收规定，双方承担的义务、责任；材料与设备供应方式和主要材料价格；组织现场勘察和进行招标文件交底的时间、地点；招标起止日期；招标须知；开标日期、时间和地点等）。

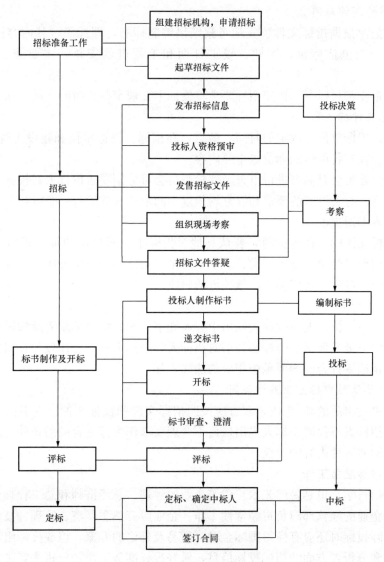

图 6-1　工程招标投标程序

（二）具体的招标工作

（1）发布招标公告或发出招标通知书，其主要内容应包括：招标单位名称，工程项目名称、地点、联系人及其地址、电话，工程的主要内容及承包方式；工期和质量要求，采用的招标方式；投标企业的报名日期，招标文件的发送方式等。

（2）投标单位申请投标，招标单位对投标企业进行资格审查。审查的内容一般包括以下几项：企业名称、地址、负责人姓名和营业执照号码；企业的资质等级；企业简况，包括企业成立时间、现有固定资产和流动资金数额、近期施工的主要工程情况、技术装备情况、技术管理人员和技术工人的数量和技术等级等。

（3）向通过资格审查的投标企业发售招标文件。

（4）招标单位组织投标企业勘察工程现场，解答招标文件中的疑点。

（三）标书的制作与递交

（1）投标企业根据招标文件、实地考察结果编制标书，即标函，其内容根据招标文件的要求而定，一般包括标价，工期、竣工日期和工程进度安排，主要施工技术组织措施等。

（2）投标企业密封标书，按照招标要求将投标书在规定截止时间之前报送到指定地点。

（四）开标与评标

（1）开标。招标单位在规定的时间、地点，在招标、投标单位和建设主管部门参加下，当众启封标函，宣布各单位的标价等主要内容。

（2）由评标委员会对标书进行审查，评标委员会可分别要求投标人对投标书中含义不清的内容进行澄清。有关澄清的要求和答复均须以书面形式发放给每一个投标人，但投标价格和实质性的内容不得更改。

根据评标标准评标。在评标时，要认真地对投标单位所报送的标函资料，进行全面审查，对能力、信誉、标价、施工方案、工期和质量等条件综合评价分析，选择中标单位。这是一个评标与决标过程，是招标工作最关键的阶段。

（五）发出中标通知书

中标人确定后，招标人向中标人发出中标通知书，同时将中标结果通知未中标的投标人并退还他们的保证金或保函。中标通知书对招标人和中标人具有法律效力，招标人改变中标结果或中标人拒绝签订合同均要承担相应的法律责任。

（六）招标单位与中标企业签订合同

中标通知书发出后的30天内，双方应按照招标文件和投标文件订立书面合同，不得做实质性修改。招标人不得向中标人提出任何不合理要求作为订立合同的条件，双方也不得私下订立背离合同实质性内容的协议。

四、工程投标准备工作

投标是一门科学，也是一门艺术。建筑企业的经理、总经济师和总工程师应直接主持投标工作，并由企业的经营部门负责经常性工作。企业应有熟悉经济、管理、技术和法律的专家，当参与国际投标时还应有懂得国际金融、贸易及外语的专家，组成投标组织。建筑企业平时就应收集和分析各方面的招标投标信息，做好投标准备工作，分析主客观情况，择机进行投标。

（一）投标信息

信息也是一种资源，在投标竞争中更能体现出它的价值。没有全面、正确、可靠的信息，很难作出正确的决策，导致在投标竞争中失败。为此，就要通过各种渠道搜集有关信息，以免失去机会或投标失误。信息渠道包括：各级固定资产投资（基本建设与技术改造）综合管理部门；建设单位及其主管部门；建设（或有关）银行；各地有关的勘察设计单位；各类咨询机构；行业协会；工程承包公司；综合开发公司；有关刊物；招标广告；招投标管理部门；市场管理部门等。

建筑企业须在经营（或计划）部门中设专职人员，经常掌握有关项目的分布与动态，制作成招标项目情况一览表（表6-1），并随时间的推移、情况的变化，予以补充或修改。这对选择投标项目是十分重要的。

表 6-1 招 标 项 目 情 况 一 览 表

序号	项目名称	地点	工程情况			招标时间	主要项目内容、特点及建设期	备注
			建设性质	投资规模	资金来源			

另外，投标企业还必须掌握与项目有关的环境与条件的各种信息，主要有以下内容。

1. 建筑市场

建筑市场包括国内、外的建筑市场。竞争的激烈程度如何，应在工程项目的招标公告发出之前就有预测。

2. 项目的社会环境

项目的社会环境主要是国家的政治经济形势，与该项目有关的政策、法令、法规、税收制度、银行贷款利率和保险，以及当地的风俗习惯、常发疾病等的历史、现状。

3. 项目的自然环境

项目的自然环境指的是该地的气象、水文、地质等。

4. 项目的经济环境

项目的经济环境包括当地的劳动力的数量、质量、专业，分包力量，社会劳动服务；原材料、构配件供应条件，特别是地方大宗材料的产地分布，它们的产量、质量、价格、交通运输条件，机械租赁、维修能力等；水电供应以及当地物价、工资和生活水平等。

5. 竞争环境

竞争环境是指建筑企业存在哪些竞争者，分析他们的实力和优势，在当地的信誉，了解竞争对手的报价情况和动态，以便与自己相权衡，分析取胜的可能性和必须采取的决策。

6. 本企业对该项目的承担能力

本企业对该项目的承担能力包括能够投入的人力、物力、财力，自身的组织领导、技术、管理、员工的素质以及当出现承担能力不足时的相应对策。

7. 有关报价的参考资料

如当地近期的同类型工程的报价资料，本企业的类似工程的实际成本资料。

8. 建设单位的信誉

建设单位的信誉方面主要考虑的因素是项目是否经过论证，建设单位费用的支付能力，他所承担的资源供应能力等，以防止中途停工造成损失。

对上述的各种信息，要认真进行调查、掌握、筛选、分析，还要进行综合分析，然后才能作出选择的决策。

（二）投标前的准备工作

1. 选择投标的对象

建筑企业，必须在分析招标信息的基础上，再确定对哪些工程项目进行投标。总的来说，要选择适合企业技术能力、管理能力和装备条件，并且材料供应有保证、能有盈利的工程项目。在国外，譬如美国有些地区受当地工会的强烈控制，而且当地企业的排外性又很强，这种情况下建筑企业就不能轻易投标。否则，即使中标，由于种种客观原因，也会以失败告终。有些时候，当工程项目不多时，竞争非常激烈，为了争夺工程任务，各承包企业都在压低报价，在这种情况下，即使以最低标中标，盈利的可能性也很小，甚至要亏损，故要放弃这种投标机会。还有些时候，即使招标工程不多，竞争激烈，还是会有适合本企业承包，而且又能盈利的工程。这就要冷静地分析各项工程的具体情况，慎重选择投标对象，积极投标。当工程项目比较多时，企业往往是到处投标，尤其是规模大的企业，总想多得标，多承包任务，这样势必造成投标工作量大大增加，容易造成考虑不周，承包了一些盈利甚微的工程，而失去盈利较多的工程。因此，当招标工程多时，也要找出适合本企业条件、盈利较多的工程，集中精力有选择地投标。

2. 研究招标文件、调查现场情况

建筑企业在投标前必须详细了解招标单位的要求，认真研究招标文件及其附件、图纸等，并要踏勘、研究施工现场，了解地形、地质、交通运输条件、现场三通一平情况、可利用的临时设施情况。这些情况，与工程承包后施工能否顺利进行有直接关系。

3. 分析建设单位情况，取得对方的合作

对建设单位，尤其是其工程负责人的能力、态度和对发包工程所采取的方针，进行尽量全面的了解。如果工程负责人是一位有能力、通情达理的人，就容易合作。反之，如果该工程负责人惯于刁难客户，这样就难免会引起很多矛盾，尤其是在合同文件中有一些含糊的语句时，若彼此理解不同，矛盾也就会更多。对于工期要求较紧的工程，与业主合作更显得重要。

4. 分析竞争者的情况，决定自己的投标策略

要尽量了解对该项工程进行投标的企业有谁，各企业的人力、物力状况以及所处的环境，然后确定自己投标的策略，如报价的高低，能向招标单位提供的协作条件，在竞争中准备以什么方法取胜等。

第四节　建筑企业合同管理

一、工程承包合同的概念

工程承包合同，是发包人与承包人之间为完成商定的建设工程项目，确定双方权利和义务的协议。依照施工合同，承包方应完成一定的建筑、安装工程任务，发包人应提供必要的施工条件并支付工程价款。工程承包合同在订立时也应遵守自愿、公平、诚实信用等原则。

建设工程施工合同是建设工程的主要合同，是工程建设质量控制、进度控制、投资控制的主要依据。在市场经济条件下，建设市场主体之间相互的权利义务关系主要是通过合同确立的，因此，在建设领域，加强对施工合同的管理具有十分重要的意义。

二、工程承包合同的基本内容

根据有关工程建设的法律、法规，结合我国工程建设施工的实际情况，并借鉴国际上广泛使用的施工合同条件，住房和城乡建设部、国家市场监督管理总局对《建设工程施工合同（示范文本）》（GF—2013—0201）进行了修订，联合制定了新版本《建设工程施工合同（示范文本）》（GF—2017—0201），该示范文本于 2017 年 10 月 1 日起在全国执行，该示范文本由合同协议书、通用合同条款和专用合同条款三部分组成，为非强制性使用文本。新版合同更趋向于风险的公平分担，用语用词更贴近 FIDIC 合同文本。

《施工合同文本》由协议书、通用条款、专用条款三部分组成，并附有 11 个附件，分别是：附件 1——承包方承揽工程项目一览表、附件 2——发包人供应材料设备一览表、附件

3——房屋建筑工程质量保修书、附件 4——主要建设工程文件目录、附件 5——承包人用于本工程施工的机械设备表、附件 6——承包人主要施工管理人员表、附件 7——分包人主要施工管理人员表、附件 8——履约担保、附件 9——预付款担保、附件 10——支付担保、附件 11——材料、工程设备、专业工程暂估价表。

（一）协议书的内容

协议书是《建设工程施工合同（示范文本）》中总纲性的文件。虽然其文字量并不大，但它规定了合同当事人双方最主要的权利义务，规定了组成合同的文件及合同当事人对履行合同义务的承诺，并且合同当事人在这份文件上签字盖章，因此有很高的法律效力。《建设工程施工合同（示范文本）》合同协议书共计 13 条，主要包括工程概况、合同工期、质量标准、签约合同价和合同价格形式、项目经理、合同文件构成、承诺以及合同生效条件等重要内容，集中约定了合同当事人基本的合同权利义务。

（二）通用条款的内容

通用条款是根据《合同法》《建筑法》等法律对承发包双方的权利义务做出的规定，除双方协商一致对其中的某些条款做了修改、补充或取消外，双方都必须履行。它是将建设工程施工合同中共性的一些内容抽象出来编写的一份完整的合同文件。通用条款具有很强的通用性，基本适用于各类建设工种。通用合同条款共计 20 条，具体条款分别为：一般约定、发包人、承包人、监理人、工程质量、安全文明施工与环境保护、工期和进度、材料与设备、试验与检验、变更、价格调整、合同价格、计量与支付、验收和工程试车、竣工结算、缺陷责任与保修、违约、不可抗力、保险、索赔和争议解决。前述条款安排既考虑了现行法律法规对工程建设的有关要求，也考虑了建设工程施工管理的特殊需要。

（三）专用条款的内容

专用合同条款是对通用合同条款原则性约定的细化、完善、补充、修改或另行约定的条款。合同当事人可以根据不同建设工程的特点及具体情况，通过双方的谈判、协商对相应的专用合同条款进行修改补充。在使用专用合同条款时，应注意以下事项：

（1）专用合同条款的编号应与相应的通用合同条款的编号一致。

（2）合同当事人可以通过对专用合同条款的修改，满足具体建设工程的特殊要求，避免直接修改通用合同条款。

（3）在专用合同条款中有横道线的地方，合同当事人可针对相应的通用合同条款进行细化、完善、补充、修改或另行约定；如无细化、完善、补充、修改或另行约定，则填写"无"或画"/"。

《建设工程施工合同（示范文本）》的附件则是对施工合同当事人的权利义务的进一步明确，使得对施工合同当事人的有关工作一目了然，便于执行和管理。

三、工程承包合同的管理

工程承包合同管理主要包括合同签订、合同变更、合同监督和纠纷的处理等。

（一）工程承包合同的签订

在招投标中一经决标，便应向中标单位正式发出书面形式的《建筑工程中标通知书》。中标单位在收到《建筑工程中标通知书》后应立即组织本单位的合同管理部门根据施工合同示范文本，研究合同的协议条款具体内容。

工程承包合同的签订应遵循以下原则：

（1）合法原则。凡是违反国家的法律、法令、政策和计划的工程合同都将被视为无效合同。合同的订立不得损害国家利益和公共利益，牟取非法收入。

（2）平等互利原则。签约双方必须在经济、法律地位上平等互利，而不存在上级与下级、领导与被领导的关系。

（3）协商一致原则。签约双方必须实事求是地、充分地进行协商，直到双方对合同的权利和义务都表示一致意愿时，合同才能订立。

（4）等价有偿原则。签约者之间经济关系要合理。对工期提前和质量优等要实行奖励，对延误工期和质量低劣要实行处罚。

（5）严格履行法律程序。工程承包合同必须经过合同管理的授权机关鉴证、公证和登记等手续，才能确认其有效。合同的鉴证是行政监督，合同的公证是法律监督，代理人超越代理人权限签订的工程合同是无效的合同。

（二）合同变更管理

工程承包合同一经签订，就具有法律效力，双方当事人应信守合同条款。任何一方不得擅自更改或解除合同。所谓合同变更，就是对原来合同的内容进行修改或补充。工程施工中导致合同变更，通常有以下一些原因：

（1）与施工图相关的原因，包括施工图与现场状况不一致；施工图与其说明书不符；图纸有错误或遗漏；发现未预料到的变化等。

（2）由于建设单位的原因，变更工程的内容或暂时中止整个工程或部分工程的施工。

（3）不是由于承包方原因而导致由承包方提出合理延长工期要求。

（4）建设单位需要缩短工期。

（5）物价变动或工资变动而需要对承包金额做出变更。

（6）不可抗力等。

为了减少因变更造成双方的损失，避免产生纠纷，一般应针对合同中存在的各种不同原因事项进一步明确和规定处置此类问题的程序、提出答复及审理的期限、书面文件提交的对象，以及承担责任的界限和范围、损失赔偿的上、下界限等。

（三）合同监督

合同监督主要有公证监督、银行监督、行政监督和互相监督四种。

（四）合同纠纷的处理

合同的履行过程就是履约过程。履约中纠纷的调解、仲裁、解约以及由此产生的经济责任的承担等，均应依据合同法有关条例进行处理。

1. 工程合同解除

工程合同解除就是宣布原定合同无效。当工程合同获得正确履行，履约过程中没有发生法律上的纠纷，交工验收、结算、交付等事项清理结束，该工程合同就宣告解除。

但在实际工作中，由于许多原因，在合同期限内如果继续履行合同，可能会对国家或当事人一方或双方造成严重的经济损失，因此，只好中途中止合同。

未经正式解除的合同，应视为继续有效。

2. 违反工程合同的责任

在合同期限内，对不能履行或不能完全履行合同的，都必须追究责任。合同的责任分为经济责任、行政责任和刑事责任。除可以证明属于不可抗力引起的违约外，违约一方都必须承担经济责任，向受损一方支付违约金、赔偿金。必要时，要追究行政责任和刑事责任。

3. 工程合同纠纷的调解和仲裁

调解是指合同当事人于争议发生后，在第三者的主持下，根据事实和法律，经过第三者的说服与劝解，使争议双方互谅互让，自愿达成协议，从而公平、合理地解决纠纷的一种方式。在解决合同纠纷时，调解的方式具有方法灵活，程序简便，节省时间和费用，不伤争议双方的感情等特点，因而既可以及时、友好地解决纠纷，又可以保护当事人的合法权益。

调解是通过第三者进行的，这里的"第三者"如果是仲裁机构，即合同双方同意将可能发生的纠纷提交仲裁机构进行调解解决，这一要求体现在《建设工程施工合同》中的仲裁协议中。

第五节　建筑企业风险管理

一、建筑企业风险概述

所谓风险是指"可能发生的危险"。随着科学技术的进步和经济的发展，我们赖以生存的这个世界正在变得越来越难以驾驭，如经济增长率的波动和价格的变化，地区经济发展之间的不平衡等。在这种不确定和反复无常的社会环境中，企业从事生产经营活动必然会受到整个社会大环境中政治、经济等诸多要素的影响，而这些因素的不确定性必然给企业管理的结果带来一些不确定性，所以说，企业风险的产生具有必然性，由此也产生了风险管理的必要性。风险管理是企业内部控制发展到一定阶段的产物，是企业将风险作为主要控制对象的具体体现。

（一）建筑企业风险

由于各种不确定性因素的存在，建筑企业总是面临各种客观存在的风险。如何对风险进行有效管理，是建筑企业能否实现预期目标的关键。建筑企业风险是建筑企业在发展过程中必然产生的现象，它可能给建筑企业带来灾难，需要通过正确的方法去解决和面对。通过对风险的有效管控能够化解风险对建筑企业可能造成的危害。

建筑企业的风险来自企业内、外部各种因素，而且可能在企业的各个层面上出现，并且应根据对企业目标的潜在影响来确认风险。随着中国经济平稳、较快发展，宏观调控政策的逐步深入，以及创建节约型社会和共同富裕理念的提出，建筑企业作为重要的物质生产单位，在经济社会发展的新阶段，面对与过去不同的市场环境，承担着更加繁重的经济建设和企业发展任务。与此同时，经济全球化趋势深入发展，科技进步日新月异，全球生产要素流动和国际产业转移加快，影响和平与发展的不确定因素增多，这些未来的风险就是建筑企业所面临的内部控制重点（表 6-2）。

表 6-2　　建筑企业内部控制的风险点

序号	建筑企业风险点	内部控制风险点的主要内容	备注
1	外部风险	国家政治与社会环境变化、国际金融市场汇率变化、同行竞争、行业监管政策变动、筹资市场波动、承包市场波动、要素市场变动、自然灾害威胁等	
2	内部风险	企业并购、投资决策、产业调整、产品调整、工程营销、工程管理、区域经营、资金管理、资产与负债管理、成本管理与费用控制、对外担保、财务会计信息披露、印章保管、授权管理等	
3	治理机制风险	企业治理作用不明显、经理层控制不力、股权设置不合理、内部均衡机制不健全、治理机制存在缺陷等	

（1）可能导致建筑企业未能实现预期管理目标的重大外部风险包括承包项目所在国家政治与社会环境变化、国际金融市场汇率变化、国际政治经济环境发生重大变化、国内及国际同行的竞争、政府行业监管政策变动、资本市场出现大的波动、承包市场剧烈波动，以及国内劳务市场和建材市场出现异常、不可抗力的自然灾害威胁等。

（2）可能导致建筑企业未能实现预期管理目标的内部风险包括企业并购、重大投资决策、产业战略调整、产品结构调整、工程投标与合同订立、工程设计与施工设计、区域经营和项目履约管理、资金链管理、资产与负债管理、安全与质量管理、项目成本管理与费用控制、对外担保、财务会计信息披露、印章保管与使用问题等。

（3）企业治理机制风险：企业治理是指通过一种制度安排，来合理地协调公司与所有利益相关者之间的关系。从目前情况分析看，企业治理机制本身并没有大的问题，主要问题是企业治理在企业实际运行中并没有发挥实质作用，主要表现为股东权益得不到保护，经理层的价值取向与股东利益时常发生错位，甚至影响出资人利益等。针对我国的实际情况，还存在着股权设置不合理，内部制衡机制不健全，激励机制存在缺陷等问题。

（二）风险所造成的危害

（1）从外部环境看：金融市场汇率急剧变化，将导致以外币结算的项目发生汇率损失；政府监管和市场准入制度发生大的调整，市场竞争对手大规模进入，大幅度增加了竞争程度或造成了总公司市场范围的变化；承包市场的竞争程度和竞争对手的变化，加大了建筑企业应对范围和难度；资本和金融市场政策调整，造成资金链管理出现问题从而给企业造成灾难；国际形势发生动荡或战争，使部分工程项目的正常履约、工程结算和回款无法实现等。

（2）从内部环境看：建筑企业面临的风险包括重大的投资、并购失败；产业结构调整失败；新的区域承包业务拓展没有取得成功，导致无法弥补发生的成本；授权管理出现偏差，被授权单位超出权限、违规错误决策给建筑企业造成损失；资金管理过分下沉，导致资金周转出现问题，建筑企业的支付能力和声誉受到伤害；合同谈判不力、订立审核不严造成建筑企业合同风险和合同损失；项目成本管理不善，造成项目亏损和企业亏损；项目履约管理出现问题，给建筑企业的声誉和竞争能力带来负面影响；出现质量和安全事故，受到行业主管部门和业主处罚与指责，给建筑企业造成损失；财务信息质量下降，导致决策失误及企业公众形象受损；对外违规担保导致建筑企业损失等。

（三）企业风险与分类

（1）按风险可能给企业带来的危害持续时间分类有以下类型：

1）长期风险。长期风险指给建筑企业的正常运营带来较长时间的风险，这种风险对企业的威胁往往是巨大的。如并购失败、融资风险、人事风险、质量事故给一个区域经营所造成的影响等，作为建筑企业一定要给予充分重视和防范。

2）短期风险。短期风险指造成建筑企业短期的，不超过一年的风险或影响。如某一项目报价失误、某项目的安全事故、某个设施发生火灾等给建筑企业带来的风险。

（2）按风险可能给企业带来的危害程度分类有以下类型：

1）一般风险。一般风险指造成的危害程度不是很大，可控制在一定范围内的风险，一般是以建筑企业能够承受并能有效处理为限。如某项目施工发生亏损、某制度订立不合理等。

2）重大风险。重大风险指能对企业造成巨大危害的风险。这类风险是企业不能直接承受的，需要通过一定方式实现对风险的规避、转移或分担。如企业并购、产业拓展、重大工程履约、特大质量和安全事故、项目所在国家发生战争等。

（3）按照建筑企业管理目标层次分类有以下类型：

1）战略风险。建筑企业战略风险是指战略目标不能实现的可能性，涉及企业战略规划、产业结构调整、企业并购、企业内部组织结构调整等决策所承担的风险，具体如下：

①战略规划与执行管理风险。战略规划与执行管理风险是指由于对国家投资政策分析不准确，对政府和民间投资宏观未作合理预计，对未来影响企业的有关因素分析和判断把握不够充分，从而带来的建筑企业总体战略选择环节的失误风险。

②建筑企业产业战略选择和调整的主要风险。建筑企业产业战略选择和调整的主要风险包括产品拓展风险、企业战略调整风险等。产业拓展战略，如建筑企业从房建领域向市政、路桥领域进行跨专业拓展。建筑企业进行多元化战略调整，如建筑材料生产和销售拓展，以及建筑业向制造业或服务业方向实现多元化战略调整等。

③企业并购行为所带来的管理风险。如甲建筑公司与乙建筑公司合并；甲建筑公司收购乙建筑公司，或甲建筑公司收购、并购其他行业企业的行为；建筑企业进行重大经营区域调整等。

④建筑企业组织结构调整和改制等行为带来的风险。建筑企业组织结构调整和改制行为包括建筑企业组织结构变革，公司现代企业制度建立，建筑企业的预算调研、测算、分解、执行和考核，建筑企业重大事项的决策程序管理等。这些带有方向性或可能给建筑企业带来巨大影响的战略性调整，风险巨大。

2）经营风险。建筑企业经营风险是在日常生产经营活动过程中，由于具体目标可能不会实现所带来的风险。建筑企业经营风险主要有营销风险，生产管理风险，收入、成本、费用及利润管理风险，资产管理风险，投资管理风险，相关债务和净资产管理风险，信息与财务报告风险，人力资源与绩效管理风险，印鉴、档案、合同、诉讼事务管理风险，企业形象管理与应急事项管理风险，监察与审计监督管理风险，内部控制检查与持续改进的管理风险等。

其中营销风险主要有业主保持合作、市场调研与分析、项目信息跟踪、项目投标许可与入围、投标报价、合同谈判、工程结算风险等。生产管理风险主要有采购管理、存货管理、施工过程管理、安全控制、质量控制、工程结算、管理风险等。收入、成本、费用及利润管理风险主要有收入管理、生产成本管理、费用管理、利润管理风险等。资产管理风险主要有现金管理、人民币存款、外汇存款、应收款项、固定资产、无形资产、递延资产风险等。投资管理风险主要有投资管理、资本性筹资管理、债务性融资管理、企业股权（产权）转让和改制管理风险等。相关债务和净资产管理风险有应付款项管理、应交税金管理、利润分配与净资产管理、担保业务风险等。信息与财务报告的主要风险有信息管理、关联贸易、财务报告、综合统计风险等。人力资源与绩效管理风险主要有员工岗位管理、员工招（选）聘管理、员工考核管理、员工培训管理、员工薪酬管理、分支机构负责人绩效考核管理风险等。印鉴、档案、合同、诉讼事务管理的主要风险有印鉴管理、档案管理、合同管理、诉讼事务与企业法律文书管理风险等。企业形象管理与应急事项管理风险主要有企业形象管理、企业应急事项管理风险等。监察与审计监督管理的重要风险有违纪、违法案件管理，企业内部审计管理风险等。内部控制检查与持续改进的管理风险主要有内部控制制度执行情况检查、内部控制持续改进管理风险等。

二、建筑企业风险管理体系建设

建筑企业的风险管理体系建设由五个环节构成，即建立风险管理机制、形成风险状况分析和预警系统、风险识别、风险评估和风险反应。其中风险管理机制是风险识别、风险评估和风险反应的实施前提及制度支持。

（一）风险管理机制

建筑企业建立风险管理机制是进行风险管理的基础，是有效实施风险管理的前提。

1. 风险管理的组织机构和制度建立

建筑企业应根据企业自身规模、管理水平、风险程度、发展目标和资源整合能力、内外环境等因素，在全体员工参与合作和专业管理相结合的基础上，建立一个包括管理负责人、专业管理人员和非专业管理人员的，外部人员有效参与的，包括领导体系、组织体系、制度体系在内的建筑风险管理体系。企业还应当根据风险产生的原因和所处阶段，不断地进行动态调整，并通过健全的制度明确相互之间的责、权、利，使风险管理体系在建筑企业内成为一个有效的有机整体。

2. 管理工作的步骤

风险管理机构应按以下几个程序和步骤进行风险管理：

（1）认真研究企业战略、出资人要求和回报责任、企业内外环境。

（2）识别影响企业目标实现的各种风险因素。

（3）分析并评估有关风险对企业管理和目标实现的影响程度及其影响程度。

（4）设计应对风险管理的策略、制度，建立风险反应机制和手段。

（5）风险反应措施的落实。

（6）定期对风险管理实施情况进行评估，完成对风险管理的效率、收益和存在弱点的保障机制总结。

（7）及时或定期向管理人员报告风险管理情况。

（8）及时进行风险管理机制的改进。

（二）建筑企业总体风险状况分析和预警系统

建筑企业进行风险管理的目的是控制、避免或规避风险给企业管理带来负面影响。因此风险管理的首要工作是建立风险预警系统，即通过对风险进行科学的识别、评估，预计可能发生的风险和给企业带来的影响，提醒有关部门和负责人实施风险反应，及时采取有力措施。

企业风险的总体分析和把握，一般通过风险预警分析形式进行。预警分析的方法一般有两种：一种是事先或事中的分析方法，主要是将目标进展情况与预算或其他工作目标进行对比，对影响因素进行分析，并提出具体的解决或应对方案；第二种分析方法是对财务数据的事后总体分析，一般采用变量的分析方法。由于第一种分析方法比较简单且具有多变性，侧重于对正在变化的数据进行对比分析，而且分析的实际结论与最终情况有某些差异，因此，本书重点对第二种分析方法即变量分析法进行介绍。根据在分析过程中对参数的使用情况，变量分析法又可分为单变量分析模式和多变量分析模式。

1. 单变量分析模式

单变量分析模式是利用个别财务数据分析、预测风险的方法。该方法常用的财务指标有资产负债率、债务保障率、资产收益率等。

按照财务指标进行风险预测的分析方法认为，企业发生财务危机或财务遭受失败是长期因素造成的。长期跟踪相关比率的变化，可以分析和预测企业的财务危机，但这种模式也有不足之处，就是这些比率往往反映的是风险程度的一个方面，有时会出现多项指标分析结论不一致的情况，因此推荐采用多变量分析模式进行风险预测。

2. 多变量分析模式

多变量分析模式即采用多项财务指标进行综合分析的方法预测风险。采用多变量分析的模式，需要建立多元的函数关系或确定加权的权重比率及分值来预测企业的风险。下面介绍具有代表性的由美国学者奥特曼（Altman）于 1968 年提出的"Z 记分法"。

"Z 记分法"首先确定企业内一组能够分析财务状况或财务风险相关比率的指标，定期计算相关比率及统计分析，然后根据这些比率对财务风险提示能力或警示作用的程度给定权重，最后进行加权分析计算，同时将计算结果与预计风险临界指标和多期计算结果进行对照，从中分析企业财务危机的严重程度。重要的是建筑企业作为一种特定生产模式下的企业，需要在中国或世界不断变化的复杂环境下进行分析和评价，建立和改进自身企业的风险分析模型。一家建筑企业在长期发展过程中，面临的风险是多种多样的，而且每种风险对企业的影响程度，也会随着企业所处内外环境发生变化，需要不断调整和改进财务指标及权重，满足企业对风险的自我诊断。奥特曼先生经过长期研究、分析提出的指标权重和分析模型，是值得重视和参考的，他提出了如下函数模型（权重共 7.5）

$$Z = X_1 \times 1.2 + X_2 \times 1.4 + X_3 \times 3.3 + X_4 \times 0.6 + X_5 \times 1.0 \qquad (6-1)$$

式中　X_1——企业资产流动能力分析，X_1＝营运资金/总资产，X_1 数字越大，表示企业的资产流动性越强；

　　　X_2——再投资能力分析，X_2＝留存收益/总资产，X_2 数字越大，表示企业筹资和再投资能力越强；

　　　X_3——企业资产一定条件下的盈利能力分析，X_3＝息税前利润/总资产，X_2 数字越大，表示企业在不考虑利息和税收条件下的资产盈利能力越强；

　　　X_4——投资者对企业前景判断分析，X_4＝资本市值/债务账面价值，X_4 数字越大，表示企业越有投资价值；

　　　X_5——企业资产取得的收入能力分析，X_5＝销售额/总资产，X_5 数字越大，表示企业资产获取的收入能力越强。

奥特曼先生对失败企业的数据进行统计后，得出了经验性临界数值为 3.0，即 $Z=3.0$。如果企业的 Z 值高于 3.0，则表示较为安全，反之则存在财务危机，甚至有可能存在破产风险。

（三）风险识别

风险识别是风险管理的第一步，建筑企业的风险来自建筑企业内、外部各种因素，而且可能在企业的各个层面上出现，因此应根据对建筑企业实现目标的潜在影响来确认风险。

1. 风险识别原则

建筑企业进行风险评估和控制的前提就是对其风险进行识别，风险识别应遵循以下原则。

（1）全面性和系统性原则。在风险识别阶段应当尽可能地全面了解和分析各种风险因素，综合使用识别风险的分析方法，以提供企业风险的相关信息。

（2）制度化和经常化原则。建筑企业在经营活动中一直处于不断变化的内外环境中，在这种不确定性条件下，风险是客观存在的，因此建筑企业要将风险识别纳入规范的制度当中，以规范的手段发现、汇总、报告风险发生的种类、时间、可能的危害程度，使风险的识别成为建筑企业制度化、经常化的行为活动。

2. 常用的风险识别方法

风险识别方法就是建筑企业风险管理人员通过分析调研结果，运用各种方法对尚未发生的和潜在的及存在的各种风险进行系统的归类，并总结出企业所面临的风险。风险识别要解决的第一个问题是选择一个什么方法发现和归集风险。

常用的风险识别方法有生产流程分析法、风险专家调查法、财务报表分析法。

（1）生产流程分析法。生产流程分析法是指在施工过程中从施工开始到竣工交付，通过对每个环节和阶段逐个进行调查分析，从中发现潜在的风险，找出风险存在的原因，并分析风险可能对企业造成的危害或影响。

（2）风险专家调查法。风险专家调查法是指风险管理人员定期地调查本企业、本部门面临的风险及威胁，并根据风险发生种类进行归类和分析。

（3）财务报表分析法。财务报表分析法是指建筑企业财务人员按照企业的资产负债表、损益表、现金流量表等相关报表，以及相关生产、销售、成本和财产等非财务资料进行分析，发现潜在的风险。

（四）风险评估

风险评估是风险管理框架所强调的一项内容。对风险影响的分析可采用简单算术平均数、最差情形下的估计值或者事项的分布等技术来分析。最好能够找到与风险相关目标一致的计量单位进行计量，将风险与相关目标联系起来。风险评估的时间基准应与企业的战略目标相一致，如果可能，也应与可观测到的数据相一致。企业风险管理框架还要求注意相互关联的风险，确定单一事项如何为企业带来多重风险。

风险评估的主要方法是数学统计法。

1. 数学统计法的应用

数学统计法是指在风险估计中，用一组较小的样本观察值，对一组较大的未知观察值进行理论预测。运用概率估计企业可能出现的风险，同时通过概率分布，评价风险发生及其后果的概率，并推断事件结果范围，将有助于更好地选择风险管理技术和手段，从而得到最佳的风险控制效果。

2. 注意事项

在统计资料的收集和调查过程中，需要建筑企业认真而又全面地做好统计资料的整理和收集工作，保证原始资料能够真实全面地反映企业的情况，从而保证分析和评估的合理性。建筑企业风险管理需要管理者建立一种企业总体层面上的风险组合观。在风险评估方面体现为各业务单位、职能部门、生产过程或相应的其他活动负责的各层管理者，对其负责的部门或单位的风险应进行复合式评估，而建筑企业高层管理者也应从企业总体层面上考虑相互关联的风险和建筑企业的总风险。

（五）风险反应

风险反应是指对风险评估所采取的应对措施。建筑企业常用的风险对策主要有规避风险、减少风险、接受风险、转移风险四种。作为风险管理的一部分，管理者应比较不同方案的潜在影响，在建筑企业风险容忍度范围内，考虑风险反应方案的选择，包括选择应对风险的单个方案或组合方案。

风险处理主要包括以下四个方面的措施。

1. 规避风险

建筑企业对一些风险过大的方案应加以回避。如信用记录长期严重不良的业主或供应商；长期经营无望的区域公司；国有建筑公司企业办社会性的单位或企业；长期扭亏无望的子公司和股份公司；重大安全和质量事故等。

2. 减少风险

对无法回避的风险，应设法减少风险。如投资的多方案优选；专业市场或新的区域市场开拓；在融资的品种、期限、币种方面进行多元化组合；部分劳务业务分包等。

3. 接受风险

建筑企业将风险按照接受的原则进行处理，这种风险应以建筑企业能够承受的范围为界，企业可以用自我保险的方式把风险接受下来。

4. 转移风险

指建筑企业通过有效的方法，将风险转移，从而实现建筑企业对风险可能造成的灾难的转移。如工程专业分包、机械设备的租赁、向保险公司投保等。

 本 章 习 题

1. 什么是建筑市场？建筑市场有何特征？
2. 简述建筑企业经营方式的发展历程。
3. 简述招标投标的程序。
4. 简述合同管理的过程。
5. 请查阅新版《建设工程施工合同示范文本》，并了解其内容。
6. 简述建筑企业风险管理的过程。

第七章 建筑企业施工管理

 本章概要

1. 施工管理的概念、任务及主要内容；
2. 施工的技术准备、物资准备、施工现场及施工组织准备工作；
3. 施工项目管理及工程竣工验收的依据；
4. 施工项目安全管理、文明施工与环境保护；
5. 工程索赔的概念、分类、程序及对索赔人员的要求，索赔文件的编写。

第一节 建筑企业施工管理概述

一、建筑企业施工管理的概念

建筑企业施工管理是指企业为了完成建筑产品的施工任务，从接受施工任务开始到工程交工验收为止的全过程中，围绕施工对象和施工现场而进行的生产事务的组织管理工作。建筑企业施工管理过程的实质是施工组织设计的实现过程。因此，施工组织设计是建筑企业施工管理的重要内容，其内容一般包括工程概况、施工部署、施工方案、劳动力需求计划、材料供应计划、机械设备进场计划、质量保证体系、安全保证体系、施工进度计划、施工准备工作计划、施工平面布置、项目风险管理、信息管理和技术经济指标分析。科学编制施工组织设计，严格按照施工组织设计施工，是科学施工与管理的依据，也是工程进度、质量、成本、安全等目标控制的根本保证。

二、建筑企业施工管理的任务及主要内容

（一）建筑企业施工管理的任务

建筑企业的主要业务就是从事建筑工程的施工生产活动，而在施工生产中，工程进度的快慢、工程质量的好坏、工程造价的高低和资源是否合理利用等都取决于施工管理的水平。所以，施工管理在很大程度上影响着建筑企业生产经营实际效果，施工管理是建筑企业经营管理的重要组成部分。

施工管理的主要任务是：根据不同的工程对象，不同的工程特点，不同的施工条件，结合企业具体情况，编制合理的施工计划，做好施工准备，合理组织施工过程，协调人力和物力、时间和空间各个方面的矛盾，实现文明施工，使工程正常有序进行，顺利实现施工项目目标（质量、安全、成本、进度），并按期竣工验收，交付生产或使用。建筑企业应通过施工管理力争用最快的速度，最好的质量，最少的消耗，取得最大的安全效益、经济效益、社会效益和环境效益。

（二）建筑企业施工管理的主要内容

施工管理贯穿于建筑产品生产的全过程，不同阶段工作的内容各不相同。施工管理一般

分为三个阶段，即施工准备阶段、施工项目管理阶段和交工验收阶段，其主要内容包括：认真落实施工任务，签订好施工项目管理承包合同及项目目标责任书；做好施工准备工作；抓好施工项目管理工作；搞好交工验收管理工作。

开工前的准备工作包括：根据项目类型，确定项目的管理方式；成立项目经理部，委派项目经理，明确项目经理部组织机构及人员的职务和岗位责任；测定项目成本降低系数；拟定项目目标责任书并正式签订项目管理目标书。

施工准备阶段的工作包括：对项目班子和项目部的其他主要人员进行合同、施工方案的交底，协商项目承包事宜，消除疑虑，商讨编制项目管理实施规划。在项目正式开工前，由公司审核由项目经理主持编制的项目管理实施规划、施工组织设计，条件具备时正式下达开工指令。

项目正式施工阶段的工作包括：项目部定期上报有关信息，建筑企业根据施工项目进展情况集中进行资源、技术的供应和支持；公司生产部门组织定期或不定期对项目进行检查，监督项目的成本、质量、进度、安全和文明施工情况，必要时，公司有关人员到施工现场督导。

交工验收阶段，企业要进行项目后评估及工作总结，并根据项目目标责任书对项目部进行考核与奖罚，兑现承诺。

第二节　施　工　准　备　工　作

施工准备是在掌握工程任务要求和施工客观条件的前提下，做好充分的技术、人力、物力的准备，为连续地、均衡地、有节奏地施工创造良好的条件。施工准备不但存在于开工之前，而且贯穿在整个施工过程中，随着工程的进展，在各分项工程施工之前，都要做好施工准备工作。因此，施工准备工作是有计划、有步骤、分阶段进行的，要贯穿于整个工程项目建设的始终。施工准备工作包括以下内容。

一、技术准备

技术准备是指通过调查研究、搜集关于工程项目和施工区域的必要资料，编制合理的施工组织设计，为工程施工建立必要的技术条件。

技术准备的主要工作包括以下方面。

（一）熟悉审查图样和有关资料

（1）熟悉施工合同文件的内容，明确合同文件对工程的质量、安全、进度、费用等要求，并收集、分析与施工项目相关的法律法规、标准规范。

（2）了解设计上的新结构、新工艺、特殊材料和专用设备等方面的要求，以及施工有无困难，施工条件及能力是否满足设计要求等。

（3）了解施工总平面图布置，明确各单项工程在工艺流程和配套投产上的相互关系。

（4）熟悉建设地区的规划资料，熟悉工程的土层、地质、水文等勘查资料，审查建筑物与地下构筑物、管道等之间的关系，审查地基处理设计。

（5）掌握工程结构和构造上的特点，了解设计意图，审查设计图纸及资料是否齐全，发现问题，消除图纸上的差错。

（二）调查研究，收集必要的资料

调查研究并收集资料的目的，是为了制订出切合客观实际的施工规划，使组织设计有所依据，其主要内容如下：

（1）当地可为施工服务的生活、医疗、文化、教育等单位的情况。

（2）施工现场情况，如有无障碍物、有无建筑物可作临时设施等。

（3）施工地区的自然条件，如地形地貌、水文、地质、气候等情况。

（4）施工地区的运输条件、资源能源的供应情况，如现有交通运输设施条件，砖、瓦、灰、砂、石的供应，供电通信设施等情况。

（5）施工地区的其他条件，如可能协作配合的建筑安装企业或构件厂，以及劳动力情况等。进行施工准备时，不仅要从已有的书面资料了解建设要求和施工地区的情况，而且必须进行实地勘测调查研究，收集以上第一手资料。

（三）编制施工组织设计

施工组织设计是指导一个拟建工程进行施工准备和施工的重要技术经济文件，是施工准备工作的中心内容。由于建筑生产的技术经济特点，建筑工程没有一个通用定型的、一成不变的施工方法，所以每个建筑工程项目都需要编制施工组织设计，作为组织和指导施工的重要依据。

（四）进行成本测算

成本测算是指利用科学合理的方法对工程各阶段成本进行的预测和测算。这里的成本测算主要指施工阶段的成本测算，包括直接费及相关现场管理费的测算。施工阶段成本测算的编制依据主要是施工图纸、企业定额、施工组织设计确定的施工方案、技术组织措施计划以及现场情况分析。

二、物资准备

物资是施工的基础，施工前做好物资准备才能保证施工顺利进行。施工所需要的物资包括建筑材料、构件、施工机械及机具设备、工具等。施工物资种类繁多、规格型号复杂，因此，做好物资准备是一项较为复杂而又细致的工作，其主要工作步骤见下文。

（一）建筑材料和生产设备的采购准备

项目部根据施工组织设计与工程进度安排，编制材料需求计划，提交建筑企业材料采购部门。物资采购部门根据企业现有资源状况编制材料、设备采购计划、调配计划或租赁计划，以满足项目的进度需求。

（二）材料、施工机械和机具设备的现场准备

所有材料、机械设备及构配件都要按计划、按质、按量、按时组织进入施工现场。材料设备进场后，一方面要根据平面布置对机械设备进行安装，其中大型机械设备的安装要由相关专业公司进行，并按照相关要求对安装情况进行验收；另一方面，对于材料或构配件，要按其规格、使用时间的先后及现场平面图布置进行入库、标识、堆放。

三、施工现场准备

施工现场准备是指在工程正式开工前，按照施工组织设计及有关要求，创造必要条件，做好现场施工准备。

（一）做好"三通一平"工作

工程现场修通道路，接通施工用水、用电，清除施工障碍和平整场地，简称"三通一

平"。"三通一平"是建筑施工必须具备的基本条件，有些项目还要求建设方提供"五通一平"或"七通一平"条件。搞好"三通一平"工作的依据是施工区域地形图、建筑总平面图、土方竖向设计图及施工组织设计。

（二）抓好场地测量控制网和水准点的测设

为了使建筑物的平面位置和高度严格符合设计要求，施工前应按总平面图的要求，测出占地范围，并按一定的距离布点，组成测量控制网，便于施工时按总平面图准确地定出建筑物的位置。工程开工前要进行建筑施工区控制网的测设，设置永久性的水准基桩，根据经纬坐标和水准基点导引主要建筑物的控制桩。

（三）搭设好临时设施

临时设施是建筑业企业为保证施工和管理的进行而建造的各种简易设施，包括现场临时作业棚、机具棚、材料库、办公室、休息室、厕所、化灰池、储水池等设施；临时道路、围墙；临时给排水、供电、供热等管线；临时性简易周转房，以及现场临时搭建的员工宿舍、食堂、浴室、医务室等临时福利设施。临时设施应按施工组织设计中的规划修建，应尽可能利用原有房屋或拟建永久性建筑物，以减少临时设施费用。如不能利用，也应精打细算，力争采用标准化、装拆式临时房屋，便于拆迁和重复利用，有利于节约投资，降低成本。

（四）做好季节性施工准备

冬雨季施工必须采取措施的地区，在施工前，还需做好必要的现场保温、排水、防汛等准备工作，并配备必需的专职人员。

四、施工组织的准备

建筑企业施工组织的准备内容包括三点。第一，建立项目部时，建筑企业要根据编制的项目劳动力需用计划，结合企业现有技术工人数量，编制施工项目的分包计划和劳务雇佣计划。第二，在施工队伍进入项目现场之前，要对劳务工人的技能和身体状况进行鉴定和检查，进行技术交底和安全教育，并根据项目需求，对不同工种的工人进行技术、质量、安全等培训。第三，做好后勤工作，如员工的住、食、行等问题，都要在施工准备中全面考虑，保证员工具有良好的生活条件，使其在工作上无后顾之忧。

第三节　施工项目管理及工程竣工验收

一、施工项目管理概述

（一）施工项目管理的概念及任务

1. 施工项目管理的概念

施工项目管理是指项目施工阶段建设企业运用系统的观点及现代科学技术手段对工程项目的管理。施工项目管理的全过程是对施工项目的寿命周期进行管理的过程，该过程从投标开始，经合同签订、施工准备、施工、交工验收等阶段。

2. 施工项目管理的任务

施工项目管理的任务是在企业总体部署下，保证在规定期限和质量范围内完成指定的工程任务，并实现企业要求达到的节约工料和降低成本等预定目标。

（二）施工项目管理的内容

施工项目管理的主要内容可概括为"四控制、四管理、一协调"。"四控制"是指进度控制、质量控制、成本控制、安全控制;"四管理"是指合同管理、信息管理、风险管理、环境管理;"一协调"是指组织协调。

1. 施工项目进度、质量、成本、安全控制

(1) 进度控制。施工项目进度控制是指项目经理部以满足合同工期要求的施工进度计划为依据,加强对进度计划的动态控制,对施工全过程中的项目进度进行定期或不定期检查,通过对照、分析,及时发现实际进度与计划进度的偏差,并采取相应调控措施,确保施工进度目标得以实现。

(2) 质量控制。施工项目质量控制是一个从投入原材料开始,直到完成工程质量检验为止的系统的控制过程,是施工项目管理的中心内容之一。施工项目质量控制的中心任务是通过建立健全有效的质量监督工作体系来确保工程质量达到合同规定的标准和等级要求。根据工程质量形成的时间阶段,施工项目质量控制又可分为质量的事前控制、事中控制和事后控制,见表7-1。其中,事前控制是质量控制的工作重点。

表7-1　　　　　　　　　　施工项目质量控制的工作内容

时间阶段	主要工作内容
事前控制	确定质量标准,明确质量要求;建立质量监控体系,质量保证体系;检查工程使用的原材料、半成品及机械设备的质量;审查施工组织设计或施工方案
事中控制	技术交底,施工工艺的质量控制;工序交接检查;隐蔽工程检查验收;设计变更及技术核定的处理;质量、技术鉴定,质量处理复查;成品保护;记录、整理、汇总工程质量报表
事后控制	组织试车运转;准备竣工验收资料,审核竣工图及其他技术文件资料,整理工程技术文件资料并编目建档;组织自检和初步验收,工程项目(分项、分部、单位工程)质量评定

(3) 成本控制。施工项目成本控制就是为了保证成本管理目标的实现,获取较好的经济效益,合理使用项目人力、物力、财力的控制过程。施工阶段是项目成本控制的关键环节,该阶段的成本控制要从组织、经济、技术、合同四个角度全面展开,具体内容见表7-2。

表7-2　　　　　　　　　　施工项目成本控制的工作内容

时间阶段	主要工作内容
组织措施	确定成本控制人员的任务、职能分工;编制成本控制计划、工作流程
经济措施	确定、分解成本控制目标,编制资金使用计划;进行项目成本目标风险分析,并制定防范性对策;施工过程中进行成本跟踪控制,及时分析偏差并纠偏
技术措施	对施工方案进行技术经济分析,合理优化施工方案,实施限额领料,监督材料使用和回收
合同措施	注意保存索赔依据,合理处理索赔事项

(4) 安全控制。施工项目安全控制是工程项目负责人对建设工程施工安全生产进行计划、组织、指挥、协调和监控的一系列活动的总称,安全控制意义重大,是项目进度、质量、投资控制的前提和保证,其具体内容将在本章第四节中进行详细论述。

2. 施工项目合同管理、信息管理、风险管理、环境管理

(1) 合同管理。项目施工过程中的一切活动都是为了履行合同责任。因此,广义地说,施工项目实施和管理的全部工作都可纳入合同管理的范围。合同管理是项目施工管理的灵

魂,科学的合同管理有利于提高项目管理水平,解决施工过程中存在的诸多问题,切实维护参建各方的合法权益。施工过程中合同管理的内容包括收集与施工业务有关的合同,合同分析研究及跟踪管理,对索赔事件的处理,工程变更文件核定、会签等内容。施工项目合同管理工作可以从如下几个方面展开:建立合同实施的保证体系;及时做好合同跟踪;根据合同分析结果,实施有效的合同监督并妥善处理工程变更、索赔事件;进行有效的合同诊断。

(2)信息管理。施工项目信息管理是项目实施过程中,项目经理部对项目信息所进行的有计划地收集、整理、处理、储存、传递与应用等一系列活动的总称。层次清晰、结构严密的信息管理系统能实现项目管理层及作业层信息流动畅通、信息资源高度共享,从而有效提高项目管理水平。实现施工项目信息管理的途径是在项目信息管理系统的支撑下,有效地获取、存储并动态、高速、高质量地处理大量项目信息,优化信息结构,实现项目管理信息化。

(3)风险管理。施工项目风险管理就是为了实现项目目标,对项目面临的各种风险进行系统管理的过程。科学的风险管理能有效避免或妥善处理风险事件造成的不利后果,以最少成本保证项目总体目标的实现。施工项目风险管理的工作流程可分为风险识别、风险评估、风险反应三个阶段,这与第六章第五节所讲述的建筑企业风险管理的思路是一致的,此处不再赘述。

(4)环境管理。施工项目环境管理是指项目实施过程中,使劳动生产避免或者减少对环境产生不利影响而实施的管理活动。施工环境管理对保护施工作业人员身心健康,减少施工干扰,节能减排保护环境,促进施工进度,降低施工成本意义重大。此外,面对我国2030年前达到碳达峰以及2060年前达到碳中和的伟大目标,环境管理是施工项目过程不可或缺的组成部分,同时也是不可推卸的社会责任。

3. 施工项目组织协调

施工项目组织协调是指项目经理部以一定的组织形式、手段和方法,对项目运作过程中产生的沟通干扰和障碍予以排除的活动。项目经理部在项目实施过程中通过组织协调,能够化解沟通障碍,充分调动参建人员的主观能动性,提高项目组织的运转效率,保证项目施工活动顺利进行,更好地实现项目总目标。施工项目组织协调可划分为施工项目组织内部关系协调和施工项目组织外部关系协调,其内容见表 7 - 3。

表 7 - 3 施工项目组织协调的内容

组织形式		主 要 工 作 内 容
施工项目组织内部关系协调	项目经理部内部关系协调	项目经理部内部的人际关系、组织关系、供求关系、经济关系等
	项目经理部与企业本部关系协调	项目经理部与企业有关主管领导的上下级关系、与劳务分公司的劳务合同关系、与劳务分公司的劳务合同关系等
施工项目组织外部关系协调	项目经理部近外层关系协调	项目经理部与发包人、监理工程师、设计人、分包人、公用部门等的协调
	项目经理部远外层关系协调	项目经理部与政府建设行政主管部门、质量监督部门、金融机构、文物保护部门等的协调

二、工程竣工验收

工程竣工验收是工程建设的最后一个程序，也是建筑生产组织管理的最后阶段，是全面检验工程建设是否符合设计要求和施工质量的重要环节，也是对建设投资效果的大总结。通过竣工验收，总结建设经验，为今后的建设工作积累经验，对促进工程建设项目的及时投产起着重要的作用。

（一）竣工验收的依据和标准

1. 竣工验收的依据

（1）上级主管部门批准的立项文件等有关的建设文件。

（2）建设单位和施工单位签订的建筑施工承包合同及协议。

（3）初步设计或扩大的初步设计文件，施工图纸以及有关的技术说明文件。

（4）国家现行的建筑施工验收规范等。

2. 竣工验收的标准

（1）生产性工程和辅助公用设施，已按设计要求完成。

（2）主要设备安装、调试、试运转达到设计要求。

（3）必要的生活福利设施，已按设计要求建成。

（4）技术档案资料齐全完整。

（5）建筑物周围场地清理完毕，能满足生产的需要。

（6）环境保护设施、劳动安全卫生设施、消防设施已按设计要求建成。

（二）竣工验收程序

根据工程建设项目的规模大小和复杂程度，项目竣工验收可分为初步验收和竣工验收两个阶段。

1. 初步验收阶段

工程建设项目在竣工验收之前由监理组织设计单位、施工单位及有关单位进行预验收，初步鉴定工程质量，找出不足之处，返修不合格的项目，然后由施工单位提出竣工验收申请报告。

2. 正式验收阶段

建设单位接到正式竣工验收申请报告后，经审查符合验收条件时，及时组织竣工验收。

第四节　安全管理与文明施工

一、施工项目安全管理

（一）安全管理的基本概念

建筑施工项目安全管理是指在项目施工的全过程中，坚持"安全第一，预防为主，综合治理"的指导方针，坚持"人民至上、生命至上，把保护人民生命安全摆在首位"的安全发展理念，以及运用科学的安全管理理论、方法，通过法规、政策、技术、组织等手段，使人、物、环境构成的施工生产系统达到最有效安全状态，实现施工安全生产目标所进行的计划、组织、实施、协调、监督等系列活动的总称。

施工项目安全管理与施工生产是一个辩证统一的关系。"安全"是劳动生产的基础、前提和保障。施工项目的生产过程要建立在安全保障能力不断增强、安全生产状况持续改善、劳动者生命安全和身体健康得到切实保障的基础上，做到安全生产与建筑企业的经济效益发展同步规划、同步部署、同步推进。

多数施工项目是露天作业，现场情况多变，又是多工种的立体交叉作业，劳动条件差，安全事故发生率较高，因此，安全管理工作十分重要。搞好施工项目的安全管理，保护员工在施工生产中的安全和健康，保护设备、物资不受损坏，不仅是管理的首要职责，也是调动员工积极性的必要条件。没有安全的施工条件，也就没有施工生产的高效率。

（二）施工项目安全管理的特点

施工项目安全管理的特点，主要表现在以下几个方面。

1. 统一性

安全和生产是辩证统一的，即建筑企业要在保证安全的前提下发展生产，在发展生产的基础上不断改善安全设施。

2. 预防性

安全施工要做到防患未然，贯彻"安全第一，预防为主"的方针。

3. 长期性

安全管理是施工过程中一项经常性的工作，安全措施的落实和改善、安全教育的开展要贯彻施工过程始终，必须做到安全管理制度化、规范化、全面化。

4. 科学性

施工项目安全管理措施是科学原理与实践经验结合的产物，不断学习和运用科学知识，才能进一步加强和改进安全措施。

5. 群众性

安全施工与每个员工切身利益息息相关，人人重视安全，安全施工才能得到保证。

（三）安全管理的措施

施工项目安全管理工作要以预防为主，必须从意识上、组织上、制度上、技术上采取相应的措施。

1. 增强安全管理意识

意识决定行为，缺乏安全意识，就会忽视施工生产过程中的危险因素，降低安全管理的效果。因此，建筑企业要从思想上重视安全管理的重要性，增强安全意识。一方面，企业领导层要提高对安全工作的重视程度，纠正"只管生产、不管安全"，"只抓效益、不抓安全"，"不出事故、不抓安全"的错误倾向。另一方面，要加强员工的安全生产意识，使每个员工牢固树立"安全第一"的思想。

2. 成立安全管理组织

施工项目要成立专门负责安全管理的组织机构，配备专职安全管理人员，在相关行业规章制度的指导下，结合项目特点，规范科学开展施工项目安全管理活动。

3. 建立安全管理制度

建筑施工项目要建立并严格执行安全生产责任制度，使企业及项目经理部各级领导、各职能部门、各类人员都负起责任。

（1）建立全员安全生产责任制。全员安全生产责任制是企业岗位责任制的组成部分。根据"管行业必须管安全、管业务必须管安全、管生产经营必须管安全"的原则，明确规定企业各级领导、职能部门、工程技术人员和生产工人在施工中应负的安全责任。在施工项目管理过程中，必须将施工安全列入企业主要考核指标内，严格监督全员安全生产责任制的落实和实施。

（2）建立安全风险分级管控和安全检查制度。安全风险分级管控是对安全风险进行识别、评估分级与制定控制措施。安全检查是及时发现和消除事故隐患、交流经验、促进安全生产的有效手段。通过安全检查可以促进安全风险识别的准确性，并对已经形成的事故隐患进行及时排查和治理。安全检查分为经常性安全检查、专业性安全检查、季节性安全检查和节假日安全检查。

（3）建立安全生产教育制度。运用各种形式，进行经常的有针对性的安全教育。对新工人、学徒工、临时工及外包建筑队伍人员，要进行入场前安全教育，学习安全操作规程和安全生产规章制度；在使用新工艺、新材料、新机械设备施工前，必须进行详细的技术交底和安全交底，必要时应进行技术和安全培训；塔吊和电梯司机等特种作业人员，除接受安全教育外，必须经过培训，持有作业合格证方可上岗工作。

（4）安全交底制度。安全技术交底是指分部（分项）工程在施工前，项目部应按批准的施工组织设计或专项安全技术措施方案，向有关人员进行安全技术交底。安全技术交底主要包括两个方面的内容：一是在施工方案的基础上按照施工的要求，对施工方案进行细化和补充；二是要将操作者的安全注意事项讲清楚，保证作业人员的人身安全。安全技术交底有利于细化、优化施工方案，从技术方案上保证施工安全，同时让一线作业人员了解和掌握正确安全的技术操作规程和注意事项，减少因违章而导致事故的可能。

（5）建立安全应急管理制度。针对突发、具有破坏力的建筑施工安全事故采取预防、预备、响应和恢复的活动与建立各种管理制度。在事故发生时，能够在第一时间迅速、有效地投入救援与处置工作，防止事故进一步扩大，最大限度地减少人员伤亡和财产损失。在事故结束后认真学习与吸取事故中的教训经验，为今后安全隐患识别以及事故的预防、应对提供依据。

二、文明施工和环境保护

（一）文明施工的基本概念

文明施工指运用现代管理方法，科学组织施工，做好施工现场的各项管理工作，使施工现场形成并保持良好的作业环境、良好的卫生环境及良好的工作秩序。文明施工是施工现场管理的重要基础工作，是现代化生产方式的必然要求。文明施工的主要工作内容如下：

（1）规范施工现场的场容，保持作业环境的整洁卫生。

（2）科学组织施工，使生产有序进行。

（3）减少施工对周围居民和环境的影响。

（4）保证员工的安全和身体健康。

（二）环境保护的基本概念和内容

在建筑施工中，往往会有噪声、振动、粉尘、烟气、废渣等产生，轻则影响本单位员工的作业条件和劳动卫生，重则影响和破坏地区原有的生产和生活环境，造成公害。因此建筑企业应对施工公害和环境污染制定预防措施，严格执行 ISO 14000 系列标准及《建筑施工现场环境与卫生标准》（JGJ 146—2014）中的强制性条文，推行以减少污染物的产生量和排放量、节约能源、降低消耗为基本宗旨的"绿色施工"，完善健全建筑业自身的环境管理体系。

1. 绿色施工

绿色施工是指工程建设中，在保证质量、安全等基本要求的前提下，通过科学管理和技术进步，最大限度地节约资源与减少对环境负面影响的施工活动，实现四节一环保（节能、节地、节水、节材和环境保护）。绿色施工技术不是独立于传统施工技术的全新技术，而是用"可持续"的眼光对传统施工技术的重新审视，是具有可持续思想、符合可持续发展战略的施工技术。可持续发展思想在工程施工中应用的重点在于将"绿色方式"作为一个整体运用到工程施工中去，实施绿色施工。绿色施工并不仅仅是指在工程施工中实施封闭施工，没有尘土飞扬，没有噪声扰民，在工地四周栽花、种草，实施定时洒水等这些内容，还包括了其他大量的内容，如生态与环境保护、资源与能源的利用、社会经济的发展等。

2. 施工公害和环境污染防治管理

施工公害和环境污染的防治管理程序，如图 7-1 所示。

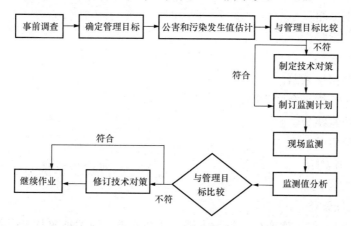

图 7-1　施工公害和环境污染防治管理程序

《中共中央国务院关于完整准确全面贯彻新发展理念做好碳达峰碳中和工作的意见》为实现碳达峰、碳中和目标制定了"时间表""路线图"，是我国推动高质量发展、加强生态文明建设、维护国家能源安全、构建人类命运共同体的重大举措。在我国 2035 年实现碳达峰、2060 年实现碳中和的背景下，建筑领域的碳达峰和碳中和是实现整体碳达峰和碳中和的关键一环。绿色施工以及施工项目环境管理如何实现低碳化以及零碳化发展都是未来施工管理中的重要问题。施工过程中应当保证人、机、料、法、环各因素优化配置，达到效率高、能耗低和排放少的效果，同时还能加快工程进度的推进。现场各种设施如何节能减排，采用设置过载保护系统和回收利用系统以提高能源使用效率；设立低碳发展领导机构、制度体系、考核监督体系，设定周期性低碳减排目标以及奖罚机制以促进建筑施工过程绿色低碳开展。

第五节　工　程　索　赔

一、工程索赔的概念及分类

（一）工程索赔的概念

工程索赔是当事人在合同实施过程中，根据法律、合同规定及惯例，对并非由于自己的过错，而是属于应由合同对方承担责任的情况造成，而且实际发生了的损失，向对方提出给予补偿的要求。对于工程承包施工来说，索赔是维护施工合同签约者合法利益的一项根本性管理措施。对于施工合同双方来说，索赔是维护双方合法利益的权利，它同合同条件中双方的合同责任一样，构成严密的合同制约关系。承包商可以向业主提出索赔，业主也可以向承包商提出索赔。在国际工程施工的实践习惯中，通常将承包商向业主的索赔称为"索赔"，而把业主向承包商的索赔称为"反索赔"。

（二）工程索赔的分类

1. 按索赔的起因分类

可以导致索赔的原因很多，归纳起来主要有以下几种：

（1）工程量变化索赔。

（2）不可预见的物质条件索赔。

（3）加速施工索赔。

（4）工程拖期索赔。

（5）工程变更索赔。

（6）合同文件错误索赔。

（7）暂停施工或终止合同索赔。

（8）业主违约索赔。

（9）业主风险索赔。

（10）不可抗力索赔。

（11）承包商违约索赔。

（12）缺陷责任索赔。

（13）其他索赔，如汇率变化、物价上涨、法令变更、业主拖欠款等引起的索赔。

2. 按索赔目的分类

按索赔目的划分，索赔有两种。

（1）工期索赔。工期索赔是指承包商向业主要求延长工期，合理顺延合同工期。合理的工期延长，可以使承包商免于承担误期罚款（或误期损害赔偿金）。

（2）经济索赔。经济索赔是指承包商要求取得合理的经济补偿，即要求业主补偿不应该由承包商自己承担的经济损失或额外费用，或者业主向承包商要求因为承包商违约导致业主的经济损失补偿，也称为"费用索赔"。

3. 按索赔的主体分类

合同的双方都可以提出索赔，从提出索赔的主体出发，可将索赔分为两类。

（1）承包商索赔。承包商索赔是指由承包商提出的向业主的索赔。

（2）业主索赔。业主索赔是指由业主提出的向承包商的索赔。

4. 按索赔的依据分类

（1）合同规定的索赔。合同规定的索赔也称为合同内的索赔，指索赔事项所涉及的内容在合同文件中能够找到明确的依据，业主或承包商可以据此提出索赔要求。这些明文规定常称为"明示条款"。

（2）非合同规定的索赔。非合同规定的索赔也称为合同外的索赔，指索赔事项所涉及的内容已经超过合同规定的范围，在合同文件中没有明确的文字描述，但可以根据合同条件中某些条款的含义，合理推论出有一定索赔权。这些隐含在合同条款中的要求，常称为"默示条款"。

二、索赔的程序

（一）承包商提出索赔要求

1. 发出索赔意向通知

索赔事件发生后，承包商应在索赔事件发生后的 28d 内向监理递交索赔意向通知，声明将对此事件提出索赔。该意向通知是承包商就具体索赔事件向监理和发包人表示索赔愿望和要求。

2. 递交索赔报告

索赔意向通知书提交后 28d 内，或监理可能同意的其他合理时间，承包商应递送正式索赔报告。索赔报告的内容应包括：事件发生的原因，对其权益影响的证据资料，索赔依据，此项索赔要求补偿的款项和工期延误天数的详细计算等有关材料。

（二）监理审核索赔报告

1. 监理审核承包商的索赔申请

接到承包商的索赔意向通知后，监理应建立自己的索赔档案，密切关注事件的影响；检查承包商的同期记录时，监理方应随时就记录内容提出不同意见或希望承包商予以增加的记录项目；接到正式索赔报告后，监理应认真研究承包商报送的索赔资料，审查承包商提出的索赔补偿要求，通过对事件的分析，剔除其中的不合理部分，拟定自己计算的合理索赔款额和工期顺延天数，依据合同条款划清责任界限。

2. 判定索赔成立的原则

监理判定承包商索赔成立的条件为：

（1）与合同相对照，事件已造成了承包商施工成本的额外支出，或总工期延误。

（2）造成费用增加或工期延误的原因，按合同约定不属于承包商应承担的责任，包括行为责任或风险责任。

（3）承包商按合同规定的程序提交了索赔意向通知和索赔报告。上述三个条件没有先后主次之分，应当同时具备。

（三）确定合理的补偿额

1. 监理与承包商协商补偿

监理核查后初步确定应予以补偿的额度往往与承包商索赔报告中要求的数额不一致，甚至差额较大。主要原因大多为对承担事件损害责任的界限划分不一致，索赔证据不充分，索赔计算的依据和方法分歧较大等，因此双方应就索赔的处理进行协商。

2. 索赔处理决定

监理收到承包商送交的索赔报告和有关资料后，应于 28d 内给予答复或要求承包商进一步补充索赔理由和证据。可以说，监理工程师是索赔事件处理和解决过程中的核心人物，承包商提供的索赔证据不足时，只能得到监理工程师认为索赔成立的那部分的费用和工期。但是，监理的处理决定不是终局性的，对发包人和承包商都不具有强制性的约束力。承包商对监理的决定不满意，可以按合同中的争议条款提交约定的仲裁机构或诉讼。

（四）发包人对索赔的审查

当监理确定的索赔额超过其权限范围时必须报请发包人批准。

发包人首先根据事件发生的原因、责任范围、合同条款审核承包商的索赔申请和监理的处理报告，再依据工程建设目的、投资控制、竣工投产日期要求以及承包商在施工中的缺陷或违反合同规定等的有关情况，决定是否同意监理的处理意见。

（五）承包商是否接受最终索赔处理

承包商接受最终的索赔处理决定，索赔事件的处理即告结束。如果承包商不同意，就会导致合同争议。一旦某项争议难以避免，合同双方通常按以下程序解决：

（1）首先将争议提交给监理，监理在规定的期限内作出决定。

（2）合同双方通过直接谈判，协商解决争议。这种方式既能解决争议，防止损失扩大，又有利于双方的友好合作，多用于争议分歧不大，争议方对争议理解差距较小，且争议方都愿做出让步的前提下。

（3）谈判协商无法达到一致意见时可提交合同约定的仲裁机构解决。仲裁是一种对争议问题作出具有法律约束力的书面裁决，争议方可以根据合同约定或争议发生后达成的书面协议，提交仲裁机构对争议问题提请仲裁。裁决作出后，当事人不可以就同一纠纷再申请仲裁或向法院提起诉讼，当事人对仲裁协议的效力有异议可请求仲裁机委员会作出决定或者人民法院作出裁定。

（4）诉讼是对争议解决的最终方式，争议方在合同中未约定仲裁条款，发生争议后又未达成书面仲裁协议或仲裁协议无效的，争议方可依法将争议提交人民法院受理，由人民法院依据司法程序通过调查、作出判决、采取强制措施等来处理纠纷。

三、对索赔人员的要求

工程索赔管理工作是一门跨学科的工程技术经济方面的管理工作，对管理人员的素质要求很高。为了在索赔工作中取得成功，维护自己合理的经济利益，提高企业的经济效益，对索赔管理人员应该进行以下几方面的素质培养。

（一）培养索赔意识

为了做好施工索赔工作，必须对索赔工作的基本特点有深刻的了解，具备索赔工作所必需的一些基本意识，如合同法律意识、风险防范意识、经济成本意识、索赔时间意识等。

1. 合同法律意识

工程承包合同经过双方法人代表签字，具有法律效力，对合同双方都有约束力。它要求合同双方都要遵守合同规定的义务和权利，保证合同的实施。索赔是法律赋予承包商和业主的正当权利。因此，业主和承包商要合理树立法律意识，在自觉履行合同、按合同文件规定办事的前提下，懂得利用索赔程序保护自己的利益。

2. 风险防范意识

在竞争激烈的建筑市场条件下，建筑工程的承发包充满了很高的风险，兼之建筑工程规模大，工期长，产品固定，生产流动，受地质、气候、社会环境影响等特点，给承包商带来许多不可确定的风险。这些风险可划分为七类：

（1）政治风险。如爆发战争、内乱、经济危机等。

（2）环境风险。如地质地基条件的变化，施工中遇到其他障碍或者文物等。

（3）经济风险。如生产要素市场价格，金融市场因素，材料、设备供应，物价上涨，国家政策调整等。

（4）技术风险。如施工准备不足，设计变更或图纸供应不及时，施工组织设计的缺陷和漏洞等。

（5）履约风险。如发包人履约能力差，分包商违约，或发包人驻工地代表、监理工程师工作效率低，不能及时解决问题或付款，或发出错误指令等。

（6）合同风险。如合同条款不全面、不完善，存在比较严重的漏洞、过于苛刻的责权利不平衡条款；合同内没有或存在不完善的转移风险的担保、索赔、保险等条款；合同内缺少因第三方影响造成工期延误或经济损失的处理条款等。

（7）其他风险。如特别恶劣的气候条件、不可预见的基础地质条件、地震、海啸等。

3. 经济成本意识

作为承包商，首先要明确承揽施工任务的最终目的就是获得盈利。索赔要求的提出和解决，都和项目经济成本紧密相关，索赔也是为了得到相应的费用补偿或免于承担工期延误罚金，因此，工程管理人员必须具有明确的经济成本意识。

4. 索赔时间意识

作为工程索赔管理人员，一定要有明确的时间观念，使一切索赔活动严格地按照合同时间规定进行。虽然每个具体的索赔事项都有从发现到申报、论证和讨论解决的过程，但总的来说，对于已经发生的索赔事项，应该争取尽早解决，否则，如果合理的索赔要求被无限制地拖延下去，一旦工程建成，索赔要求就可能会落空。

（二）加强专业知识

索赔管理工作贯穿于工程实施的全过程和各个方面。索赔管理水平越高，索赔的成功率就越大，也就越能提高企业经营管理水平，提高企业的经济效益。为了能够成功地进行索赔，要求索赔管理人员具有多方面的专业知识。

（1）技术经济专业知识，如工程造价知识、招投标、工程技术、财务会计等。

（2）合同、法律及谈判知识。合同和相关法律是索赔问题处理和解决的基本依据，作为工程索赔管理人员既要熟悉工程项目的施工合同条件和工程所在国的相关法律规定，还应该掌握工程索赔工作的国际惯例和索赔案例，熟练运用谈判技巧。

（3）项目管理知识。熟悉项目管理流程、掌握施工情况，才能善于搜集和捕捉索赔机会，以维护自身正当权益。

（4）外语运用能力。中国的建筑市场最终会走向国际化，国际工程招投标和合同实施工作中均采用英语。因此，从事工程施工索赔管理的人员，应该具备一定的用外语进行沟通和谈判的能力。

四、索赔文件的编写

（一）索赔文件的构成

索赔报告书的具体内容，随该项索赔事项的性质和特点而有所不同，但每个索赔报告书均必须包括索赔综述、合同论证、索赔款计算与工期延长计算、附件这四个组成部分。至于每个部分的文字长短，则根据每个索赔事项的具体情况和需要来决定。

1. 索赔综述

在索赔报告书的开始，应该对该索赔事项进行一个综述，对索赔事项发生的时间、地点或者施工过程进行概要地描述，并陈述承包商按照合同规定的义务，为了减轻该索赔事项造成的损失，进行了如何的努力，以及为此增加的额外费用及针对索赔事项的索赔要求。一般索赔综述部分包括前言、索赔事项描述、具体的索赔要求等内容。

2. 合同论证

承包商对索赔事件的发生造成的影响具有索赔权，这是索赔成立的基础。在合同认证部分，承包商主要根据工程项目的合同条件以及有关此项索赔的法律规定，申明自己理应得到工期延长和（或）经济补偿，充分论证自己的索赔权。对于重要的合同条款，如不可预见的物质条件、合同范围以外的额外工程、业主风险、不可抗力、因为物价变化的调整、因为法律变化的调整等，都应在索赔报告书中做详细的论证叙述。

合同论证部分一般包括：索赔事项处理过程的简要描述；发出索赔通知书的时间；论证索赔要求依据的合同条款；指明所附的证据资料。

3. 索赔款计算与工期延长计算

作为经济索赔报告，论证了索赔权以后，就应该接着计算索赔款的具体数额，也就是以具体的计价方法和计算过程说明承包商应得到的经济补偿款的数量。

作为工期索赔报告，论证了索赔权以后，应接着计算索赔工期的具体数量。获得了工期的延长，可以免于承担误期损害的罚金，还可能在此基础上探索获得经济补偿的可能性。

4. 附件部分

在附件中包括了该索赔事项所涉及的一切有关证据资料以及对这些证据的说明。索赔证据资料的范围很广，可能包括工程项目施工过程中所涉及的有关政治、经济、技术、财务等许多方面的资料。这些资料承包商应该在整个施工过程中持续不断地搜集整理，分类储存。在施工索赔工作中可能用到的证据资料很多，主要有：

（1）重大自然灾害、重要经济政策等。

（2）施工现场记录，如施工日志、指令和来往信件、现场会议记录、施工事故的详细记录、分部分项工程施工质量检查记录、施工实际进度记录、施工图纸移交记录等。

（3）工程项目财务报表，如施工进度款月报表、索赔款月报表、付款收据、收款单据等。

（二）索赔报告的一般要求

1. 事件真实准确

对索赔事件描述不实，主观臆测，或缺乏证据，都会影响到信任，给索赔工作造成困难。为了证明事实的准确性，在索赔报告的后面要附上相应的证据资料，以便核查。

2. 逻辑性强，责任划分明确

对于引起索赔事件的原因，要清楚明白。承包商对于干扰事件的不可预见性，索赔通知书的按时提交，该事件对承包商造成的影响，以及相应的合同支持都应明确说明，以使对方接受承包商的索赔要求。

索赔报告要有逻辑性，将索赔要求同干扰事件、责任、合同条款、影响形成明确的逻辑关系。索赔报告的文字论述要有明确的、必然的因果关系，要说明在客观事实与索赔费用损失之间的必然联系。

3. 条理清楚，层次分明

索赔报告通常在最前面简明扼要地说明索赔事项、理由和要求的款额或工期延长。接着再逐步地比较详细论述事实和理由，展示具体的计算方法或计算公式，列出详细的费用清单，并附以必要的证据资料。

4. 文字简洁，用词婉转

作为承包商，在索赔报告中尤其应避免使用强硬的不友好的抗议式的语言。文字宜清晰简练，用词婉转有礼，避免使用生硬文字和不友好的语言。

 本 章 习 题

1. 建筑企业施工管理的主要任务是什么？
2. 建筑企业的施工管理与工程项目的施工管理是什么关系？
3. 文明施工对建筑企业发展有何作用？
4. 请你谈谈对目前施工管理新动态的了解情况。
5. 何谓工程索赔？怎样分类？
6. 索赔文件有哪些内容构成？

第八章 建筑企业技术管理

 本章概要

> 1. 建筑企业技术管理的含义、任务及内容；
> 2. 建筑企业技术管理的主要工作；
> 3. 建筑企业技术开发与自主创新概述；
> 4. 技术标准化管理与工法制度。

第一节 建筑企业技术管理概述

一、技术概述

技术是建筑企业的主要生产要素之一。随着社会和科技的发展，劳动密集型建筑企业在竞争中优势逐渐减弱，智力密集型建筑企业越来越符合发展的需要。无论是在建筑企业转型过程中，还是在未来的发展过程中，技术的作用会越来越重要。

（一）技术的定义

技术是指人类为了某种目的或者满足某种需要而人为规定的物质、能量或信息的稳定的变换方式及其对象化的结果。技术规定如何将一种物质（形态）变换为另一种物质（形态），将一种能量变换为另一种能量，将一种结构、形态的信息变换为另一种结构和形态。国际工业产权组织将技术定义为：技术是指制造一种产品或提供一项服务的系统知识。联合国经济合作与发展组织则将技术定义为：在生产的全部过程（即从产品生产到产品销售）中所应用的知识。对于建筑企业而言，技术是指建筑企业生产过程中（以施工过程为主）所应用到的知识与方法体系，具体表现为施工的工艺技巧、劳动经验、信息知识和实体工具装备等。

（二）技术的特征

1. 系统性

技术是系统知识。这里的"系统性"包括两个方面的内容：一是作为一定技术内部的各个成分，必须是相互关联的；二是作为一定技术的知识必须是一个整体。

2. 生产性

技术是与生产相关的知识。这里的"生产"是广泛意义上的生产，包括建筑产品的制造、施工工艺流程的实施和服务的提供。一种知识虽然具有系统性，但若它不与生产相关联，那么它就不能成为技术。

3. 无形性

技术是无形财产，其中凝结了人类的一般劳动，具有价值。正因为技术是一种无形财产，所以，对技术可以以保护财产权的方法进行法律保护。

4. 商品性

作为技术的知识在商品经济的条件下便具有商品属性，因此技术可以通过商品交换在市场上流通，而这种流通必须遵循规范商品市场行为的法律规则。

（三）技术的分类

根据不同标准，可以对技术作如下分类。

1. 公开技术和秘密技术

根据技术是否向社会公开，可以把技术分为公开技术和秘密技术——前者是指向社会公开的技术，如发表于各种大众传媒上的技术信息；后者是指不向社会公开的技术，如专有技术。公开技术又可以分为无条件的公开技术和有条件的公开技术——前者如向社会免费公开的对某一类安全风险的防控技术，后者如专利技术。

2. 公有技术和私有技术

根据技术产权的归属不同，把技术分为公有技术和私有技术——前者是指其产权归属整个社会公众的技术，亦可称为"公共技术"；后者是指其产权归属私人（包括自然人、法人和非法人团体）的技术。公有技术并不等于公开技术，因为公开技术中的专利技术并不是公有技术。同样，私有技术也并非只能是秘密技术，因为专利技术同时也是公开技术。

3. 工业化技术和实验室技术

根据技术是否已经为规模生产所采用，可以把技术分为工业化技术和实验室技术。前者是指已为规模生产所采用的技术；后者则是指尚未被规模生产所采用、尚为试验性的或仅为小批量生产所采用的技术。

二、建筑企业技术管理的含义

建筑企业技术管理是对建筑企业中各项技术活动过程和技术工作的各种要素进行的科学管理工作。所谓技术活动过程，指的是技术学习、技术运用、技术改造、技术开发、科学研究、技术评价等；所谓技术要素，指的是技术人才、技术装备、技术情报、技术文件和技术资料等。

建筑企业的生产活动同所有的生产活动一样，都是在一定的技术方法、技术要求和技术标准控制下进行的。科学技术的不断发展及其在建筑施工过程中的大量应用促进了建筑企业生产效益的不断提高。然而，技术作用的发挥除决定于技术本身的水平以外，极大程度上还依赖于技术管理水平，没有完善的技术管理，先进的技术是难以充分发挥作用的。因此，技术管理成为建筑企业管理的基础和重要组成部分。

在充分发挥技术管理对建筑企业促进作用的同时，还要处理好技术与企业的辩证关系。技术管理必须严格根据企业实际情况实施，利用经济杠杆吸引和推动技术人员努力发展新技术、新产品、新工艺，不断地完善和改进技术管理，提高技术管理水平，为建筑企业健康发展做出最大限度的贡献。

三、建筑企业技术管理的任务

建筑企业技术管理的根本任务是有计划、合理地组织和利用企业内、外部的科技力量和资源，科学地组织企业的科学研究和技术活动，尽快把最新技术成果转化为现实生产力，从而不断提高建筑企业的技术素质和经济效益，促进技术进步。其具体任务如下：

（1）正确贯彻国家的技术政策和上级对技术工作的指示与决定。

（2）按照"现场第一，强化服务"的原则，建立和健全组织机构，形成技术保障体系，按照技术规律科学地组织各项技术工作，充分发挥技术的作用。

（3）建立技术责任制，严格遵守基本建设程序、施工程序和正常的生产技术秩序，组织现场文明施工，确保工程质量，安全施工，清洁生产，降低消耗，提高建设投资和生产施工设备投资效益。

（4）促进建筑企业的科学研究、技术开发、技术教育、技术改造、技术更新和技术进步，不断提高技术水平。

（5）努力提高技术工作的技术经济效果，做到技术与经济的统一。

综上所述，建筑企业技术管理的任务，就是从组织管理的角度，来保证建筑企业施工生产经营活动产生最佳经济效益和社会效益，推动企业发展和社会进步。

四、技术管理的内容

建筑企业技术管理的内容是由技术管理的任务所决定的，又是与建筑施工技术工作的特点相适应的。建筑企业技术管理工作的内容如图 8-1 所示。从图中可以看出，建筑企业技术管理的工作内容包括基础工作和基本工作两个部分。技术管理的基本工作是紧紧围绕技术管理的基本任务而展开的，它与技术管理的基础工作之间是相辅相成、相互依赖的关系。技术管理基础工作是有效地开展技术管理基本工作的必要准备和依据，是技术管理基础工作的深化和体现。所以，建筑企业只有全面做好上述技术管理工作，才能保证企业生产技术活动得以正常进行，生产技术准备水平、工程质量、劳动生产率和经济效益得以不断提高，使自身得以不断发展壮大。

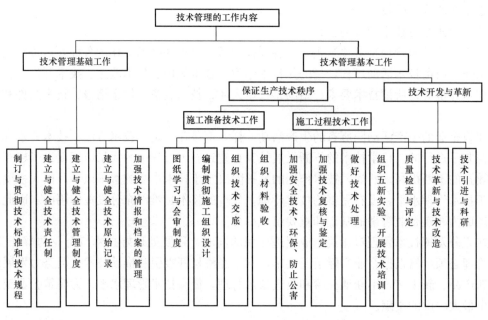

图 8-1　技术管理的工作内容

技术管理的基础工作是指为实现技术管理创造前提条件的最基本工作。建筑企业技术管理中的基础工作包括以下内容。

（一）制定与贯彻技术标准和技术规程

技术标准和技术规程是建筑企业技术管理的依据。我国现行的建筑安装工程技术标准有：建筑材料、半成品的技术标准及相应的检验标准，《建筑安装工程施工及验收规范》，建筑安装工程质量检验评定标准。建筑材料、半成品的技术标准及相应的检验标准规定了常用相应材料的规格、性能、标准及检验方法；《建筑安装工程施工及验收规范》主要规定了分部、分项工程的技术要求、质量标准及其检验方法；建筑安装工程质量检验评定标准是根据验收规范的要求制定具体的检验方法，评定分部、分项和单位工程质量等级标准的依据。

1. 技术标准

技术标准是对工程建设的质量、规格和检验方法，以及对技术文件上常用的图形、符号等所作的技术规定，是从事生产、建设的一种共同依据。规定和推广技术标准，对于保证产品和工程质量，合理利用资源，便利协作配合和维修，以及提高社会劳动生产率等都具有重要作用。技术标准可分为五级：国家标准、行业标准、地方标准、团体标准、企业标准，且下级标准不得与上级标准相抵触。

建筑安装工程技术标准是建筑业长期生产实践经验的总结，也是建筑安装工程施工的准则，在技术管理上具有法律效力。技术标准反映了整个国家或一个企业在一定时期内的生产技术水平。技术标准不是一成不变的，随着国家技术经济条件的不断发展，必须及时进行修订。

2. 技术规程

技术规程是对建筑产品的生产施工过程、操作方法、设备的使用与维修、施工安全技术等方面所作的具体技术规定。我国常见的建筑安装工程技术规程主要包括以下几方面：

（1）施工工艺规程，规定了施工的工艺要求、施工顺序、质量要求等。

（2）施工操作规程，规定了主要工种工人在施工中的操作方法和注意事项。

（3）设备维护和检修规程，是按照设备的磨损规律制定的规程，对设备的日常维护、保养和修理作出了规定，以使设备的零部件完整齐全，技术性能好，操作安全。

（4）安全操作规程，是为了保证在施工过程中人身安全和机械设备运行、使用安全所做的规定。

技术规程因地区操作方法和操作习惯不同，在保证达到技术标准的前提下，一般由地区或企业自行制定执行。技术规程制定时，必须严格按照技术标准化要求，总结全国各地实践经验，在合理利用企业现有生产技术条件的同时，尽可能地采用国内外比较成熟的先进经验，以促进企业生产技术的发展。

除了上述标准和规程外，国家还制定了一系列政策和法规，企业必须正确贯彻执行。贯彻国家的技术政策，要注意因时因地制宜，从企业实际情况出发，制定规划逐步实现。

（二）建立与健全技术责任制

技术责任制是指将建筑企业的全部技术管理工作分别落实到具体岗位（或个人）和具体的职能部门，使其职责明确，并制度化。

建筑企业内部的技术管理，实行企业和项目部两级管理。企业的技术工作由总工程师全面负责。总工程师领导企业技术、科研、试验、计量和测量管理工作，并对企业的技术问题，如各项技术措施、质量事故处理、科技开发和改造等重大问题有决定权。工程项目部的技术工作则在项目经理和技术工程师领导下进行。

建立技术责任制，不只是使各级技术人员具有一定的职权，更重要的是要充分发挥他们的作用。各级技术人员在做好职权范围内工作的同时，要不断地更新知识，树立开拓精神，使企业具有先进的施工技术和科学管理水平。

（三）建立与健全技术管理制度

技术管理制度是技术管理的保障，包括内业管理制度和施工现场管理制度。只有建立健全了技术管理制度，工作才能忙而不乱，按照程序运转，产生良性循环，因此技术管理制度是技术管理工作的关键。

1. 内业管理制度

建筑企业的内业管理制度主要有文件资料管理制度、图纸会审制度、文件会签制度、合同评审制度、检验试验制度、施工组织设计管理制度、工程测量管理制度、技术交底制度、计量支付制度和技术档案管理制度等。

2. 施工现场管理制度

建筑企业的施工现场管理制度主要有现场管理职责，安全与文明施工管理，施工环境管理，现场技术经费控制制度等。

（四）建立与健全技术原始记录

技术原始记录是建筑企业管理基础工作的重要组成部分，包括材料、构配件及施工项目质量检验记录；质量、安全事故分析和处理记录；设计变更记录以及施工日志等。技术原始记录是评定产品质量、技术活动质量及产品交付使用后制订维修、加固或改建方案的重要技术依据。建筑企业必须建立和加强各项技术的原始记录工作，并使之形成制度。

施工日记是与建筑工程整个施工阶段有关的施工技术方面的原始记录。施工日记应逐日记录，并保持其完整，在工程竣工验收时，作为质量评定的一项重要依据。在工程竣工若干年后，其耐久性、可靠性、安全性发生问题，影响其功能使用，须进行维修、加固时，施工日记也是制订方案的依据之一。施工日记的内容一般有：

（1）工程开竣工日期以及主要分部分项工程的施工起止日期，技术资料供应情况。

（2）因设计与实际情况不符，由设计单位现场解决的设计问题和对施工图修改的记录。

（3）重要工程的特殊质量要求和施工办法。

（4）在紧急情况下采取的特殊措施和施工方法。

（5）质量、安全、机械事故的情况，发生原因及处理方法的记录。

（6）有关人员或部门对工程所作的生产、技术方面的决定或建议。

（7）气候、气温、地质及其他特殊情况（如停电、停水、停工待料）的记录等。

（五）加强技术情报和档案的管理

1. 技术情报管理

建筑企业的技术情报，是指国内外建筑生产、技术发展动态的资料和信息。它包括有关的科技图书、科学技术刊物、科技报告、专门文献、学术论文和实物样品等。

技术情报是企业改进技术、发展技术的"耳目"。它可以使企业及时获得先进技术，并直接用于实践。这样，企业可以赢得时间，不必再在摸索中从头做起。同时，各企业通过情报工作，总结和交流先进生产技术成果，能够促进整个行业技术水平的提升。

2. 技术档案的管理

建筑企业的技术档案是指有计划地、系统地积累具有一定价值的建筑技术经济资料。它来源于建筑企业的生产和科研活动，反之又为生产和科研服务。

建筑企业技术档案的内容可分为两大类：一类是为工程交工验收而准备的技术资料，作为评定工程质量和使用、维护、改造、扩建的技术依据之一；另一类是建筑企业自身要求保留的技术资料，如施工组织设计、施工经验总结、"五新"实验资料、重大质量安全事故的分析与处理措施、有关技术管理工作经验总结等，作为继续进行生产、科研以及对外进行技术交流的重要依据。

第二节　技术管理中的主要工作

一、图纸会审

图纸会审是指开工前由设计部门、建设部门和施工企业、监理企业等对全套施工图纸共同进行的检查与核对。图纸会审的目的是领会设计意图，明确技术要求，熟悉图纸内容，并及早消除图纸中的技术错误，提高工程质量。因此，图纸会审是一项极其严肃的施工技术准备工作。

（一）图纸会审的程序

在图纸会审前，施工单位必须组织有关人员学习施工图纸，熟悉图纸的内容要求和特点，并由设计单位进行设计交底，达到弄清设计意图、发现问题、消除差错的目的。图纸的会审程序包括学习、自审、会审三个阶段。

（1）学习。各施工队及专业队的各级技术人员在施工前必须认真学习、熟悉图纸，了解设计意图及施工要求达到的技术标准，明确工艺流程、建设规模等。

（2）自审。项目经理部组织土建与水、暖、电等专业共同核对图纸，消除差错，协商施工配合事宜。

（3）会审。由发包单位组织土建、设备安装、机械化吊装等专业，与发包单位、设计单位共同审核图纸，解决图纸中存在的问题，协商各专业之间的配合事宜。

（二）图纸会审的要点

图纸会审的要点包括：建筑、结构、安装之间有无矛盾；所采用的标准图与设计图有无矛盾；主要尺寸、标高、轴线、孔洞、预埋件等是否有错误；设计假定与施工现场实际情况是否相符；推行新技术及特殊工程和复杂设备的技术可能性和必要性；图纸及说明是否齐全、清楚、明确、有无矛盾；某些结构在施工中有无足够的强度和稳定性，对安全施工有无影响等。

（三）图纸会审纪要的内容

图纸会审以后，由组织会审的单位将审查中提出的问题和解决的办法详细记录，形成正式文件纪要，由四方会签。图纸会审纪要一般包括以下内容。

（1）会议地点、时间及参加会议的人员名单。

（2）建设单位与施工单位对设计提出的要求，以及要求修改的内容。

（3）施工单位为方便施工、保障施工安全或节约建筑材料成本等问题而提出的需设计单位修改部分设计图纸的要求，会议商讨的结果与解决办法。

（4）会议中尚未解决或需进一步商讨的问题与要求等。经会签的图纸会审纪要需列入工程档案。图纸会审纪要具有修改和补充设计文件、指导施工的作用，同时也是办理竣工结算的依据。

二、技术措施计划工作

技术措施是指建筑企业为克服施工生产中的薄弱环节，挖掘施工生产潜力，保证完成施工生产任务，获得良好经济效果，在技术上采取的各种有效方法和手段。技术措施计划是指建筑企业根据企业需要，结合现有条件，把各种成熟的先进技术和经验以及先进的技术经济指标等，集中运用到工程上去的计划安排。技术措施计划是建筑企业加强技术管理，合理组织施工活动，进行计划施工的技术性指导文件。其主要内容包括以下九个方面：第一，加快施工进度方面的技术措施；第二，保证提高工程质量方面的技术措施；第三，节约原材料、燃料动力方面的技术措施；第四，推广新技术、新工艺、新材料方面的技术措施；第五，提高施工机械化水平方面的技术措施；第六，提高劳动生产率方面的技术措施；第七，保证安全施工方面的技术措施；第八，节能减排、防治污染的绿色技术措施；第九，各项技术经济指标的控制标准等。

技术措施计划应坚持分级编制的原则，即公司编制年度技术措施纲要；项目部按年度技术措施纲要编制季度技术组织措施计划；施工队根据项目部下达的季度技术组织措施计划，结合月度作业计划、施工组织设计、施工图纸等，编制月度技术组织措施计划。技术措施计划应在施工生产计划下达的同时下达。同时，各级技术组织措施计划分别由总工程师、技术工程师、技术队长贯彻执行：认真检查，发现问题及时处理，按照月、季、年逐级对执行情况统计上报；同时在生产计划会议上，讨论技术组织措施计划执行情况，进行督促、检查，以保证技术措施计划得以贯彻执行。

三、技术核定和设计变更

在施工过程中，若出现图纸仍有差错或与实际情况不符，或施工条件、材料规格品种、质量不能完全符合设计要求，或者企业员工提出合理化建议等情况，需要进行施工图修改。进行施工图修改时，必须严格执行设计变更签证制度。

施工过程中一般由施工单位填写技术核定单。技术核定单应做到计算正确，填写清楚，绘图清晰。变更内容要写明变更部位，如图号、轴线位置、原设计内容以及变更后的内容和要求。

技术核定单送设计单位签证同意后方可进行修改。重大问题必须经建设单位、设计单位、施工单位及监理单位同意，由设计单位负责修改，并向施工单位签发设计变更通知书方能有效。如果设计变更对建设规模、投资方案等有较大影响，必须报请原批准初步设计单位同意，方可进行修改。所有设计变更资料，包括设计变更通知书、修改后的图纸等，均需有文字记录，纳入工程档案，以作为施工和竣工结算的依据。

四、技术交底和技术复核

（一）技术交底

技术交底是指工程开工前，由各级技术负责人将有关工程施工的各项技术要求逐级向下贯彻，直到施工作业层。其目的是使参与施工任务的技术人员和工人明确所担负工程任务的特点、技术要求、施工工艺等，做到心中有数，保证施工顺利进行。因此，技术交底是施工技术准备的必要环节，建筑企业应认真组织技术交底工作。

技术交底的主要内容有施工工艺、施工方法、技术安全措施、规范要求、质量标准、设计变更等。对于重点工程、特殊工程、新结构、新工艺和新材料的技术要求，更要做好详细的技术交底。

技术交底工作应分级进行，分级管理。技术复杂的重点工程、重点部位、新推行技术，均应由总工程师向主任工程师、技术队长及有关职能部门负责人交底。普通工程的技术交底应由主任工程师参照上述内容进行。施工队一级的技术交底，由施工技术队长负责向技术员、施工员、质量检查员、安全员以及班组长进行交底。单位工程技术负责人向班组的交底工作，是各级技术交底的关键，也是技术交底最基层的一级。单位工程技术负责人在向班组交底时，要结合具体操作部位，贯彻落实上级技术领导的要求，明确关键部位的质量要求，操作要点及注意事项。对关键性项目、部位以及推广新技术的项目应反复、细致地向操作班组进行交底。技术交底的方法可根据技术内容的不同而采取不同的方法。常用的技术交底方法有书面口头交底、图表交底、模型交底及操作示范交底。

（1）书面口头交底是常采用的一种交底方式。该方法利用文字叙述的形式，将工程内容、技术要求、质量标准、施工措施及安全操作要点向各级进行交底。

（2）图表交底是采用绘图手段来表示工程结构、施工方法、平面布置和施工进度等内容的交底方法。该方法适用于施工组织设计、现场平面布置、临时设施搭设、预制构件生产、吊装线路及施工进度计划等的交底。

（3）模型交底是按照施工图的设计意图和具体尺寸，以适当比例缩小制成相似建筑实体，或者通过虚拟模型表示工程结构、构件连接和细部要求的交底方法。该方法适用于重点工程，构造复杂的工程和新结构工程。

（4）操作示范交底是按操作规程做出各种高质量的样板，介绍其优缺点及制作方法的交底方法。该方法以操作实物为依据，适用于各工种交底。

（二）技术复核

在施工过程中，对重要的或影响工程全局的技术工作，应当依据设计文件和相关技术标准进行复查和核验。其目的是避免发生重大差错，影响工程的质量和使用。复核的内容视工程情况而定，一般包括建筑物位置坐标、标高和轴线、基础、模板、钢筋、混凝土、大样图、主要管道、电气及其配件等。若发现问题应及时纠正，然后方可施工。

五、材料、构件试验检验

材料、构件试验检验是指对施工所需材料及构件在施工前进行的试验和检验。它是合理使用资源、确保工程质量的重要措施。为了做好这项工作，建筑企业要根据实际需要建立健全试验、检验机构和制度，配备相应的人员和仪器设备，在企业总工程师和技术部门的领导下开展工作。

（一）对技术检验部门和施工技术人员的要求

（1）遵守国家有关技术标准、规范和设计要求，按照试验、检验规程进行操作，提出准确可靠的数据。

（2）试验、检验机构按规定对材料进行抽样检查，提供数据，存入工程档案。

（3）施工技术人员在施工中应经常检查各种材料、半成品、成品的质量和使用情况，对不符合质量要求的，确定解决办法。

（二）对原材料、构件、设备检验的要求

（1）用于施工的原材料、成品、半成品和设备等，必须由供应部门提供合格证明文件。对没有证明文件或虽有证明文件，但技术部门认为必要的，在使用前必须进行抽查、复验，证明合格后才能使用。

（2）钢材、水泥、砖、焊件等结构所用的材料，除应有出厂证明或检验单外，还要根据规范和设计要求进行检验。

（3）高、低压电缆和高压绝缘材料要进行耐压试验。

（4）混凝土、砂浆、防水材料的配合比，应进行试配，经试验合格后才能使用。

（5）钢筋混凝土构件及预应力钢筋混凝土构件，均应按规定方法进行抽样检验。

（6）预制厂、机修厂等必须对成品、半成品进行严格检查后签发出厂合格证，不合格的不能出厂。

（7）新材料、新产品、新构件，应附有权威的技术检验部门关于其技术性能的鉴定书，制定出质量标准和操作规程后，才能在工程上使用。

第三节　建筑企业技术开发和自主创新

技术开发是提高劳动生产率、迅速发展社会生产力的决定环节，无论是对建筑企业本身，还是对整个社会都有十分重大的意义。随着社会的发展和人类生活水平的提高，人们对居住环境的要求发生了较大变化，由此对建筑技术的需求也呈现多样化发展的局面。工程质量的改善、新型节能环保材料的推广、旧城改造过程中建筑物整体迁移技术的应用，以及绿色施工技术的推广等都成为大势所趋。建筑企业未来的发展势必将是从目前的劳动力密集型企业转变为技术为核心的集约型企业，进而向建筑产业现代化过渡，因此，技术开发能力在未来建筑企业的发展中将成为企业竞争力的核心能力。

一、建筑企业技术开发的基本概念

（一）基础研究

基础研究具有强烈的探索性，其目的在于发现新知识、探求新事物，探索自然现象中的内在联系及其发展变化的规律，创立新原理。基础研究既能扩大人们的知识领域，又能为新技术的创造、发明提供理论前提。在我国，基础研究主要是由政府直属的专门科研机构和高等院校所属的科研单位来承担，这些科研机构开展基础研究的范围较广泛。在此基础上，建筑业部门和大型建筑企业主要是根据社会需求和自身能力，针对建筑业应用领域的特定研究方向进行研究，从而为开创新技术、开发新结构、新材料和新的建筑产品等提供理论基础。

（二）应用研究

应用研究的目的在于探索科学知识和科学理论如何正确应用，也就是探索基础研究中所取得的科学发现和科学理论等研究成果应用到实践中去的可能性。因此，应用研究是以解决实践问题为导向的。但是，它所要解决的是具有方向性的，或带有普遍性的建筑业技术问题，而不考虑产品的具体形式和规格。应用研究一般是大、中型建筑企业内部科研单位的主要工作范畴。

（三）开发研究

开发研究又称为发展研究，是指运用基础研究和应用研究的成果与知识，对开发新产品、新工艺、新设备、新材料等进行的研究工作。开发研究同企业生产发展的需要是紧密结合的。因此，它既是科学研究工作，又是技术开发活动。开发研究是各类规模的建筑企业内部研究单位的主要工作范畴。

（四）技术开发

技术开发是在科学及技术原理的基础研究、应用研究的基础上，为有效地进行具有特定目的的经济活动、社会活动而对科研成果和新兴技术的选择、运用和推广的过程，也就是新技术的开发研究及应用。技术开发走在生产的前面，以源源不断的新技术推动生产进步。企业只有依靠技术开发，采用新材料、新工艺、新技术、新设备和新的管理方法，才能不断改善其技术经济指标，提高市场竞争能力。

建筑企业的技术开发工作包括技术革新、技术改造、科学研究和技术培训等内容。技术开发是建筑企业提高技术水平和扩大再生产的重要途径之一。建筑企业在技术开发过程中，应与高等学校紧密合作，借助于高等学校的人才和科技优势，力求做到提高质量、降低成本、提高劳动生产率。

二、建筑企业技术开发的形式和对象

（一）技术开发的形式

1. 技术革新

技术革新是指对现有技术的小规模改革。这类技术开发规模虽小，但是能够有效地解决生产技术中的实际问题，所费人力、物力、财力不多，易于接受，易于推广使用，能够动员广大员工积极参加到技术开发活动中来，提高员工学习的积极性和主动性，逐步使建筑企业发展为学习型组织，促进企业不断进行创新、知识的积累，实现企业的可持续发展。

2. 局部革新

局部革新是指对某项技术的局部开发，是技术进步量的积累。一般是指在技术的原理、结构基本不变的前提下实现的革新、创造。例如，某些施工设备在基本结构不变的前提下，进行外观造型的革新，或者实现起重设备或载重汽车的大型化、小型化、微观化等。通常极限技术的开发也属于这一类型。

3. 技术的创新与发明

技术的创新与发明难度较大，一般是指建筑企业在科学原理的指导下产生新技术。例如，以纤维混凝土替代普通混凝土，为改善人居环境采用绿色施工方案，利用相关软件和计算机进行计算机辅助设计等。

4. 技术改造

技术改造与技术开发是紧密联系的，技术开发是技术改造的前身，技术改造是技术开发成果的综合应用。技术改造能够从根本上改变建筑企业的生产技术面貌。在综合应用技术开发成果的技术改造中，绝不是现有成果的生搬硬套，而是伴随着大量的技术开发工作。例如，新施工工艺成果的应用，要以革新、开发原有设备为基础；引进泵送混凝土的先进主机设备，要辅以配套设备的革新、开发。因此，技术改造应当包括在广义的技术开发中。

（二）技术开发对象

在建筑企业中，技术开发的对象是多方面的，其主要围绕产品开发、针对设备和工具的开发、关于施工工艺的开发、能源和建筑材料的开发及改善生产环境的技术开发展开。

1. 产品开发

产品的开发包括改革老产品与发展新产品。生产社会需要和用户欢迎的建筑产品是建筑企业生产的目的。因此，建筑企业的技术开发，必须围绕产品这个重要目标来进行。对现有产品要进行分析、区别对待。例如，目前我国传统砖混结构式的建筑，占新建住房总面积近一半的比例；即使在欧洲，许多国家砖砌房屋仍占当年新建住房总面积的40％以上。所以，这种结构形式的建筑产品应该保留下来，继续生产。但要注意"砖的改革，主要向轻质、高强、空心、大块发展"，即在迎合市场需求、满足国家经济建设和人民生活需要的同时，还要大力研究和推广新型建筑产品以实现建筑产业的优化和提升。

2. 设备与工具的开发

机器设备工具，是建筑企业的生产手段，是实现建筑企业工业化发展的物质技术基础。对现有设备和工具进行技术开发，是提高建筑企业生产现代化水平和经济效益的重要环节。马克思指出："劳动资料大部分都因为产业进步而不断革新。因此，它们不是以原来的形式，而是以革新的形式进行补偿。"对现有设备进行局部更新的同时，还要依据保证和提高工程质量、节约能源和原材料、发展新产品和环保的需要，设计、制造各种先进的专用设备和工具。

3. 施工工艺的开发

施工设备的改造和施工工艺的改革是密切联系的。先进的工艺要求提供实现新的物理或化学加工方法的物质手段。如用盾构法代替大开挖法修建地铁，要在改革原有开挖设备后，才能实现新的施工工艺。在某些情况下，只要对原有设备稍加改造，就可采用新工艺。

4. 能源和建筑材料开发

节约能源和建筑材料是提高建筑企业经济效益的重要途径。尤其是那些能源和建筑材料在工程成本中所占费用比重较大，且资金来源紧张的建筑企业，更应利用施工工艺、设备等方面的改进，提高能源与原材料利用率。如开发玻璃花岗石代替天然花岗石等。

5. 改善生产环境的技术开发

改善生产环境的技术开发指的是减少污染、改善劳动条件、阻止职业病等方面的技术开发。良好的生产环境可以调动员工积极性，提高生产效率。因此，有效利用各种先进技术改善企业生产环境，是建筑企业全面发展的必然要求。

三、建筑企业技术开发的途径

在建筑企业中，技术开发的途径有很多种，主要包括独创型技术开发，引进型与转移型技术开发，综合与延伸型技术开发，总结、提高型技术开发。

（一）独创型技术开发

独创型技术开发是以科学研究活动为先导的。凡是重大的技术创造和发明都是科学研究的成果。这是由现代科学技术的重要特点——科学与技术紧密结合，即所谓技术的科学化决定的。尤其是当代许多新兴的尖端技术，都是在基础科学有重大突破以后产生和发展起来的。这些新兴技术、尖端技术同以往技术的显著区别在于，它们既不是以往生产经验的概括和总结，也不是传统技艺的改造和提高，而完全是现代科学的产物。这个途径就是从基础研究、应用基础研究（定向基础研究）开始，通过应用研究取得技术上的重大突破，即发明与发现，再通过技术开发（发展研究），提出生产性的样机、样品。在企业中进行试生产，最后投入大批量生产。

对于大型建筑企业的研究来讲，可以从应用研究，甚至从基础研究到应用研究取得成果后，再进行技术开发。而对小型建筑企业来讲，主要是从外部取得应用研究成果，然后在企业内研究开发。

（二）引进型与转移型技术开发

引进与转移新技术也是一种技术开发的重要途径。这是指从建筑企业以外的单位、地区或国家引进与转移新技术。引进技术必须花费更多精力来加以吸收、消化。经过吸收、消化以后，才能在本企业"定居生根"。并且还要在吸收、消化的基础上加以分配、仿制，以至综合而创新，才能纳入企业的技术体系。因此，对于引进、转移的新技术，同样也存在着技术的继续开发问题。引进型的技术开发，可以交叉运用下列多种方式：

（1）"移植"。引进成套或关键技术（或设备），由本企业工程技术人员掌握使用。

（2）"嫁接"。将从建筑企业外部引进的新技术成果，与本企业的有关技术成果结合起来。

（3）"插条"。从外部引进初步研究成果，在本企业进一步加以培植，最后形成产品。

（4）"交配"。同外国、外地区、外单位共同协作研究开发，取得共同的科技成果。

（三）综合与延伸型技术开发

综合型技术开发是指通过对现有技术的综合与延伸，进行技术开发，从而形成新技术的开发手段。综合型技术开发还可以进一步区分为两种方式：一是单项移植，互相组配；二是多种技术综合。前者一般以某项技术为主体，使另一项技术与之组配，使之有机地结合起来成为一个整体，从而产生性能更为优越的新型技术。最典型的例子是混凝土搅拌设备电子化，即以混凝土搅拌设备为主体，把电子技术移植到机械设备生产中，产生用电子计算机控制的混凝土搅拌站。后者指综合现有创造发明的成果使其系列化。现有技术的组配与综合绝不是有关技术的简单相加，其中同样存在着大量的研究、开发工作。

延伸型的技术开发，指的是使现有技术向技术的深度开发，包括向技术的密度、强度、规模等方向发展。如建筑的空间界面由小跨、小空间、低层、地上向大跨、大空间、高层、地下等特种结构发展，从而可以建造许多丰富多变的几何曲面或斜面形式，如弓穹顶、球形、伞形、抛物线形、马鞍形、贝壳形等新颖建筑和耸入空中的高层建筑。

（四）总结、提高型技术开发

总结、提高型技术开发是指通过生产实践经验的总结来提高和开发新技术。技术发展史告诉我们，原始的技术是从生产实践中产生的。在我国技术革新活动中，有丰富生产实践经验的"革新能手""能工巧匠"，提出了很多有价值的技术发明、创造，有的甚至达到了国际先进水平，这就是所谓以经验为基础的新技术开发。虽然现代技术的原理是在科学指导下形成的，但是实践经验依然是不可缺少的因素。因而，在很多场合，以经验为基础的技术和以科学为基础的技术，两者的划分只是相对的。随着我国建筑企业工人群众科学知识水平的提高，来自这个途径的技术开发成果必将逐步增多。因此，应当把生产实践经验的总结与提高纳入建筑企业技术开发的正常途径。

四、建筑企业技术开发的组织管理措施

（一）确立技术开发方向和方式

建筑企业首先应根据我国国情和建筑技术发展趋势，结合企业自身特点确定技术开发方向，走与科研机构、大专院校联合开发的道路。但是从长远战略考虑，建筑企业还应拥有自己的研究开发机构，成立研发中心，强化自己的技术优势，在技术上形成一定的垄断，向技术密集型企业转变。

（二）加大技术开发的投入

建筑企业应制定短、中、长期的研究投入费用及其占营业额的比例，逐步提高科技投入量，监督实施，并建立规范化的评价、审查和激励机制；加强研发力量的建设，重视并引进科研人才，增添先进的设备和设施，保证技术开发具有先进手段。

（三）加大科技推广和转化力度

欧美国家、日本、韩国的各大建筑公司都非常重视技术开发成果的应用，这些公司的很多研究课题来自生产实际需要。如国外大型建筑企业除专门设置研究机构外，其所属子单位也设有不同级别的技术部或技术小组，负责生产方法的效率化、简便化、合理化。因此，研究开发部门和现场施工部门密切配合应是我国建筑企业技术发展的趋势。

（四）增大技术装备投入

增大技术装备投入才能提高劳动生产率，因此，应当让现代的、新型的建筑机械、设备不断进入施工现场。合理的技术装备投入规模至少应当是承包商年收益的 2%～3%，并逐年增长。

（五）强化应用信息技术

建筑企业可以利用相关软件和信息技术进行系统的项目管理。利用网络技术将建筑企业内外信息进行集成管理，为企业的招投标、工程设计、概预算工作、项目目标控制、合同管理等生产经营活动提供技术支持，能够有效降低企业生产成本。因此，建筑企业应建立强有力的情报信息中心，为管理层领导快速决策提供参考。

五、建筑企业的自主创新管理概述

（一）建筑企业自主创新的基本概念

自主创新是建筑企业发展的根本动力，建筑企业的发展只有建立在自主创新的基础上，才能实现持续健康的发展。建筑企业的自主创新是指为提高建筑企业的技术水平和竞争力，以企业为主体，在自主知识产权的基础上，依靠自己的技术力量进行创新的过程，其价值主要是通过产生新工艺、新产品，以及以技术为支持的品牌价值来体现的。实现建筑企业自主创新要做到以下几点：

首先，建筑企业的自主创新要以建筑企业为主体进行。建筑企业是社会经济的组成部分，是创造财富的基层单位，是国家创新体系的基础组成之一，建筑企业只有进行自主创新，才能提高竞争力。

其次，建筑企业的自主创新要以自主知识产权为基础进行。随着世界进入知识经济时代，知识成为企业发展的内生动力，并通过技术创新促进着企业的发展。为适应这种变化趋势，建筑企业自主创新要以自主知识产权为基础进行，并逐渐扩大以知识型资产为核心的无形资产在企业资产中的比重。

最后，建筑企业的自主创新要靠企业自己的力量进行。在知识经济发展的条件下，人才是企业的核心资产，有了掌握先进科学技术的人才，才能进行自主创新。在竞争十分激烈的情况下，如果没有创新型人才，自主知识产权的形成及其转变为直接生产力的过程就难以实现，达不到自主创新的目的。

然而，目前我国多数建筑企业生产经营是围绕建设项目进行的，因此，大量的自主创新活动是在项目层进行的。我国建筑项目层次人员素质普遍较低，技术投入和研发装备不足，单纯依靠项目层技术力量完成技术创新，难度很大。因此，为了提高建筑企业自主创新的成功率，必须建立企业专业的研究开发中心（大中型建筑企业为主），引入并配置专业研发人员与项目技术管理人员共同组成研发队伍，共同进行自主创新的技术攻关。

（二）建筑企业自主创新管理

1. 知识产权保护

（1）自主创新核心技术的保护。建筑企业的自主创新在很大程度上是通过自主研究与开发，形成并掌握新的核心技术实现的。企业能否通过自主创新技术，取得技术优势，进而取得竞争优势，其中一个很重要的问题就是建筑企业能否独占并控制其核心技术，它是建筑企业自主创新能否达到理想效果的前提。

（2）专利管理。技术创新本身存在一定的自然壁垒，模仿追随者要仿制新技术成果存在一定困难，而且也需要一定的时间，尤其是对于复杂技术和包括大量技术诀窍的新产品和新工艺来说，模仿的难度会更大，所需的时间更长。但是，随着现代检测和分析手段的不断发展，复杂技术的解密手段日益提高，特别是智能支持技术的应用，进一步提高了跟随者复制新技术的能力。因此，建筑企业想要保持对自主创新技术的独占性，仅仅依靠技术的自然壁垒是永远不够的，还必须及时进行专利的申请。

1）专利的基本常识。专利一般有三种含义：一是指专利权；二是指取得专利权的发明创造；三是指专利文献，但主要是指专利权。我国《专利法》规定，专利共有三种，即发明专利、实用新型专利和外观设计专利。

专利权是指国家专利主管机关依法授予专利申请人或其权力继承人在一定期间内实施其发明创造的独占权。专利权是一种无形财产权，具有排他性质，受国家法律保护。任何人想要实施专利，除法律另有规定的以外，必须事先取得其专利权人的许可，并支付一定的费用，否则就是侵权，要负法律责任。

《专利法》规定：发明专利权的期限为20年。实用新型专利权和外观设计专利权的期限为10年，均自申请日起计算。

2）建筑企业专利工作的机构与任务。建筑企业专利工作的任务是充分依靠和运用专利制度，使专利机制成为促进建筑企业技术创新的一个主要动力机制和保护机制，鼓励和调动企业员工的积极性，为企业技术创新以及生产、经营全过程服务。建筑企业应把专利管理工作纳入技术责任制，由企业的总工程师主管专利工作，设立专门的专利工作机构，并配备专职或兼职管理人员。建筑企业专利工作机构的具体任务如下：

①开展专利技术的规划、计划、开发和管理制度，并将其纳入企业的技术进步规划中。

②组织专利技术的开发、实施和管理专利实施许可合同。

③办理企业专利申请、专利权保护、专利评价评估、专利诉讼等具体事宜。

④进行专利资产运营，包括专利权转让、许可贸易、运用实施，专利权作价投资等有关工作。

⑤管理企业技术活动中形成的与专利申请相关的技术档案及有关的专利文献。

3）申报专利。申报专利是保护建筑企业自主创新核心技术的法律方法。建筑企业想要保持对自主创新技术的独占性，必须求助于法律保护，即借助专利制度对其进行保护。

企业还必须注意专利申请的及时性。因为法律并不保护首先获得技术突破但后申请专利的创新者，而只保护首先申请专利的创新者。因此，建筑企业对于自主创新技术一定要及时申请专利，充分利用法律保护知识产权，从而取得竞争中的技术优势。

（3）知识产权管理。知识产权管理是建筑企业技术创新管理的重要内容。为了做好建筑企业知识产权管理，管理者自身要培养和树立技术创新管理理念，强化市场和竞争意识。建筑企业首先要立足于提高和培养企业各层领导、全体员工，特别是研究与开发人员的知识产权意识，制定企业知识产权战略，作为技术创新战略的重要组成部分，并组织实施。同时，建立完善的工作网络和健全的规章制度，加强研究与开发过程中的知识产权管理，培养一批高素质的企业知识产权管理方面的工作人员。

2. 技术转让

建筑企业对自主创新技术产品或技术，应当适时进行商业转让。从实际情况看，不进行转让、过早转让、过晚转让或向不恰当对象转让新技术，对建筑企业自身发展都是十分不利的。

（1）建筑企业应在适当时候、向适当对象对新技术进行适度转让。技术转让不仅可以使建筑企业从转让中获得丰厚的经济回报，而且可以改善产业结构、加速新兴产业发展、强化企业竞争优势并奠定其在产业中的核心地位。过早转让新技术对企业发展显然是不利的，但不转让或过晚转让新技术，企图长期保持对新技术和新产品市场的独占性也是不明智的。这种做法既不经济，又不现实，而且不利于新技术产业的形成和健康发展。

（2）通过新技术转让，推动行业发展。没有行业发展，自主创新企业的发展也就失去了依托。选择适当需求者，有利于培植与扶持一批理想的行业竞争者。理想竞争者的出现不仅不会削弱自主创新企业在行业中的地位，反而有助于创新者核心地位的提高，有利于自身发展。因为培植理想竞争者有助于吸收需求，填补市场空白，改善现行产业结构，还有利于分担市场开发成本，普及产品技术标准和增加进一步改进新产品的动力等。因此，企业要获得长足发展，必须合理使用技术转让策略，通过技术转让引导一批建筑企业成为跟随者，顺利推广技术规范，推动行业发展。

3. 自主创新产品或技术的自我完善

在一项率先性自主创新产品或技术成功之后，总会有大量跟随者进行模仿创新。其中不乏实力雄厚和技术先进的竞争对手，如果企业不重视自主创新产品或技术的自我完善，则可能导致跟随企业有机可乘，夺取企业开辟的市场。

4. 创新后续环境的投入

企业自主创新产品或技术投入市场后能否被接受，为企业带来利润，不仅仅是由研究与开发的成效决定的，将这种创新产品或技术推向市场的环节也起着至关重要的作用。然而，目前不少建筑企业在创新技术或产品完成之后，减少了对其后续推向市场环节的关注和资源投入，这种行为大大影响了企业自主创新技术的推广效果。因此，建筑企业应重视对创新产品或技术的后续环境投入。

第四节　建筑企业技术标准化管理与工法制度

为在一定范围内获得最佳秩序，对实际或潜在问题制定共同的和重复使用的规则的活动称为标准化。标准化是组织和管理现代化生产的重要手段，也是科技管理的重要内容。一个建筑企业的标准化水平，直接反映了企业的生产技术水平和管理水平。

一、技术标准的概念

技术标准是指对标准化领域中需要协调统一的技术事项所制定的标准，它是企业从事生产、建设及商品流通等活动时共同遵守的技术依据。技术标准包括基础技术标准、产品标准、工艺标准、检测实验标准，以及安全、卫生、环保标准等。传统产业中，技术标准的制定主要是为了保证产品的互换和通用性，而在知识经济时代的今天，对于建筑企业来说，经济效益更多取决于技术创新和知识产权，技术标准逐渐成为企业发展的制高点。

（一）标准体系

根据《中华人民共和国标准化法》（以下简称《标准化法》）的规定，我国标准分为国家标准、行业标准、地方标准、团体标准和企业标准五级。下一级标准要严于上一级标准。

1. 国家标准

由国务院标准化行政主管部门制定的需要在全国范围内统一的技术要求，称为国家标准。

2. 行业标准

在全国某个行业范围内统一的技术标准。行业标准由国务院有关行政主管部门制定并报国务院标准化行政主管部门备案。

3. 地方标准

对没有国家标准和行业标准而又需要在省、自治区、直辖市范围内统一的工业产品的安全、卫生要求，可以制定地方标准。地方标准由省、自治区、直辖市标准化行政主管部门制定，并报国务院有关行政主管部门备案，在公布国家标准或行业标准后，该地方标准即应废止。

4. 团体标准

由团体按照团体确立的标准制定程序自主制定发布，由社会自愿采用的标准。团体是指具有法人资格，且具备相应专业技术能力、标准化工作能力和组织管理能力的学会、协会、商会、联合会和产业技术联盟等社会团体。

5. 企业标准

企业生产过程及其产品没有国家标准、行业标准和地方标准时，由企业自行组织制定作为组织生产依据的标准称为企业标准。企业标准应按省、自治区、直辖市人民政府的规定备案（不含内控标准）。企业内制定适用的标准应该严于国家标准、行业标准和地方标准。

（二）建筑企业技术标准体系

建筑企业的技术标准主要有以下几类。

1. 建筑工程施工规程

建筑工程施工规程主要包括施工工艺流程、操作规程、机械设备的维护和检修规程。

2. 建筑工程质量标准

建筑工程质量标准是指根据施工及验收规范检验的结果，评定分部工程、分项工程和单位工程质量等级的标准，现行的建筑工程质量标准有《建筑安装工程质量检验评定标准》等。

3. 建筑材料、半成品的技术标准及相应的检验标准

建筑材料、半成品的技术标准及相应的检验标准是指根据建筑施工技术上的需要和资源条件、供应状况，对建筑施工中所用的材料规定的标准。此类标准主要包括：材料储备标

准、材料选用标准、材料进库验收标准和材料代用标准等。

4. 方法标准

方法标准是指技术管理范畴中，凡属方法、程序一类所制订的标准。此类标准主要包括试验方法、检验方法、抽样方法、生产方法、操作方法等。

5. 安全环保标准

建筑施工中一切有关人身与设备安全、卫生与环境保护方面专门制订的标准称为安全环保标准。随着时代的发展，安全环保标准已成为建筑企业标准化工作的重要课题。

二、技术标准化管理的含义、作用及原则

（一）技术标准化管理的含义

所谓技术标准化管理，是指为了取得最佳的经济效果，依据科学技术和实践经验，在充分协商的基础上，对经济技术活动中具有多样性和相关特性的重复事物，按一定的程序和形式颁发的统一规定。

（二）技术标准化管理的作用

标准化管理是一项重要的社会活动，建筑企业管理中的标准化对象，主要是生产活动中具有大量重复性特征的事物。在技术管理中推行标准化工作的一个直接的、主要的目的在于获得全面的、最佳的经济效益，因此搞好建筑企业标准化管理工作具有十分重要的意义。技术标准化管理的作用主要表现在以下四个方面。

1. 提高科学管理水平

技术标准化管理是现代化大生产的必要条件，它能使建筑企业经济技术活动按标准有秩序地进行。有了标准，各项工作就有了衡量的尺度，可以减少施工生产中的盲目性和管理中的混乱现象，可使管理方法定型，简化管理程序，从而提高企业的科学管理水平。

2. 提高产品质量

标准化能够促使管理工作高效化，可以大大减少随机的处理问题，它规定了工艺、原料、管理的标准，有利于从技术上保证建筑产品的质量、工期，并有效控制成本，为用户与社会提供合格的产品。

3. 合理利用资源

技术标准化管理是建筑企业消除浪费、节约活劳动和物化劳动的有效手段。企业的技术标准化管理可以充分地利用资源，减少重复劳动和不必要的资源消耗，同时提高劳动生产率和工作效率，进而提高建筑企业的经济收益。

4. 促进组织专业协作化生产

标准化也是建筑企业组织专业生产的可靠技术基础。企业按技术标准组织生产，形成互换性、通用性强的产品，才能在此基础上进行专业化协作。因此，标准化的推广和应用能够促进企业组织专业协作化生产，进而推动建筑企业的技术进步。

（三）技术标准化管理的原则

标准化管理的原则是对标准化行动过程规律的认识，主要内容有以下四个方面：

（1）简化。所谓简化就是剔除多余，合并重复，增加互换性，使无序转化为有序，使放任转为规范管理，使混乱变为整齐，使复杂成为简单。

（2）统一。在标准化工作中要将名词、编码、代号、标识、计量单位和标准系列等予以统一。

（3）协调。先进的标准要使项目的各项目标如工期、质量、成本等得到最佳的协调。

（4）优化。在标准化过程中，要从多个可行方案中选优，实施其中功能最佳的方案。

三、建筑企业标准化推进

标准化管理在建筑企业的技术管理工作中占有重要地位，通过标准化的推进和管理，可以提高企业的管理效率，提高竞争力，提高企业的产品质量。因此，在企业中标准化的推进和管理往往是企业决策层的核心工作之一。要推进建筑企业的标准化管理，首先要建立健全适于本企业职能部门活动的标准化组织机构，如标准化小组或标准化科室，以有效地推进管理标准化的工作。同时，还必须积极采用国际先进标准，推进国际标准化组织（ISO）及其所承认的其他国际组织已制定的相关标准。其次，随着技术进步不断调整和修订技术标准，并建立定期的评价制度，使技术标准与技术进步相适应。再次，做好日常的标准化工作，对标准进行分类管理，避免过时的标准与现行标准相混淆，建立企业标准化管理制度，完善数据资料，搞好信息反馈。

四、工法制度

（一）工法的基本概念

我国住建部于2014年颁发的《工程建设工法管理办法》中规定，"工法是以工程为对象，工艺为核心，运用系统工程原理，把先进技术和科学管理结合起来，经过一定的工程实践形成的综合配套的施工方法。它必须具有先进性、科学性和实用性，保证工程质量和安全，提高施工效率，降低工程成本，节约资源，保护环境等特点。"这是对工法的性质和特点的实质性论述。

（二）工法的内涵

1. 工法不是一般的施工方法总结

工法的核心技术必须具有先进性和实用性，内容以工艺为核心，但又包括科学组织管理的综合配套的施工方法。

2. 工法不同于施工组织设计

工法以工程某一环节或工序为对象，但不是为组织工程项目施工而编制的文件，在施工组织设计中可应用有关的工法，二者的内容与作用有明显的区别。

3. 工法不同于技术规程和标准

工法是针对一项具体工程的，是技术、技术规程或标准在一项工程中的应用，而技术规程或标准是一项应用的指令和规定，带有通用性。编制工法切勿写成通用的技术规定。

4. 工法的应用对象是项目经理部或建筑企业

工法主要用来科学组织和管理工程的施工。工法不应编制过细成为操作工艺卡或操作手册。

（三）工法的分类

工法分为国家级（一级）、省（部）级（二级）和企业级（三级）三个等级。企业根据承建工程的特点、科研开发规划和市场需求开发、编写的工法，经企业组织审定，为企业级工法。省（部）级工法由企业自愿申报，由省、自治区、直辖市建设主管部门或国务院主管部门（行业协会）负责审定和公布。国家级工法由企业自愿申报，由住建部负责审定和公布。

（四）工法的应用

建筑企业应重视工法的开发研究和推广应用，应注意技术跟踪，加大技术创新力度，及时对原编工法进行修订，以保持工法技术的先进性和适用性。各级建设行政主管部门对开发和应用工法有突出贡献的企业和个人，应给予表彰；企业对开发编写和推广应用工法有突出贡献的个人，应予以表彰和奖励。

工法所有权企业可根据国家相关法律、法规的规定有偿转让工法。工法中的关键技术，凡符合国家专利法、国家发明奖励条例和国家科学技术进步奖励条例的，应积极申请专利、发明奖和科学技术进步奖。

各地建设行政主管部门应积极推动企业将技术领先、应用广泛、效益显著的工法纳入相关的国家标准、行业技术和地方标准。

（五）国家级工法的管理

1. 国家级工法的申报条件

（1）已公布为省（部）级工法。

（2）工法的关键性技术达到国内领先及以上水平；工法中采用的新技术、新工艺、新材料尚没有相应的工程建设国家、行业或地方标准的，已经省级及以上住房和城乡建设主管部门组织的技术专家委员会审定。

（3）工法已经过两项及以上工程实践应用，安全可靠，具有较高推广应用价值，经济效益和社会效益显著。

（4）工法遵循国家工程建设的方针、政策和工程建设强制性标准，符合国家建筑技术发展方向和节约资源、保护环境等要求。

（5）工法编写内容齐全完整，包括前言、特点、适用范围、工艺原理、工艺流程及操作要点、材料与设备、质量控制、安全措施、环保措施、效益分析和应用实例。

（6）工法内容不得与已公布的有效期内的国家级工法雷同。

2. 国家级工法的审核

国家级工法的评审应严格遵循国家工程建设的方针、政策和工程建设强制性材料，评审专家应坚持科学、公正、公平的原则，严格按照评审标准开展工作，所有评审专家都应对所提出的评审意见负责，保证工法评审的严肃性和科学性，同时要注意工法技术的保密性。

本 章 习 题

1. 建筑企业技术管理的主要任务是什么？

2. 建筑企业技术管理的基础工作和基本工作各包括哪些内容？

3. 建筑企业技术开发的途径有哪些？

4. 请查阅有关资料了解我国建筑企业知识产权的现状，根据本章学习内容谈谈你的想法。

5. 建筑企业技术标准体系中主要包括哪些内容？

6. 国家级工法的申报条件包括哪几个方面？

第九章 建筑企业质量管理

 本章概要

1. 质量管理、建筑企业质量管理概述及建筑企业质量管理的意义；
2. 建筑企业全面质量管理的目的、任务和原则；
3. 建筑企业质量管理的方法和手段；
4. 建筑企业综合管理概述、综合管理体系的建立。

第一节 建筑企业质量管理概述

一、质量的相关概念

（一）质量

ISO 9000：2000 国际标准对质量的定义是"质量为一组固有特性满足要求的程度"。该定义用词严谨、表达简洁，应用范围广泛，但比较抽象。在此定义中，"质量"就其本质来说是一种客观实体具有某种能力的属性，而不是人为赋予的；"要求"既可以是明示的，也可以是隐含的必须履行的需求或期望；"程度"可以用差、好或优秀来修饰。

（二）顾客

ISO 9000：2000 国际标准将顾客定义为：接受产品的组织或个人。顾客又分为两类：内部顾客（Internal Customer）和外部顾客（External Customer）。内部顾客是指企业内部的从业人员：基层员工、主管、经理乃至股东。外部顾客则分为显著型和隐蔽型两种。显著型顾客是指具有消费能力且对某商品有购买需求，了解商品信息和购买渠道，能立即为企业带来收入的顾客；隐蔽型（潜在）顾客是指预算不足或没有购买该商品的需求，缺乏信息和购买渠道的顾客。隐蔽型（潜在）顾客可随环境、条件、需要的变化，转变为显著型顾客。

（三）产品

在不同的使用领域中，"产品"这个术语有其不同的含义。在《中华人民共和国产品质量法》（以下简称《质量法》）中产品是指"经过加工、制作，用于销售的产品"。也就是说，产品是以销售为目的，通过工业加工、手工制作等生产方式所获得的具有特定使用性能的物品。未经加工、纯天然形成的产品，如原矿、原煤、石油、天然气等，以及农、林、牧、渔业上的初级农产品都是不适用《质量法》的产品。

国际标准化组织（ISO）颁布的关于《质量管理和质量保证——词汇》标准中所规定的产品的定义是：产品是指活动和过程的结果。产品可以是有形的或者是无形的，也可以是它们的结合。

在 ISO 9000：2000 标准中将产品定义为"过程的结果"，并指出，现在通用的四种的产品类型是服务、软件、硬件和流程材料。

从以上对"产品"的定义可以看出，产品的概念主要考虑三个因素：第一，产品既可以是有形的，也可以是无形的（如电）；第二，产品既指动产，也包括不动产（如房屋）；第三，产品必须是经过加工、制作的，而不是天然形成的。

随着时代的发展，"质量"的概念在不断地延伸扩展。从产品的角度来看，"质量"既可形容产品，也可形容服务的品质；从过程的角度来看，质量既受直接同产品相关的过程，也受间接同产品相关的业务和支持过程的影响；从手段来看，质量控制既是技术问题，也是经营问题；从改进对象来看，质量改进既能带来部门绩效改进，也能带来企业绩效改进。

二、质量管理概述

（一）质量管理的定义

ISO 9000：2000 国际标准对质量管理的定义是："在质量方面指挥和控制组织协调的活动"。在质量方面的指挥和控制活动，通常包括制定质量方针和质量目标，以及质量策划、质量控制、质量保证和质量改进。

（二）质量管理的发展历程

在人类的历史长河中，虽然最原始的质量管理方法无处可寻，但可以肯定的是人类自古以来就面临着质量问题。因此可以说，伴随着人类历史的发展，质量管理的发展没有停止过。

1. 工业时代以前的质量管理

工业时代以前的质量主要靠手工操作者依据自己的手艺和经验来把关，因而又被称为"操作者的质量管理"。18 世纪中叶，欧洲爆发了工业革命，其产物就是"工厂"。工厂所具有的手工业者和小作坊无可比拟的优势导致手工作坊的解体和工厂体制的形成。但同时，工厂的大批量生产也带来了许多新的技术问题，如部件的互换性、标准化、测量的精度等，这些问题的提出和解决，催促着质量管理科学的诞生。

2. 工业化时代的质量管理

20 世纪，人类跨入了以"加工机械化、经营规模化、资本垄断化"为特征的工业化时代。在过去的整整一个世纪中，质量管理的发展大致经历了三个阶段。

（1）质量检验阶段——事后的控制。20 世纪初，人们对质量管理的理解还只限于质量的检验。质量检验所使用的手段是各种检测设备和仪表，方式是严格把关，进行百分之百的检验。其间，美国出现了以泰罗为代表的"科学管理运动"。"科学管理"提出了在人员中进行科学分工的要求，并将计划职能与执行职能分开。这就是说，计划设计、生产操作、检查监督各有专人负责，从而产生了一支专职检查队伍，构成了一个专职检查部门，这样质量检验机构就被独立出来了。起初，人们非常强调工长在保证质量方面的作用，将质量管理的责任由操作者转移到工长身上，故该时期的质量管理又被称为"工长的质量管理"。后来，这一职能又由工长转移到专职检验人员身上，由专职检验部门实施质量检验，该时期的质量管理被称为"检验员的质量管理"。质量检验是在成品中挑出废品，以保证出厂产品质量。但这种事后检验把关，无法在生产过程中起到预防、控制的作用。废品已成事实，很难补救，并且百分之百的检验增加了检验费用。尤其是当生产规模进一步扩大，形成大批量生产的情况下，事后检验的弊端就突显出来。

（2）统计质量控制阶段——事中、事后的控制。这一阶段的特征是数理统计方法与质量管理的结合。一些著名统计学家和质量管理专家注意到质量检验的问题，尝试运用数理统计学的原理来解决其弊端，使质量检验既经济又准确。1924年，沃特·阿曼德·休哈特（图9-1）提出了控制和预防缺陷的概念，并成功地创造了"控制图"，他把数理统计方法引入到质量管理中，将质量管理推进到新阶段。休哈特认为，质量管理不仅要搞事后检验，而且在发现有废品生产的先兆时就应进行分析改进，从而预防废品的产生。控制图的出现是质量管理从单纯的事后检验转入检验加预防阶段的标志，也是质量管理形成一门独立学科的开始。

沃特·阿曼德·休哈特（Walter A.Shewhart)是现代质量管理的奠基者，美国工程师、统计学家、管理咨询顾问、被人们尊称为"统计质量控制（SQC）之父"

图9-1　沃特·阿曼德·休哈特

但是，统计质量管理也存在缺陷，过分强调质量控制的统计方法，使多数人感到高不可攀、望而生畏。人们甚至因此误认为"质量管理就是统计方法"，"质量管理是统计专家的事"。另外，这种方法对质量的控制和管理只局限于制造和检验部门，忽视了其他部门的工作对质量的影响，不能充分发挥各个部门和广大员工的积极性，制约了统计质量管理的推广和运用。

阿曼德·费根堡姆（Arman Vallin Feigenbaum)
——全面质量控制之父

图9-2　阿曼德·费根堡姆

（3）全面质量管理阶段——全过程的控制。20世纪50年代以来，生产力迅速发展，科学技术日新月异，旧的质量检验和统计质量控制方法已难以保证和提高产品质量，"全面质量管理"理论逐步形成。最早提出全面质量管理概念的是美国通用电气公司质量经理阿曼德·费根堡姆（图9-2）。1961年，他发表了一本著作《全面质量控制》。该书强调执行质量职能是公司全体人员的责任，他提出："全面质量管理是为了能够在最经济的水平上并考虑到充分满足用户要求的条件下进行市场研究、设计、生产和服务，把企业各部门的研制质量、维持质量和提高质量的活动构成为一体的有效体系"。

（4）六西格玛管理。西格玛（σ）是希腊文的字母，在统计学中称为标准差，用来表示数据的分散程度。六西格玛的水平可解释为在100万个产品中仅有3.4个出错机会，即一种"零瑕疵"的目标。它表示了一种循序渐进地提高质量管理水平的体系。六西格玛（6σ）作为品质管理概念，最早是由摩托罗拉公司的麦克·哈里于1987年提出的，其基本原理是围绕顾客需求确定实质问题所在，以极低的差错和缺陷率为顾客提供产品和服务，实现趋近于零缺陷的完美质量水平。6σ理论真正流行并发展起来是在20世纪90年代。杰克·韦尔奇（图9-3）将6σ理论应用于通用电气公司的实践，并总结了全面质量管理的成功经验，提炼了其中流程管理技巧的精华和最行之有效的方

杰克·韦尔奇（Jack Welch)是原通用电气(GE)董事长兼CEO

图9-3　杰克·韦尔奇

法，使 6σ 管理成为一种提高企业业绩与竞争力的管理模式。

（5）质量管理的国际化——经济全球化的表现。随着国际贸易的迅速扩大，产品和资本的流动日趋国际化，相伴而产生的是国际产品质量保证和产品责任问题。由于许多国家和地方性组织相继发布了一系列质量管理和质量保证标准，制定质量管理国际标准已成为一项迫切的需要。为此，国际标准化组织（ISO）于 1979 年单独建立了质量管理和质量标准技术委员会（TC176），负责制定质量管理国际标准。1987 年 3 月，国际标准化组织正式发布 ISO 9000 质量管理和质量保证系列标准，该系列标准是世界上许多经济发达国家质量管理实践经验的科学总结，具有通用性和指导性。其实施可以促进组织质量管理体系的改进和完善，对推动国际经济贸易活动、消除贸易技术壁垒、提高组织的管理水平都能起到良好的作用。

综上所述，质量的核心是满足顾客的需求，质量管理的所有工作也都是以此为中心而展开的。随着生产力和科学技术的发展，质量管理的理论将逐渐完善，且更趋科学性、实用性，其理念也将越来越人性化。

三、建筑企业质量管理相关概念

建筑企业质量管理有广义和狭义之分。广义上的质量管理，是指在一定的经济技术条件下，为保证产品质量所进行的一系列生产经营活动；狭义上的质量管理，是指应用各种科学技术和方法确保产品质量。因此，建筑企业质量管理包括两部分内容：一是建筑产品（工程）质量管理；二是工作质量的管理。

（一）建筑产品质量

1. 建筑产品质量的定义

建筑产品质量分为狭义和广义两种含义。

狭义的建筑产品质量是指建筑工程（产品）本身的质量，如基础是否坚固、主体结构是否安全以及通风、采光是否合理等。它包括产品的适用性、安全性、可靠性、可信性、维修性、经济性、美观和环境协调等方面。

广义的建筑产品质量由工程（产品）质量（即狭义的建筑产品质量）和工序质量两部分组成。工序质量是指施工（生产）过程的质量，即建筑施工（生产）过程中人、机械、材料、方法和环境等因素对产品质量的综合影响过程中所体现的产品质量。工序质量的衡量标准是看整个施工过程的稳定、均衡情况，以及是否向质量目标趋近。

2. 建筑产品质量的特点

与一般的产品质量相比较，建筑产品质量具有如下一些特点：

（1）影响因素多，质量变动大。

（2）隐蔽性强，终检局限性大。

（3）对社会环境影响大。

（4）工程建设各阶段对质量都存在着影响。

（5）评价方法的特殊性。

（二）工作质量

工作质量是指建筑企业为生产用户满意的建筑产品所做的领导、组织管理、生产技术以及后勤服务等方面的工作的质量，如个人的工作质量、部门的工作质量，员工或部门之间的协作质量以及工序之间的协作质量。因此，工作质量主要取决于人的因素，涉及不同的职能部门、不同岗位工作的有效性。

工作质量决定工序质量，工序质量决定建筑产品质量。因此，建筑企业在生产过程中要以抓工作质量来保证工序质量，以提高工序质量来保证建筑产品质量，并以此增强建筑企业在市场中的生存竞争能力，全面提高建筑企业的经济效益。

四、建筑企业质量管理的意义

建筑企业是国民经济中重要的物质资料生产部门，建筑企业质量管理的重要意义如下：

（1）优良的品质可以提高产品或建筑工程的使用价值，更多地满足社会和人民的物质文化生活需要。如果建筑工程质量不达标，不仅不能增加社会财富，还会给人民的生活和生产带来损失，影响工业产品质量，甚至会大量浪费社会资源。因此，在建筑生产作业中，必须坚持"质量第一"的原则。

（2）提高质量管理水平是建筑企业生存和发展的要求。无数事实证明优良的建筑工程质量才能提高企业的信誉，才能在强手如林的竞争中取胜，特别是在国际建筑市场上，没有质量优势，就没有竞争地位。优良的建筑工程质量能给企业带来兴旺和发展，劣质的工程质量会导致企业垮台。只有真正确立"质量第一"的思想，企业才会有发展前途。

（3）质量管理可以带动整个建筑企业的各项管理工作，降低工程费用，增加企业的盈利和上交的税金，提高企业生产经营的综合效果。

（4）加强质量管理可以提高全体工作人员的工作质量，提高企业素质，培养出一支既有高尚的职业道德又有精湛的业务技术水平的员工队伍。

（5）建筑企业质量管理水平是建筑企业管理和技术水平的综合反映。建筑企业能否建造出优质建筑工程，一是取决于企业的全体员工，特别是领导层对质量的重视程度，企业经理有较强的质量意识，就能密切注意市场对质量需求的变化；二是取决于企业的技术水平，重视技术的开发利用，用科学管理方法合理组织生产，强化工序控制，就能使工程质量有效地得到保证。可见，建筑工程质量是企业是否有效管理的结果，是企业管理和技术水平的综合反映。

第二节　建筑企业全面质量管理

一、全面质量管理概述

全面质量管理（Total Quality Control or Management，简称 TQC 或 TQM），是以质量管理为中心，以全员参与为基础，旨在通过让顾客和所有相关方受益而达到长期成功的一种管理途径。从 1961 年费根堡姆提出全面质量管理的概念开始，世界各国对它进行了全面深入的研究，使全面质量管理的思想、方法、理论在实践中不断得到应用和发展。目前举世瞩目的 ISO 9000 族质量管理标准、美国波多里奇奖、欧洲质量奖、日本戴明奖等各种质量奖及卓越经营模式、六西格玛管理模式等，都是以全面质量管理的理论和方法为基础的。

（一）思想基础

行动是受思想支配的，全面质量管理也要有一个思想基础，这就是：

（1）"质量第一"是根本出发点。在质量和数量关系中，要认真贯彻保证质量的方针。

178

（2）贯彻"以预防为主"的方针。好的质量是生产出来的，而不是检查出来的。因此，产品质量的大部分责任是在生产，而不是在检查。所以，管理者应当从事后把关转到事前控制方面来。

（3）一切用数据说话，广泛运用数理统计方法。要用数据来判断事物，数据是进行全面质量管理的基础。

（4）全面质量管理是每位员工的本职工作。

（5）下道工序是上一道工序的用户。

（二）基本特征

TQM的基本观点是用户至上，预防为主。TQM具有如下基本特征：

（1）TQM是全面的质量管理，全面是指质量的含义是全面的，不仅包括产品和服务的质量，还包括产品质量赖以形成的工作质量。

（2）TQM是全过程的质量管理，全过程是指产品的质量形成和实现过程。

戴明（W.Edwards.Deming）博士是世界著名的质量管理专家，以戴明命名的"戴明品质奖"，至今仍是日本品质管理的最高荣誉

图9-4 戴明

（3）TQM是全员的质量管理，全员的质量管理要求把质量控制工作落实到每一名员工，让每一名员工都关心产品质量。

（4）TQM是全方法的质量管理，全方法的质量管理是指质量管理方法的多样化，如科学的管理方法、数理统计的方法、现代电子技术、通信技术等。

（三）PDCA——全面质量管理的基本方法

PDCA最早是由美国统计质量控制之父休哈特（Walter A. Shewhart）提出的PDS（Plan Do See）演化而来，由美国质量管理专家戴明（图9-4）改进成为PDCA模式（图9-5），所以又称为"戴明环"。PDCA循环是全面质量管理的基本工作方法，是提高产品质量和工作质量的一种科学管理方法，其理念来自于持续改进（Continuous Improvement）。

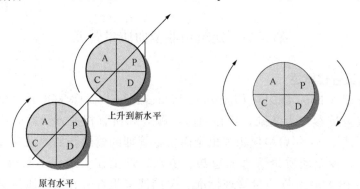

图9-5 PDCA模式

PDCA中的P（Plan）是计划，D（Do）是实施，C（Check）是检查，A（Action）是处理。每一个循环都要经过这四个阶段，其中这四个阶段又包括了八个步骤。如图9-6所示。

1. P（Plan）——计划阶段

计划阶段包括调查分析、选题、确定目标、研究对策、确定实施计划。其步骤是如下：

第一步：调查分析现状，找出存在的质量问题。

第二步：分析原因和影响因素。

第三步：找出影响质量的主要因素。

第四步：制定改善质量的措施，提出行动计划、时间、地点、完成方法等。预计效果，并落实到具体执行者和实施时间。

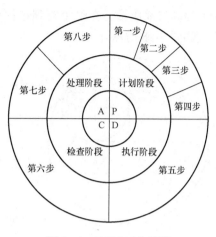

2. D（Do）——执行阶段

第五步：按照制定的措施和计划认真贯彻执行。

3. C（Check）——检查阶段

图9-6　TQM工作步骤

第六步：在执行过程中对比制定的措施和计划进行检查，找出成功的经验和失败的教训。

4. A（Action）——处理阶段

处理阶段的工作主要是将实际工作结果与预期目标对比得出结论，并对成功案例进行总结提升，将其升华为标准；而对于失败案例，则要进行纠正和检讨，避免重蹈覆辙。这些措施又都要反映到下一个计划中去，这就是处理。所以这个环节包括两个步骤：

第七步：总结经验、巩固成绩，进行标准化。

第八步：提出尚未解决的问题并找出原因，转到下一个PDCA循环中去。

经过这四个阶段、八个步骤，一个循环就完成了。再进入下一个循环的计划、实施、检查、处理，一个循环接着一个循环进行下去，产品质量水平自然会随之提高。

（四）PDCA循环的特点

1. 不断循环，质量步步提高

每一次PDCA循环的最后阶段，一般要求制定出技术和管理的标准，总结出经验和教训，研究出改进和提高的措施，并按照新的标准，组织生产和施工，使下一个PD-CA循环在新的基础上转动，而达到更高的标准，使质量保持上升的趋势。如图9-7所示。

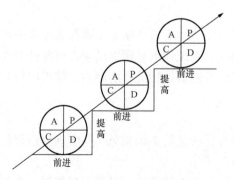

图9-7　PDCA循环（一）

2. 环环相扣，保证质量步步提高

要在整个企业上下都进行PDCA循环。企业是一个有机的整体，只有各个部门、各个单位、全体员工都齐心合力，协调配合，才有可能干好工作，提高产品质量。

在开展PDCA循环时，如果整个企业搞的是大循环，则企业的下属科室、分公司等要搞中循环，再下属的项目部要搞小循环。上一级循环是下一级循环的依据，下一级循环是上一级循环的具体贯彻，就这样通过循环把企业的各项工作有机联系起来，从而形成大环套中环、中环套小环，环环相扣，一环保一环，局部保整体的局面，促进整个企业提高产品质量。在整个管理过程中，如有一环不按计划转动，就会影响整个大环的前进。如图 9-8 所示。

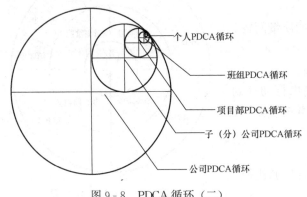

图 9-8　PDCA 循环（二）

二、建筑企业全面质量管理的概念

建筑企业全面质量管理，它是建立在广义的建筑工程质量管理概念基础之上而言的管理，具体来讲，就是为了保证和提高工程质量，组织全体员工和各个部门，在整个生产过程中，同心协力，综合运用管理技术、专业技术和科学方法，经济合理地开发、研制、生产和销售用户满意产品（工程）的管理活动。

所谓用户满意是指工程质量可靠、实用性强、造价合理、美观大方，按工期交工和保修服务良好等。

三、建筑企业全面质量管理的基本任务

建筑企业全面质量管理的基本任务，主要有以下两个方面。

（一）确定企业质量目标和方针，制定企业质量规划

确定质量目标就是根据企业存在的质量问题、质量通病以及与先进质量标准或用户需求的更新更高的质量标准对比差距，确定企业在计划期应达到的质量水平；确定质量方针就是制订企业在质量方面总的宗旨和方向，明确全体员工在质量方面的追求和努力方向。制订企业质量规划，就是围绕上述质量目标和方针，制订技术组织措施。

（二）建立和健全质量体系

建筑企业要使其产品和服务能持续满足用户的需要和期望，获得更好的效益和社会信誉，就必须进一步推行全面质量管理，按照 ISO 9000 系列标准建立和健全质量体系。

四、建筑企业全面质量管理的基本原则

（一）以顾客为关注焦点

实施本原则可以使组织了解顾客及其他相关方的需求和期望，通过确定并实现合理的产品质量目标和指标满足顾客需求，从而抓住市场机遇，提高顾客对产品的忠诚度，进而提高产品的市场占有率，提高经济效益。

实施本原则时一般采取的主要措施包括：全面了解顾客的需求和期望，确保其在整个组织中得到沟通，以确保组织各项目标的实现；有计划地、系统地测量顾客满意程度并针对测量结果采取改进措施；在重点关注顾客的前提下，确保兼顾其他相关方的利益，使组织得到全面、持续的发展。

（二）领导作用

领导者应建立组织统一的宗旨及方向，从而创造并保持使员工能充分参与实现组织目标的内部环境。

实施本原则时一般采取的措施包括：全面考虑所有相关方的需求，做好发展规划，为组织勾画出一个清晰的远景；设定富有挑战性的目标，并将以目标为导向的发展战略付诸实施；在一定范围内给予员工自主权，激发、鼓励并承认员工的贡献；提倡公开和诚恳交流和

沟通，建立宽松、和谐的工作环境；创造并坚持一种共同的价值观，形成企业的精神和企业文化。

（三）全员参与

全员参与原则可把全体员工动员起来，树立责任心和事业心，积极参与，努力工作，为实现组织的方针和战略做出贡献。

实施该原则一般要采取的主要措施包括：对员工进行职业道德教育，增强员工爱岗敬业、遵纪守法的责任感；在本职工作中，让员工有一定的自主权，并承担解决问题的责任；把组织的目标分解到各职能部门和层次，激励员工为实现目标而努力，并评价员工的业绩；启发员工积极提高自身素质，在组织内部提倡自由地分享知识和经验，使之成为全体员工共同的财富。

（四）过程方法

过程方法原则要求对质量管理过程中的各个要素进行管理和监督，通过有效地使用资源，使组织具有降低成本并缩短产品生产周期的能力。另外还可通过制定更富有挑战性的目标和指标，建立更经济的人力资源管理过程等实现过程方法管理。

实施本原则时一般要采取的措施包括：识别质量管理体系所需要的过程；确定每个过程的关键活动，并明确其职责和义务；确定对过程的运行实施有效监督管理的准则和方法，实施对过程的监视和测量；对监视和测量结果进行数据分析，发现改进的机会并采取措施。

（五）管理的系统方法

实施本原则可使各过程彼此协调一致，能取得所期望的最好的结果；可增强把注意力集中于关键过程的能力。由于体系、产品或服务和过程处于受控制状态，组织能向重要的相关方提供对组织有效性的信任。

实施本原则时一般要采取的措施包括：建立一个以过程方法为主体的质量管理体系；明确质量管理过程的顺序和相互作用，使这些过程相互协调；监视并协调质量管理体系各过程的运行，并规定其运行的方法和程序；通过对质量管理体系的测量和评审，采取措施以持续改进体系，提高组织的业绩。

（六）持续改进

坚持持续改进，可提高组织对改进机会快速而灵活的反应能力，增强组织的竞争优势；可通过战略和业务规划，把各项改进机会集中起来，形成更有竞争力的业务计划。

实施本原则时一般要采取的措施包括：使持续改进成为一种制度；提供关于持续改进的方法和工具的员工培训，使产品或服务、过程和体系的持续改进成为组织内每个员工的目标；为跟踪持续改进规定指导和测量的目标，承认改进的结果。

（七）基于事实的决策方法

实施本原则可增强通过实践来验证过去决策正确性的能力，可增强对各种意见和决策进行评审、质疑和更改的能力，发扬民主决策的作风，使决策更切合实际。

实施本原则时一般要采取的措施包括：收集与目标有关的数据和信息，并规定收集信息的种类、渠道和职责；通过鉴别，确保数据和信息的准确性和可靠性；采取各种有效方法，对数据和信息进行分析，确保数据和信息能被使用者得到和利用；根据对事实的分析、过去的经验和直觉判断做出决策并采取行动。

（八）与供方互利的关系

实施本原则可增强供需双方创造价值的能力。通过与供方建立合作关系可以降低成本，使资源的配置达到最优化，并可增强对市场变化联合做出灵活和快速反应的能力，创造竞争优势。

实施本原则时一般要采取的措施包括：识别并选择重要供方，考虑眼前和长远利益；创造一个通畅和公开的沟通渠道，及时解决问题，联合改进活动；与重要供方共享专门技术、信息和资源，激发、鼓励和承认供方的改进成果。

第三节　建筑企业质量管理的方法和手段

质量管理的过程中通常将分层法、管理图、因果图、检查表、直方图、控制图和散布图称为"老七种方法"，而将关联图、KJ 法、系统图、矩阵图、矩阵数据分析法、PDPC 法以及矢线图法统称为"新七种方法"。两者的关系如图 9-9 所示。

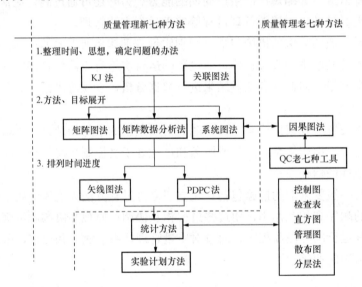

图 9-9　新老质量管理方法的关系

现阶段，我国建筑企业管理的发展趋势表现为企业管理从单一目标向多目标管理过渡，过去强调产值、积累，现在强调效率、效益以及多元化，用综合尺度来评价企业。另外，企业更加注重保护资源、节约能源，要求在产品制造、流通、使用、废弃的过程中不污染环境和不伤害人类。质量管理新七种方法就是在此背景下，随着企业生产的不断发展以及科学技术的进步，产生的用来解决生产中的质量管理问题的方法，该体系综合运用了运筹学、系统工程、行为科学等多门学科的知识。

质量管理新七种方法是思考型的全面质量管理，属于创造学领域，主要用文字、语言分析来确定管理方针，提高产品质量。质量管理新七种方法不能代替质量控制工具，更不是对立的，它们是相辅相成、相互补充的。因此，新七种工具的提出是质量管理体系内容的丰富和完善。

一般来说，"老七种方法"的特点是强调用数据说话，重视对生产过程的质量控制，而

"新七种方法"则基本是整理、分析语言文字资料（非数据）的方法，着重用来解决全面质量管理中 PDCA 循环的 P（计划）阶段的有关问题。两者的比较见表 9 - 1。因此，"新七种工具"有助于管理人员整理问题、展开方针目标和安排时间进度。整理问题，可以用关联图法和 KJ 法；展开方针目标，可用系统图法、矩阵图法和矩阵数据分析法；安排时间进度，可用 PDPC 法和矢线图法。

表 9 - 1　　　　　　　　　　　　　　质量管理新、老方法比较

项目	质量管理新七种方法	质量管理老七种方法
特征	语言资料，整理分析	数据及因果分析
方法	思考法为主	数理统计为主
成长	开发较晚，需充实完善	比较成熟

一、关联图

关联图是表示事物依存或因果关系的连线图，通过关联图能够把与事物有关的各环节按相互制约的关系连成整体，然后通过进一步分析事物之间"原因与结果""目的与手段"等复杂的逻辑关系抓住重点问题并寻求解决对策。该方法主要用于搞清各种复杂因素相互缠绕、相互牵连的问题，寻找、发现内在的因果关系，用箭头逻辑性地连接起来，综合地掌握全貌，找出解决问题的措施。关联图的箭头，只反映逻辑关系，不是工作顺序，一般是从原因指向结果，手段指向目的，如图 9 - 10 所示。

（一）关联图的作用

关联图的作用主要有：

（1）制订质量保证计划以及质量方针的展开、分解和落实。

（2）分析、研究提高产品质量和减少潜在不良产品数量的措施。

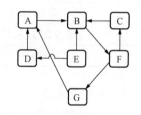

图 9 - 10　关联图示意图

（3）制定开展质量管理小组活动的规划。

（4）改善企业劳动、财务、计划、设备管理等部门的业务工作。

（二）关联图的优缺点

关联图的优点：从整体出发，从混杂、复杂中找出重点，明确相互关系，并加以协调；把个人的意见、看法照原样记入图中，多次绘图，了解过程、关键和根据，不断绘图、预测未来；用关联图表达看法，使人易理解；整体和各因素之间的关系一目了然，可绘入措施及其结果。

关联图的缺点：同一问题，不同人绘出的图形、得出的结论可能不一致；图形太复杂时，不易阅读；比较费时间；开头较难。

（三）绘制关联图

基本步骤如下：

（1）提出认为与问题有关的各种因素。

（2）将上述因素用简明而确切的文字或语言加以表示。

（3）把因素之间的因果关系，用箭头符号做出逻辑上的连接（不表示顺序关系，而是表示一种相互制约的逻辑关系）。在绘制关联图时，箭头的指向：

1）对于各因素间的关系是原因——结果型的，则是从原因指向结果（原因结果）。

2）对于各因素间的关系是目的——手段型的，则是从手段指向目的（目的手段）。

（4）根据图形，进行分析讨论，检查有无不够确切或遗漏之处，复核和认可上述各种因素之间的逻辑关系。

（5）指出重点，确定从何处入手来解决问题，并拟订措施计划。

建筑企业质量管理关联图的做法可以简单概括为三步。第一，提出主要质量问题，列出全部影响因素；第二，用简明语言表达或示意各因素之间关系；第三，用箭头把因素间的因果关系指明出来，绘制全图，找出重点因素。

（四）关联图与因果图的比较

关联图与因果图的主要区别是：因果图以研究质量影响因素之间的纵向因果关系为主；而关联图是以研究质量影响因素之间的横向因果关系为主。因果分析法对横向因果关系的考虑不够充分，此时宜采用关联图法来根据事物之间的横向因果逻辑关系找出主要因素，从而达到解决质量问题的目的，见表 9 - 2。

表 9 - 2   因果图与关联图的比较

因果图	关联图
只限因果关系，从因果关系入手	一切关系，从整体部署，全局观点
只限一个问题，箭头方向一致	多个问题，箭头方向不一定，可扩散
箭头不可逆，一因素一箭头	箭头可逆，一因素一箭头
短期，基本不变	动态，随时变化
一般措施前、后各绘制一次	多次分析研究绘制
措施不绘入	多考虑措施及结果

（五）关联图示例

某企业对推进（引进）TQC 所要作的一些重要项目进行了调查，并将其调查结果绘制成关联图，如图 9 - 11 所示。由图可知，推行 TQC 应将哪些项目作为本企业的重点项目。

根据此图进行分析，确定了首先应从确定方针、目标、计划和明确领导的指导思想入手，进一步开展企业的全面质量管理。

二、KJ 法

KJ 法是由日本川喜田二郎（图 9 - 12）提出的一种属于创造性思考的开发方法。它是一种把事件、现象和事实，用一定的方法进行归纳整理，引出思路，抓住问题的实质，提出解决问题的办法。具体讲，就是把杂乱无章的语言资料，依据相互间的亲和性（相近的程度，亲感性）进行统一综合整理，对于将来的、未知的或没有经验的问题，通过构思以语言的形式收集起来，按它们之间的亲和性加以归纳，分析整理，绘成亲和图，以期明确怎样解决问题。

（一）KJ 法的主要用途

KJ 法强调一切用事实说话，靠"灵感"发现新思想、解决新问题。该方法认为，许多新思想、新理论，往往是灵机一动，突然发现的。KJ 法可用于以下方面：

（1）认识新事物（新问题、新办法）。

（2）整理归纳思想。

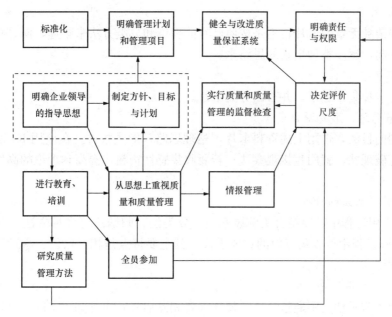

图 9-11　推进 TQC 的一系列重要项目的关联图

（3）从现实出发，采取措施，打破现状。

（4）提出新理论，进行根本改造，"脱胎换骨"。

（5）促进协调，统一思想。

（6）贯彻上级方针，使上级的方针变成下属的主动行为。

（二）KJ 法的工作步骤

1．确定对象（或用途）

KJ 法适用于解决那些非解决不可，且又允许用一定时间去解决的问题。对于要求迅速解决、"急于求成"的问题，不宜用 KJ 法。

2．收集语言、文字资料

收集资料时，要尊重事实，找出原始思想（"活思想" "思想火花"）。收集这种资料的方法有三种：

（1）直接观察法，即到现场去看、听、摸，吸取感性认识，从中得到某种启发，并记录下来。

川喜田二郎(Kawaki Taziro,1920—2009)
理学博士，著名文化人类学家、藏学家，是著名的创造性问题解决技法"KJ法"的创造者

图 9-12　川喜田二郎

（2）面谈阅览法，即通过与有关人谈话、开会、访问，查阅文献、"头脑风暴"来收集资料。

（3）个人的思考法，即通过个人自我回忆，总结经验来获得资料。

通常应根据不同的使用目的对以上收集资料的方法进行适当选择。

3．初步完成卡片

把所有收集到的资料，包括"思想火花"，都写成卡片。

4. 整理卡片

对于这些杂乱无章的卡片，不是按照已有的理论和分类方法来整理，而是把自己感到相似的归并在一起，逐步整理出新的思路来。

5. 卡片归类

把同类的卡片集中起来，并写出分类卡片。

6. 整理出思路，形成调查报告

根据不同的目的，选用上述资料卡片，整理思路，形成报告。在应用 KJ 法时，若要认识新事物，打破现状，就用直接观察法；若要收集感性资料，提高到理论的高度，就要查阅文献。

（三）头脑风暴法的种类

KJ 法的应用过程中需要结合头脑风暴法、分类法、归纳法等多种方法。其中头脑风暴法是 KJ 法实施过程中，收集资料的重要手段，其主要特点是相互启发、激励智力。该方法包括以下三种形式。

1. 奥斯本智力激励法

奥斯本智力激励法力图通过会议，使参加者相互启发，填补知识空隙——取长补短，引起创造性设想的连锁反应。参加会议的人数 10 人左右为宜，时间为 20～60min。每次会议的目的要明确，与会者围绕会议目标自由发言，提出的设想越多越好，任何人都不要做判断性结论。各种设想、发言不论好坏，均需记入卡片，目的是利用别人的发言，激励自己的"灵感"，不要错失产生"灵感"的机会。

2. 默写式智力激励法

默写式智力激励法，即每次激励会议由 6 人参加，每人在 5min 内针对会议议题提出 3 个创新设想并写在纸上，因此该方法也称"653 法"。

3. 卡片式智力激励法

卡片式智力激励法要求会前明确议题，每次 3～8 人参加，时间一般为 1h。每天拿 50 张卡片，桌上另发 200 张卡片备用。开始 10min 为"独奏"阶段，与会者谈对议题的看法、设想，每一条写一张卡片；之后 30min 与会者轮流发表自己的设想、看法，每次每人只读一张卡片，读完后卡片放于桌上，他人受到联想、启发后，可填在备用卡片上，最后几分钟，与会者各自交流、讨论有关的设想。

三、系统图法

系统图法是指系统地分析、探求实现目标的最好手段的方法。

在质量管理中，为了达到某种目的，就需要选择和考虑某一种手段，而为了采取这一手段，又需考虑它下一级相应的手段。这样，上一级手段就成为下一级手段的行动目的。如此把要达到的目的和所需要的手段，按照系统来展开，按照顺序来分解，作出图形（图 9-13），就能对问题有一个全面的认识。然后，从图形中找出问题的重点，提出实现预定目的的最理想途径。它是系统工程理论在质量管理中的一种具体运用。

（一）系统图法的主要用途

（1）在新产品研制开发中，应用于设计方案的展开。

（2）在质量保证活动中，应用于质量保证事项和工序质量分析事项的展开。

（3）应用于目标、实施项目的展开。

（4）应用于价值工程的功能分析的展开。

（5）结合因果分析图，使之进一步系统化。

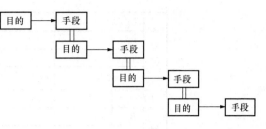

图9-13　系统的概念

（二）系统图法的工作步骤

（1）明确目的或目标，用简明的语言表达并记录所要达到的目标。

（2）提出手段和措施，无论是从上向下目标展开式的依次提出下一级水平的手段和措施，还是从下向上达到目标式的提出上一级水平的手段和措施，都要求针对具体目标，依靠集体智慧，提出有效的手段和措施。

（3）手段和措施的评价，可以用一些符号或打分方式评价手段能否实现，然后再更改和修正。

（4）使手段和措施系统化，即制成互相连接、顺序排列的系统图。

（5）核查目标。

（6）逐项订出实施计划，确定其具体内容、日程进度、责任者等。

四、矩阵图法

矩阵图法是指借助数学上矩阵的形式，把与问题有对应关系的各个因素，列成一个矩阵图；然后根据各因素间的关系和关系程度来探索解决问题的方法。在复杂的质量问题中，找出成对的质量因素，分别排列成行和列，在其交点处表示其关系程度，据此可以找出存在哪些问题和问题的形态，从而找到解决问题的思路。

（一）矩阵图类型

1. L型矩阵

图9-14是一种基本的矩阵图，它是把若干对因素（目的与手段，结果与原因）用行和列的二元表的形式来表现。

因素A 因素B		A				
		A_1	A_2	A_3	A_4	…
B	B_1					
	B_2					
	B_3					
	B_4					
	…					

图9-14　L型矩阵

2. T型矩阵

它是由A因素和B因素、A因素和C因素的两个L型矩阵图（其中A因素共用）组合起来的，如图9-15所示。

3. Y型矩阵

Y型矩阵图是由A和B因素、B和C因素、C和A因素三个L矩阵组成的图，如图9-16所示。

因素C	C_4					
	C_3					
	C_2					
	C_1					
因素A		A_1	A_2	A_3	A_4	
因素B	B_1					
	B_2					
	B_3					
	B_4					

图 9-15 T 型矩阵

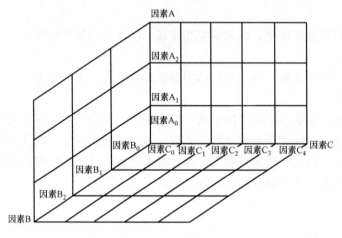

图 9-16 Y 型矩阵

4. X 型矩阵

X 型矩阵图是把 A 与 B、B 与 C、C 与 D、D 与 A 等四个 L 型矩阵图组合在一起的矩阵图，如图 9-17 所示。

（二）作图步骤

矩阵图的绘制步骤如下：

（1）列出质量因素。

（2）把成对因素排列成行和列，表示其对应关系。

（3）选择合适的矩阵图类型。

（4）根据经验判断在成对因素交点处用不同的符号表示出其关系程度，要素间的关系程度可分三种：关系密切、较密切、一般（或可能有关系）。

（5）根据关系程度，确定必须控制的重要因素。

（6）针对重要因素，制定对策表。

（三）矩阵图法的应用

矩阵图法主要用于以下方面：

（1）在开发系列新产品或改进老产品时，提出设想方案。

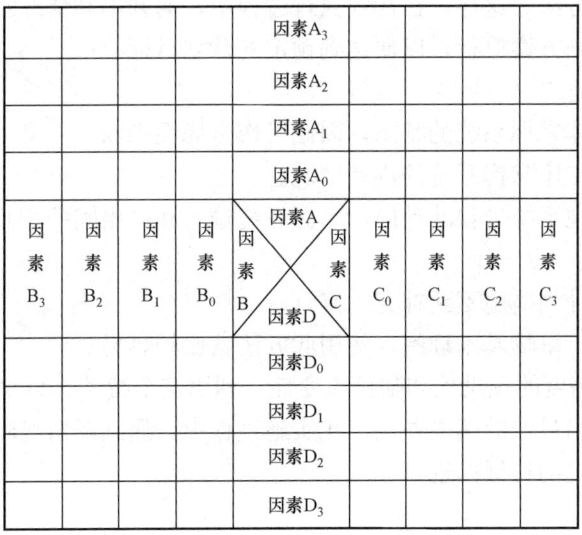

				因素A$_3$				
				因素A$_2$				
				因素A$_1$				
				因素A$_0$				
因素B$_3$	因素B$_2$	因素B$_1$	因素B$_0$	因素A ╳ 因素C / 因素B 因素D	因素C$_0$	因素C$_1$	因素C$_2$	因素C$_3$
				因素D$_0$				
				因素D$_1$				
				因素D$_2$				
				因素D$_3$				

图 9-17 X 型矩阵

（2）为使产品的某种代用质量特性适应多种质量要求时，进行质量展开。

（3）明确产品应该保证的质量特性与承担这种保证的部门的管理职能之间的关系，以确定和加强质量保证体系并找出关键。

（4）加强质量评价体制并提高工作效率。

（5）探求施工工序中产生不良现象的原因。

（6）根据市场和建筑产品的联系，制定产品占领市场的策略。

五、数据矩阵分析法

数据矩阵分析法是新七种工具中唯一属于数理统计方法应用的工具。数据矩阵分析法与矩阵图法类似，但它与矩阵图法的区别是：不是在矩阵图上填符号，而是填数据，形成一个分析数据的矩阵。它是从含有许多个有相关关系的变量系统中收集大量数据之后，用数理统计中的多元统计分析方法进行处理，寻找出若干个数目较少但又能较多地反映出原系统信息的新变量（它们是原始变量的线性组合），而进行的多指标综合处理。

这是一种定量分析问题的方法。应用这种方法，需要借助电子计算机求解。矩阵数据分析法可以应用于市场调查，新产品开发、规划和研究，以及工艺分析等方面。其主要用途有以下几方面：

（1）根据市场调查的数据资料，分析用户对产品质量的期望。

（2）分析由大量数据组成的不良因素。

（3）分析复杂因素相互交织在一起的工序。

（4）把功能特性分类体系化。

（5）进行严谨的质量评价。

（6）分析曲线的对应数据。

六、PDPC 法

PDPC（Process Decision Program Chart）法又称为过程决策程序图法。它是在制订研制目标的计划阶段，对计划执行过程中可能出现的各种障碍及结果作出预测，并相应地提出多种应变计划的一种方法。这样，在计划执行过程中，遇到不利情况时，仍能有条不紊地按第二、第三或其他计划方案进行，以便达到预定的计划目标。

PDPC法的特征是：

（1）从全局、整体掌握系统的状态，因此可作全局性判断。

（2）可以按时间顺序掌握系统的进展情况。

（3）可以密切注视系统进程的动向，掌握系统输入和输出间的相互关系，使得前因后果紧凑。

（4）情报及时，计划措施不断补充、修订。

（5）只要对系统、事物基本理解，使用此方法就比较容易。

PDPC法显示了高度的预见性和随机应变性。利用这个特性，可事先估计出各种实施措施所产生的效果，找出最佳的解决办法。在实施过程中，遇到新情况时，可以随机应变，改变系列活动，朝着预定的目标前进。

七、矢线图法

矢线图法是计划评审法在质量管理中的具体运用，又称为箭条图法。它是使质量管理的计划安排具有时间进度内容的一种方法，有利于从全局出发、统筹安排、抓住关键线路，集中力量，按时或提前完成计划。矢线图法主要用于解决一项工程或任务中的工期、费用、人员安排等合理优化的问题。

（一）矢线图法的工作内容

矢线图法的工作内容主要有：

（1）调查工作项目，按先后顺序、逻辑关系排列编号。

（2）按照绘图要求，画出网络图。

（3）估计各工序或作业的时间。

（4）计算节点和作业的时间参数，如最早开工时间，最迟必须完成时间等。

（5）计算寻找关键路线，进行网络系统优化。

（6）计算成本斜率、估算完工概率、绘制人员配备图，最终达到缩短工时、降低成本、合理利用人力资源的目的，绘制实施矢线图（或称网络图）。

（二）绘图步骤

矢线图法的绘图步骤为：

（1）调查工作项目，按工作项目的先后次序，由小到大进行编号。如①→②等。箭杆上方还可标出该项作业过程所需的时间数。作业时间单位常以日或周表示。

（2）各项作业过程的时间的确定，可用经验估计法求出。通常作业时间按三种情况进行估计：

1）乐观估计时间，用 a 表示；

2）悲观估计时间，用 b 表示；

3）正常估计时间，用 m 表示；

4）经验估计作业时间用 d 表示，则

$$d = \frac{a + 4m + b}{6}$$

(9-1)

（3）画出箭条图。

（4）计算每个结合点上的最早开工时间。结合点上的最早开工时间，是指从始点开始顺箭头方向到该结合点的各条路线中，时间最长的一条路线的时间之和。

（5）计算每个结合点上的最晚开工时间。结合点上的最晚开工时间，是指从终点逆箭头方向到该结合点的各条路线中时间差最小的时间。

（6）计算富余时间，找出关键线路。富余时间，是指在同一结合点上最早开工时间与最晚开工时间之间的时差。有富余时间的结合点，对工程的进度影响不大，属于非关键工序。无富余时间或富余时间最少的结合点，就是关键工序。把所有的关键工序按照工艺流程的顺序连接起来，就是这项工程的关键路线。

第四节　建筑企业综合管理体系

为适应建筑市场的激烈竞争，增强建筑企业竞争实力，需要大力推行管理创新，实行标准化、程序化管理。质量管理体系标准（ISO 9000）的贯彻执行已成为建筑企业普遍接受的一种管理方式。随着社会的发展和人们观念的转变，环境管理体系（ISO 14000）和职业健康安全管理体系标准（ISO 45001）被越来越多的建筑企业所重视。

一、综合管理概述

（一）综合管理的基本概念

综合管理，又称为全面一体化管理（Total Integrated Management，TIM），是指组织在所有领域内以质量、环境、职业安全卫生为核心，以全面质量管理（Total Quality Management，TQM）理论为基础，依据国际管理标准框架，融合其他管理要求，优化、整合、协调一致管理，其目的在于让顾客满意，使员工、相关方受益而实现长期成功的管理。其中：

（1）全面质量管理是一种现代化的质量管理。包括质量文化、质量方针、质量目标、质量体系、质量改进、质量策划、质量成本和质量审核八个组成部分。

（2）国际管理标准框架有四层含义。

1）要同时满足 ISO 9000、ISO 14000、ISO 45001 标准各自管理体系的需求，并适用法律、法规及其他要求。

2）管理体系要容纳并结合组织的要求，核心思想是坚持持续改进，提高组织绩效。

3）管理体系均以体系文件为载体，从方针目标、管理手册、程序文件、作业性文件及记录五个层次予以表述和证实。

4）所有领域是指一个组织中的所有部门和产品、过程及活动所涉及的范围，包括组织所有层次和不同系统都融合在一个有机体之内，统一策划及设计，统一运作，统一形成自我完善的综合管理体系。

（二）综合管理体系的含义

综合管理体系是指综合管理、指挥和控制组织建立方针及目标，并实现这些目标的体系。有人将其分为狭义的综合管理体系和广义的综合管理体系。

狭义的综合管理体系又称为"三标一体化管理体系"。它是组织依据三大标准体系建立的质量、环境、职业安全卫生的一体化管理体系，其目的是满足顾客、社会、员工及组织相关方的要求，用于第二方评价认定或第三方审核认证注册，这是对组织管理体系的最基本要求。

广义的综合管理体系亦称"全面一体化管理体系"。它是在狭义一体化管理体系基础上的发展,其目的在于组织业绩(绩效)改进,追求卓越,满足顾客、社会、员工及组织相关方的期望。广义的综合管理体系是对组织综合管理能力提出的较高要求。

二、ISO 9000 质量管理体系标准概况

(一)ISO 9000 质量管理体系标准简介

ISO 是国际标准化组织(International Standards Organization)的简称。ISO 成立于 1947 年 2 月 23 日,是一个非政府的国际科技组织(现有成员国 150 多个),是世界上最大的、最具权威的国际标准制订、修订组织。ISO 的最高权力机构是 ISO 全体大会,其日常办事机构是中央秘书处,设在瑞士的日内瓦。其宗旨是"发展国际标准,促进标准在全球的一致性,促进国际贸易与科学技术的合作"。

1959 年美国国防部发布世界上第一个质量保证标准《检验系统要求》MIL—Q—45028A 后,为适应世界经济和国际市场发展的需要,确保消费者利益,1979 年英国制定了 BS 5750 质量保证标准。其后,国际标准化组织(ISO)根据英国 BSI 的提议,于 1979 年成立了 ISO/TC 176"质量管理和质量保证技术委员会"。该委员会以英国 BS 5750 和加拿大 CSAZ—229 这两个标准为基础,并参照很多国家的质量管理和质量保证标准,经过五年的努力,于 1986 年完成了 ISO 9000 系列标准,1987 年 3 月发布了 ISO 9000 系列标准。1994 年 ISO/TC 176 完成了第一阶段的修订工作,发布了 1994 版标准。2000 年 12 月 15 日 ISO/TC 176 完成了第二阶段的修订工作,正式发布了 2000 版 ISO 9000、ISO 9001、ISO 9004 等三个标准。2002 年 10 月 1 日发布了 ISO 19011:2002 质量和(或)环境管理体系审核指南,形成了 2000 版 ISO 9000 族标准。2005 年 ISO 9000:2005 质量管理体系基础和术语颁布。2008 年 11 月 15 日正式发布 ISO 9001:2008 标准,并且规定 ISO 9001:2008 标准发布一年后,所有经认可的认证机构所发放的认证证书均为 ISO 9001:2008 认证证书,发布两年后所有 ISO 9001:2000 认证证书均失效,见表 9 - 3。

表 9 - 3　　　　　　　　　　　ISO 9000 系列标准

核心标准	其他标准
ISO 9001:2008 质量管理体系——要求 ISO 9000:2005 质量管理体系——基础和术语 ISO 9004:2000 质量管理体系——业绩改进指南 ISO 19011:2002 质量和(或)环境管理体系审核指南	ISO 10002:2004 质量管理体系顾客满意组织投诉处理指南 ISO 10005:2005 质量管理质量计划指南 ISO 10006:2003 质量管理体系项目质量管理指南 ISO 10007:2003 质量管理技术状态管理指南 ISO 10012:2003 测量管理体系测量过程和测量设备的要求 ISO 10014:2006 质量管理实现财务与经济效益的指南 ISO 10015:1999 质量管理培训指南 ISO 10019:2005 质量管理体系咨询师选择和使用指南 ISO 9003:2004 软件工程 ISO 19001—2000 在计算机软件中的应用指南
技术报告	小册子
ISO/TR 10013:2001 质量管理体系文件指南 ISO/TR 10017:2003 ISO 19001—2000 的统计技术指南	ISO 小册子,质量管理原则 ISO 小册子,标准选择和使用指南 ISO 小册子,小型组织实施指南

（二）ISO 9000 系列标准的作用

一个机构可依据 ISO 9000 标准建立、实施和改进其质量体系，并可作为机构间（第二方认证）或外部认证机构（第三方认证）的认证依据。该系列标准被多国等效采用，是全世界最通用的国际标准。

1978 年 9 月 1 日，我国以中国标准化协会（CAS）的名义重新进入 ISO 组织，1988 年改为以国家技术监督局（现为国家质量监督检验检疫总局）的名义参加 ISO 的工作，目前由中国国家标准化管理局 SAC 代表国家参加 ISO 组织的工作。

我国采用国际标准或对应国际标准的方式有三种：等同采用、修改采用、非等效采用。从 1994 版开始，我国决定等同采用 ISO 9000 族国际标准。等同采用是指与国际标准在技术内容和文本结构上相同，或者与国际标准在技术内容上相同，只存在少量编辑性的改动。对等同采用的国标标准，我国采用双编号方式，即国家标准编号与国际标准编号相结合。如 GB/T 19000—2005IDT ISO 9000—2005。GB 表示国家标准，T 表示推荐，IDT 是 IDEN-TICAL（等同）的缩写。非等效采用是采用国际标准的基本方法之一，它是指我国标准在技术内容的规定上，与国际标准有重大差异。可以用图示符号"≠"表示，其缩写为 neq 或 NEQ。

ISO 9000 系列标准的诞生是质量管理和质量保证工作的一个新纪元。推行 ISO 9000 标准是实现质量管理和质量保证工作与国际接轨，全面提高建筑企业素质，强化质量管理手段，真正提高产品质量，获得用户信任，在国内和国际市场竞争中获胜，保持企业长期发展的有效途径。

（三）建筑企业质量管理体系的建立

1. 领导决策

建筑企业要建立质量管理体系，首先领导者要作出决策，为此领导要学习国家有关贯彻标准的文件、质量标准以及国际标准化组织发布的有关文件。通过学习提高认识，统一思想，在深刻认识到贯彻质量标准的意义和高度重视质量管理工作的基础上，作出正确的决策。

2. 组织落实

为实现质量管理体系的建立和有效运行，首先要成立领导小组（或质量工作委员会），由企业经理担任组长，分管质量的副经理任副组长，领导质量工作；然后从各管理职能部门经验丰富的技术人员中抽调一定数量分析能力强、文字表达能力好的人员组成工作组，具体执行质量管理体系的建立和运行工作，工作组的成员人数不超过 10 人。

3. 制订工作计划

为了有目的有步骤地做好质量管理工作，应事先制订工作计划。建筑企业质量管理体系的建立过程一般可分为五个阶段，即建立质量管理体系的准备工作、质量管理体系总体设计、质量管理体系文件编制、质量管理体系的运行、质量管理体系的认证。

4. 组织宣传和培训

（1）宣传教育。宣传教育包括认证申请、质量管理体系认证。由领导对全体员工宣讲建立企业质量管理体系的意义、贯标企业质量管理体系的工作计划及对全体员工在贯标工作中的要求等，提高全体员工对质量管理工作的认识，并积极参与、配合并努力做好质量管理工作。

（2）培训工作。质量培训工作主要是组织企业中层以上干部、工作组成员和质量控制人员分别进行培训。

中层以上干部和工作组成员主要学习上级主管部门的贯标文件、国家质量标准系列和一些非正式发布的标准，以及有关的贯标教材。

质量控制人员学习的内容除上述文件外，还包括各种管理文件、项目质量计划，以及有关的质量标准、技术规范和法规等，并接受外聘专业人员的培训，以正确理解相关文件。

5. 质量管理体系设计

构建质量管理体系时，要参考建筑企业的特点（业务性质及范围）、产品的特点和企业原有的质量管理体系，并严格遵守标准中所述的质量管理体系要求。质量管理体系设计的步骤如下。

（1）确定生产活动过程。根据企业和产品的特点，确定本企业生产活动的全过程，得到企业主要生产活动的明细结构表。对于建筑企业，生产活动过程可划分和分解如下：

1）市场调研。对于施工总承包企业主要是通过建筑市场的信息反馈，寻找可承接的施工项目，并参加投标；对于工程总承包企业还需要调查工程地点、环境、造价、标准（等级）以及市场需求等。

2）设计、规范编制和产品研制。对于施工总承包企业主要是进行施工组织设计和图纸会审。对于工程总承包企业还涉及工程项目总体方案设计、初步设计、扩大初步设计以及施工图设计。

3）采购。对于建筑企业主要是根据设计图纸要求，进行材料设备和生产工艺设备的采购订货。

4）工艺准备。工艺准备主要是进行施工准备，如场地的三通一平，材料、设备、施工机具进场，施工人员进场，搭建施工临时设施，施工总平面布置等。

5）生产制造。对于建筑施工企业主要是进行工程项目的土建施工、设备的安装调试、装饰和装潢等。对于工程总承包企业还要进行项目的设计。

6）检验和试验。检验和试验主要是进行设计的审查和评审、检验和试验应贯穿于工程施工的全过程，包括材料（半成品、成品、构配件）和设备的检验以及从工序、隐蔽工程、分项工程、分部工程、单位工程的检查验收和质量评定，到整个工程项目的试运行和竣工验收。

7）技术服务和维护。技术服务和维护主要是保修期内的质量回访和维修。

（2）制订质量方针和目标。质量方针和目标是建筑企业质量管理的准则和方向，是对社会所作的质量保证和承诺，它反映了顾客的需求和期望，同时也反映了领导层对下属各部门质量责任的要求和目标。质量方针应反映企业的特色，有概括性、易于理解。质量目标则应反映企业通过努力能够达到的质量水平，并为用户和社会所认同，其内容应该比较具体，具有一定的量化程度，易于考核和评价。

1）质量方针的制定应满足下列要求：

①质量方针应与组织的发展目标相一致；

②能被组织的所有成员认识理解，并应与组织的宗旨和长远的战略目标相一致；

③表明最高管理者促进组织各层次对质量的承诺；

④表明最高领导者为实现质量要求而提供足够资源的承诺；

⑤阐明持续改进和顾客满意程度。

2）质量目标应满足下列要求：

①质量目标应能成为评价质量管理体系的依据；

②质量目标应既切实可行，又具有挑战性；

③质量目标应有近期和长期之分；

④质量目标应能满足顾客及相关方的需求和期望。

（3）确定质量管理体系覆盖产品的范围。所谓质量管理体系覆盖产品范围是指拟建立的质量管理体系适用于哪些建筑产品，如普通工业民用工程、公路工程、铁道工程、化工工程、水电工程、冶金工程、电子工程等，覆盖的产品越多，工作量越大。通常首先应以企业的主导产品作为质量管理体系的覆盖产品，待条件成熟后，再逐步扩大覆盖产品范围。

（4）对现有质量管理体系的调查和评价。对照标准中的质量管理体系要素，对企业现有的质量管理体系进行分析对比和评价，找出差距，作为质量管理体系设计的准备和依据。

（5）制定质量管理体系设计方案。在对现有的质量管理体系调查和评价的基础上，确定新的质量管理体系设计方案，管理体系设计成果应包括内容如下：

1）质量管理体系要素目录及其相应的质量活动；

2）工作程序目录；

3）组织机构图；

4）质量责任制（职责分配方案）；

5）资源和人员分配。

6. 确定组织机构和职责分配

确定组织机构和职责分配的工作内容包括：第一，将建筑企业的质量管理和质量保证工作具体落实到各职能部门和项目经理部，通常建筑企业可设立质量管理和质量保证办公室，负责质量管理体系的认证申请和接待工作，以及认证通过后的定期外部复审、组织质量管理体系的运行和协调以及内部审核员的定期审核、质量管理体系文件的保管等工作。第二，根据建筑企业的业务特点，参照质量管理体系网络和标准的要求，对现有的机构及职责进行调整，并将所有职责合理地分配到各职能部门。通常一个要素由一个职能部门主管，并明确由哪些部门配合。当然一个职能部门也可以主管几个要素，但是一个要素不能由几个部门主管，这样职责不易明确。此外还应单独设立质量检验部门，并保证其独立性和有效性。

7. 进行资源配备

资源是指设计和研制的设备、生产设备、检验和试验设备、仪器仪表和计算机软件、人才资源和专业技能等，这些资源应在质量管理体系确定后进行调整和分配，例如工程项目施工生产应配备必要的管理人员、技术人员和施工人员，配备与工程项目和施工方法相适应的施工机械、设备、周转材料和建筑材料，以及能满足生产要求和质量要求的检验和试验设备、管理软件等资源。

三、ISO 14000 环境管理体系标准概况

工业化的发展过程中，由于人类过度追求经济增长速度而忽略对环境的影响，导致水土流失、土地沙漠化、水体污染、空气质量下降、全球气候反常、臭氧层耗竭、生态环境严重破坏等环境问题成为制约经济发展和人类生存的重要因素。各国政府非常重视环境问题，纷纷制定环境标准，各项标准日趋严格，出口商品因不符合标准而蒙受巨大经济损失。环境问题已成为绿色贸易壁垒，并成为建筑企业生存和发展必须关注的问题。

ISO 国际标准化组织在汲取世界发达国家多年环境管理经验的基础上制定并颁布了 ISO 14000环境管理系列标准。ISO 14000 是国际标准化组织（ISO）制定的环境管理体系国际标准。ISO 14000 认证已经成为打破国际绿色壁垒、进入欧美市场的准入证，通过 ISO 14000认证的企业可以改善企业形象，提高企业竞争力。

（一）建筑企业实施 ISO 14000 系列标准的意义

1. 有利于提高企业环境管理水平和改变企业形象，提高企业知名度

ISO 14000 系列标准规定了一整套指导企业建立和完善环境管理体系的方法和模式，为现代化企业管理提供了科学的借鉴。ISO 14000 的申请与认证建立在自愿的基础上，有严格的程序。通过 ISO 14000 系列标准认证能够在提高企业社会形象和知名度的同时，消除企业与社会在环境问题上的矛盾，改变人们对传统建筑企业"脏、乱、差"的印象。

2. 有助于推行清洁生产，实现污染预防

环境管理体系高度强调污染预防，明确规定了企业环境方针中必须对污染预防作出承诺，在环境因素的识别与评价中，要全面识别建筑企业的活动和产品中的环境因素。要考虑到三种状态和三种状态下可能产生的环境影响，要求分别对向大气、水体排放的污染物，噪声影响以及固体废物的处理等诸项进行调查分析，针对存在的问题从管理上或技术上加以解决，使之纳入体系的管理，从而实现从源头治理污染，实现建筑企业清洁生产，绿色施工。

3. 有利于建筑企业降低成本与能耗

ISO 14000 系列标准要求企业进行全过程的管理，即从设计到产品及服务，考虑污染物产生和排放对环境的影响，以及资源材料的节约及回收，从而有效利用原材料、回收可用废物，减少因排污造成的赔罚款及排污费，以降低生产成本和能耗。英国通过 ISO 14000 认证的企业中，有 90% 的企业通过节约能耗、回收利用和强化管理获得了超过认证成本的经济效益。

4. 有利于减少污染排放，降低环境事故风险，避免相关民事和刑事责任

环境管理体系通过多个环节减少污染排放。许多企业通过可再生能源替代、产品改进设计、工艺流程优化及加强管理减少污染排放，或通过治理而实现污染物达标排放，这不仅保护环境，而且减少了许多环境事故风险及相关的民事和刑事责任。环境管理体系还要求有应急准备与反应，一旦发生紧急情况，可以预防和减少对环境造成的污染。

（二）ISO 14000 系列标准的分类

1. 按性质分类

基础标准——术语标准；

基本标准——环境管理体系、规范、原理、应用指南；

支持技术类标准（工具）——环境审核、环境标志、环境行为评价和生命周期评估。

2. 按功能分类

评价组织：包括环境管理体系、环境行为评价和环境评审；

评价产品：包括生命周期评估、环境标志和产品标准中的环境指标。

（三）颁布的环境管理体系标准

目前已经颁布的环境管理体系标准见表 9-4。

表 9 - 4	目前颁布的环境管理体系标准	
标准编号	标准名称	备　　注
ISO Guide：1997	对环境管理体系机构认证的基本要求	
ISO 14001：2004	环境管理体系——规范及使用指南	ISO 14000 系列标准的主体标准
ISO 14004：1996	环境管理体系——原则、体系和支持技术通用指南	只作为内部管理工具
ISO 14010：1996	环境审核指南——通用原则	用于环境管理体系审核的标准
ISO 14011：1996	环境审核指南——审核程序——环境管理体系审核	提供环境管理体系审核的程序
ISO 14012：1996	环境审核指南——审核员资格要求	用于管理环境审核员的标准
ISO 14020：2000	环境标志和声明——通用原则	
ISO 14021：1999	环境标志和声明——自行声明的环境申诉（Ⅱ型标志）	
ISO 14024：1999	环境标志和声明——Ⅰ型环境标志和声明——原则与程序	
ISO 14031：1999	环境管理——环境绩效评估——指导纲要	
ISO 14040：1997	环境管理——生命周期评价——原则与框架	提供评估生命周期的原则和框架
ISO 14041：1998	环境管理——生命周期评价——目标和范围的界定及清单分析	
ISO 14042：2000	环境管理——生命周期评价——影响评价	
ISO 14043：2000	环境管理——生命周期评价——解释	
ISO 14050：1998	环境管理——术语和概念——术语使用原则指南	
ISO/TR 14025：2000	环境标志和声明——Ⅲ型环境声明	
ISO/TR 14032：1999	环境管理——环境绩效评估	
ISO/TR 14061：1998	帮助组织运用环境管理体系的有关 14001 和 14004 的信息	

（四）ISO 14001 标准在 ISO 14000 系列标准中的地位

ISO 14001 是 ISO 14000 系列标准的龙头标准。这个标准的核心是规定了环境管理体系的要素（共 5 个部分，17 个要素），也就是说对环境管理体系提出规范性要求，一切组织的环境管理体系必须遵照本标准的要素、规定和模式。从另一角度来看，在对组织进行环境管理体系认证时应以 ISO 14001 为尺度衡量其符合性。ISO 14001 的五个部分与 ISO 14000 系列标准的其他标准均有联系，如管理评审与环境审核密不可分。可以说 ISO 14000 是以 ISO 14001 为核心，并由此建立体系而派生出一系列相关判定、审核、方法及定义、标准。

四、ISO 45001 职业健康安全管理体系要求及使用指南

1999 年英国标准协会（BSI）等 13 个国家的相关组织提出了职业安全卫生管理体系（Occupational Health and Safety Assessment Series 18000，OHSAS 18000）标准。OHSAS 18000 标准秉承了 ISO 9000、ISO 14000 标准成功的思维及管理（PDCA）模式，且由于职业健康与安全体系、环境管理体系之间存在着密切联系和共同之处，其标准条款及相应要求也具备许多共同特点。该系列标准于 1999 年 4 月发布，包括两部分：OHSAS 18001（职业安全管理体系—规范）、OHSAS 18002（职业安全卫生管理体系：OHSAS 18001 的实施指南），其中 OHSAS 18001 可用于认证或注册。2007 年 7 月 1 日，OHSAS 18001：2007 国际标准改版发行。ISO 45001 由 ISO/PC 283 职业健康安全管理体系项目委员会负责起草编写。这个委员会由 69 个正式成员和 16 个观察成员组成。国际劳工组织职业安全与健康协会等组织的代表也参与了标准的讨论。

为了有效推动我国职业安全卫生管理工作，提高企业职业安全卫生管理水平，降低安全卫生风险因素及相关费用，降低生产成本，提高我国企业的综合形象并使企业管理模式符合国际通行的惯例，促进国际贸易，我国已经开始全面推广实施职业安全卫生管理体系工作。

（一）ISO 45001 标准概述

本标准规定了对职业健康安全管理体系的要求及使用指南，旨在使组织能够提供健康安全的工作条件以预防与工作相关的伤害和健康损害，同时主动改进职业健康安全绩效。这包括考虑适用的法律法规要求和其他要求并制定和实施职业健康安全方针和目标。

本标准适用于任何有下列愿望的组织：

（1）建立、实施和保持职业健康安全管理体系，以提高职业健康安全。消除或尽可能降低职业健康安全风险（包括体系缺陷），利用职业健康安全机遇，应对与组织活动相关的职业健康安全体系；

（2）持续改进组织的职业健康安全绩效和目标的实现程度；

（3）确保组织自身符合其所阐明的职业健康安全方针；

（4）证实符合本标准的要求。

本标准旨在适用于不同规模、各种类型和活动的组织，并适用于组织控制下的职业健康安全风险，该风险考虑了组织运行所处的环境以及员工和其他相关方的需求和期望。

本标准未提出具体的职业健康安全绩效准则，也未规定职业健康安全管理体系的结构。本标准使组织能够通过组织的职业健康安全管理体系，整合健康和安全的其他方面，比如员工健康/福利。

本标准未涉及除给员工及其他相关方造成的风险以外的其他问题，比如产品安全、财产损失或环境影响等风险。

本标准能够全部或部分地用于系统地改进职业健康安全管理。但是，只有本标准的所有要求都被包含在了组织的职业健康安全管理体系中且全部得以满足，组织才能声明符合本标准。

（二）ISO 45001 标准主要内容

ISO 45001 的主要内容包括 6 个大部分，强调解决决策力和执行力的问题。基于标准编制的通常体例，ISO 45001 包括 6 个大部分，分别是前言、介绍、标准正文、附录（使用指南）、参考文献和索引目录；正文部分设置了 10 个章节，包括范围、规范引用文件、术语和定义、单位现状（组织所处的环境）、领导力和员工参与、策划、保障（支持）、运行、绩效评估和改进等。

五、综合管理体系的建立

（一）三大标准体系的异同

1. 不同之处

（1）目的、对象和适用范围不完全相同。ISO 9000 标准旨在指导组织建立质量管理体系，通过对影响质量的过程和要素进行控制，增强顾客满意度；ISO 14000 标准是用于组织建立环境管理体系，规范组织的环境管理，通过体系运行和持续改进，达到改善环境绩效，使社会及众多相关方满意的目的；OHSAS 18000 标准主要用于指导组织建立职业安全卫生管理体系，通过体系运行和持续改进，改善组织安全卫生绩效，满足员工及组织内相关方的要求。

（2）要素名称虽然相同或相近，但内容差别较大。例如三大标准体系中都有"方针""目标"要素，虽然目标管理都要求在"组织的相关职能和层次上"建立并形成文件，但质量目标、环境目标和职业安全卫生目标的内容却不同。

（3）满足不同相关方的要求。ISO 9000 标准的目的是满足顾客要求，落脚点是产品，强制性要求较少，只有提高产品质量，才能达到顾客满意。

ISO 14000 标准的目的是满足社会等众多相关方的要求，落脚点是生产过程，强制性要求较多。企业只有在生产过程中，减少污染，充分利用自然资源，才能增强其对社会的责任感，提高企业的社会信誉度。

ISO 45001 标准的作用是为管理职业健康安全风险和机遇提供一个框架。职业健康安全管理体系的目的和预期结果是防止对工作人员造成与工作相关的伤害和健康损害，并提供健康安全的工作场所；因此，对组织而言，采取有效的预防和保护措施以消除危险源和最大限度地降低职业健康安全风险至关重要。

这三个方面的优先顺序是先解决企业生存问题，即必须有市场，有顾客企业才能生存，第二步是解决企业可持续发展的问题，即员工和社会环境的问题。其关系如图 9-18 所示。

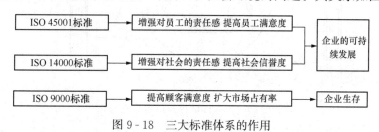

图 9-18　三大标准体系的作用

各个管理体系都有其区别于其他体系的专用性要素，如图 9-19 所示。

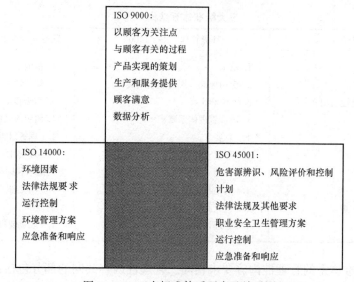

图 9-19　三大标准体系要素及关系图

2. 共同点

（1）三大标准体系的核心内容。三大标准体系的核心内容都是根据管理学原理，为组织建立了一个动态循环的管理过程框架，以持续改进的思想指导组织系统地实现其既定目标，如图 9-20 所示。

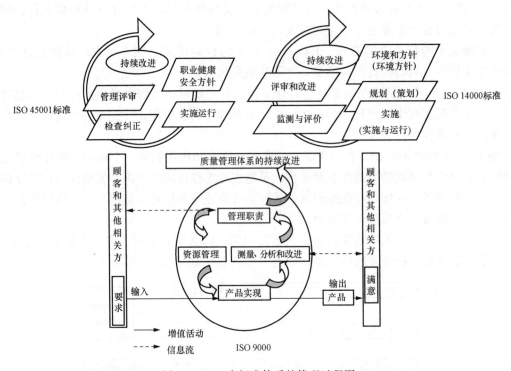

图 9-20 三大标准体系的管理过程图

（2）三大标准体系的基本结构。三大标准体系在结构章节上尽管不是一一对应的，但其基本结构是一致的，见表 9-5。

表 9-5 三大标准体系结构对比

质量管理 ISO 9000	环境管理 ISO 14000	职业安全卫生管理 ISO 45001
1. 范围 2. 应用标准（规范性引用文） 3. 术语和定义 4. 质量管理体系 5. 管理职责 6. 资源管理 7. 产品实现 8. 测量、分析和改进	1. 范围 2. 应用标准（规范性引用文） 3. 术语和定义 4. 环境管理体系要求 4.1 总要求 4.2 环境方针 4.3 规划（策划） 4.4 实施与运行 4.5 检查和纠正措施 4.6 管理评审	1. 范围 2. 规范性引用文件 3. 术语和定义 4. 组织所处的环境 4.1 理解组织及其所处的环境 4.2 理解工作人员和其他相关方的需求和期望 4.3 确定职业健康安全管理体系的范围 4.4 职业健康安全管理体系

（3）三大标准体系的管理性内容要求相同。管理性内容共同的部分包括：组织结构和职责；方针目标；培训、意识和能力；交流与沟通；资源管理；法律法规要求；文件控制；记

录控制；实施与运行监视和测量；纠正措施和预防措施；内部审核；管理评审。

（4）三大标准体系对管理体系建立的原则和实施的方法要求一致。

1）都是自愿采用的管理型标准。

2）都要求采用系统的方法，通过实施完善的管理体系，在组织内建立起一个完整、有效的文件化管理体系。

3）都通过管理体系的建立、实施与改进，采用过程的方法，对组织的活动过程进行控制和优化，实现方针、承诺，并达到预期的目的。

4）都按 PDCA 的循环思想，通过识别影响质量、环境、职业安全卫生的因素，有针对性地制订计划和管理方案并实施运行控制，同时采取必要的监视和测量手段，发现问题后及时改进，实现管理体系的持续完善。

（二）建立综合管理体系的意义

建立综合管理体系有利于简化建筑企业的工作程序，精简企业程序文件；可以明确管理职责，避免工作内容交叉重叠，有利于界面理顺管理接口。建立综合管理体系，将建筑企业的质量、健康与安全、环境管理实现集成化管理，提高了流程信息的传递与反馈速度，可以大大地降低生产成本，并提高工作效率。

（三）综合管理体系策划和设计的若干统一点

主要内容包括：

（1）统一三个定位——供应链及相关方、产品及相关方活动、部门及其区域。

（2）统一四种要求——顾客、社会、员工及相关方、法律法规及其他。

（3）统一五项确定——目标、过程、准则、能力、资源。

（4）统一三种关键——过程识别确定、环境评价判定、危害识别评价。

（四）建立综合管理体系需要正确处理好几个关系

1. 正确处理好综合管理体系与"自在"管理体系的关系

任何组织在客观上都存在着质量、环境、职业暗区卫生的"自有"管理体系，而这个体系是不完整、不规范的。按照三大标准体系建立的综合管理体系，不是对原有"自有"管理体系的全盘否定，而是依据三个标准加以改进，使之更加科学化、规范化和程序化。

2. 正确处理好综合管理体系与企业标准化管理的关系

综合管理体系文件是企业标准化管理的主要组成部分。企业的三大标准，技术标准、管理标准、工作标准及制度、规范等，是一体化管理体系文件中的作业性文件。显然，综合管理体系文件属于企业管理标准的范畴，但它涉及的人、机、料、法、环等内容更广，关系更严密。

3. 正确处理好综合管理体系与企业文化建设的关系

综合管理体系的策划与设计，注重员工的质量意识、环境意识及职业安全卫生意识的提高。三大标准都强调管理职责及人员的培训教育，最大限度地发挥员工的创新热情。因此，要坚持以人为本，营造一种使组织全员在哲学理念、道德观念、思维方式及自身作风等方面都追求卓越的氛围。

 本 章 习 题

1. 质量、顾客、产品的定义是什么？

2. 质量管理的发展历经了哪几个阶段？

3. 全面质量管理的基本方法是什么？

4. 简述建筑企业全面质量管理的原则。

5. ISO 45001 的主要内容是什么？

6. 建筑企业综合管理的含义是什么？

7. 三大体系的异同是什么？

8. 谈谈你对建筑企业综合管理的看法。

第十章　建筑企业生产要素管理

 本章概要

1. 生产要素及建筑企业生产要素管理的概念；
2. 建筑企业定额管理、工资管理及劳动力的优化配置；
3. 建筑企业材料管理的内容、意义与任务；
4. 建筑企业机械设备管理；
5. 建筑企业人力资源管理的概念、内容及现实意义。

第一节　建筑企业生产要素管理概述

一、生产要素的概念

建筑企业从事施工生产经营活动，就要拥有一定数量的生产要素作为经营活动的基础。一般来说，生产要素是指人类进行物质资料生产必须具备的基本因素，具体讲，也就是生产经营组织在生产经营活动中所需要和使用的多种具有相对特殊功能的因素，包括劳动力、劳动工具、原材料、能源、资金、技术、专利、信息、管理、教育等。

二、建筑企业生产要素管理的概念

建筑企业生产要素管理是指按照建筑企业生产经营的特点和自身规律，对生产要素的配置与组合进行有效的计划、组织、协调和控制的系统管理方法，即进行生产要素的优化配置。建筑企业生产要素优化配置所要解决的关键问题是实现企业有限资源的动态优化配置，取得最佳优化组合效应，进而实现企业最佳经济效益。因此，生产要素优化配置的最终目的在于，最大限度地提高工程项目的综合经济效益，使建筑企业按时、优质、高效地完成任务。

生产要素的投入作为建筑企业生产经营必不可少的前提条件，实际上是建筑企业产出扣除利润和税金后的全部费用，所以生产要素的合理使用与节约是企业生产成本节约和控制的主要途径。而如果生产要素的投入不能保证，任何考虑再周详的生产计划与安排也不能实行。在建筑企业生产过程中，生产要素的配置组合不当将会给各工程项目实施造成巨大的损失，同样，使用生产要素不当或不能经济地获取生产要素也会造成成本增加。所以，加强建筑企业生产要素管理在现代建筑企业管理中是非常重要的。

三、建筑企业生产要素管理研究的内容

建筑企业生产要素管理包括建筑企业劳动管理、材料管理、机械设备管理、人力资源管理、资本运营管理、技术管理和信息管理等七部分内容。本章只从建筑企业劳动管理、材料管理、机械设备管理和人力资源管理的角度论述生产要素管理的相关知识，资本运营管理、技术管理和信息管理等生产要素管理的内容将在其他章节论述。

第二节 建筑企业劳动管理

建筑企业的劳动管理主要研究劳动定额管理、工资管理和劳动力的优化配置等三个方面的问题，实际上，随着社会主义市场经济的不断发展和完善，各个企业都有自己的劳动管理方式，本节研究的问题仅作参考。

一、劳动定额管理

（一）劳动定额及其作用

劳动定额是指在一定生产、技术、组织条件下，为生产合格产品或完成一定量的工作所预先规定的劳动消耗量标准。其基本表现形式是时间定额和产量定额，二者互为倒数关系。其计算公式为

$$T = \frac{1}{Q}$$

式中　T——时间定额；

　　　Q——产量定额。

劳动定额是在总结劳动者劳动效率的基础上规定的劳动效率标准，是考核劳动消耗量和劳动报酬分配的客观标准。时间定额是指劳动者生产单位合格产品所需的时间，通常采用双重单位，如工时/件、工时/m² 等；产量定额是指劳动者在单位时间内（每小时或每一个轮班）完成合格产品的数量，通常采用双重单位，如件/时、t/时等。

（二）劳动定额的制定

劳动定额的制定原则是先进性、科学性、简明适用性。其制定方法包括技术测定法、比较类推法、统计分析法和经验估计法等。

（三）劳动定额的管理

劳动定额管理包括劳动定额的制订、贯彻执行、考核和修订四个环节。

二、工资管理

工资是指依据员工的技能、工作强度、责任、工作条件和实际贡献，以货币形式分配给个人的劳动报酬。建筑企业工资管理的分配原则、分配目的以及工资制度和工资形式的分类，见表 10 - 1。

表 10 - 1　　　　　　　　　　　　建筑企业工资管理

建筑企业工资管理								
分配原则	按劳分配为主体、多种分配方式并存							
目　的	既能防止工资增长过快，又能提高劳动效率							
工资制度	结构工资				技能工资			
	基础工资	职务工资、职称岗位工资	工龄工资	奖励工资	技能工资	岗位工资	工龄工资	效益工资	津贴工资

工资形式	计时工资：简单易行，适应性强，实行范围广，但与劳动成果没有直接联系，不利于鼓励员工从物质利益上去关心劳动成果
	计件工资：工人付出的劳动量，以劳动成果的数量和质量表现出来，并以此来计算报酬
	岗位工资：按照工作难易、劳动轻重、责任大小以及劳动环境确定工资标准
	浮动工资：工资既随个人劳动贡献的大小而浮动，又要随企业经济效益的高低而浮动；既有个人工资的浮动，又有企业（单位）工资总额的浮动
	包工工资：实行五包（包工、包料、包质、包工期、包量），符合按劳分配的原则，适合建筑企业生产的特点，应用范围较广泛
	奖金：对劳动者提供的超额劳动、劳动者的技术革新、新方法的运用等的报酬，可以弥补工资的不足，是计时工资和计件工资的补充形式
	津贴：是员工劳动报酬的辅助形式，用来补偿员工在特殊劳动条件下的额外劳动消耗和弥补生活费用的支出

三、劳动力的优化配置

（一）劳动定员及其意义

劳动定员是指根据企业一定时期的生产规模、任务和技术条件，本着节约用人、精简机构、提高效率的精神，规定企业必须配备的各类人员的质量要求、数量标准和比例。劳动定员可以合理和节约使用劳动力，合理组织生产，提高劳动生产率。

（二）建筑企业人员构成

按照在企业生产经营活动中执行的职能，企业人员包括：生产工人、学徒工、工程技术人员、管理人员、服务人员和其他人员等。按照与施工生产的关系可分为直接生产人员（即生产工人和学徒工）和非直接生产人员（即管理人员、工程技术人员、服务人员和其他人员）。

（三）编制定员方法

编制定员方法有按劳动效率定员、按设备定员、按组织机构职责范围和业务分工定员、按比例定员和按岗位定员五种方法。

1. 按劳动效率定员

依据计划期生产任务量和劳动效率，考虑出勤率及工时利用情况的影响，计算确定定员。劳动效率的确定要考虑企业历年劳动效率水平以及企业近期技术、管理能力的变化。其计算公式为

$$某工程计划定员人数 = \frac{某工种生产任务计划量}{某工种人员计划劳动生产率 \times 出勤率系数 \times 工时利用系数}$$

$$(10-1)$$

2. 按设备定员

根据设备开动的台数和机械操作驾驶定额来计算定员人数。主要用于施工机械的司机、机床工人等定员。其计算公式为

$$某种机械设备计划定员人数 = \frac{必需的机械设备台数 \times 开动班次 \times 每台班次需人数}{计划出勤率 \times 计划出勤工日利用率}$$

$$(10-2)$$

3. 按组织机构职责范围和业务分工定员

根据各个组织机构承担的任务和分工需要，确定定员人数。这种方法主要用于管理人员和工程技术人员的定员。其定员方法为，先确定领导体制、组织机构，然后确定各职能科室，各项业务的分工及职责范围，最后根据各项业务工作量的大小进行定员。

4. 按比例定员

按照规定的各类人员之间的比例，或人员与其所服务对象人数之间的比例关系来计算定员人数。如炊事员人数可按就餐人数确定。

5. 按岗位定员

按生产设备或工作岗位所必需的操作看管岗位和工作岗位的人员数目定员。如企业门卫人员、变电所维护电工等的定员。

在实际工作中，一般是把上述方法结合起来使用。

(四) 劳动力管理

1. 用工制度

劳动用工制度是企业为了解决生产对劳动力的需要而采取的劳动力招收、录用、使用、调动和辞退等方面的制度。

建筑企业要按照劳动合同的要求和本着先进、合理原则，制订用工标准，要实行双向选择、择优录用、竞争上岗，建立劳动合同制，用劳动合同这一法律形式确立和调整企业和劳动者之间的劳动关系，它较好地体现了用工管理上的经济手段、法律手段和行政手段相结合，双方责权利相统一，使劳动队伍既有相对稳定性，又有合理的流动性。企业用工制度的管理应做好合同化管理、择优上岗制及试用工制等工作。

2. 劳动力的招收和调配

劳动力的招收是企业更新队伍、补充生产技术力量，保证施工生产所需劳动力的一种主要措施。劳动力的招收实行面向社会公开招考，全面考核，择优录用，并规定试用期，在试用期内发现不适合的可以调换或辞退，面向全社会直接招考员工，还可以促成先培训后就业，从而使招收的员工素质起点较高。

在录用形式上，由企业根据工作的特点及需要可以招用 5 年以上的长期工，1~5 年的短期工和定期转换工、临时工、季节工，多种用工形式并存，统一实行劳动合同制。通过劳动合同，规定双方的权利和义务。

劳动力调配是把在职的劳动力在不同部门、不同地点、不同单位之间进行平衡调剂。劳动力调配工作，是建筑企业劳动力管理的一项重要工作，是有计划地安排劳动力的必要手段。

劳动力调配必须遵循以下几方面原则：要加强调查研究，有计划地调配劳动力；要统筹兼顾，全面安排；要按照"先内后外，先近后远"的原则调剂劳动力余缺；要按岗位的特点和要求，安排合适的劳动力；调配工人时，力争做到专业对口，尽量发挥劳动者的专长。

劳动力的调配形式主要有：成建制调动，就是将某个单位的全部人员及设备、工具等一同迁入一个新地区或调入一个新单位；成套调动，是指人员配备成套，即一定数量的领导干部、技术骨干、生产工人配备成套，同时调入新建、扩建单位，这种调配方法适用于老企业支援新企业。成批调动，是指同时将同工种或不同工种的一部分员工从一部门地区的企业调动到另一部门地区的企业。采用这种方法是为了加强员工力量比较薄弱的单位；零星调动，包括对调、单调两种，这种调动除工作需要以外，在大多数情况下属于照顾性调动。

3. 劳动纪律

劳动纪律是有关劳动方面的规章制度，是人们在共同劳动中所必须遵守的行为规范。加强劳动纪律，严格奖惩制度，是有序地组织施工生产的有力保证。企业如果没有良好的劳动纪律，就无法组织生产。

劳动纪律的内容可分为三个方面。工作纪律：要求所有参加劳动的员工严格遵守企业规定的工作守则，如遵守作息制度，服从生产指挥等；工艺纪律：要求生产者必须遵守技术操作规程和各项规章制度，如施工中的混凝土配合比、振捣机械的操作要求等；生产纪律：要求生产者必须遵守劳动保护和安全技术规程，按时、按质、按量完成生产任务，如施工中戴安全帽、加工钢筋的数量等。

第三节　建筑企业材料管理

一、建筑企业材料管理的意义与任务

（一）建筑企业材料管理的意义

建筑企业的材料管理，是指运用科学的管理方法，对建筑企业生产过程中所需劳动对象的供应、管理和使用进行合理的组织、调配与控制，以最低的费用，适时、适量、按质地供应所需材料，保证建筑企业生产任务顺利完成的管理工作。这项工作贯穿于材料采购与使用的全过程。

建筑企业施工生产的过程，同时也是材料消耗的过程，材料是建筑企业生产要素中价值量最大的组成要素。材料管理工作直接影响到建筑企业的生产、技术、财务、劳动、运输等方面的活动，对建筑企业完成生产任务，满足社会需要和增加利润起着重要作用，因此，加强材料的管理是建筑企业生产管理的重要组成部分。建筑生产的技术经济特点，使得建筑企业的材料供应管理工作具有一定的特殊性和复杂性，这表现为建筑材料供应的多样性、多变性和消耗的不均匀性，这些特性带来了材料的季节性储备和供应问题，并且使材料供应要受运输方式和运输环节的影响与牵制。因此，建筑企业要更好地完成生产任务，提高企业经济效益，就要做好材料管理工作。

（二）建筑企业材料管理的任务

1. 预测分析市场需求

市场需求的预测分析是材料管理的首要任务。建筑企业要根据本身的生产能力、施工生产计划、市场信息等，对材料的市场供求变化、发展趋势、品种的更新换代进行预测和分析。

2. 合理制订材料供应计划

为了保证施工生产用料按质、按量、适时、配套、经济合理地供应，必须合理制订材料供应计划，搞好综合平衡。

3. 搞好流通以加速周转

缩短材料流通时间，加快周转速度能相对地减少材料在途中和在库的数量，从而减少储备资金的占用，减少利息支出，降低材料保管损耗和费用。

4. 降低消耗和监督使用

要合理地节约使用原材料，不断提高材料综合利用率，防止损失浪费。要制定合理的材料消耗定额和节约材料的技术组织措施，严格实行定额供料、包干使用、余料回收、节约奖励。同时要加强仓库和现场材料管理，减少储备过程的损失。

5. 加强核算以降低费用

在材料管理的全过程中，要树立经济核算观点，讲究经济效益，降低采购成本。物资供应部门掌握着建筑企业一半以上的生产经营资金，是建筑企业开展经济核算的重点，要建立健全各项规章制度，以确定经济责任，在不断提高经济效益的基础上，合理地分配经济利益，不断地提高材料管理水平。

二、材料储备定额与材料消耗定额

（一）材料储备定额

1. 材料储备定额的含义

建筑材料在施工中逐渐地被消耗并转化成工程实体的组成部分，而各种材料的供应却是间断、分批进场的。为解决这个矛盾，建筑企业就必须建立一定的建筑材料储备。储备过多会造成积压、影响企业资金的周转，过少又不能保证生产的正常运行。因此材料的储备应有个合理的界限，这个合理的储备界限就是储备定额，即在一定的生产技术和组织管理条件下，为保证企业施工生产的正常需要而建立必要的材料储备的数量标准。

2. 材料储备定额的作用

（1）材料储备定额是编制材料供应计划，组织采购加工订货的重要依据。

（2）有了材料储备定额，才能掌握库存储备，使建筑企业的库存材料经常保持在合理的水平。

（3）材料储备定额是建筑企业编制资金使用计划的重要依据之一。材料储备定额合理与否直接影响到占用流动资金的大小和周转快慢，影响到建筑企业经营成果的好坏。

（4）材料储备定额是确定仓库面积、保管设备以及仓库定员的依据。

3. 材料储备定额的计算

确定材料储备定额要依据两个原则，一是储备数量能够满足施工生产需要，二是储备量应是最低限度的。

建筑企业的材料储备定额由经常储备和保险储备组成，某些材料如砂、石、砖瓦等大堆材料，在某些地区因受季节性生产、运输等自然条件的影响，还需要建立季节性储备。

（1）经常储备定额。经常储备是指在正常情况下材料的储备。所谓正常情况，即前后两批材料进货的间隔时间内不发生意外事故。在这种条件下，每批材料进入仓库或施工现场时，储备量最高；随着材料消耗，储备量随时间逐步减少，到下次进货前夕，储备量降到零。然后，再补充进货，再消耗、再进货，如此循环、周而复始。经常储备定额，就是指每次进货时的储备量。

在经常储备中，每次进货时的储备量称为最高储备量，每次进货前夕的储备量称为最低储备量，二者的算术平均值称为平均储备量，两次进货的时间间隔称为供应间隔期，如图10-1所示。

经常储备定额通常按供应间隔期计算法确定，即用平均供应间隔期和平均日耗量计算，其计算公式为

$$经常储备量 = 每日平均消耗量 \times 平均供应间隔期 \qquad (10 - 3)$$

（2）保险储备定额。在材料供应工作中，经常因为采购、运输等原因造成供应误期，或实际消耗加快的现象。出现这种情况时，经常储备显然无法满足需要，必须建立一定量的保险储备。所谓保险储备就是为防止异常情况造成待料而建立的储备。

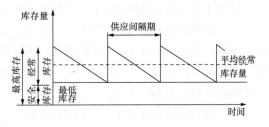

图 10 - 1　经常储备和保险储备

保险储备一般确定为一个常量，无周期性变化，正常情况下不动用，只有出现意外情况致使经常储备中断时才动用。保险储备的数量标准就是保险储备定额。保险储备定额又称最低储备定额，保险储备定额加经常储备定额又称最高储备定额。其计算公式为

$$保险储备量 = 平均日消耗量 \times 材料保险日数 \qquad (10 - 4)$$

保险日数既可以根据过去的经验资料，也可以按重新取得材料的日数来确定，对于随时能取得补充或已建立季节性储备的材料，可以不建立保险储备。一般情况下，保险储备是不动用的，是一种固定不变的库存，如果在特殊情况下动用后，应尽快补足，因此，它经常占用着一笔资金。

（3）储备定额的确定。

$$材料储备定额 = 材料平均经常储备量 + 材料保险储备量 \qquad (10 - 5)$$

建筑企业库存材料的领用，通常是根据工程施工进度的每日耗用量呈有规律递减。因此在确定材料经常储备定额时，不必按到货期的最高储备计算，通常按库存材料的最大值和最小值平均计算，或以（期初＋期末）的平均计算，因此在确定建筑企业某种材料储备定额时可以按"材料经常平均储备量＋材料常年保险储备量"计算。

（4）季节性储备定额的确定。季节性储备定额是指某些材料的资源因受季节性生产、供应的限制而建立的一种储备。如果某些农副产品必须在收获季节采购储备，某些砂石材料因受洪、冻季节的影响需提前备料等，这种临时增加的储备，只限于某些特定材料，一般材料不需做季节性储备。

$$季节材料储备定额 = 季节性材料储备天数 \times 平均每日消耗量 \qquad (10 - 6)$$

（二）材料消耗定额

1. 材料消耗定额的含义

材料消耗定额是指在一定的生产技术组织条件下，完成单位产品或某项工程所必须消耗的材料数量。所谓一定的生产技术组织条件，就是指先进合理的生产技术组织条件，即在工程对象和结构性质既定的情况下，采用先进合理的施工工艺方法、操作技术水平以及组织管理水平所消耗的材料数量。

2. 材料消耗定额的作用

（1）材料消耗定额是编制材料计划，确定材料供应量的依据。

（2）材料消耗定额是加强经济核算、考核经济效果的重要手段。

（3）认真执行材料消耗定额是增产节约的重要措施。

（4）材料消耗定额是开展竞赛评比条件的标准之一。

3. 材料消耗定额的种类

建筑工程中使用的材料消耗定额有预算定额、施工定额两类。

（1）材料消耗预算定额。材料消耗预算定额是建筑工程预算定额的组成部分，是按单位、分部、分项工程来计算和确定的。该定额的项目比概算定额细，是用来编制工程预算、施工计划、材料需用量、申请和供应计划的依据，也是完工后办理材料结算的依据。该定额是建筑企业材料管理中使用的主要定额。

（2）材料消耗施工定额。材料消耗施工定额是建筑工程施工定额的组成部分，其内容与预算定额相同，但更为细致和具体。施工定额是用来编制作业计划，下达任务书、进行工料分析、限额领料、考核工料消耗的依据。

4. 材料消耗定额的构成

建筑工程的材料消耗由以下三个部分组成：

（1）直接构成工程实体的物资消耗。

（2）工艺性损耗。建筑工程材料的工艺性损耗由两个因素构成：一是在加工准备过程中产生的损耗，如端头短料、边角余料等；二是在施工过程中产生的损耗，如砌墙、抹灰时的掉灰等。这类损耗是不可避免的，但随着技术的进步和工艺的改善，能够降到最低限度。

（3）非工艺性损耗。建筑工程材料的非工艺性损耗包括废品、次品、不合格品产生的损耗；运输保养不善而带来的损耗；供应条件不符合要求而造成的损耗，优材劣用等其他原因造成的损耗。这种损耗是很难完全避免的，有的还不是建筑企业本身原因造成的，因此应充分考虑。

上述材料消耗中，（1）、（2）部分即构成材料的工艺消耗定额，施工定额就属于这一类。加上非工艺性损耗，即构成材料综合消耗定额，这种定额又称为材料供应定额，预算定额就属于这一类。从以上分析可以看出，建筑企业要降低材料消耗，就要在降低工艺性损耗和非工艺性损耗上加强管理。

材料消耗定额可以采用统计分析法、试验法、技术计算法、实际测定法、经验估算法等来制定。在实际工作中，通常是把上述几种方法结合使用。一般地，主要材料耗用定额的制定应以技术计算法为主，同时考虑必要的生产经验和统计资料来补充和修正，而辅助材料消耗定额的制定可以根据不同情况分别采用现场测定法和经验估算法。

三、材料计划的分类、编制与实施

（一）材料计划的分类

材料计划是指根据施工生产对材料供应的要求以及市场供应情况而编制的各类计划的总称。在市场经济条件下，掌握市场供求信息，搞好市场的预测和分析，预测建筑材料在一定时期的供求变化及其发展趋势，已成为编制材料计划的重要依据，该依据可以避免材料采购供应中的盲目性，有利于降低材料采购成本，改善企业经营，提高建筑企业的竞争能力。

1. 按用途不同划分

按用途不同可将材料计划分为材料需用计划、材料供应计划、材料申请计划、材料订货计划和材料采购计划。

（1）材料需用计划。材料需用计划是建筑企业根据工程合同、生产任务、设计图纸、技术资料和实际需要而编制的计划。

（2）材料供应计划。材料供应计划是建筑企业各级材料部门，根据材料供应与管理的分工，把基层生产用料单位提出的单位工程各项材料需要计划，按使用方向进行汇总，经建筑企业物资供应部门综合平衡后作出申请订购、采购加工、利用挖潜等供应措施与进货时间安排的计划，是组织、指导材料供应与管理业务活动的具体行动计划。

（3）材料申请计划。材料申请计划是建筑企业向国家、地方或业主申请材料而编制的计划。一般在国家预算拨款项目和发包单位自行供货的情况下编制。

（4）材料订货计划。材料订货计划是指为了委托材料加工企业代为加工产品，或参加订货会议与材料供应企业签订产品供货合同而编制的计划。

（5）材料采购计划。材料采购计划是为了供采购人员与市场有关材料、设备供应企业联系，据以进行材料采购而编制的计划。

2. 按计划期不同划分

按计划期不同可将材料计划分为年度材料计划、季度材料计划、月度材料计划和旬材料计划。

（1）年度材料计划。年度材料计划是各项年度材料的全面计划，是全面指导供应工作的主要依据。在实际工作中，由于材料计划编制在前，施工计划安排在后，因此，编制年度材料计划时十分粗略。在执行过程中，当施工任务逐步明确，技术资料及条件逐渐完善时，要注意对年度计划的调整。

（2）季度材料计划。季度材料计划是年度材料计划的具体化，也是适应情况变化而进行的一种平衡调整计划。

（3）月度材料计划。月度材料计划是基层单位月份内计划施工生产、用料的计划，也是物资部门组织配套供应，安排运输、控制使用、进行管理的行动计划。月度材料计划是建筑企业材料供应与管理活动中的重要环节。月度材料计划要求全面、及时、准确，由基层用料单位根据施工作业计划，以单位工程为对象，对各工程分部、分项逐项核算汇总编制。

（4）旬材料计划。旬材料计划是月度材料计划的调整和补充计划。由基层施工单位编制，上报公司物资供应部门作为直接供料的依据。

（二）材料计划的编制

1. 材料需用计划的编制

材料需用计划一般按材料的使用类型分为：建筑工程施工材料需用计划、经营维修材料需用计划、技术改造材料需用计划、脚手架及工具性物资需用计划等。

建筑工程施工材料需用计划可以采用直接计算法编制。直接计算法的一般公式为

$$计划需用量 = 计划实物工程量 \times 消耗定额 \tag{10-7}$$

计划实物工程量是按预算方法计算的在计划期内应完成的分部、分项工程实物工程量。消耗定额根据计划的用途，分别选用预算定额或施工定额。如果计划用于向上级主管部门申请计划分配材料，或甲、乙双方结算材料价款，应选用预算定额；如果计划用于企业内部限额领料及承包等，则应用施工定额。

建筑企业材料管理工作中，经常将按预算定额编制的材料需用计划和按施工定额编制的材料需用计划加以对比分析，即"两算"对比，用以掌握建筑企业材料预算收入和计划支出量的差异，考核其消耗水平。

2. 材料供应计划的编制

材料供应计划是在材料需用计划的基础上，根据库存材料和储备要求，用平衡原理计算

材料实际供应量的计划。通过编制计划，可以明确计划期内材料供应管理工作的主要任务和方向，发现材料供应管理工作中的薄弱环节，从而采取切实可靠的措施，更好地保证正常施工需要和降低材料费用。材料供应量按下式计算

材料供应量＝材料需用量＋计划期末储备量－期初库存量－计划期内可利用资源材料需用量

$$(10 - 8)$$

为材料需用计划确定的材料数量，采用材料需用量计划中的总量。期末储备量为计划期末的材料储备，也就是下一次计划期的期初储备量，期末储备量必须保证正常情况下两次进货间隔期的消耗及必要的意外消耗。如果下一次计划期初正好遇上季节性停货，则应建立必要的季节储备。期末储备量可以按下面的公式计算

期末储备量 ＝ 经常储备量 ＋ 保险储备 ＋ 季节储备 $\qquad(10 - 9)$

期初库存量为计划期初仓库实际拥有的储备量，因为计划一般都需提前编制，所以以编制计划时期初库存量还是一个未知数，要进行估算。期初库存量估算公式为

期初库存量 ＝ 编制计划时的实际库存量 ＋ 至期初的预计到货量 － 至期初的预计消耗量

$$(10 - 10)$$

期初库存量一定要预计准确，否则会影响供应量而给施工生产带来损失。

3. 材料采购及订货计划的编制

材料采购及订货计划是材料供应计划的具体落实。凡在市场上可以直接采购的材料，均应编制采购计划。这部分材料品种多、规格杂、分布广，供应渠道多，供应方式复杂，主要是通过计划控制采购材料的数量、规格及时间等。

凡需要与供货单位签订订货合同的材料，均应编制订货合同计划。计划中的主要内容包括：材料名称、规格、型号、质量标准、技术要求、数量、交货时间和地点等。

（三）材料供应计划的实施

材料供应计划的编制仅仅是建筑企业材料管理工作的开始，更重要、更大量的工作是组织计划的实施，即执行计划，主要工作有以下几方面：

（1）做好材料的申请、订货采购工作。使建筑企业所需的全部材料从品种、规格、数量、质量和供应时间上都能按供应计划得到落实，不留缺口。

（2）做好计划执行过程中的检查工作。检查的内容有：订货合同、运输合同的执行情况，材料消耗定额的执行和完成情况，材料库存情况和材料储备资金的执行情况等。检查方法主要是利用各种统计资料进行对比分析，以及深入现场进行重点检查。通过及时检查，发现问题，找出计划中的薄弱环节，及时采取对策，以保证计划的实现。

（3）加强日常的材料平衡和调剂工作。要相互支援、调换，以便解决急需，调剂余缺，保证施工。

此外，在材料计划执行结束时，还应对供应计划执行情况进行全面检查，对计划申请采购量与到货量、计划需要量与实际消耗量、上期库存量与本期库存量进行比较，并对计划执行的准确程度进行全面分析，以求改进供应计划的编制工作。

四、材料采购的原则及方式

（一）材料采购原则

材料采购占用大量资金，采购的材料价格高低、品质优劣，都对建筑企业经济效益起着重大作用。材料采购必须遵循以下原则：

（1）执行采购计划。采购计划是采购工作的行动纲领，要加强计划观念，按计划办事，必须消除采购工作中的盲目性。

（2）加强市场调查，收集经济信息，熟悉市场价格，讲求经济效益。每次材料采购，尽量做到"货比三家"，对批量大、价值高的材料采购可以采用公开招标的办法，降低采购成本。

（3）遵守国家相关市场管理的政策法规，遵守企业采购工作制度，不做无原则交易，严格遵守财经纪律。

（4）提高工作效率，讲求信誉，及时办理经济手续，不拖欠货款，做到物款两清，手续完备。

（二）材料采购方式

材料采购一般有以下五种方式：

（1）自由选购。对于市场上随时都能购买到的材料，需方可以在市场和生产厂家中自由选购。

（2）合同订购。对于消耗量大，须提前订货的材料，一般应签订购销合同。用合同的方式把供需关系固定下来，保证供应。

（3）固定订货。对于消耗量特别大，需求稳定的材料，可以向生产厂家投资联营，包销部分产品，从而使企业拥有稳定的材料来源。

（4）委托代购。企业由于采购的力量不足，可以委托生产资料服务公司代购所需材料，并付一定的代购费。

（5）加工订购。如果企业所需材料规格特殊，市场无货源供应，就需加工订购。即委托外单位按要求加工而获得特殊物资的一种订购方式。

（三）材料订购时间和订购批量的确定

采购材料的订购时间、订购批量与库存量有直接关系。订购的时间过早或订购批量过大，会造成库存积压；订购时间过迟或订购批量过小，则会形成供应中断。材料采购决策的内容之一，就是要选择恰当的订购时间和订购批量。针对材料库存管理有三种技术方法。

1. ABC分类法

ABC分类法是一种科学抓重点的管理方法。在一个企业内部，材料的库存价值和品种数量之间是存在一定比例关系的，见表10-2。根据这一规律，将品种较少但需求量较大、资金占用较高的材料，划分为A类；将品种数不多、资金占用额相当的划分为B类；而将品种数量很多、占用资金比重却较少的材料划分为C类，如图10-2所示。

表10-2　　　　　　　　　　　ABC分类法及管理要求

分类	比例	管理要求
A	占总品种数的5%~10% 占总金额的10%~80%	精心管理，定期检查，控制进货，压低库存
B	占总品种数的10%~25% 占总金额的10%~20%	按经营方针，调节库存，管理方法可适当灵活，保险存量可稍大些
C	占总品种数的70%~80% 占总金额的5%~10%	简化管理，按最高储备定额核定库存，采用定期交点订货

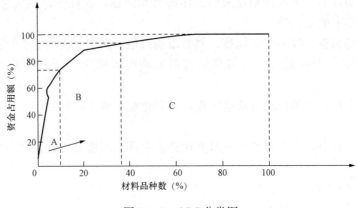

图 10-2 ABC 分类图

2. 定量订购法

定量订购法即库存的材料消耗到一定量时，就组织订购的方法。采用这种方法，订购批量固定不变；订购时间随仓库材料消耗的快慢而变化，只要库存降到一定数量就立即组织订购。组织订购时的库存量称为订购点库存量，简称订购点，如图 10-3 所示。

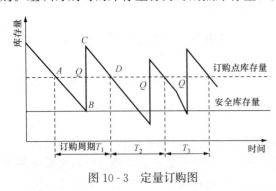

图 10-3 定量订购图

随着生产的进行，库存材料逐渐消耗，当达到订购点 A 时，就立即以经常储备为批量（Q）组织订货；所购材料在 B 点时到货入库，此时库存又升至最高储备 C 点，以后继续使用出库，库存量逐渐减少，又到订购点 D 时，再进行订货，订购数量仍为 Q，如此循环以控制库存。

采用定量订购法控制库存，一是要事先确定订购点，即确定库存量到达什么水平提出订货，也就是什么时间订货补充库存；二是需要确定合理的每次订货的数量，即经济订购批量。

（1）订购点 A 的确定。理想情况下，即材料平均需要量和供应情况不发生任何意外的情况下，订购点 A 为一批材料的订购时间与材料平均需要量的乘积。

若实际需要量超过理想平均需要量，或当采购到货时间超过预定时间时，材料供应则会出现中断，这在施工中是不允许的。这时必须建立保险储备，订购点 A 则改为理想情况下的订购点加保险储备量。

（2）经济订购批量的确定。经济订购批量是指某种材料的订购费用和仓库保管费用之和最低时的订购批量。

订购费用是指使某种材料成为企业库存的有关费用，主要包括采购人员的工资、差旅费、采购手续费、检验费等。当材料需要量一定时，其订购费用随订购批量的增加而减少。

仓库保管费用是指材料在库或在某一场所所需要的一切费用，主要包括库存材料占用流动资金的利息、仓库管理费、库存材料在保管过程中的损耗以及库存材料由于技术进步而造成的贬值等。仓库保管费用通常随库存量的增加而增加，即与订购批量成正比。

材料订购批量与订购费用、仓库保管费用、总费用的关系如图 10-4 所示。

年度总库存费用(TIC) = 年度订购费用(OC) + 年度库存保管费(HC)　(10-11)

年度订购费用取决于年内订购次数 n 和每次订购费用 C_0，D 为年需要量，即

$$n = \frac{D}{Q} \qquad (10-12)$$

所以

$$OC = \frac{D}{Q} \times C_0 \qquad (10-13)$$

当 D 和 C_0 一定时，每次订购批量越大，年内总的订购费用就越小。

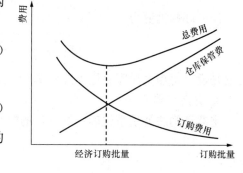

图 10-4　订货批量与费用关系图

年度仓库保管费用取决于年内平均库存量和单位库存保管费 C_H。由于最大库存量即为每次订购批量，最小库存量为零，则年内平均库存量为 $\frac{Q}{2}$，年内库存保管费用为

$$HC = \frac{Q}{2}C_H \qquad (10-14)$$

当 C_H 一定时，仓库保管费随每次订购批量 Q 的增加而增大。

由图 10-4 可以看出材料的总库存费用先是随着订购批量的增加而逐渐减少，以后又随着订购批量的增加而逐渐增加，即由下降转为上升，其间必有一个最低点，即总库存费用最小点，其对应的订购批量为经济订购批量，可由公式推导求得

$$TIC = OC + HC = \frac{D}{Q}C_0 + \frac{Q}{2}C_H \qquad (10-15)$$

将 TIC 对 Q 求一阶导数，并令其等于零，即得经济订购批量 Q^* 为

$$Q^* = \sqrt{\frac{2DC_0}{C_H}} \qquad (10-16)$$

即

$$经济订购批量 = \sqrt{\frac{2 \times 年需要量 \times 每次订购费用}{年单位库存保管费}}$$

如果将上式代入总库存费用公式，可得最小总库存费用（TIC^*）计算公式

$$TIC^* = \sqrt{2DC_0C_H} \qquad (10-17)$$

当 D、C_0 和 C_H 已知后，就可以确定 Q^* 和 TIC^*。

订购点库存量是由订购时间内的材料需要量和保险储备量所组成，其计算公式为

$$Q_0 = RT_m + Q_B \qquad (10-18)$$

式中　Q_0——订购点库存量；

　　　T_m——最大订购时间；

　　　R——平均每日需用量；

　　　Q_B——保险储备量。

订购时间是指从材料提出订货到验货入库为止的时间，同订货提前期。为了保险起见取最大的订购时间。

【例 10-1】　某公司水泥年需要量为 3 650t，订购时间为 10d，每次订购费用为 $C_0 =$

600元，保管费 $C_H = 48$ 元/(t·年)，保险储备量 $Q_B = 100t$，则订购点库存量为

$$Q_0 = \frac{3\ 650}{365} \times 10 + 100 = 200\text{(t)}$$

经济订购批量为

$$Q^* = \sqrt{\frac{2 \times 3\ 650 \times 600}{48}} = 302\text{(t)}$$

也就是说，每当水泥库存量下降到200t时，就应立即订货，而每次的订购数量为302t。

3. 定期订购法

定期订购法就是事先确定好订货的时间，例如每季、每月或每旬订购一次，到达订货的日期就立即组织订货，订货的周期相等，但每次订货的数量则不一定，如图10-5所示。

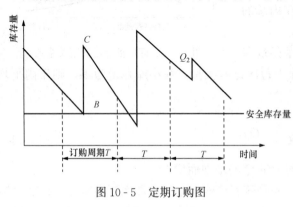

图 10-5　定期订购图

采用定期订购法控制库存，一是要事先确定订购周期，即多长时间订一次货，具体什么时间订货；二是需要确定每次的订购数量。

订购周期，即订购间隔时间。一般是先用材料的年需要量除以经济订购批量求得订购次数，然后用全年日历天数365d除以订购次数确定的，即

$$N = \frac{D}{Q^*} \tag{10-19}$$

$$T_C = \frac{365}{N} = \frac{365Q^*}{D} \tag{10-20}$$

式中　D——材料年需要量；

　　　Q^*——经济订购批量；

　　　N——年最佳订购次数；

　　　T_C——订购周期。

订购的具体日期应考虑提出订购时的实际库存量高于保险储备量，并满足订购时间的材料需要量。

每次订购的数量是根据下一次到货前所需材料的数量减去订货时的实际库存量而定，其计算公式为

$$Q = R(T_n + T_C) + Q_B - Q_A \tag{10-21}$$

式中　Q——订购数量；

　　　R——平均每日需要量；

　　　T_n——订购时间；

　　　T_C——订购间隔时间；

　　　Q_B——保险储备量；

　　　Q_A——实际库存量。

【例 10-2】　对［例 10-1］可计算求得订购周期，即订购间隔时间为

$$T_\text{C} = \frac{365}{N} = \frac{365 Q^*}{D} = \frac{365 \times 302}{3\,650} = 30(\text{d})$$

若订购时的实际库存量 $Q_\text{A}=120\text{t}$，订购时间为 $T_\text{C}=10\text{d}$，则订购数量为

$$Q = 10 \times (10 + 30) + 100 - 120 = 380(\text{t})$$

由本例可看出，订购间隔为 30d，那么在通常情况下，一次订购数量应为 $10 \times 30 = 300$（t），即经济订购量。而按照现在计算则为 380t，这是由于消耗速度增大，到订购日期时实际库存量已经多使用 80t，或者说到订购到货时使用了保险储备量 80t，所以订购数量应比正常消耗时多订 80t。

定期订购法的订购日期是固定不变的，因此确定订货材料的保险储备量时，必须考虑整个订购间隔期和订购时间的需要，要适当多留一些。

采用定期订购法不要求平时对材料严格实行永续盘点，只要到订货日期盘点实际库存量即可。另外有些材料可以统一组织订货，这就简化了订货组织工作。再就是这种订货方式可以事先与供货单位协商供应时间，做到有计划安排产需衔接，有利于双方实行均衡生产。

定期订购法适用于使用频繁的小量发放的平时不记账的材料，以及适合组织在一起运输的低价材料等。

五、材料验收

材料验收是指对工程项目所需材料的特性进行测量、检查、试验、度量，并将结果与规定要求相比较，以确定每项特性合格情况所进行的活动。材料受各种因素的影响，随时会发生变化，这种变化只有通过检验才会发现。因此，材料验收是材料管理中的重要一环。

材料验收的意义在于：第一、通过严把验收关，把不合格材料拒之门外，保证入库材料都是合格品；第二、通过材料验收发现问题，分清责任，及时处理，减少经济损失；第三、通过材料验收和自检，摸清材料状况，有针对性地采取养护措施，有利于材料保管；第四、通过材料检验，严把质量关，不合格品不能进行加工和使用，有利于确保工程质量；第五、通过材料检验增强员工的质量意识和质量责任感，提高质量管理的自觉性；第六、材料的验收是划清企业内部和外部的经济界限，防止进料中的差错事故和因供应单位、运输单位的责任事故造成企业不应有的损失。

六、材料仓库保管

（一）材料保管的意义

材料保管直接关系到库存材料的数量完整和质量良好程度，直接关系到材料、仓储设施和人身的安全。如果材料保管不善，使材料缺失、变质或损坏，就会造成经济上的损失。这种损失绝不仅限于材料本身的价值，有时会直接影响工程用料的供应。一旦库存材料因质量问题不能使用，需要重新采购，就有可能造成停工待料，其间接经济损失是难以计算的。特别是由于材料保管失误或管理失控，引起燃烧、爆炸，酿成重大事故时，不但会造成巨大的财产损失，还可能造成人身伤亡。另外，如果在材料保管中，由于某种原因使材料质量下降，而又未能及时发现，把不符合要求的材料用在工程上，会直接影响工程质量，后患无穷。所以加强材料保管是仓储管理的一项重要任务，必须予以高度重视，要投入必要的人力和物力，以确保材料保管质量和工程质量。

（二）料位的编号与分配

建筑企业所建材料仓库多为综合性仓库，库存材料的数量不是太大，但规格品种繁多，

因此要通过料位编号和料位分配加强料位管理，使库存材料有序存放。

1. 料位编号

对保管场所的料位进行统一编号，是建立良好保管秩序的有效措施。料位编号一般多采用"四号定位"法，即用 4 个号码确定一个货位。这 4 个号码是：库号（库房或料场分区代号）；架号（料架或料垛代号）；层号（料架或料垛层次代号）；位号（料架或料垛各层内料位代号）。"四号定位"法的应用使仓库材料收发及查点作业更加方便。

2. 料位分配

对每个料位分配适当的用途称为料位分配。其分配方式有两种，即固定料位和自由料位。

（1）固定料位。严格规定每一个料位只能存放某一品种、规格的材料，即使该料位空闲，也不能存放其他材料。其主要优点是收发查点材料时容易寻找，可以提高作业效率，减少收发差错；其缺点是料位不能被充分利用，影响储存能力。

（2）自由料位。亦称随机料位，每个料位只要空用，均可存放任何材料。其优、缺点与固定料位正好相反，即能充分利用料位，但收发查点不便。

在实际应用中，固定料位和自由料位都有一定的局限性，通常要根据实际需要将两种方式结合运用。对规格品种多、数量少、体积小的物品采用固定料位，使用料架进行保管；而对单一品种、大批量的物料，可就地堆垛，采用自由料位。这样就能充分发挥两种料位分配方式的优点。

七、施工现场材料的管理

施工过程是劳动对象"加工""改造"的过程，是材料消耗的过程。使用过程中材料管理的中心任务就是检查、保证进场施工材料的质量，妥善保管进场的物资，严格、合理地使用各种材料，降低消耗，完善施工前准备。

（一）使用过程中材料的管理

1. 施工前的准备工作

施工前的准备工作是现场材料管理的开始，完善的施工前准备能够为材料管理创造良好的环境并提供必要的条件。其主要内容如下：

（1）了解工程进度要求，掌握各类材料的需用量和质量要求。

（2）了解材料的供应方式。

（3）确定材料管理目标，与供应部门签订供应合同。

（4）做好现场材料平面布置规划。

（5）做好场地、仓库、道路等设施及有关任务的准备。

2. 施工中的组织管理工作

这是现场材料管理和管理目标的实施阶段，其主要内容如下：

（1）合理安排材料进场，做好现场材料验收。

（2）履行供应合同，保证施工需要。

（3）掌握施工进度变化，及时调整材料配套供应计划。

（4）加强现场物资保管，减少损失和浪费，防止丢失。

（5）组织料具的合理使用。

3. 施工收尾阶段的管理工作

施工即将结束时，现场管理工作的主要内容有：

（1）根据收尾工程，清理料具。

（2）组织多余料具退库。

（3）及时拆除临时设备。

（4）做好废旧物资的回收和利用。

（5）进行材料结算，总结施工项目材料消耗水平及管理效果。

（二）合用材料的管理

合用材料是指在施工过程中，多部位使用和多工种合用的一些主要材料，如水泥、砂、石等。这类材料的特点是数量大，使用期长，操作中工种和班组之间容易混串。因此，对合用材料的管理多采用限额领料制，一般有以下三种做法：

（1）以施工班组为对象的分项工程限额领料。这种做法范围小，责任明确，利益直接，便于管理。缺点是易于导致班组在操作中只考虑自身利益，而不顾与下道工序的衔接，影响最终用料效果。

（2）以混合队为对象的基础、结构、装饰等工程部位限额领料。这种方法是扩大了的分项工程限额领料。混合队限额领料有利于工种配合和工序搭接，各班组相互创造条件，促进节约用料，但必须加强混合队内部班组用料的考核。

（3）分层、分段限额领料。这种做法直接面对使用者，简便易行，结算方便，但要注意综合定额的合理性。

（三）专用材料的管理

专用材料是指为某一工种或某一施工部门专门使用的材料，例如防水工程所用的油毡、沥青等材料。其特点是专业性强、使用周期短、价格高、不易混串。因此，专用材料的管理通常采用专门承包方式，由项目经理部对专业班组进行一次性分包，签订承包协议，协议内容主要包括承包项目、材料用量、用料要求、验收标准及奖罚办法。材料用量的确定，应以施工预算定额为依据，考虑到施工变化，采用一定系数。专业班组按照规定，自行组织材料进场、保管、使用，实行自负盈亏。

（四）周转材料的管理

周转材料，主要是指模板、脚手架等。其特点是价值高、用量大、使用期长，其价值随着周转使用逐步转移到产品成本中。所以，对周转材料管理的要求是，在保证施工生产的前提下，减少占用，加速周转，延长寿命，防止损坏。为此，一般周转材料的管理多采取租赁制，对施工项目实行费用承包，对班组实行实物损耗承包。通常建立租赁站，统一管理周转材料，规定租赁标准及租用手续，制定承包办法。

项目费用承包是指项目经理在上级核定的费用额度内，组织周转材料的使用，实行节约有奖，超耗受罚的办法。

实物损耗承包是对施工班组考核回收率和损耗率，实行节约有奖、超耗受罚的管理办法。在实行班组实物损耗承包过程中，要明确施工方法及用料要求，合理确定每次周转损耗率，抓好班组领、退的交点，及时进行结算和奖罚兑现。对工期较短、用量较少的项目，可对班组实行费用承包，在核定费用水平后，由班组向租赁部门办理租用、退租和结算，实行盈亏自负。

以上承包办法，都应建立周转材料核算台账，记录项目租用周转材料的数量、使用时间、费用支出及班组实物损耗承包的结算情况。

（五）临时建筑材料的管理

施工中必须搭建的房屋、仓库、工棚、水源、电源、道路等临时性设施所用的材料，称为临时建筑材料。其特点是用完即拆、费用低、可以回收。临时建筑费用是按直接费的一定比例提取的，而不是按设施的多少取费，因此应本着合理设置、厉行节约的原则进行临时建筑材料的管理。

对临时建筑材料的管理，一般采用限额领料制，对专业性较强的材料，如水、电材料，可参照历史消耗水平实行费用承包。

对可回收的临时建筑材料，要建立回收考核制度，明确规定各种材料的回收率，并落实到人。做好材料退库及废、旧物资回收利用。建立考核台账，记录材料的领用、回收、利用、上缴及处理，以便进行考核。

（六）合用工具的管理

合用工具是指在一个施工项目内，由多工种共用，但又不能分别固定到各班组的工具，如磅秤、灰盘、胶皮管等，其特点是价值较高，使用期限长，班组不便携带。所以，合用工具的管理一般实行租赁制，并由施工项目管理层所建立的租赁机构负责，该机构统一掌握合用工具，制定租赁办法，明确收费标准及手续，由各班组向该机构统一租用和退还工具。

施工项目管理层应根据施工需要，合理确定合用工具的租用品种、数量和使用期限，由租赁机构提出计划、签订合同，组织进场。

（七）专用工具的管理

专用工具是指班组或个人经常使用，及宜于配备到班组或个人保管的工具，一般是小型低值、易耗工具和消耗性工具。其特点是品种多、数量大、更新快。所以，一般宜采取工具费定额承包办法。由施工项目经理根据不同工种的日工具费定额，按照班组（或个人）所提供的工日数，将工具费发给班组，由班组到指定部门租用或购买，盈亏由班组自负。实行工具费定额包干，必须先制定统一的、分工种的日工具费定额，并正确判断班组（个人）为施工项目提供的工日数，最后计算出班组工具费承包总额。班组（个人）工具费可采取计划定额工日预拨，按实际定额工日结算，也可通过限额卡或代用券的形式发给班组，由班组在限额内包干使用。第二种办法有利于调动班组的积极性，增强责任心，延长工具的使用寿命。另外，还要建立工具费发放台账，登记各班组提供的工日数和工具费的预拨及结算情况，以备核算。

（八）各种构配件的管理

构配件是指能够事先预制，然后送到现场安装的各种成品、半成品，主要包括混凝土构件、金属构件、木制构件等。其特点是品种、规格、型号多，配套性强，用量大，价值高，不易搬动，存放场地要求严，对各种构配件的管理主要抓以下五个环节：

（1）掌握生产计划及分层、分段用量配套表，落实加工计划，及时向供应部门提供实际需要情况，搞好与施工的衔接。

（2）做好构配件进场准备，避免二次搬运。

（3）组织好进场构配件的验收与保管，按照加工单及分层配套表核对，各类构配件严格按照规定堆放，防止差错和损坏。

（4）监督构件合理使用，防止串用、乱用、错用。

（5）对剩余构件，特别是通用构件，要填表上报，并妥善保管。必须建立台账，登记进场数量、时间及库存，以便进行结算和考核。

第四节　建筑企业机械设备管理

一、建筑企业机械设备管理概述

（一）建筑企业机械设备管理的概念

建筑企业的机械设备通常是指建筑企业自有的、为施工服务的各种生产性机械设备，包括起重机械、挖掘机械、土方铲运机械、桩工机械、钢筋混凝土机械、木工机械以及各类汽车、动力设备、焊接切割机械、测试仪器等。建筑企业的机械设备是进行施工生产必不可少的物质技术基础，是构成生产力的重要因素，也是企业固定资产的重要组成部分。机械设备在施工中起着减轻工人劳动强度、保证工程质量、提高劳动生产率、加快施工进度、改善劳动环境与安全条件等重要的作用。随着建筑工业化、机械化的发展，机械化施工必将逐步代替繁重的体力劳动，机械设备的类型与数量必将逐渐增多，在施工中的作用也会越来越大。

机械设备管理是对机械设备从选购、验收、使用、维护、修理、更新到调出或报废为止的运动全过程的管理。

（二）建筑企业机械设备管理的任务和内容

1. 机械设备管理的任务

机械设备管理的基本任务是：正确贯彻执行国家相关机械管理的方针、政策，采取一系列技术、经济、组织措施，对机械设备的计划、购置、使用、维护、修理、改造、更新、报废等全过程进行系统的综合管理，以获得寿命周期费用最经济、机械综合效能最高的目标。机械设备管理的任务是正确选择施工机械，及时维护和修理机械设备，保证机械设备经常处于良好状态，减少闲置和损坏，适时改造和更新机械设备，以提高机械设备的使用效率及产出水平，从而提高设备的经济效益。

2. 机械设备管理的内容

机械设备管理是对机械设备运动全过程的管理，即从选择机械设备开始，经生产领域的使用、磨损补偿，直至报废退出生产领域为止的全过程。机械设备运动的全过程包括两种运动形态：一是机械设备的物质运动形态，包括设备选择、进场验收、安装调试、合理使用、维护修理、更新改造、封存保管、调拨报废和设备的事故处理等；二是设备的价值运动形态，即资金运动形态，包括机械设备的购置投资、折旧、维修支出、更新改造资金的来源和支出等。机械设备的管理应是包含这两种运动形态的综合管理，前者一般称为机械设备的技术管理，后者称为机械设备的经济管理。因此，机械管理的具体工作内容应包括：正确配置机械设备；建立和健全机械设备管理制度；正确使用机械设备；正确维修保养机械设备；正确进行机械设备的更新。

（三）建筑企业机械设备管理的意义

建筑企业机械设备管理，是按照机械设备的特点，在施工生产活动中，解决好人、机械设备和施工生产对象的关系，使之充分发挥机械设备的优势，获得最佳的经济效益而进行的组织、计划、指挥、监督和调节等工作。

建筑企业机械设备管理是企业管理的一个重要方面，要充分发挥施工机械的优越性，就必须加强机械设备管理。正确选择机械设备，合理使用、及时维修机械设备；采用先进的施工技术和科学的管理方法，不断提高机械设备的完好率、利用率；及时对现有设备进行技术改造和更新，不断提高机械化施工水平。所有这些对保证施工质量，完成施工任务和提高企业经济效益都具有十分重要的意义。

二、建筑企业机械设备的配备

（一）机械设备配备的原则

机械设备的配备包括使用形式的确定，机械规格、品种的选择，装备方法（大修、改造或替换）的选定，配备数量的计算和设备的配套等问题。由于建筑产品和建筑施工多变的特点，上述问题就变得十分复杂。但机械设备合理配备的总原则是既要满足施工的需要，又应保证所有机械都能发挥最大效率，也就是既要满足技术要求，又要满足经济要求。

结合建筑企业生产的特点和我国建筑设备生产供应等条件，建筑企业机械设备的合理配置应具体考虑以下原则：

（1）贯彻机械化、半机械化和改良工具相结合的方针。因地制宜地采用先进技术和适用技术，以适用技术为主，形成多层次的技术装备结构。

（2）有重点、有步骤地优先装备非用机械不可的工程（如起重、吊装、打桩等）、不用机械难以保证质量和工期的工程（如大量土石方、混凝土浇捣等），以及从事其他笨重劳动的工作（如装卸、运输等）。对于消耗大量手工劳动的零星分散作业，宜于发展机动工具。

（3）注意机械的配套，包括一个工种的全部过程和环节的配套，主导机械与辅助机械在规格、数量和生产能力上的配套两个方面。

（4）讲求实效，以经济效果为装备依据。要克服"大而全""小而全"的小生产经营思想，通过技术经济分析来确定机械设备的选型和数量，充分利用多种形式使用机械。此外，还要做好任务预测和技术发展预测，使机械装备既满足当前需要又适合长远要求。

（二）机械设备的选择

选择机械设备必须考虑设备本身的技术条件、经济条件以及环保、节能与安全等条件。

1. 技术条件

技术条件是指机械设备对建筑企业生产经营的适用性。主要包括以下六个方面。

（1）生产效率。生产效率一般以单位时间内完成的产量来表示（也可以用速率、功率等技术参数表示）。原则上，设备的生产效率越高越好，但也要考虑企业的生产任务，避免设备负荷过低，利用率不高而造成浪费。

（2）耐用程度及可靠性。耐用程度及可靠性指机械设备在使用中是否坚固，零部件是否耐用，是否安全可靠，以及机械设备的精度、准确度的保持性。可靠性常用可靠度表示，即在规定的时间内，在规定的使用条件下，无故障地发挥规定性能的概率。

（3）维修性能。维修性能指维修的难易程度，维修性能高是指设备结构简单，零部件组合合理、通用化和标准化程度高、有互换性，维修时易于拆卸检查等。

（4）能耗。能耗是指能源（及材料）消耗的程度，即同一产出条件下设备的能耗数量。设备能耗一般用机械设备单位开动时间的能源消耗量表示，也可用单位产品能源消耗量表示。

（5）灵活性。灵活性是指机械设备在运输、装拆、操作时的灵活程度。轻便、紧凑、多功能、拼装性强的机械，其工作效率就高。

（6）成套性。成套性是指设备的配套程度，即设备本身与其密切相关的设备之间的配套水平。设备配套是形成设备生产能力的重要条件，包括单机配套、机组配套、项目配套三类。

2. 经济条件

经济条件是指技术达到的指标与经济耗费的关系，主要包括以下三个方面。

（1）原始价值。原始价值即最初的一次性投资，是最主要的指标。购置机械的费用除购置价格外，还应包括运费、安装费等；企业自行研制机械的费用应包括研究、设计、试制、制造、安装、试验以及资料制作费等。

（2）使用寿命。使用寿命是指机械设备的有效使用期限。

（3）使用费用。使用费用是指机械设备在使用过程中发生的经常性费用，包括使用时装拆、运输、保管、人工、能源消耗、经常性的维护保养和修理费等。

3. 环保、节能与安全条件

（1）环保、节能。环保、节能是指机械设备对环境保护的影响，包括有害物质排放对环境污染的程度，噪声对周围环境的影响，以及能源、用水量等方面均应作为考虑因素。

（2）安全性。安全性是指机械设备生产时对安全的保证程度，对易发生人身事故的机械设备在选择确定时尤其应慎重。

（三）机械设备的经济评价

机械设备的经济评价是指在机械设备选购时，通过几种方案的对比分析，选择理想的机械设备，即选购经济上最优的设备。通常有以下两种方法。

1. 单目标决策法

所谓单目标决策就是假定在其他条件相同的情况下，选择其中一个标准作为决策目标的方法。这样可以使问题简单化，计算简便。单目标决策法有投资回收期法、年费用法、界限使用时间比较法等。

2. 综合评分法

单目标决策法虽然可以综合考虑机械设备的部分性能指标，但是不够全面。机械设备的优劣表现为综合性能的高低，所以决策时应全面评价各项性能指标，以综合性能的优劣作为选择的标准。

综合评分法是一种全面评价机械设备性能的决策方法。其基本做法是：选出机械设备的主要性能指标作为评价的范围，并根据多项指标对设备综合性能的影响程度分别确定其等级系数；对每项指标进行评分，然后以等级系数为各项指标的权数计算设备的综合得分；以综合分数的高低决策出应购置的设备。

三、建筑企业机械设备的使用、保养和维修

（一）机械设备的损耗

1. 设备的磨损

设备的磨损有两种形式：有形磨损和无形磨损。

（1）设备的有形磨损。机械设备在力的作用下，零（部）件产生摩擦、振动、疲劳、生锈等现象，致使设备的实物产生磨损，称为设备的有形磨损。设备的有形磨损又分为：设备在使用过程中，由于摩擦、振动等，使零（部）件产生实物磨损，导致零（部）件的尺寸、形状和精度发生改变，直至损坏所产生的第Ⅰ种形式的有形磨损；设备在闲置过程中，由于自然力的作用而生锈腐蚀，丧失了工作精度和使用价值而产生的第Ⅱ种形式的有形磨损。

当设备磨损到一定程度时，设备的使用价值降低，使用费用提高。要消除这种磨损，可以通过修理来恢复，但修理费应小于新机器的价值。当磨损使设备丧失工作能力，即使修理也不能恢复设备功能时，则需要更新设备。

（2）设备的无形磨损。所谓设备的无形磨损有两种，一种是指由于科学技术进步而不断出现性能更加完善、生产效率更高的设备，使原有设备的价值降低，或生产同样结构设备的价值不断降低而使原有设备贬值，此类磨损称为经济磨损；另一种是由于结构本身老化而造成的磨损，称为精神磨损。

经济磨损分为两种：由于相同结构设备再生产价值的降低而产生原有设备价值的贬值，称为第Ⅰ种形式的经济磨损；由于不断出现技术上更加完善、经济上更加合理的设备，使原设备显得陈旧落后，因此产生经济磨损，称为第Ⅱ种形式的经济磨损。

在第Ⅰ种经济磨损形式下，设备的结构性能并未改变，但由于技术的进步，工艺的改善，成本的降低，劳动生产率不断提高，使生产这种设备的劳动耗费相应降低，而使原有设备贬值。但设备的使用价值并未降低，设备的功能并未改变，不存在提前更换设备的问题。第Ⅱ种经济磨损的出现，不仅使原设备的价值相对贬值，而且使用价值也受到严重的冲击，如果继续使用原有设备，会相对降低经济效益，这就需要用更新的设备代替原有设备。但是否更换，取决于是否有更新的设备及原设备贬值的程度。

2. 设备的磨损规律

机械设备的磨损规律，一般可用其磨损曲线来表示。其磨损曲线如图 10-6 所示。

由图 10-6 可看出，机械设备的磨损分为三个阶段。

（1）初期磨损阶段（曲线 OA 阶段）。机械设备开始磨损时，由于零件表面存在一定的微观不平度，因此磨损快，曲线较陡。当表面光滑度提高后，磨损逐渐减慢，达到一定程度后（即到 A 点）曲线趋于稳定。

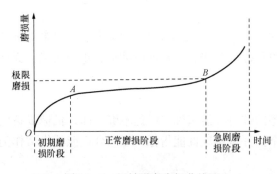

图 10-6　机械设备磨损曲线图

（2）正常磨损阶段（曲线 AB 阶段）。这个阶段由于零件表面光洁度提高，零件间配合良好，润滑条件有了改善，磨损变小变慢，在较长时间内保持稳定的均匀磨损。如能适当加强维护保养，便可延长这个阶段的工作时间。

（3）急剧磨损阶段（曲线 B 点以后）。当磨损达到一定程度（B 点），因配合零件的间隙增大，会产生冲击负荷，且润滑油流失大，不易形成液体摩擦，磨损开始加剧。达到 B 点时的磨损程度，称为极限磨损。

了解机械设备磨损规律的目的，是为了在达到极限磨损之前，及时进行修复和更换，以保证机械设备的精度和良好的工作效率。

（二）设备的寿命

由于磨损的存在，设备的使用价值和经济价值逐渐消逝，因而设备具有一定的寿命。根据对设备考察方面的不同，可以将设备寿命划分成以下范畴。

1. 自然寿命

自然寿命也称物理寿命，是由有形磨损所决定的设备的使用寿命，指一台设备从全新状态开始使用，产生有形磨损，造成设备逐渐老化、损坏，直至报废所经历的全部时间。正确使用、维护保养、计划维修可以延长设备的自然寿命，但不能从根本上避免其磨损。任何一台设备磨损到一定程度时，必须进行修理或更新。

2. 技术寿命

由于科学技术的迅速发展，不断出现比现有设备技术更先进、经济性更好的新型设备，从而使现有设备在物理寿命尚未结束前就被淘汰。技术寿命是指一台设备可能在市场上维持其价值的时间，也就是说一台设备开始使用到因技术落后而被淘汰为止所经历的时间，也称为设备的技术老化周期。技术寿命的长短主要取决于技术进步的速度，而与有形磨损无关。通过现代化改装，可以延长设备的技术寿命。

3. 经济寿命

当设备处于自然寿命后期，由于设备老化，磨损严重，要花费大量的维修费用才能保证设备正常使用。因此，从经济性考虑，尽管设备的自然寿命尚未结束，仍然要更新设备，这便产生了设备经济寿命的概念。设备的经济寿命是根据设备使用成本最低的原则来确定的。所谓经济寿命，是指由设备开始使用到其年平均使用成本最低年份的延续时间长短。经济寿命既考虑了有形磨损，又考虑了无形磨损，经济寿命是确定设备合理更新期的依据。一般地说经济寿命短于自然寿命。

4. 折旧寿命

折旧寿命亦称会计寿命，即设备折旧的时间长度，由财政部规定的固定资产使用年数来确定。

（三）建筑企业机械设备的使用

机械设备的使用管理是机械设备管理的基本环节。加强机械设备的使用管理，可以正确、合理地使用设备，减轻机械磨损，保持设备良好的工作性能，延长设备的使用寿命，充分发挥设备的效率，以提高设备使用的经济效益。

1. 建立机械设备技术档案

机械设备技术档案是机械设备使用过程的技术性历史记录，该档案提供了机械设备出厂、使用、维修、事故等全面情况，是使用、维修设备的重要依据。因此，在机械设备使用中必须逐步建立技术档案。机械设备技术档案的主要内容有：机械设备的原始技术文件，如出厂合格证、使用保养说明书、附属装置及个别零部件图册等；机械设备的技术试验记录；机械设备的验收交接手续；机械设备的运转记录、消耗记录；机械设备的维修记录；机械设备的事故分析记录；机械设备的技术改造等相关资料。

2. 正确选用与合理部署机械设备

正确选用机械设备是机械使用管理的首要工作。机械设备的选用应遵循切合需要、实际可能、经济合理的原则。在建筑施工中，合理部署机械设备，是发挥其效能的关键。因此在编制施工组织设计时，要根据工程量、施工方法、工程特点的需要，正确选用机械设备；要做好机械设备配套工作，给机械施工创造良好条件；在安排施工生产计划时，要给机械设备留有维修保养时间。

3. 建立健全规章制度

正确使用机械设备应建立以下几项规章制度：

（1）定机、定人、定岗位责任的三定制度。三定制度即人机固定，就是由谁操作哪台机械设备不能随意变动，要做到岗位固定，责任分明。

（2）操作证制度。凡施工机械操作人员必须进行技术培训，经过考试合格，取得操作证方可持证上岗。

（3）机械设备交接制度。新购入或新调入的机械设备向使用单位或向操作人员交机时，或机械使用过程中操作人发生变动时，或机械送厂大修及修好出厂时以及设备出、入库时，均应办理交接手续，以明确责任。

（4）机械设备大检查和奖惩制度。要定期对设备的管理工作和设备的使用、保养状态，进行检查、评比，通过评比，交流经验，表彰先进，并对发现的问题限期整改。

4. 严格执行技术规定

机械设备的技术规定主要包括以下四个方面：

（1）技术试验规定：新购置或经过大修、改装的机械设备，必须进行技术试验，以测定机械设备的技术性能、工作性能和安全性能。确认合格后才能验收，投入使用。

（2）磨合期规定：新购置或经过大修的机械设备，在初期使用时，工作负荷或行驶速度要逐渐由小到大，使机械设备达到完善磨合状态。

（3）寒冷地区使用机械设备的规定：建筑机械设备多数都是在露天作业，在寒冷地区如何使用好机械设备是一个重要课题。低气温及风雪等恶劣天气会给使用机械设备带来很多困难和麻烦，如启动困难，磨损加剧，燃料润滑油料消耗增加等。如果防冻措施不当，不仅不能保证设备正常运转，而且还会冻坏机械，影响设备使用寿命，造成经济损失。

（4）保养规程和安全操作规程：任何机械设备都有其特定的使用要求、操作方法和保养程序，只有遵循这些要求、方法和程序才能使设备充分发挥效能，减少损坏，延长使用寿命。反之，轻者机械出故障，效率降低，重者机械设备损坏，影响施工生产，甚至还会发生人身伤亡事故。

（四）建筑企业机械设备的保养和维修

1. 机械设备的保养

机械设备的保养是指为了保持机械设备的良好技术状态，对机械设备进行的清洁、紧固、润滑、调整、防腐、检查磨损情况、更换已磨损的零部件等一系列活动。

机械设备的保养通常分为例行保养和定期保养两种。

（1）例行保养。机械操作人员或使用人员在上、下班和交、接班时间进行的保养工作称为例行保养，其基本内容是：

1）清洁。清除机械设备上的污垢、擦洗机械设备上的灰尘、保持机械设备整洁等。

2）润滑。按规定做好润滑注油工作。

3）紧固。紧固各处松动的螺栓。

4）调整。调整设备零件或部位，使各零件部位之间配合合理。

5）防腐。采取适当措施做好机身防腐工作。

通常，将上述"清洁、润滑、紧固、调整、防腐"称为"十字保养作业法"。

（2）定期保养。当机械设备运转到技术保养规程规定的工作台班或台时时，就要停机进行保养，这种保养称为定期保养。定期保养的时间周期根据各类机械设备的磨损规律、作业条件、操作维修水平，以及经济性四个主要因素确定。定期保养的等级，根据机械设备的复杂程度、性能、作业环境而定，大型机械实行四级保养制，一般机械实行三级保养制，小型机械实行二级保养制。

1）一级保养。一级保养是在进行例行保养的基础上，以机械操作人员为主，维修人员为辅对机械设备进行部分检查和调整。包括：检查油面、水面、离合器、制动器、安全装置、传动装置等；调整三角皮带、链条等传动装置；清洁各种滤清器、油箱、储气筒、火花塞等；排除漏电、漏水等故障。

2）二级保养。二级保养是在进行一级保养基础上，以维修人员为主，操作人员为辅对机械设备进行局部解体检查、修理和调整。二级保养的内容主要包括：检查发动机的运转情况、各部分的间隙、各系统工作情况，调整设备异常，以及清洗发动机冷却系统、润滑系统、燃料系统，更换润滑油等。

3）三级保养。三级保养是在进行二级保养的基础上，以维修人员为主，对设备主体进行解体检查和调整，更换部分磨损零件并对主要部件的磨损状况进行测量、鉴定。三级保养的检查内容包括检查发动机运转情况、消除内部污垢，更换已磨损的零件；检查各系统的间隙并进行修复调整；检查各系统的磨损情况，更换零部件；对整体进行较全面的清洗、检查、整修，排除异常现象，保持机况良好、机容整洁。

除上述保养外，机械设备保养还包括停放保养、走合期保养、换季保养等特殊保养。停放保养指机械设备停用超过1个月，在使用前必须进行的保养，其检查、保养内容类似于一级保养。走合期保养指新机械或经过大修的机械，按照机械设备走合期规定，由操作人员进行保养。换季保养指机械设备在入冬、入夏前进行的季节性保养，主要内容是更换适宜的润滑油和采取防寒降温措施。这些特殊保养要尽可能结合定期保养进行。

2. 机械设备的修理

机械设备的修理，是对设备因正常的或不正常的原因造成的损坏或精度劣化的修复工作，通过修理更换已经磨损、老化、腐蚀的零部件，使设备性能得到恢复。

按照机械设备磨损规律，预防性地、分期分批地把已消耗磨损、变形、损坏、松动的零（部）件进行更换和调整，排除故障，使机械设备整旧如新的一系列作业活动称为修理。修理作业范围可以分为：

（1）日常修理。日常修理是对保养检查中发现的设备缺陷或劣化症状，在发生故障之前进行的维修保养。

（2）小修。小修是属于无法预料或控制的，在设备使用和运行中突然发生的故障性损坏或临时故障的修理，属于局部修理，也称故障修理。

（3）中修。中修是在两次大修中间为解决主要零部件的不平衡磨损而采取的修理措施，其目的是使机械设备能运转到大修周期。中修时除了对主要零部件进行彻底修理之外，还要对其他部分进行检查保养和必要的修理。若机械的各个主要零部件磨损程度相似，在保证设备正常运转的情况下，可以取消中修，延长设备使用至下次大修。小型、简单的机械设备也可以取消中修。

（4）大修。大修是指机械设备的多数零部件即将达到极限磨损的程度，经过技术鉴定需要进行一次全面彻底的恢复性修理，使机械设备的技术状况和使用性能达到规定的技术要求。

四、建筑企业机械设备的更新和改造

（一）设备更新

1. 设备更新的概念

设备更新是指用技术性能更完善，效率更高，经济效益更显著的新型设备替换原有技术上不能继续使用，或经济上不合算的陈旧设备。进行设备更新是为了提高建筑企业技术装备现代化水平，以提高工程质量和生产效率，降低消耗，提高建筑企业竞争力、获得较高的经济效益。机械设备更新的形式分为原型更新和技术更新。

原型更新又称简单更新，是指同型号的机械设备以新换旧。机械设备经过多次大修，已无修复价值，但尚无新型设备可以替代，只能选用原型号新设备更换已陈旧的设备，以保持原有生产能力，保证设备安全运行。

技术更新是指以结构更先进、技术更完善、效率更高、性能更好、能源消耗更少的设备来代替落后陈旧的设备。技术更新是建筑企业实现技术进步的重要途径。

2. 设备经济寿命期的计算

机械设备在使用期限内的费用由折旧费和经常使用费组成。所谓经济寿命，就是设备年平均总费用最低的使用年限。

设　　C——设备使用 T 年时其年度平均费用；

　　　　T——经济寿命；

　　　　P——设备的原始价值；

　　　　λ——每年递增的使用费。

设备的年折旧费按平均年限法计算，则

$$设备年平均折旧费 = \frac{P}{T} \qquad (10-22)$$

设备的使用费每年以 λ 值从第二年开始递增。

T 年内平均的年使用费为

$$\frac{T\lambda}{2} \qquad (10-23)$$

另设年平均总费用为 Y，则

$$Y = \frac{P}{T} + \frac{T\lambda}{2} \qquad (10-24)$$

为求得使 Y 最小的 T 值，令

$$\frac{\mathrm{d}Y}{\mathrm{d}T} = \left(\frac{P}{T} + \frac{T\lambda}{2}\right)' = 0 \qquad (10-25)$$

得

$$-\frac{P}{T^2} + \frac{\lambda}{2} = 0 \qquad (10-26)$$

即

$$T = \sqrt{\frac{2P}{\lambda}} \qquad (10-27)$$

【例 10-3】　某设备的原始价值 10 000 元，每年使用费递增 400 元，求经济寿命是多

少年?

解
$$T=\sqrt{\frac{2\times10\ 000}{400}}\approx7\ (年)$$

机械设备的使用寿命要根据建筑企业的实际情况和设备的情况确定，但从经济效益上讲，经济寿命是最佳更新期。

（二）设备的改造

为了更快地改变机械设备老旧的面貌，提高机械化施工水平，对现有的机械设备，既要采取以新换旧，也要改旧变新，即对老旧的设备进行改造。

机械设备改造分为简单改装和现代化改装两种形式。简单改装是通过改装扩大或改变设备的容量、功率、体积和形状，以提高设备产量或满足加工需求。这种设备简单改装可以充分利用现有设备，减少新设备购置费，节省投资，但不能提高设备现代化水平，不能实现企业的技术进步。设备现代化改装是应用现代化的技术成就和先进经验，根据生产的具体需要，改变旧设备的结构，或增加新部件、新装置和新附件，以改善旧设备的技术性能与使用指标，使原有设备局部达到或全部达到目前生产的新设备的水平。这种现代化改装可以提高原设备的加工质量和生产效率，降低消耗，全面提高经济效益。加强设备的现代化改装，是快速、经济、有效的更新改造方式。

设备现代化改装是企业技术改造的一般措施，其优越性体现为以下几点：第一，在技术上能克服现有设备技术落后的状态，促进设备的技术进步，扩大设备生产能力，提高设备质量。第二，设备现代化改装是在原有设备的基础上进行的，原有设备的许多零（部）件可以继续使用，因此所需投资往往比购置新设备要少，具有经济上的优越性。第三，现代化改装有更强的针对性和适应性，能适应生产的具体要求，在某些情况下，改装后设备的适应性程度、某些技术性能甚至能达到或超过现代新设备的水平。由此可见，设备现代化改装较设备更新更具有现实意义。然而，设备现代化改装并不是在任何情况下都适用的，当出现一种新的工作原理、一种新的加工方法时，这种先进的原理和方法用原有设备改装，改装量太大，很不经济，此时采用设备更新的办法，即用一种新的设备来代替原有设备更为经济。

第五节　建筑企业人力资源管理

一、人力资源管理的概念

人力资源是与自然资源、物质资源或信息资源相对应的概念，有广义和狭义之分。广义的人力资源是指以人的生命为载体的社会资源，凡是智力正常的人都是人力资源。狭义的人力资源是指智力和体力劳动能力的总称，也可以理解为是为社会创造物质文化财富的人。

人力资源管理与传统的人事管理相比职能发生了很大的转变。传统的人事管理是行政事务性管理，强调各项事务的具体操作，如人员招聘、录用、档案管理、人员调动等；而人力资源管理在人事管理的职能基础上增加了人力资源规划、人力资源开发、岗位与组织设计、行为管理和终身教育等内容。二者在对人的价值的认识、对人的重视程度，以及管理主体、管理方法上都有所不同。建筑产业工人是建筑业发展的基础，为经济发展、城镇化建设做出重大贡献，因此，构建社会化专业化分工协作的建筑工人队伍是建筑企业人力资源管理的关键内容，为建筑业持续健康发展和推进新型城镇化提供更有力的人才支撑。

二、人力资源管理的内容

人力资源管理研究的基本内容包括：人力资源计划、人力资源开发、工作分析、员工招聘、人力资源配置、员工培训、职业生涯策划、激励、绩效考核、人际关系处理的技巧和原则以及建筑企业的人才战略。人力资源管理研究有助于合理配置人力资源、降低人力资源成本。实施可持续发展的人才战略，是建筑企业可持续发展的基础和核心动力。

（一）人力资源计划

制订人力资源计划的意义在于，一方面保证人力资源管理活动与建筑企业的战略方向和目标相一致，另一方面保证人力资源管理活动的各个环节相互协调，避免相互冲突。同时，在实施此计划时，还必须在法律和道德观念方面创造一种公平的就业机会。

（二）人力资源开发

人力资源开发是指运用学习、教育、培训、管理等有效方式，把人的智慧、知识、经验技能、创造性、积极性当作一种资源加以发掘、培养、发展和利用的一系列活动。人力资源开发以改进工作能力，提高工作绩效为目标。

（三）工作分析

工作分析实际上就是岗位设计与岗位分析。这是人力资源管理中的一项重要的工作。通过工作任务的分解，根据不同的工作内容，设计不同的工作岗位，并规定每个岗位应承担的职责和工作条件、工作要求等，这样可使企业吸引和留住合格的员工。

（四）员工招聘

这是建筑企业为补充所缺员工而采取的寻找和发现合乎工作要求的申请者的办法。

建筑企业就所需招聘的人员的数量和质量作出计划，如果企业现有员工人数大于所需数，则企业可制定裁员计划；如果企业现有人数不足，则可制订招聘计划。

（五）人力资源配置

人力资源配置是指建筑企业为了提高工作效率、实现人力资源的最优化而对企业的人力资源进行科学、合理的配置。即挑选最合适的求职者，并录用安排在一定职位上。

（六）员工培训

完善建筑工人技能培训组织实施体系，制定建筑工人职业技能标准和评价规范，完善职业（工种）类别，大力推行现代学徒制和企业新型学徒制。采取建立培训基地、校企合作、购买社会培训服务等多种形式，解决建筑工人理论与实操脱节的问题，实现技能培训、实操训练、考核评价与现场施工有机结合。推行终身职业技能培训制度，加强建筑工人岗前培训和技能提升培训。探索开展智能建造相关培训，加大对装配式建筑、建筑信息模型（BIM）等新兴职业（工种）建筑工人培养，增加高技能人才供给。

（七）职业生涯策划

职业生涯策划是指将个人发展与组织发展相结合，对决定一个人职业生涯的主客观因素进行分析、总结和测定，确定一个人的事业奋斗目标，并选择实现这一事业目标的职业，编制相应的工作、教育和培训的行动计划，对每一步骤的时间、顺序和方向做出合理的安排。

（八）激励

激励是指激发人的积极性、主动性、创造性，充分挖掘人的潜在能力的过程。

（九）绩效考核

通过考核员工工作绩效，及时作出信息反馈，奖优罚劣，有利于进一步提高和改善员工的工作绩效。

（十）人际关系处理的技巧和原则

人际关系处理的技巧包括语言技巧、沟通技巧、冲突处理技巧、主动交往程度和对人际关系的认识等方面。

人际关系处理的原则包括冷处理原则、和解原则、宽容原则和体谅原则等。

（十一）建筑企业的人才战略

建筑企业人才战略是建筑企业为实现发展战略和目标，把人才作为一种战略资源，对人才获取、使用、激励、培养、监督和开发做出重大、宏观和全局性的构想与安排。

三、建筑企业人员招聘、录用、培训及考核

（一）人员招聘

人员招聘是"获取"人力资源的一个重要手段，也是建筑企业人力资源管理的一项基本工作。现代企业人力资源管理中的人员招聘是指组织通过采用一切科学的方法去寻找、吸引那些有能力又有兴趣到组织来任职的人员，并从中选出适宜人员予以聘用的过程。大量统计资料表明，员工离职率最准确的预测指标是国家经济状况。工作机会充裕时员工的流动比例高，工作机会稀缺时员工的流动比例低。一个企业要想永远留住自己所需要的人才是不现实的，也不是人力资源管理手段所能控制的，再加上企业内部正常的人员退休、人员辞退及人员调动，因此人员招聘工作是企业人力资源管理的经常性工作。

1. 招聘原则

（1）公开原则。把招聘的单位、招聘的种类、数量、要求的资格条件以及考试方法均向社会公开。这样做不仅可以大范围地广招贤才，而且有助于形成公平竞争的氛围，使招聘单位确实招到德才兼备的优秀人才。

（2）平等原则。对待所有的应聘者应该一视同仁，不得人为地制造不平等条件。在我国的一些建筑企业招聘启事中经常可以看到关于年龄、性别的明确限制。建筑企业作为招聘单位应努力为人才提供公平竞争的机会，不拘一格地吸纳各方面的优秀人才。

（3）竞争原则。人员招聘需要各种测试方法来考核和鉴别人才，根据测试结果的优劣来选拔人员。靠领导的目测或凭印象，往往带有很大的主观片面性和不确定性。因此，必须制定科学的考核程序、录用标准，才能真正选到良才。

（4）全面原则。录用前的考核应兼顾德、才、能等诸方面因素。因为一个人的素质不仅取决于他的智力水平、专业技能，还与他的人格、思想等因素密切相关。

（5）量才原则。招聘录用时，必须做到"人尽其才""用其所长"。认真考虑人才的专长，量才录用，据职录用。有的招聘单位盲目地要求高学历、高职称，不考虑拟招聘岗位的实际需求，结果花费了大量人力物力招聘来的员工，用不了多久就"孔雀东南飞"了。

2. 招聘的程序

（1）制订招聘计划。首先，必须根据本企业目前的人力资源分布情况及未来某时期内组织目标的变化，分析从何时起本企业将会出现人力资源的缺口，并确定该缺口是数量上的缺口，还是层次上需要提升。第二，要确定这些缺口分布在哪些部门，数量分布如何，层次分布是怎样的。第三，要根据对未来情况的预测和对目前情况的调查来制订一个完整的招聘计划，确定拟订招聘的时间、地点、欲招聘人员的类型、数量、条件、具体职位的具体要求、任务，以及应聘后的职务标准及薪资等。

（2）组建招聘小组。对许多建筑企业，招聘工作是周期性或临时性的工作，因此，应该有专人来负责此项工作，在招聘时成立一个专门的临时招聘小组，该小组一般应由招聘单位的人事主管以及用人部门的相关人员组成。专业技术人员的招聘还必须由有关专家参加，如果是招聘高级管理人才，一般还应由经济管理等相关方面的专家参加，以保证全面而科学地考察应聘人员的综合素质及专项素质。

（3）确定招聘渠道，发布招聘信息。根据欲招聘人员的类别、层次以及数量，确定相应的招聘渠道。一般可以通过有关媒介发布招聘信息，或去人才交流机构招聘，或者直接到大专院校招聘应届毕业生。

（4）甄别录用。一般的筛选录用过程是：根据招聘要求，审核应聘者的有关材料；根据从应聘材料中获得的初步信息安排各种测试，包括笔试、面试、心理测试等；最后经高级主管面试合格后，办理录用手续。在一些高级人员的招聘过程中，往往还要对应聘者进行个性特征、心理健康水平，以及管理能力、计算机水平的模拟测试等。

（5）工作评估。人员招聘进来以后，应对整个招聘工作进行检查、评估，以便及时总结经验，纠正不足。评估结果要形成文字材料，供下次参考。此外，在新录用人员试用一段时间后，要调查其工作绩效，将实际工作表现与招聘时对其能力所做的测试结果做比较，确定相关程度，以判断招聘过程中所使用的测试方法的信度和效度，为测试方法的选择和评价提供科学的依据。

（二）人员录用

1. 建筑企业用工制度

用工制度是建筑企业为了解决生产对劳动力的需要而采取的招收、录用和使用劳动者的制度，它是企业劳动管理制度的主要组成部分。随着国家和建筑业用工制度的改革，建筑企业可以采取多种用工形式。

（1）固定工。固定工即与建筑企业签长期用工合同的自有员工，主要由工人技师、特殊复杂技术工种工人组成。

（2）合同工。企业根据临时用工需求，本着"公开招工、自愿报名、全面考核、择优录取"的原则，从城镇、农村招收合同制工人。用人单位应与招用的建筑工人依法签订劳动合同，严禁用劳务合同代替劳动合同。

（3）计划外用工。企业根据任务情况，招聘计划外建筑工人，以弥补劳务人员的不足。

（4）建立劳务基地。企业出资和地方政府一起在当地建立劳务培训基地，采用"定点定向、双向选择、专业配套、长期合作"的方式，为企业提供长期稳定的劳务人员。

（5）建立协作关系。一些大型建筑企业利用自身优势，有选择地联合一批施工能力强、有资质等级的施工队伍，同他们建立一种长期稳定的伙伴协作关系。

2. 录用工作

录用工作主要包括签订试用合同、员工的初始安排、试用和正式录用等过程。新员工进入企业以前，一般要签订试用合同，以此对新员工和组织双方进行必要的约束和保证。合同内容包括：试用的职位，试用的期限，试用期间的报酬与福利，试用期应接受的培训，试用期责任义务，员工辞职条件和被延长试用期的条件等。

试用期满后，如果新员工表现良好，能够胜任工作，就应办理正式录用手续。正式录用企业一般要与员工签订正式的录用合同。合同的内容和条款应符合劳动法的有关规定。

（三）员工培训

员工培训是指在将建筑企业发展目标和员工个人发展目标相结合的基础上，有计划地、系统地组织员工从事学习和训练，提高员工的知识水平和工作技能，改善员工的工作态度，激发员工的创新意识，最大限度地使员工的个人素质与工作需求相匹配，使员工能胜任目前所承担的或将要承担的工作与任务的人力资源管理活动。

1. 培训的形式

按照不同的分类方法可以有以下几种形式。

（1）按培训与工作的关系分类。按培训与工作的关系来划分，有在职培训和非在职培训。

在职培训即人员在实际工作中得到培训，这种培训很经济，不需要另外添置场所、设备，有时也不需要专职的教员，而是利用现有的人力、物力来实施培训。同时，培训人员不脱离岗位，不影响工作和生产。

非在职培训即在专门的培训场所接受训练。其形式很多，诸如与学校挂钩方式、委托代培方式，有条件的单位亦可自办各种培训学校及短训班。由于学员脱产学习，没有工作压力，时间集中，精力集中，其知识技能水平会提高很快，这种培训方式的缺点是需要资金、设备、专职教师、专门场所，成本较高。

（2）按培训的组织形式分类。按培训的组织形式来划分，有正规学校、短训班、自学等形式。

正规学校包括高等院校、党校、管理干部学院等，承担企业人员正规化培训任务，这种形式一般费用较高，通常用于较高层次管理人员的培养。

与正规学校比，短训形式专业性强、灵活、内容有鲜明的针对性，可以使一批人同时受到培养，又费时不长，花费不大，易于组织，已被广泛采用。这种形式的培训特别适用于专业培训，在某一问题上集中深化，使受训者了解有关动态和最新发展，跟上技术进步、管理变革和政策环境、市场竞争态势的变化，回到工作岗位立即应用，见效较快。

自学是一种自我完善、提高的培训方式。其特点是组织简单、费用低、行之有效，特别是成人自学考试制度实行以来，自学成才的人数呈增加趋势。企业对有志于参加自学培训的人员应采取支持和鼓励措施。

（3）按培训目标分类。按培训的目的来划分，有文化补习、学历培训、岗位职务培训等形式。

文化补习和学历培训的目的在于增加员工的科学文化常识，为其自身水平的进一步提高奠定文化基础。

岗位职务培训是从工作的实际需求出发，围绕职位特点而进行的针对性培训。这种培训旨在传授个人以行使职位职责、推动工作方面的特别技能，侧重于专门技术知识的灌输。同时，这种培训使人员在担任更高职务之前，能够充分了解和掌握未来职位的职责、权力、知识和技能等。这样，在担任较高职务时，就有可能尽快胜任工作，打开局面。

（4）按培训层次分类。从培训层级上划分，有高级、中级和初级培训。

培训工作应因人而异，分层次进行。一般而言，初级培训可侧重于一般性的知识和技术方法；中级培训可适当增加有关理论课程；高级培训则应侧重于学习新理论、新观念、新方法。培训的级别越高，所采用的组织形式就越趋小型化、短期化。如初期培训通常要借助正规学校、社会办学的方式实现，而高级培训则可采用短训班、研讨班，甚至出国考察培训等方式来实现。

2. 建筑企业职业培训的内容

（1）管理人员培训主要有以下几种：

1）岗位培训。包括对企业经理的培训，对项目经理的培训，对基层管理人员和土建、装饰、水暖、电气工程专业岗位的培训及对其他岗位的业务、技术干部的培训。

2）继续教育。包括建立以"三总师"为主的技术、业务人员继续教育体系，采取按系统、分层次、多形式的方法，对具有中专以上学历的管理人员进行继续教育。

3）学历教育。主要是有计划地选派部分管理人员到高等院校深造。培养企业高层次的专门管理人才和技术人才，毕业后回到本企业继续工作。

（2）工人培训主要包括：

1）班组长培训。按照国家建设行政主管部门制订的班组长岗位规范，对班组长进行培训，通过培训最终达到班组长100%持证上岗。

2）技术工人等级培训。按照住房和城乡建设部和劳动部颁发的有关工人技师评聘条例，开展中、高级工人应知应会考评和工人技师的评聘。

3）特种作业人员的培训。根据国家有关特种作业人员必须单独培训、持证上岗的规定，对企业从事电工、塔式起重机驾驶员等工种的特种作业人员进行培训，保证100%持证上岗。

4）对外埠施工队伍的培训。按照省、市有关外地务工人员必须进行岗前培训的规定，企业对所使用的外地务工人员进行培训，颁发省、市统一制发的外地务工经商人员就业专业训练证书。

（四）员工的绩效考核

员工的绩效考核就是通过科学的方法和客观的标准，对员工的思想、品德、工作能力、工作成绩、工作态度、业务水平以及身体状况等进行评价。影响绩效考核的因素有：考核者的判断，考核者与被考核者的关系，考核的标准、方法、组织条件以及考核中常见的心理弊病等。

1. 绩效考核的内容

（1）工作成绩。工作成绩考核的考察重点是工作的实际成果而非过程，考核要以员工工作岗位的责任范围和工作要求为标准，相同职位的员工应以同一个标准考核。

（2）工作态度。重点考核员工在工作中的表现，如职业道德、工作责任心、工作的主动性和积极性等。

（3）工作能力。考核员工具备的能力。员工的工作能力由于受到岗位、环境或个人主观因素的影响，在过去的工作中不一定能显示出来，要通过考核去发现。

工作成绩、工作态度和工作能力是员工从事一定工作所表现出来的三个相互联系的要素。一个员工在一定岗位上工作，必须具备一定能力才可能干好，没有能力即便工作态度再好也不可能获得好的成绩。但是，一个具备了能力的员工，不一定就肯定能获得优良的成绩，因为这里有一个工作态度问题，能力虽然高但不愿付出（即工作态度不好）也不可能取得成绩。所以，对于员工的考核必须从以上三个方面全面考核，缺一不可。

2. 绩效考核的方法

（1）主观评价法。主观评价法是指依据一定的标准对被考核者进行主观评价。在评价过程中，可以通过相对比较法，将被考核者的工作绩效与其他被考核者的工作绩效进行比较；也可以通过绝对标准法，直接根据考核标准和被考核者的行为表现进行比较。主观评价法比较简易，但也易受考核者主观的影响，需要在使用中精心设计考核方案，减少考核的不确定性。

（2）客观评价法。客观评价法依靠工作指标的完成情况对被考核者进行客观评价。为了增加考核的可信度，一般来说，要求这些指标是客观的和定量的。主要包括：生产指标，如产量、销售量、废次品率、原材料消耗率等；个人工作指标，如出勤率、事故率、违规违纪次数等指标。客观评价法注重工作结果，忽略被考核者的工作行为，一般只适用于生产一线从事体力劳动的员工。

（3）工作成果评价法。工作成果评价法是为员工设定一个最低的工作成绩标准，然后将员工的工作结果与这一最低的工作成绩标准进行比较。它重点考核被考核者的产出和贡献，着眼于"干出了什么"而非"干什么"。在实际团队工作中，把员工工作成果作为业绩考核的依据会加剧员工个人之间的竞争，影响彼此之间的协作和帮助，不利于整个组织工作绩效的提升，所以，在采用时应当加以注意。

3. 考核的信度和效度

绩效考核的信度是指考评结果的一致性和稳定性。为了提高考核的信度，应注意：首先，要对考核者进行必要的培训，保证他们对考核内容理解一致并对考核标准准确把握；第二，要采用全方位考核的方法，对被考核者进行全面完整的评价；第三，要保持必要的考核次数和信息采集；第四，在设计考核方案和考核方法时，应尽可能实现程序的标准化以及考核标准的量化。

绩效考核的效度是指考核获取的信息及结果与考核的工作绩效之间的相关程度。考核效度不足意味着必要信息被忽略或无关信息被纳入。因此，在设计考核方案时，首先要确保考核维度足够全面并使各维度的权重能有效反映实际情况，然后用具体、明确、容易理解的词语和指标来定义它们的内容。此外，还要处理好被考核者可能存在的考核数据不全或缺项的问题。

本 章 习 题

1. 建筑企业生产要素管理的基本内容是什么？
2. 劳动定额制定原则和方法是什么？
3. 建筑企业材料管理的任务是什么？
4. 如何确定材料的消耗定额和储备定额？
5. 什么是材料最高储备、平均储备、最低储备和保险储备？
6. 什么是 ABC 分类法？
7. 机械设备管理的内容和任务是什么？
8. 机械设备装备的原则有哪些？
9. 人力资源管理的内容及现实意义是什么？
10. 简述建筑企业人员招聘的原则。
11. 简述建筑企业人员招聘的一般程序。

第十一章 建筑企业财务管理

 本章概要

1. 建筑企业财务管理的概念、对象、内容及环境；
2. 建筑企业融资管理与资本运营管理；
3. 建筑企业成本管理；
4. 建筑企业收益管理。

第一节 建筑企业财务管理概述

一、建筑企业财务管理的概念

建筑企业财务是指建筑企业在生产经营过程中客观存在的资金运动及其所体现的经济利益关系。建筑企业财务管理是建筑企业组织财务活动、处理财务关系的一项综合性的管理工作。财务管理这个概念从以下三个方面来理解：首先，要组织财务活动，就要了解企业活动包括哪些财务活动，并且要区别一般的财务活动和特殊的财务活动。一般的财务活动是筹资、投资、资产的运营与分配。特殊的财务活动包括兼并、收购、跨国经营等活动。其次，处理财务关系，在资金运营过程中表现出不同的财务关系，一个合格的企业管理人员能不能真正理解和运用好财务管理，显然在于他能不能处理好各种各样的财务关系。最后，它是一项经济管理工作，不同于人事管理、单纯的物资管理，具有综合性。

（一）建筑企业财务管理活动

建筑企业的财务管理活动包括资金筹集、资金投资、资金运营和资金分配等一系列行为。

1. 资金筹集活动

资金筹集是指建筑企业为了满足投资和资金运营的需要，筹集所需资金的行为。在资金筹集的过程中，建筑企业需要根据战略发展的需要和投资计划来确定各个时期建筑企业的总体筹资规模，以保证投资所需的资金。同时，要通过筹集资金渠道、筹资方式或工具的选择，合理确定筹资结构，降低筹资成本和风险，提高建筑企业财务管理水平。

2. 资金投资活动

投资是指建筑企业根据项目资金需要投出资金的行为。建筑企业投资可分为广义的投资和狭义的投资。广义的投资有两种形式，一是建筑企业的对外投资，它包括购买其他公司股票、债券，与其他建筑企业联营和投资于建筑企业外部项目的资金；二是建筑企业内部使用资金，它包括购置固定资产、无形资产、流动资产等。狭义的投资仅指对外投资。

3. 资金运营活动

建筑企业在日常的经营活动中需要垫支的资金是运营资金。建筑企业日常经营而引起的财务活动，也称为资金运营活动。在建筑企业的资金运营活动中，建筑企业需要确定运营资金的持有政策、合理的运营资金融资政策和运营资金管理策略，提高运营资金周转速度和资金的利用效率，使建筑企业取得更多收入和获取更多利润。

4. 资金分配活动

建筑企业通过投资和资金的运营活动可以取得相应的收入，并实现资金的增值。

建筑企业取得的各种收入在补偿成本、缴纳税金后，还应依据相应的有关法律对剩余收益进行分配。广义的分配是指对建筑企业各种收入进行分割和分配的行为，狭义的分配仅指对建筑企业净利润的分配。

（二）建筑企业财务管理关系

建筑企业财务管理关系是指建筑企业在资金运动中与许多有关方面发生的经济利益关系。建筑企业资金运动形成的财务关系主要有：一是建筑企业与政府之间的关系；二是建筑企业、投资者和受资者之间的关系；三是建筑企业与债权人、债务人、往来客户之间的财务关系；四是建筑企业与税务机关之间的关系；五是建筑企业内部各单位之间的财务关系；六是建筑企业与员工之间的财务关系。

二、建筑企业财务管理的对象及内容

（一）建筑企业财务管理的对象

建筑企业在资金流转过程中，资金流转的起点和终点是现金，其他的资产都是现金在流转中的转化形式，因此，财务管理的对象是现金及其流转。

1. 建筑企业资金流转的一般过程

建筑企业从各种渠道筹集资金，是企业资金运动的起点。一开始，这些资金大都处于货币形态。建筑企业利用筹集的货币资金购买各种生产资料，为施工生产建立必要的物质条件。企业的资金从货币形态转化为建筑安装施工生产所需的机械设备、材料等各种物质形态。在建筑安装生产过程中企业资金一方面发生形态的变化，即从生产用的机械设备、材料等物质形态经过施工转化为已完工程形态，另一方面增加了价值量。所以，建筑企业的建筑安装施工生产过程，既是企业资金形态的转化过程，又是资金耗费和资金积累的过程。在工程完工以后，要将已完工程交给发包建设单位，并按预算造价进行工程款结算，取得工程结算收入。在这一过程中，企业资金从工程形态转化为货币形态。企业就完成了从货币形态垫支又恢复到货币形态的循环过程，同时，通过循环过程还增大了原来的资金数额。

2. 资金流转的类型

建筑企业资金的循环是复杂的，按其循环一周的时间不同，基本可以分为资金的长期循环和短期循环。

（1）资金的长期循环。资金长期循环是指资金循环一周需要 1 年以上的时间。长期循环中的资金主要是占用在固定资产、长期投资、长期待摊费用等长期非现金资产上的资金，进入这一循环的资金，流转速度较慢，循环一周所需时间较长。由于占用在长期循环过程中的资金量比重较大，时间较长，所以应注意资金能可靠地变现，尽量避免变现时产生的净损失。

（2）资金的短期循环。资金短期循环指资金循环一周不超过 1 年。短期循环中的资金是流动资金，包括目前正处于现金、存货、应收账款、短期投资等形态的资金。在这一循环过程中，企业将从所有者和债权人那里筹措到的资金，在采购过程中转化为存货等生产资料的形态，而后将其投入生产过程，依次转化为在产品形态和产成品形态。

资金在长期和短期循环后，会得到重新分配。所以，长期循环和短期循环是相互连接的，在重新分配时要调度得当，如果调度不当，则会出现资金流转的不平衡。企业在经营过程中，资金流转平衡是相对的，不平衡是绝对的，所以资金的调度与分配是财务管理中十分复杂的问题。

（二）建筑企业财务管理的内容

财务管理的内容是财务管理对象的具体化。财务管理的对象是企业在生产过程中的资金活动。所以财务管理内容就是企业资金活动所表现出来的各个具体方面。建筑企业财务管理的内容比较宽泛，概括起来包括以下四个方面。

1. 资金管理

资金管理包括固定资金、流动资金和专项资金管理。首先，有计划地从正确的渠道筹措资金，及时组织资金供应，以保证各项财务活动的正常进行。企业筹措资金的渠道主要有国家财政拨款、银行贷款、企业留成等；此外，还可通过正常的手续发行公司债券和对外筹资等形式筹到必要的资金；其次，在资金使用上要做到有计划地安排并加强资金使用的监督和检查，做到资金使用合理化。其主要表现在三个方面：一是要使资金的结构合理；二是要保持资金的收支平衡；三是要实现资金使用的经济效益。

2. 投资管理

投资是指以收回现金并取得收益为目的而发生的现金流出。企业投资包括固定资产投资、证券投资和其他企业的直接投资等。投资管理的基本要求是建立严密的投资管理程序，充分论证投资在技术上的可行性和经济上的合理性。在收益和风险同时存在的条件下，力求做好预测和决策，减少风险，提高效益。投资是企业财务管理的重要环节。投资决策的成败，对企业未来经营成败具有根本性的影响。

企业筹集的资金必须投入到生产经营中去，并收回现金，取得盈利。在做出投资决策时需要考虑的问题，主要是投资的对象和投资的时期、投资的报酬和投资的风险，力求选择收益大、风险少的投资方案。

3. 收入与利润分配管理

销售过程是建筑企业资金流动的最后阶段。在销售阶段，按建筑产品价格，通过一定的结算程序取得销售收入，即工程收入。价格是价值的货币表现，按建筑产品价格取得的工程收入，实现了建筑产品的全部价值，完成了从成品资金形态向货币形态的转化。企业取得的工程收入包括成本、利润和税金三部分，用以进行资金的分配。

利润分配是指将企业赚取的利润总额，在与建筑企业有利害关系的各方中进行分配。对于利润分配管理的基本要求是采取各种措施，努力提高企业利润水平，合理分配企业利润。企业的利润分配关系到国家、企业、企业所有者和企业员工的经济利益。在分配时，一定要从全局出发，正确处理国家利益、企业利益、企业所有者利益和企业员工利益之间的关系，要统筹兼顾，合理安排。

4. 成本费用管理

成本费用是指建筑企业在一定时期内生产经营过程中的各种资金耗费。它包括直接费用、间接费用和期间费用。费用的管理包括营业费用的管理、成本费用的确定及核算等内容。

三、建筑企业财务管理的环境

任何一个企业的财务活动都离不开经营环境，企业的财务管理环境又称理财环境，它是指对建筑企业的财务活动产生影响作用的各种内外条件。在市场经济条件下，财务管理活动具有构成复杂、变化快速等特点，对财务管理工作会产生重大影响。财务管理人员必须对环境进行认真调查和分析，预测财务活动环境的发展变化趋势，不断增强对环境的适应能力、应变能力和利用能力，根据环境的发展变化采取相应的财务策略，提高财务管理水平。财务管理的环境涉及的范围很广，其中最重要的是经济环境、法律环境和金融环境。

（一）经济环境

经济环境主要是指国家在一定时期的各种经济政策以及经济发展水平。它是影响企业经营和财务管理活动的最主要因素。它主要包括经济周期、经济发展水平、市场竞争环境和经济政策等。

1. 经济周期

市场经济条件下，经济发展与运行带有一定的波动性，大体上呈现复苏、繁荣、衰退和萧条几个阶段的循环，这种循环称为经济周期。在复苏期，企业一般会增加厂房、建立存货、购入新产品、增加劳动力、实行长期租赁等；在繁荣期，企业一般会扩充厂房设备、继续建立存货、提高价格、扩大营销规模、增加劳动力；在衰退期，企业一般会停止扩张、出售多余设备、停产不利产品、停止长期采购、削减存货、停止雇员；在萧条期，企业一般会建立投资标准、保持市场份额、缩减管理费用、放弃次要利益、削减存货、裁减雇员。

2. 经济发展水平

经济发展水平是指国家整个经济增长和发展的水平，它对企业调度资金、调整生产结构有很大影响。国家经济处在发展缓慢或不景气阶段，必然会使企业的生产经营和资金调度产生不平衡状况。企业财务人员要根据国家经济发展水平状况采取相应的调整措施，满足经济发展水平对资金的需要。

3. 市场竞争环境

竞争广泛存在于市场经济之中，是经济系统得以运行的动力。这种动力推动市场的运行发展，并在各市场参与主体的微观行为中得以表现，任何企业都不可回避。构成竞争的要素主要有两项：一是参加市场交易的生产和消费者的数量；二是参加市场交易的商品和劳务的差异程度。但是，现代市场经济的竞争不仅最终体现为产品和劳务竞争，而且扩展到人才竞争、技术竞争、资金竞争和信息竞争。

4. 经济政策

经济政策主要包括货币政策、财政政策、产业政策。

货币政策和财政政策是政府进行宏观经济调控的重要手段，产业政策是政府调节经济结构的重要之一。一般来说，紧缩的货币政策会减少市场的货币供给量，从而造成企业资金紧张，企业效益下滑。宽松的货币政策，能增加市场的货币供给量，减少企业的风险。

（二）法律环境

财务管理的法律环境是指企业与外部发生经济关系时所必须遵守的各种法律、法规和规章。企业在其经营活动中，要和国家、其他企业、社会组织、企业员工或其他公民及国外的经济组织或个人发生经济关系。国家管理这些经济活动和经济关系的手段包括行政手段、经济手段和法律手段三种。在市场经济条件下，行政手段逐步减少，而经济手段与法律手段日益增多，越来越多的经济关系和经济活动的准则用法律的形式来固定。同时，众多的经济手段和必要的行政手段的使用，也必须逐步做到有法可依，从而转化为法律手段的具体形式，真正实现国民经济管理的法制化。法律环境为企业经营活动规定了活动空间，也为企业在相应空间内自由经营提供了法律上的保护。影响财务管理的主要法律环境因素有企业组织法律规范、税务法律规范和财务法律规范等。

1. 企业组织法律规范

企业组织必须依法成立。组建不同的企业，要依照不同的法律规范，包括：《中华人民共和国公司法》（简称《公司法》）、《中华人民共和国全民所有制工业企业法》《中华人民共和国外资企业法》《中华人民共和国合伙企业法》《中华人民共和国中外合资经营企业法》《中华人民共和国中外合作经营企业法》《中华人民共和国个人独资企业法》等。这些法律法规既是企业的组织法，又是企业的行为法。

2. 税务法律规范

任何企业都有法定的纳税义务。国家以税收的方式对企业所得征税，这是强制的、无偿的。因此，国家税收政策的制定及变动对财务管理会产生影响和制约。我国税法经过多次改革，目前已形成了以流转税为主，所得税为辅，多种税相配合的复合税。

我国从 1979 年开始在部分城市试行生产型增值税。1994 年在生产和流通领域全面实施生产型增值税，2008 年国务院决定在上海试点营业税改征增值税工作，并逐步将试点地区扩展到全国。我国现行增值税的基本规范是 2017 年 11 月 19 日国务院令第 691 号公布的《中华人民共和国增值税暂行条例》和 2016 年 3 月财政部和国家税务总局发布的"营政增通知"以及 2008 年 12 月财政部和国家税务总局令第 50 号《中华人民共和国增值税暂行条例实施细则》。增值税的税率分别为 13%、9%、6% 和零税率，对每种税率适用的具体情况进行详细说明。

3. 财务法律规范

财务法律规范主要是《企业财务通则》和行业财务制度。

《企业财务通则》是各类企业进行财务活动、实施财务管理的基本规范。经国务院批准由财政部发布的新的《企业财务通则》，于 2007 年 1 月 1 日起实施。与旧通则截然不同的是，新通则实现了财务管理观念的重大转变，由国家直接管理企业具体财务事项转变为指导与监督相结合，为企业的财务管理提供指引，企业根据通则和本企业的实际情况自主决定内部财务管理制度。行业财务制度是根据《企业财务通则》的规定，为适应不同行业的特点和管理要求，由财政部制订的行业规范。

除上述法律规范外，与企业财务管理有关的其他经济法律规范还有许多，包括各种证券法律规范、结算法律规范、合同法律规范等。财务人员要熟悉这些法律规范，在守法的前提下完成财务管理职能，实现企业财务目标。

（三）金融环境

金融环境是指资金融通的场所，是为资金需求和供应提供有效服务的中介。影响财务管理的主要金融环境有金融机构、金融市场等。

1. 金融机构

金融机构是指经营存款、放款、汇兑、储蓄等金融业务，承担信用中介的金融机构。它包括银行业金融机构和其他金融机构。

2. 金融市场

金融市场是指资金供应者和资金需求者双方通过金融工具进行交易的场所。金融市场可以是有形的市场，也可以是无形的市场。金融市场的功能主要有五项：转化储蓄为投资；改善社会经济福利；提供多种金融工具并加速流动，使中短期资金凝结为长期资金；提高金融体系竞争性和效率；引导资金流向。

第二节　建筑企业融资与资本运营管理

一、建筑企业融资概述

（一）建筑企业融资的含义

建筑企业融资是指以企业为主体融通资金，使企业及其内部各环节之间资金供求由不平衡到平衡的运动过程。当资金短缺时，以最小的代价筹措到适当期限、适当额度的资金；当资金盈余时，以最低的风险、适当的期限投放出去，以取得最大的收益，从而实现资金供求平衡。

（二）建筑企业融资的来源

建筑企业资金来源是指取得资金的渠道。认识和了解筹资渠道及其特点，有助于企业充分拓宽和正确利用筹资渠道。我国企业目前筹资渠道主要有以下七种。

1. 国家财政资金

国家财政资金指代表国家投资的政府部门或者机构以国有资金投入企业的资金。按《企业财务通则》规定，这部分资金为国家资本金。建立资本金制度后，原有企业的固定基金、流动基金和专用基金中的更新改造基金转作为国家资本金。新建企业则为有权代表国家投资的机构（国有资产管理机构与所属国有资产经营公司）以国有资产投入形成的。

2. 银行信贷资金

银行对企业的各种贷款是我国目前各类企业最为重要的资金来源。我国银行分为商业性银行和政策性银行两种。商业银行是以盈利为目的、从事信贷资金投放的金融机构，它主要为企业提供各种商业贷款。政策性银行是为特定企业提供政策性贷款。

3. 其他金融机构资金

其他金融机构主要指信托投资公司、保险公司、租赁公司、证券公司、财务公司等。它们所提供的各种金融服务，既包括信贷资金投放，也包括物资的融通，还包括为企业承销证券等金融服务。

4. 企业自留资金

它是指企业内部形成的资金，也称为企业内部留存，主要包括提取公积金和未分配利润等。这些资金按照法定程序可以转化为资本金。它的重要特征是，无需通过一定的方式去筹集，而直接由企业内部自动生成和转移。

5. 其他法人单位资金

其他法人单位资金，包括企业法人和社团法人以其依法可以支配的资产投入企业形成的资金。这部分资金为法人资本金。

6. 居民个人资金

企业员工和居民个人的节余货币，作为"游离"于银行及非银行金融机构之外的个人资金，可用于对企业进行投资，形成民间资金来源渠道，从而为企业所用。

7. 境外资金

我国大陆境外投资者，包括港、澳、台地区和外国投资者投入形成的资金。这部分资金称为外商资本金。

各种筹资渠道在体现资金的供应量多少时，存在较大的差别。有些渠道的资金供应量多，而有些相对较少。资金供应量的多少，在一定程度上取决于财务管理环境的变化，特别是宏观经济体制、银行体制和金融市场发展速度等因素。

（三）建筑企业融资的方式

对于上述渠道的资金可以采用不同的方式进行筹集。所谓的筹资方式是指取得资金的具体形式，或者说用什么方法取得资金。企业的筹资方式除了国内过去传统采用的国家拨款、银行借款、企业内部积累以外，还可采用发行股票、债券，进行租赁、联营、合资合作经营、补偿贸易、商业信用等方式筹资。

按照有无金融中介分为两种方式：直接融资和间接融资。直接融资是指不经过任何金融中介机构，而由资金短缺的单位直接与资金盈余的单位协商进行借贷，或通过有价证券及合资等方式进行的资金融通，如企业债券、股票、合资合作经营、企业内部融资等。间接融资是指通过金融机构为媒介进行的融资活动，如银行信贷、非银行金融机构信贷、委托贷款、融资租赁、项目融资贷款等。

按照性质可以分为两类：债务性融资和权益性融资。前者包括银行贷款、发行债券和应付票据、应付账款等，后者主要指股票融资。债务性融资构成负债，企业要按期偿还约定的本息，债权人一般不参与企业的经营决策，对资金的运用也没有决策权。权益性融资构成企业的自有资金，投资者有权参与企业的经营决策，有权获得企业的红利，但无权退资。

二、建筑企业资金成本与结构

（一）资金成本

资金（资本）成本是指建筑企业为筹措和使用一定量的资金而付出的代价。这种代价包括两个部分的内容：一是用资费用（资金占用费），即企业在使用资金的过程中付出的代价，如向投资者支付的报酬、向债权人支付的利息等。这一部分费用是资金成本的基本内容。二是筹资费用，即在筹集资金过程中发生的费用，如发行股票、债券的印制费、证券公司承销手续费、资信评估费、公证费、律师费、注册会计师费、广告费等。

筹资费用和用资费用的区别在于：筹资费用通常是在筹措资金时一次支付的，在资金使用过程中不再发生，因此也可视作筹资数量的一项扣除。

资金成本的高低，通常用资金成本率表示，其公式为

$$资金成本率 = \frac{资金占用费}{筹资总额 - 筹资费用} \times 100\% \tag{11-1}$$

资金成本是在市场经济条件下，由于资金所有权和资金使用权分离而形成的一种财务概念。资金成本是企业选择资金来源和筹资方式的基本依据；是评价投资项目可行性的主要经济标准；是考核企业经营业绩的最低尺度。它可以在许多方面加以应用，而主要应用于企业

的筹资决策和投资决策中。

资金成本就其计算的范围与界限看，可分为：个别资金成本、综合资金成本、边际资金成本。

1. 个别资金成本

个别资金成本是指各种不同形态的长期资金的成本，如长期借款资金成本、公司债券成本、优先股资金成本、普通股资金成本和留存收益资金成本等。前两者可统称为负债资金成本，后三者统称为权益资金成本。

（1）长期借款资金成本。长期借款的成本指借款利息和筹资费。由于借款利息计入税前成本费用，可以起到抵税的作用，因此，长期借款资金成本的公式为

$$K_1 = \frac{I_1(1-T)}{L(1-F_1)} \tag{11-2}$$

式中 K_1——长期借款资金成本；

  I_1——长期借款年利息；

  T——所得税率；

  L——长期借款筹资额（借款本金）；

  F_1——长期借款筹资费用率。

（2）债券资金成本。债券资金成本中的利息亦在所得税前列支，但发行债券的筹资费用一般较高，应予考虑。债券的筹资费用即债券发行费用，包括申请发行债券的手续费、债券注册费、印刷费、上市费以及推销费用等。其中有些费用按一定的标准（定额或定率）支付，有的并无固定的标准。

债券的发行价格有等价、溢价、折价三种。债券利息按面额和票面利率确定，但债券的筹资额应按具体发行价格计算，以便正确计算债券成本。债券成本的计算公式为

$$K_b = \frac{I_b(1-T)}{B(1-F_b)} \tag{11-3}$$

式中 K_b——债券成本；

  I_b——债券年利息；

  T——企业所得税率；

  B——债券筹资额，按发行价格确定；

  F_b——债券筹资费用率。

在实际中，由于债券利率水平通常高于长期借款，同时债券发行费用较多。因此，债券成本一般高于长期借款成本。

（3）优先股成本。优先股是一种介于公司债与普通股之间的混合证券。优先股股利通常是固定的，而且在税后利润中支付，因而优先股成本的计算公式为

$$K_p = \frac{I_p}{P(1-F_p)} \tag{11-4}$$

式中 K_p——优先股成本；

  I_p——优先股年利息；

  P——优先股筹资额；

  F_p——优先股筹资费用率。

（4）普通股资金成本。普通股由于发行时没有约定股利的支付比例，其资金成本的估计

就有困难。估计方法有许多种，比较常用的方法是"股利折现法"，其计算公式为

$$普通股资金成本率(K_c) = \frac{预计第一年股利}{发行总额 - 筹资费用} + 预计以后每年股利增长率$$

(11 - 5)

（5）留存收益资金成本。一般认为，留存收益是普通股的投资者用自己应该分得的利润对企业的再投入。从投资者角度考虑，把应该分得的利润继续留在企业而造成了机会收益的丧失。从而就以投资者的机会成本作为企业使用这笔资金的成本。所以，留存收益的资金成本同普通股的资金成本的差别只是企业的留存收益无需支付筹资费用。

留存收益只要经股东大会通过即可保留，没有筹资费用，其算式为

$$K_r = \frac{D_c}{P_c} + G \tag{11 - 6}$$

式中　K_r——留存收益资金成本；

　　　D_c——普通股股利；

　　　P_c——普通股筹资额；

　　　G——年增长率。

以上五个渠道的资金成本中以（1）、（2）两者为较低，因有减低税负的优惠；（1）与（5），则又较（2）、（3）与（4）为低，因无筹资费用或费用较低。

2. 综合资金成本

对于大部分企业，其资金都不可能从单一的途径去筹集，而是各种不同资金来源的组合。综合资金成本，又称加权平均资本成本（Weighted Average Cost Capital，缩写为WACC），是指企业来自不同途径的各类资金成本，以各自的资金金额占全部资金金额的比重为权数，进行加权平均所得的平均成本，其计算公式为

$$K_w = \sum_{j=1}^{n} K_j W_j \tag{11 - 7}$$

式中　K_w——加权平均资金成本；

　　　K_j——第 j 种个别资金的成本；

　　　W_j——第 j 种个别资本在全部资本总额中所占的比重，这个比重即为权重或权数。

从公式中可以看出，加权平均资金成本是由各类资金成本及其相关权数形成的。而权数的获得可通过不同的方法，例如，综合资金成本既可以按市场价值权数来计算，也可以按目标权数来计算，还可以按账面价值权数来计算。

3. 边际资金成本

边际资金成本是企业追加筹资的成本。企业在追加筹资和追加投资的决策中必须考虑边际资金成本的高低。企业的个别资金成本和综合资金成本，是企业过去筹集的或目前使用资金的成本。然而，随着时间的推移或筹资条件的变化，个别资金成本会随之变化，综合资金成本也会随之变动。因此，企业在未来追加筹资时，不能仅仅考虑目前所使用的资金的成本，还要考虑新筹资金的成本，即边际资金成本。企业追加筹资，有时可能只采取某一种筹资方式，但在筹资数额较大，或在目标资本结构既定的情况下，则需通过多种筹资方式的组合来实现。这时，边际资金成本需要按加权平均法来计算，其权数必须为市场价值权数，不应采用账面价值权数。

（二）资本结构

资本结构是企业筹资决策的核心。在筹资管理过程中，采用适当的方法以确定最佳资本结构，是筹资管理的主要任务之一。

1. 资本结构的含义

资本结构是指企业各种资本的构成及其比例关系。在实务中，资本结构有广义和狭义之分。广义的资本结构是指企业全部资本的构成，不仅包括长期资本，还包括短期资本，主要指短期债务资本。狭义的资本结构是指长期资本（长期债务资本与权益资本）的构成及其比例关系，在这种情况下，短期债务资本列入运营资本来管理。本书采用狭义的概念。

2. 最佳资本结构决策

（1）最佳资本结构的含义。所谓最佳资本结构是指企业在一定时期内，使综合资金成本最低、企业价值最大时的资本结构。其判断标准有三个：一是有利于最大限度地增加所有者财富，能使企业价值最大化；二是企业综合资金成本最低；三是资产保持适宜的流动，并使资本结构具有弹性。其中，综合资金成本最低或企业价值最大是主要标准。

（2）最佳资本结构的确定方法。根据综合资金成本最低或企业价值最大的资本结构理论，最优资本结构的决策方法一般有比较资本成本法、无差异点分析法。

1）比较资本成本法。比较资本成本法是计算不同资本结构方案的综合资金成本，并以此为标准，通过对不同资本结构方案的比较来进行资本结构决策的方法。其决策过程包括三个步骤：一是确定各方案的资本结构；二是确定各结构的加权资本成本；三是进行比较，选择综合资金成本最低的结构为最优结构。采用综合资金成本法确定最佳资本结构，通俗易懂，计算简便，因而实际工作中常被应用。但由于所列方案的数量有限，可能会遗漏最优方案。

2）无差异点分析法。无差异点分析法又称每股利润分析法，是利用每股利润无差别点来进行资本结构决策的方法。每股利润无差别点是指两种筹资方式下普通股每股利润相等时的息税前利润点，即息税前利润平衡点（或称筹资无差别点）。根据每股利润无差别点，可以分析判断在什么情况下运用债务筹资来安排和调整资本结构。

三、建筑企业最优融资管理的措施

（一）合理确定资金需要量

要正确制定融资决策，首先必须准确地测定资金需要量，为融资提供定量依据，以克服融资的盲目性，只有使资金的筹集与需要量达到平衡，才能防止因融资不足而影响生产经营或因融资过剩而降低融资效益。预测资金需要量常用的方法有定性预测法、趋势预测法、销售百分比法等。

（二）融资总收益大于融资总成本

融资则意味着要付出成本，既有利息成本、融资费用，也有不确定的风险成本、机会成本等。因此要努力确保利用筹集资金所预期的总收益大于融资所花费的总成本，即融资所得资金的预期利润率要大于这笔资金的利息费用率。

（三）选择最佳融资机会

所谓融资机会，是指有利于企业融资的一系列因素所构成的有利的融资环境和时机。企业的融资机会一般随企业在不同时间、地点等各种条件的变化而发生变化。企业在什么时机融资，才能使融资成本最低，承担风险最小，融资收益最大，这是企业融资一开始就应当研究的问题。一般要充分考虑下述三方面：一是随时把握外部环境的各种有利时机确保融资获得成功；二是及时分析各种融资信息，对融资决策有超前预见性；三是考虑具体融资方式的特点并结合企业自身的实际。

（四）力求降低融资成本

企业筹集资金的渠道和方式多种多样，不同筹集渠道和方式的筹资难易程度、资金成本和筹资风险各不一样，为此就要选择最经济方便的资金来源。各种筹资渠道和方式往往是各有利弊，所以，要综合考虑各种筹集渠道和筹资方式，研究各种资金来源的构成，求得筹资方式的最优组合，以便降低综合的资金成本。由于融资成本的计算涉及很多的因素，具体运用时有难度，在一般情况下，融资方式的融资成本从低到高依次是财政融资、商业融资、内部融资、银行融资、债券融资和股票融资。

（五）保持企业的控制权

企业在筹措资金时，经常会发生企业控制权和所有权的部分丧失，这不仅直接影响到企业生产经营的自主性、独立性，而且会引起企业利润分流，原有股东的收益遭受巨大损失，并会影响到企业的近期效益与长远发展。因此，在进行融资决策时，要尽可能保持对企业的控制权。

（六）资金结构的合理配比

一个企业不可能百分之百地用自有资金来满足自身的资金需要，因此，要用一定的债务资金与之相配比，以满足企业对资金需要，是必然存在的财务现象，即负债经营。在确定负债比例时，还要着重考虑举债的适度性，重视利用效率并及时偿还债务，提高企业信誉等。

（七）制定最优资金结构

寻找最优的资本结构，一直是西方财务管理专家长期探索的课题，提出了 MM 理论（美国经济学家莫迪格利安尼和米勒所建立的资本结构模型简称）、权衡模型和不对称信息理论等，结合西方资金市场实际运作经验提出的融资方式先后顺序为：举债、可转换债券和股票。

根据我国融资的具体情况，只要企业自身的经营业绩、财务状况、市场信誉和行业发展前景等条件允许，外部环境又比较有利，就应当尽可能采用权益融资方式。企业这样做在资金使用上会有很大的自由度，可以有效地避免财务风险，使资本结构更趋稳健，有利于增强企业的竞争力，还可以在安全的财务风险范围内，充分享受负债经营带来的财务杠杆利益，确保所有者权益较快增长。

四、建筑企业资本运营

（一）建筑企业资本运营的概念

所谓资本运营是指以利润最大化和资本增值为目的，以价值管理为特征，将本企业的各类资本，不断地与其他企业、部门的资本进行流动与重组，实现生产要素的优化配置和产业结构的动态重组，以达到本企业自有资本不断增加这一最终目的的运作行为。资本运营的内涵以资本最大限度增值为目的，对资本及其运动所进行的运筹和经营活动。它有两层意思：第一，资本运营是市场经济条件下社会配置资源的一种重要方式，它通过资本层次上的资源流动来优化社会的资源配置结构。第二，从微观上讲，资本运营是利用市场法则，通过资本本身的技巧性运作，实现资本增值、效益增长的一种经营方式。

（二）建筑企业资本运营的主、客体

在发达的市场经济国家中，企业是资本运营的直接操作主体，它直接承担着资本运营的收益、损失和风险。国家是资本运营的监督主体，它服务、监督和规范资本运营的活动。资本运营的客体，总体上说就是企业所拥有的资本，具体包括：实物资本，无形资本，组织资本，土地资源，企业产权，流动资本。

（三）建筑企业资本运营与生产经营的区别

建筑企业资本运营包含了运筹、谋求和治理等含义，强调对资本的筹措和运用必须要有事先的运筹、规划和科学决策。生产经营偏重于微观的经营管理，人们常说搞好企业经营管理，而运营则以微观的经营管理为基础，还重视宏观的筹划与管理。

建筑企业资本运营与生产经营的区别主要有：

（1）经营对象不同。资本运营侧重的是企业经营过程的价值方面，追求资本增值。而生产经营的对象则是产品及其生产销售过程，经营的基础是厂房、机器设备、产品设计、工艺、专利等。生产经营侧重的是企业经营过程的使用价值方面，追求产品数量、品种的增多和质量的提高。

（2）经营领域不同。资本运营主要是在资本市场上运作，而企业生产经营涉及的领域主要是产品的生产技术、原材料的采购和产品销售，主要是在生产资料市场、劳动力市场、技术市场和商品市场上运作。

（3）经营方式不同。资本运营要运用吸收直接投资、发行股票、发行债券、银行借款和租赁等方式合理筹集资本，要运用直接投资、间接投资和产权投资等方式有效地运用资本，合理地配置资本，盘活存量资本，加速资本周转，提高资本效益。而生产经营主要通过调查社会需求，以销定产，以产定购，技术开发，研制新产品，革新工艺、设备，创名牌产品，开辟销售渠道，建立销售网络等方式，来增加产品品种、数量，提高产品质量，提高市场占有率和增加产品销售利润。

（四）建筑企业资本运营与生产经营的联系

1. 目的一致

企业进行资本运营的目的是追求资本的保值增值，而企业进行生产经营，根据市场需要生产和销售商品，目的在于赚取利润，以实现资本增值，因此生产经营实际上是以生产、经营商品为手段，以资本增值为目的的经营活动。

2. 相互依存

企业是一个运用资本进行生产经营的单位，任何企业的生产经营都以资本作为前提条件，如果没有资本，生产经营就无法进行；如果不进行生产经营活动，资本增值的目的就无法实现。因此，资本运营要为发展生产经营服务，并以生产经营为基础。

3. 相互渗透

企业进行生产经营的过程，就是资本循环周转的过程。如果企业生产经营过程供产销各环节脱节，资本循环周转就会中断。如果企业的设备闲置，材料和在产品存量过多，商品销售不畅，资本就会发生积压，必然使资本效率和效益下降。资本运营与生产经营密不可分。

生产经营是基础，资本运营要为发展生产经营服务。通过资本运营，搞好融资、并购和资产重组等活动，增加资本积累，实现资本集中，目的是要扩大生产经营规模，优化生产结构，提高技术水平，以便更快地发展生产经营。

（五）建筑企业资本运营的作用

从企业经营方式的角度来看，资本运营也有以下五方面作用：第一是资本运营可以优化企业的资本结构；第二是资本运营可以带动企业迅速打开市场，拓展销售渠道；第三是资本运营可以让企业获得先进生产技术和管理技术；第四是资本运营可以发现新的商业机会；第五是资本运营可以给企业带来大量资金。

五、建筑企业资本运营的目标

资本运营的目标，就是实现资本最大限度的增值。资本最大限度增值对于企业来说，可表现为以下方面。

（一）利润最大化

企业将资本投入生产经营后，将所得收入与耗费相比，如果收入大于耗费，企业实现利润，如果收入小于耗费，则发生亏损。在资本运营中，企业为实现资本最大限度的增值，就必须降低成本，因此，企业在资本运营中：

（1）不仅要注重增加当期利润，更要注重增加长期利润。

（2）不仅要注重增加利润额，同时要注重提高利润率。

（3）不仅要考察自有资本利润率，而且要考察全部资本（包括自有资本和借入资本）利润率。

（二）股东权益最大化

股东权益是指投资者对企业净资产的所有权，包括实收资本、资本公积金、盈余公积金和未分配利润。企业实现的利润越多，从税后利润中提取的盈余公积金和分配就越多。盈余公积金既可用于弥补企业亏损，也可用于转增资本，使投入企业的资本增多。将企业期末股东权益总额与期初股东权益总额对比，如果前者大于后者，则企业的自有资本发生增值。两者之差即为本期股东权益增加额，本期股东权益增加额除以期初股东权益总额，即为本期股东权益增加率。

（三）企业价值最大化

企业在资本运营过程中，不仅要注重利润和股东权益的最大化，更要重视企业价值的最大化。企业价值的评估是指企业在连续经营的情况下，将未来经营期间每年的预期收益，用适当的折现率体现、累加得出某一估值，据以估算出企业价值。如果企业价值大于企业全部资产的账面价值，那么企业资本增值，反之，企业资本贬值。将企业价值减去企业负债后得出的数值与企业股东权益的账面价值相比较，如果前者大于后者，表明企业的自有资本增值。

企业资本运营的三个"最大化"是相辅相成的。只有实现利润最大化，才能实现股东权益最大化，进而实现企业价值最大化。

六、建筑企业资本运营的分类

（1）从资本运营对企业规模的影响上看，资本运营可以分为扩张型资本运营、收缩型资本运营和内变型资本运营。

（2）从资本运营与企业功能相结合的角度看，资本运营可以分为资本增量投入型资本运营、管理增量投入型资本运营和技术增量投入型资本运营。

（3）根据资本运营所使用的资本市场来划分，有金融证券交易型资本运营、产权交易型资本运营、基金交易型资本运营和国际资本交易型资本运营。

（4）从资本运用的状态来看，可以分为增量资本运营、存量资本运营。

（5）从资本运营的内容和形式上看，可分为实业资本运营、金融资本运营和产权资本运营。

七、建筑企业资本运营的三个层面

资本运营是指通过以货币化的资产为主要对象的购买、出售、转让、兼并、托管等活动，实现资源优化配置，从而达到利益最大化。资本运营可以从政府层面、企业层面和中介层面三方面具体分析。

（一）从政府层面分析

从政府层面来说，资本运营是指资本的配置问题。

根据目前中国的实际情况，资本配置的方式是以市场为导向，政府有限干预的体制。市场经济体制中的资本配置，是通过外部资本市场与内部资本结构来进行的。因此，建立适合我国国情的资本配置机制，需要建立以下两个制度：

（1）有限责任制，即投资者在其投资额的限度之内承担企业的风险。这种制度限制和分散了投资者的风险，也实现了投资者和经营者的分工：投资者承担有限的投资风险，取得相应的投资收益；经营者承担经营风险，取得相应的劳动报酬。

（2）兼并破产机制。兼并破产机制分为兼并和破产两种实施方式。兼并是指通过企业股权或资本收购、转让，实现资本增值目标。破产是指对资不抵债、不能清偿到期债务的企业，根据债务人或债权人的申请，通过法院将其财产强制拍卖、变价归还债权人。

（二）从企业层面分析

从企业层面来说，企业的资本运营就是对企业内部管理型战略和外部交易型战略的有效运用。建立和培育企业核心竞争能力是企业资本运营的核心。企业通过兼并、收购或者重组，迅速巩固或扩大自身的竞争实力，并建立起持续发展的企业核心能力。企业资本运营的规则如下：

（三）从中介层面分析

从中介层面来说，资本运营主要是针对银行而言的。银行是资本市场的灵魂。银行作为企业资本运营所需专业化服务的提供者，熟悉资本如何通过最优配置才能达到最大效益。

八、建筑企业资本运营的模式

随着我国市场经济的发展和成熟，传统的企业增长方式已无法适应现今的发展要求。企业只有优化配置、增强核心竞争力，以最大限度地实现资产增值才能在激烈的市场竞争中立于不败之地。可见，企业的资本运营可以具体分为资本扩张与资本收缩两种运营模式。

（一）资本扩张型运营模式

扩张型资本运营是指在现有的资本结构下，通过内部积累、追加投资、兼并收购等方式，使企业实现资本规模的扩大。

（二）收缩型资本运营模式

收缩型资本运营是指企业为了追求企业价值最大化以及提高企业运行效率，把自己拥有的部分资产、子公司、某部门或分支机构转移到公司之外，缩小公司的规模。

1. 资产剥离

资产剥离是指企业把所属的部分不适应企业发展战略的资产出售给第三方的交易行为。

2. 公司分立

公司分立是指公司将其拥有的子公司的全部股份，按比例分配给母公司的股东，使子公司的经营从母公司的经营中分离出去，从而形成一个与母公司有着相同股东和股权结构的新公司。

3. 分拆上市

分拆上市是指母公司通过将其在子公司所拥有的股份，按比例分配给现有母公司的股东，从法律意义上将子公司的经营从母公司的经营中分离出去的行为。

狭义的分拆上市特指已上市的公司将其部分业务或某子公司独立出来，另行公开招股上市。

4. 股份回购

股份回购是指股份有限公司为了达到股本收缩或改变资本结构的目的，购买本公司发行在外的股份的内部资产重组行为。

第三节　建筑企业成本管理

一、建筑企业成本管理的意义和任务

（一）建筑企业成本管理的意义

建筑企业成本管理是企业为了降低建筑产品成本而进行的各项管理工作的总称。包括对成本的计划、控制、分析等工作。建筑企业内部的各项管理工作，如生产、材料供应、机械设备及劳动管理等工作，都同成本管理有着紧密的联系。成本管理的好坏，直接影响企业所创造利润的多少，影响企业的经济效益。具体地说，加强成本管理、不断降低成本，具有以下几方面的重要意义。

首先，加强成本管理，可以促进企业改善经营管理状况，提高企业的管理水平。建筑产品成本是一项重要的综合指标，它反映企业各项工作和生产经营的经济效益。通过对成本的计算、分析、控制等管理手段，可以揭露企业生产经营管理中存在的问题和缺点，并找出原因，促使有关部门及时采取措施、进行纠正，从而进一步提高企业的管理水平。

其次，加强成本管理，可以促进企业不断挖掘潜力、降低成本。企业要降低成本，必须运用各种管理手段和采取切实有效的措施，其中加强成本管理是主要手段之一。这包括针对工程任务情况，进行事前的测算、确定成本目标；在成本形成的过程中，加强日常管理，不断挖掘企业的内部潜力，对成本进行分析和控制，以达到预定的成本水平。

最后，加强成本管理、降低成本，是加快企业生产发展的重要途径，是国家积累资金的重要来源。成本不断降低，就意味着劳动生产率的不断提高和建筑材料消耗率的不断降低及机械设备利用率的提高、经营管理水平的提高。也就是说，企业以较少的劳动消耗完成同样多的生产任务，或者用同样多的劳动消耗完成更多的生产任务。成本越低，企业实现利润就越多，就能够给国家提供更多的积累。

（二）建筑企业成本管理的任务

成本管理的基本任务是，保证降低成本、实现利润，为国家提供更多积累，为企业获得更大的经济效益。具体来说有以下方面。

1. 做好成本管理的基础工作

成本管理的基础工作包括加强定额管理，严格进行计量工作，建立健全成本管理责任制和其他基本制度。

2. 做好成本计划工作，严格进行成本控制

主要内容包括：加强预算管理，做好两算（施工图预算与施工预算）对比，认真编好成本计划，把降低成本计划的指标、措施落实到各个职能部门、工区（工程处）、施工队和班组，在施工中严格进行成本控制，保证一切支出控制在计划成本之内。

3. 加强成本的核算和分析

及时地总结成本管理过程中的经验、克服缺点，促进整个企业经营管理水平的提高。

二、建筑企业成本的概念与类型

（一）建筑企业成本的概念

建筑企业成本是指该企业在整个经营过程中所发生的一切费用的总和，是经营过程中所消耗的生产资料价值与劳动者活劳动价值两部分之和。

成本按其性质或本质来说，具有资本性、价值性、耗费性和盈利性。资本性是指成本在本质上是资本的组成部分和存在形式，是一种垫付资本，资本性履行着资本的部分职能。这一性质要求要像对待资本那样理解成本、管理成本。价值性是指成本与资本一样，也是一种价值形式，价值性要以货币作为计量尺度，同时与一定数量的使用价值相联系。因此，成本同样是价值与使用价值的统一，要求这种统一，实现这种统一，也是成本的内在要求。耗费性是指成本在本质上是一种价值消耗，是资本的耗费。这种耗费反映为成本所体现的使用价值在形成过程中对经济资源的耗费，这种耗费兼有垫付和花费的性质。成本所反映的价值消耗越低，使用功能就越高，企业所面临的风险就越小，获利的机会就越大。盈利性是指成本具有要求盈利的本性。企业支付成本，不仅要考虑能不能收回本钱，还要考虑获利能力。

（二）建筑企业成本的类型

1. 按生产费用和工程量关系划分

（1）固定成本。固定成本是指在一定期间和一定的工程量范围内，其发生的成本额不受工程量增减变动的影响而相对固定的成本。如管理人员的工资、办公费、固定资产折旧费等。固定成本不是固定不变的费用，所谓固定指其总额而言，至于分配到每个项目单位工程量上的固定费则是变动的。

（2）变动成本。变动成本是指发生总额随着工程量的增减而成正比例变动的成本。如直接用于工程的材料费、实行计件工资制的人工费等。所谓变动，也是就其总额而言，至于分配到每个项目单位工程量上的变动费则是固定的。

（3）混合成本。混合成本是指随工程量的增减而变化，但不成正比例变化的成本。混合成本介于固定成本和变动成本之间，同时兼有固定成本和变动成本的特性。

2. 按生产费用计入成本的方法划分

（1）直接成本。直接成本是指直接用于并能直接计入工程对象的费用。直接成本包括人工费、材料费、施工机械使用费和措施费四个成本项目。

（2）间接成本。间接成本是指非直接用于也无法直接计入工程对象，但为进行工程施工所必须发生的费用，通常是按照直接成本的比例进行计算。间接成本包括规费和企业管理费两个成本项目。

3. 按成本发生的时间划分

（1）预算成本。预算成本又称为承包成本，是指建筑企业与建设单位在施工合同中所确定的工程造价减去计划利税后的成本。预算成本反映各地区建筑业的平均成本水平，是建筑

企业组织施工，进行材料物资供应准备和经济核算的基础。

（2）计划成本。计划成本是根据工程的具体情况，考虑如果实现各项技术组织措施的经济效果，所应达到的预期成本，也是建筑企业考虑降低成本措施后的成本计划数。计划成本反映建筑企业在计划期内应达到的成本水平，是建筑企业成本控制的基础。

（3）实际成本。实际成本是指在建筑安装工程施工中实际发生的费用总和。包括实际耗用的人工费、材料费、机械使用费、其他直接费和管理费用等。工程实际成本是一项综合性指标，综合地反映出企业施工生产活动的耗费水平。

三、建筑企业成本管理的内容

任何一个企业的管理都可以被划分为三个层面：战略管理活动、管理控制活动和作业任务活动，建筑企业也不例外。

第一层次为战略管理层面。战略管理决定了企业未来发展的方向，是企业的生存之本，是为企业管理当局所关注和从事的主要工作。

第二层次为管理控制层面。管理控制是落实战略的过程，它是企业日常经运营作的中坚，是战略目标能否实现的保证。管理控制工作一般由公司中层管理的公司中间管理者所承担。

第三层次为作业任务控制层面。作业任务控制是公司作业层保证特别任务有效完成的过程，它是管理控制活动的具体化，可以看成为管理控制的基础工作。任务控制涉及公司作业活动的方方面面，它的特征是最具有系统化和结构化。

公司不同层面人员关心的问题侧重点不同，最高管理当局关心企业与经营环境的关系和企业竞争力问题；中层管理者所关心的是计划执行情况和管理效益问题；而作业层执行人员只关心任务是否完成和工作效率问题。反映到企业成本问题上，三个层面对成本行为的理解和要求也有所不同。

第一层面是公司层成本。公司层成本表现为企业价值链上的整体成本结构。与竞争对手相比，通过调整企业价值链上的成本结构，以达到获取持久成本优势的目的。迈克尔·波特指出，影响公司价值链整体成本结构的因素有规模经济、学习、生产能力利用模式、联系、相互关系、整合、时机选择、自主政策、地理位置和机构因素等十种驱动因素。他认为，没有哪一种成本驱动因素，会成为企业成本地位的唯一决定因素，往往相互作用以决定一种特定的成本行为。降低价值链整体成本的途径有二：一是控制成本驱动因素；二是重构价值链。

第二层面是管理控制层成本。管理控制层成本显示了一种典型的战术成本特征，它一般与目标成本进行对比，产生差异进行控制。降低管理控制层成本的途径有二：一是按责任部门预算控制成本费用发生；二是按产品生产预算降低料工费成本。

第三层面是作业层成本。作业层成本是执行层面具体活动所引起资源耗用的一种货币表现。它表示为进行某项活动所花费的代价，由于作业层关心具体作业的成本耗用，因此成本显现出具体性和短期性的特征。降低作业层成本的途径有二：一是优化项目作业活动流程，减少不增值环节；二是通过技术创新，降低直接成本耗用，提高回收材料的利用率。

四、建筑企业成本管理的模式

建筑企业成本计量模式应该很好地反映三个层次成本计量的特征，能将三个层次成本信息有机地统一在成本计量模式中。满足"不同目的，不同成本"要求，成本计量模式应是一个突破会计账户框架的开放系统,它是三层结构的、开放型的、多维成本计量的一个计量系统。

(一)成本计量模式的三层结构

成本计量模式应该是一个三层结构模式,即作业层次成本计量、管理控制层次成本计量和公司战略层次成本计量。其分析顺序是自上而下:公司战略层成本→管理控制层成本→作业任务层成本。公司战略层运用价值链分析工具,进行"成本链"相对成本优势分析;管理控制层制定成本预算,进行成本过程控制和评价;作业层成本,计算特定对象成本,利用成本动因分析进行成本改善。而成本计算顺序恰好相反,应该是自下而上:作业层进行原始成本记录和成本计算;管理控制层利用成本基础信息汇集进行成本预算控制;而公司战略层则利用作业层与管理层的成本信息进行战略决策与分析。

(二)成本数据库 DSS 设计思想

为了保证成本信息能支持多目标决策,成本原始数据库结构应该采用 DSS(Decision Support System)设计思想。DSS 系统可以支持多目标决策需要;可以解决半结构化和非结构化管理决策问题;可以进行人机交互增加适应性;反应速度快,可以应对不同数据输入等。设置两个基本库——数据库和方法库,数据库记载会计交易的基本事项,而方法库则存放不同的确认和计量规则(包括会计准则和非会计准则,会计准则只是规则中的一种方法)。在信息使用者使用成本信息时,系统可以根据不同目的,选择不同的确认和计量规则,组合成与信息使用者决策最相关的成本信息内容,而不是传统成本计量系统将规则固化在会计数据里。

(三)突破账户约束的开放系统结构

未来成本计量模式应该突破会计账户系统,在账户系统之外构建一个开放系统。在设计底层作业层次的成本计量系统时,要考虑上两层次即公司战略层次和管理控制层次的需要,以便于数据汇总的正确性和可行性。成本计量系统的内在逻辑结构:

(1)首先设计成本对象。一般成本对象是多维的,包括产品、服务、项目、客户、作业、部门、计划等。

(2)根据不同成本对象决定直接成本和间接成本。

(3)划分成本等级,确定汇总逻辑关系。

(4)确定间接成本数量和寻找合适成本动因。

(5)选择合适的成本计算制度。实际工作中,多采用混合成本计算制度。

(四)财务成本计量系统与管理成本计量系统的内在"一体化"

管理成本计量系统要突破财务会计系统的束缚,但与财务成本信息有"一体化"联系要求,即数据相互关联,不应该设计成两个数据相互独立的系统,否则将会出现数据不一致问题。在一体化系统设计思想下,尽可能采取"保证局部数据应局部使用,全局数据应全局使用"的原则。此外在进入会计账户数据库的数据时,要设立"屏障"以保证符合会计准则法定性要求。

(五)改变传统成本计算的数据流向

传统成本数据流向顺序是财务会计系统到管理会计系统再到业务系统,即会计交易事项通过凭证输入记入账簿系统,由账簿系统向业务系统提供成本信息资料,为各部门提供成本信息的决策支持。基于这种成本数据流向设计的成本信息系统存在着固有的缺陷,无法从根本上克服成本信息与物流、人流和资金流匹配问题。未来成本计量模式中的数据流向应该恰好相反,由业务系统流向管理会计系统直至财务会计系统。

（六）考虑设计系统的成本效益性问题

一个合理的成本信息系统的目标并不是拥有最准确的成本计量方法，因为任何一个成本信息系统的运行都是有代价的，拥有最准确成本计量方法系统的代价也是巨大的。成本信息系统运行成本曲线可以表示为一个开口向上的抛物线，它由计量成本曲线和错误成本曲线叠加而成。X 轴为成本计量精确度水平，Y 轴为运行成本规模，传统的成本信息系统操作起来并不昂贵，但它歪曲了针对作业、生产过程、产品、服务和顾客的成本报告，造成管理当局的错误决策而形成错误成本，这种错误成本对企业是昂贵的。但是如果设计一个"精准"的成本信息系统，通过划分级别非常低的成本信息"力度"支撑该系统，虽然系统能够给管理当局提供满意的成本信息，但是计量成本的代价太高，实施这种系统的成本将大大超过由于其能够提供"精准"信息所带来的收益。因此，最佳成本制度是一个次优化的选择，必须考虑成本—效益关系。

从以账户为基础的传统成本计量模式扩展到与业务系统相融合的开放型成本计量系统，不仅仅是成本计量内涵和外延的扩充，这种变化也体现了两个方面的需要：一是完善和发展成本会计学科需要有新的成本计量模式出现；二是现代管理也急需成本计量的改革，需要通过有效、可靠的成本计量模式来正确、及时地反映企业耗费。

第四节　建筑企业收益管理

一、建筑企业收益管理的概念

企业在经营期内实现的利润，应根据企业所有权的归属及各权益者占有的比例进行分配。收益管理就是要通过制订合理的利润分配政策，利用财务手段，确保利润的合理归属和正确分配的管理过程。收益管理就是要尽可能地兼顾各方面利益，处理好投资人的近期收益与企业长远发展之间的关系，协调分配政策与其他财务决策之间的关系，以便为谋求企业未来发展和实现最佳经济效益服务。

二、利润总额的构成

在进行利润分配之前，首先需要计算出企业在一定时期内实现的利润总额，再扣减企业应向国家缴纳的所得税额，计算税后净利润。建筑企业利润是企业施工生产经营成果的集中体现，也是衡量企业施工生产经营管理业绩的主要指标。建筑企业利润总额是企业在一定时期内生产经营的最终成果，主要包括营业利润、投资净收益和营业外收支净额。而净利润则是由利润总额减去应纳所得税额之后的余额，计算公式为

$$利润总额 = 营业利润 + 投资净收益 + 营业外收支净额 \qquad (11-8)$$

$$净利润 = 利润总额 - 应纳所得税额 \qquad (11-9)$$

（一）营业利润

建筑企业营业利润是企业在一定时期内实现的施工生产经营所得利润，是利润总额的主要构成部分，在数量上表现为工程结算利润和其他业务利润再扣除当期的管理费用和财务费用后的余额，计算公式为

$$营业利润 = 工程结算利润 + 其他业务利润 - 管理费用 - 财务费用 \qquad (11-10)$$

1. 工程结算利润

工程结算利润是建筑企业及其内部独立核算的施工单位从事生产经营活动所获取的利

润，是建筑企业在一定时期内工程结算收入减去工程结算成本和工程结算税金及附加后的余额，其计算公式为

$$工程结算利润＝工程结算收入－工程结算成本－工程结算税金及附加 \qquad (11-11)$$

上式中，工程结算收入是指建筑企业已完工程或竣工工程向发包单位结算的工程价款收入。工程价款收入的确认分别采用下列办法：对采用按月结算工程价款的企业，即在月中按已完分部分项工程结算确认工程价款收入；对采用分段结算工程价款的企业，即按工程形象进度划分的不同阶段（部位），分段结算确认工程价款收入；对采用竣工后一次结算工程价款的企业，即在单项工程或建设项目全部建筑安装竣工以后结算确认工程价款收入。工程结算收入除包括工程合同中规定的工程造价外，还包括因合同变更、索赔、奖励等形成的收入。这部分收入是在执行合同过程中，由于合同工程内容或施工条件变更、索赔、奖励等原因形成的追加收入，经发包单位签证同意后，构成建筑企业的工程结算收入。

工程结算成本是建筑企业为取得工程价款结算收入而发生的工程施工成本，包括工程施工中的材料费、人工费、机械使用费、其他直接费和分摊的间接费用。

工程结算税金及附加包括按工程结算收入计征的营业税，及按营业税计征的城市建设维护税和教育费附加。

2. 其他业务利润

建筑企业的其他业务利润是指企业在一定时期内除了工程施工业务以外的其他业务收入扣减其他业务支出和其他业务税金及附加后的余额，其计算公式为

$$其他业务利润＝其他业务收入－其他业务支出－其他业务税金及附加 \qquad (11-12)$$

建筑企业的其他业务利润主要包括：产品销售利润，指施工企业内部独立核算的工业企业销售产品所实现的利润；机械作业利润，指施工企业及其内部独立核算的机械施工运输单位，进行施工运输作业所实现的利润；材料销售利润，指施工企业及其内部独立核算单位、材料供应部门销售材料所实现的利润；对外工程承包利润，指施工企业承包（或分包）国外工程、国内外资工程和提供劳务所实现的利润；多种经营利润，指施工企业为了拓展业务、增加效益，举办一些与工程施工无直接联系的、非独立核算的其他行业经营业务（如影视服务、服装加工、商品流通等）而形成的利润；机具设备租赁利润，指施工企业对外单位或企业内部其他单位出租施工机具形成的利润；其他利润指，施工企业除上述列举利润外的其他利润，如无形资产转让利润等。

（二）投资净收益

建筑企业的投资净收益是指企业对外股权投资、债权投资所获得的投资收益减去投资损失后的净额，其计算公式为

$$投资净收益 ＝ 投资收益 － 投资损失 \qquad (11-13)$$

其中，投资收益包括企业转让有价证券所获取的款项高于账面价值的差额收入、债券利息收入、联营投资所分得的利润或到期收回投资高于账面价值部分，以及在权益法下，企业的股权投资在受资企业增加的净资产中按投资比例拥有的份额等。投资损失则包括到期收回投资或转让有价证券取得的款项低于原账面价值的差额，以及权益法下，企业的股权投资在受资企业减少的净资产中按投资比例应分摊的金额等。

（三）营业外收支净额

建筑企业的营业外收支净额是指企业所获得的与企业施工生产经营活动没有直接关系的

各项营业外收入减去各项营业外支出的余额，其计算式为

$$营业外收支净额 = 营业外收入 - 营业外支出 \tag{11-14}$$

营业外收入主要包括固定资产盘盈、处理固定资产净收益、处理临时设施净收益、转让无形资产收益、罚款收入、无法支付的应付款项、教育附加费返还、非货币性交易收益等。营业外支出主要包括固定资产盘亏、处理固定资产净损失、处理临时设施净损失、转让无形资产损失、计提的固定资产、无形资产、在建工程等减值准备、公益救济性捐赠、赔偿金、违约金、债务重组损失等。

综上所述，企业的利润总额在数量上表现为企业一定时期全部收入扣除全部支出后的余额，它不但可以综合反映企业一定时期的经营业绩，同时也是评价企业理财效果和管理水平的依据，从而为企业分配利润奠定基础。

三、企业利润分配的原则与顺序

(一) 企业利润分配的原则

一般来说，企业取得的利润总额，可在扣除应纳所得税后进行利润分配。分配利润时应遵循以下原则。

1. 遵守国家各项财经法规原则

要求企业在进行利润分配时应严格遵循国家各项财经法规，依法纳税，确保国家利益不受侵犯。合法性原则主要表现在两方面：首先应将企业税前会计利润总额按规定调整后计算应税所得额，并依法纳税后才可进行税后利润的分配。其次，企业应按财经法规的要求合理确定税后利润分配的项目、顺序及比例，尤其必须按规定提取最低法定比例的盈余公积金。若企业亏损，一般不应向投资者分配利润。

2. 盈利确认原则

这项原则要求企业在进行利润分配时，当年必须有可以确认的利润，或有累计未分配利润及留存收益，若企业当年无账面利润或没有留存收益，则不能进行利润分配。

3. 资本金保全原则

因为利润分配应是投资者投入资本增值部分的分配，而并非投资者资本金的返还。在分配利润时，企业不得在亏损的情况下用资本金向投资者分配利润。若出现此情况，应视为自动清算而非真正的利润分配，这与上述盈利确认原则是一致的。资本金保全原则从根本上保证了企业未来生存发展的资金，为企业的经营起保护作用。

4. 保护债权人权利原则

保护债权人权利原则要求企业分配利润前应先清偿所有到期债务，而不能故意拖欠债权人债务，伤害债权人权益。此外，企业进行利润分配时应使企业保持一定的偿债能力，以免日后资金周转困难时损害债权人利益。在企业与债权人签订某些有限制性条款的债务契约时，其利润分配政策须征得债权人的同意。

5. 利润分配应兼顾企业所有者、经营者和员工利益原则

利润分配政策的合理与否，直接关系到企业所有者、经营者和员工的利益，所以利润分配既要考虑上述几方面的共同利益，也应考虑各方面的局部利益，以协调好各方面的近期利益与企业发展的关系，合理确定提取盈余公积金、公益金和分配给投资者利润的金额。此外，在向投资者分配利润时应做到股权平等，公平利益，同股同利等。

6. 利润分配要有利于增强企业发展能力，并处理好企业内部积累与消费的关系

企业利润分配政策应有利于增强企业的发展能力，这要求企业利润分配要贯彻积累优先原则，合理确定提取盈余公积金、公益金和分配给投资者利润的比例，以促进企业健康发展。企业分配利润时提取的公益金主要用于集体福利支出，若提取比例过大，有可能使企业财力缺乏，降低企业应付各种风险的能力，最终影响企业发展，并影响到投资者和员工的利益。但若提取比例过小，员工生活条件得不到改善，而挫伤员工积极性，也影响企业发展。故企业利润分配中应处理好积累与消费的关系，调动员工积极性，促进企业持续健康发展。

（二）利润分配的顺序

企业实现的利润总额在依法交纳所得税后成为可供分配的利润，根据财政部 2007 年 1 月 1 日起执行的《企业财务通则》规定，投资者、经营者及其他员工履行本企业职务或者以企业名义开展业务所得的收入，包括销售收入以及对方给予的销售折扣、折让、佣金、回扣、手续费、劳务费、提成、返利、进场费、业务奖励等收入，全部属于企业。企业发生的年度经营亏损，依照税法的规定弥补。税法规定年限内的税前利润不足弥补的，用以后年度的税后利润弥补，或者经投资者审议后用盈余公积金弥补。企业年度净利润，除法律、行政法规另有规定外，可按下列顺序分配：

（1）弥补以前年度亏损。

（2）提取 10% 法定公积金。法定公积金累计额达到注册资本 50% 以后，可以不再提取。

（3）提取任意公积金。任意公积金提取比例由投资者决议。

（4）向投资者分配利润。企业以前年度未分配的利润，并入本年度利润，在充分考虑现金流量状况后，向投资者分配。属于各级人民政府及其部门、机构出资的企业，应当将应付国有利润上缴财政。

国有企业可以将任意公积金与法定公积金合并提取。股份有限公司依法回购后暂未转让或者注销的股份，不得参与利润分配；以回购股份对经营者及其他员工实施股权激励的，在拟订利润分配方案时，应当预留回购股份所需利润。企业弥补以前年度亏损和提取盈余公积金后，当年没有可供分配的利润时，不得向投资者分配利润，但法律、行政法规另有规定的除外。

企业经营者和其他员工以管理、技术等要素参与企业收益分配的，应当按照国家有关规定在企业章程或者有关合同中对分配办法作出规定，并区别以下情况处理：

（1）取得企业股权的，与其他投资者一同进行企业利润分配。

（2）没有取得企业股权的，在相关业务实现的利润限额和分配标准内，从当期费用中列支。

（三）利润分配各项目的意义

（1）对于企业因违反有关法规而没收的财物损失或支付各项税收的滞纳金和罚款，必须在税后利润中支付，以免抵减应税所得额，损害国家利益，失去处罚的意义。

（2）超过五年弥补期仍未弥补足的亏损应从税后利润中弥补，以体现现代企业作为自主经营、自负盈亏的经济实体应承担的经济责任。

（3）盈余公积金是企业按税后利润一定比例提取的各种积累资金，是企业用于防范风险、补充资本的重要资金来源。它既是保全企业资本，防止因企业乱分利润而损害债权人利益的手段，也是企业为生产发展积累资金的重要手段。法定盈余公积金按照税后利润的

10%提取，当法定盈余公积金累计额已达到注册资本的 50% 时，可不再提取。法定盈余公积金可用于弥补亏损或转增资本。但企业用盈余公积金转增资本时，转增后留存的盈余公积金的数额不得低于注册资本的 25%。

（4）公益金是企业从税后利润中提取的用于企业员工集体福利方面的资金，其提取比例由各企业自行决定。公司提取的公益金性质上属于所有者权益，但由企业自主安排用于员工集体福利设施支出，如用于建造员工住宅、食堂、幼儿园、卫生所等，但员工对这些福利设施只有使用权，而所有权属于企业的投资者。现行制度规定，公司制企业按照税后利润的 5%～10% 的比例提取法定公益金。

（5）向投资者分配利润应遵循纳税优先、企业积累优先、无盈余不分利的原则，向投资者分配利润的顺序放在利润分配的最终阶段。应指明的是，向投资者分配的利润并不限于当年利润，如企业存在以前年度的未分配利润，可并入当年利润一同分配。

 本 章 习 题

1. 简述建筑企业财务管理的内容。
2. 何谓最佳资本结构？
3. 建筑企业最优融资管理的措施有哪些？
4. 简述资本运营与生产经营的联系与区别。
5. 建筑企业资本运营的作用有哪些？
6. 简述建筑企业成本的内容以及管理模式。
7. 建筑企业利润的构成有哪些？
8. 企业利润分配的原则与顺序是什么？

第十二章　建筑企业知识管理与文化建设

 本章概要

1. 知识管理概述；
2. 知识管理体系的构成，知识的识别、获取及应用；
3. 企业文化的概念、特征及功能；
4. 建筑企业文化建设的原则、流程、内容及特殊性；
5. 核心竞争力和企业文化的作用机制，基于核心竞争力的建筑企业文化建设。

第一节　知识管理概述

一、知识管理理论

（一）知识的概念

知识是人类对客观世界认识的反映，也是对生产活动和社会实践中不断积累的经验总结。从有人类社会存在的那天起，知识便作为社会的一个重要因素而存在。在人类向自然界获取生存必需品的斗争中，人类社会经历了游牧经济、农业经济、工业经济等经济形态。作为一种重要的生产因素，经济形态越发展，所需要的知识就越多，知识所起的作用就越大。在步入知识经济时代的今天，彼得·德鲁克对知识作了如下论述："在新的经济体系内，知识并不是和人才、资本、土地相并列的社会生产资源之一，而是唯一有意义的资源，其独到之处，正在于知识是资源的本身，而非仅是资源的一种。"

对知识的定义，还有如下的不同观点：知识是用于解决问题的结构化信息；知识是解决问题或者决策的过程中整理形成的易于理解和结构化的信息；知识包含真理和信念，观点和概念，判断和展望，方法和诀窍；知识是被认为能够指导思考、行为和交流正确的和真实的洞察、经验和过程的总集合；知识是从信息推导得来的，能够有效提升绩效，帮助疑难问题的解决、决策、教与学等。

（二）知识管理理论的概念

知识管理可以从狭义和广义两个角度来理解。狭义的知识管理，主要是对知识本身的管理，包括对知识的识别、获取、应用和评估的管理，即对知识及知识过程的管理。而广义的知识管理，是特定主体（个人、企业组织、国家等）为实现特定的目标，不仅对知识和知识过程进行管理，也对与此相关的知识组织、知识设施、知识资产、知识活动、知识人员进行全方位和全过程的管理。

知识管理理论的发展按照知识管理与组织互动间的关系，主要表现为古典理性理论、权变理论和组织行为理论；按照知识管理的发展历程，则可分为以技术为中心的知识管理阶段理论和以人力资源为中心的知识管理阶段理论。

1. 按知识管理与组织互动间的关系划分的知识管理理论

（1）古典理性理论观点。古典理性理论观点，是将组织视为一系列功能和程序的组合。组织的绩效依赖于这些功能是否能够进行有效、顺畅的协调、分工与控制。组织内的员工都理性追求效率极大化，其工作目标与组织目标是一致的，因此组织就像一部机器的结构。组织设计的目的就是要将整部机器内所有的零部件（例如部门、工作、任务、员工和工作流程）进行最准确与最有效的设计，使得整个机器的运作达到最佳效果。在这种观点下，知识管理的引进被视为一个客观的外部力量，只要能合理引进知识管理，就能直接准确地对组织结构产生影响。员工和管理者只是被动反应外力的变化（知识管理的引进）而做调整，并不会非理性地为了个人的私利而扭曲知识管理的运用，以致降低组织的效率。

在这种理论背景下，知识管理被视为能够改善组织绩效的一个外来和客观的实体，而且影响组织对知识管理引进成败的因素也都是确定的、可以验证和控制的变量（例如 IT 结构、文化、战略、薪酬制度及引进战略是否完善等）。因此，该学派应该重视如何通过实证分析设计出一套规划并实施知识管理的最佳方法，以指导要引进知识管理的所有组织。许多咨询公司和实证研究学者都属于这一古典理性理论学派类型，其主要逻辑是：任何一个组织如果引用好的知识管理战略，就会提升知识管理的绩效，进而提高组织的绩效。因此，该学派重视从实证中寻求知识管理成败的主要因素，并自此提出知识管理引进的最佳结构和实施方法。

（2）权变理论观点。对组织和员工的大部分假设虽然与古典理性理论相类似，但增加了一个描述不同环境背景的权变变量。通过这个权变变量反驳古典理性理论单一、确定、客观的观点。权变理论认为，知识管理存在于每个组织不同的背景之下，没有绝对理想的知识管理战略，更无法将单一的知识管理战略模式应用在具有各种不同问题的组织之中。组织所要寻找的是最适合而不是最佳战略。

（3）组织行为理论观点。组织行为理论认为组织是由有"自由意志"的"人"所组成的，它既不是一个机器的零件，也不是一个客观存在、完全被动听命行事的个体，员工有不同的价值观、个性、能力、态度和动机，以及其对"自身利益"与"政治权力"掌握的欲望。因此，组织内的个人、群体及部门之间，必定会因利益不同而有冲突和争斗。此外员工个人的利益目标与部门目标甚至组织目标，也常常存在不一致。当发生冲突时，员工行为不一定是追求企业绩效最大化。

因此，组织行为理论的知识管理学者认为，如果要了解组织知识管理的运作，不能单从组织知识管理结构与流程设计的"技术"面分析知识管理对组织的影响，这样将会有许多组织实际发生的现象无法得到有效的解释。因此要了解组织现象，必须从员工的"行为"面进行。组织行为理论观点认为，知识管理的引进会对组织产生何种影响的问题并不像古典理性理论认为的是可预测的、客观的和确定的。这是非常复杂、难以预测并充满不确定性的一个过程，其最终结果将依赖于人文、政治和文化等方面的诸多因素。

2. 按知识管理的发展历程划分的知识管理理论

（1）第一代知识管理理论——以技术为中心的知识管理理论。第一代知识管理理论主要包括了经典战略管理理论、竞争战略理论、核心竞争理论和信息管理理论，内容主要是围绕如何收集处理信息来构建组织的核心竞争力，以保持战略竞争优势展开的。所以第一代知识管理主要是以信息管理为中心，对知识的管理也基本上限于公开化的知识，知识管理的方法和技术也基本上沿用信息管理。虽然这些理论是建立在企业经营管理的层面上，但是它们对公共管理学的发展起到了至关重要的作用。

1）经典战略管理理论。20 世纪 60 年代初，美国著名管理学家钱德勒（Chandler）的《战略与结构》一书的出版，首开企业战略问题研究之先河。他被公认为是研究"环境—战略—结构"之间关系的第一位管理学家。其后，就战略构造问题的研究形成了两个学派——设计学派和计划学派，其中设计学派的影响力更为持久。设计学派以哈佛商学院的安德鲁斯（Andrews）教授及其同仁为代表。他们在主张经营战略是使组织自身的条件与所遇到的机会相适应的基础上，建立了将战略构造分为制定与实施两大部分的基本模型。该学派认为：首先，在制定战略的过程中要分析企业的优势与劣势、机会与威胁，即进行 SWOT（Strength、Weakness、Opportunity、Threat）分析，因为这将涉及企业的竞争环境和企业发展的外部环境。其次，高层的经理人员应是战略制定的设计师，并且督导战略的实施。

2）竞争战略理论。在经典战略理论发展的基础上，迈克尔·波特将产业组织理论中的"结构（S）——行为（C）——绩效（P）"这一分析范式引入企业战略管理研究之中，提出了以产业（市场）结构分析为基础的竞争战略理论与著名的由五种竞争力（进入威胁、替代威胁、现有竞争对手的竞争及客户和供应商讨价还价的能力）合成的模型。然而，同经典战略理论一样，竞争战略理论仍缺乏对企业内在环境的考虑，因而无法合理解释下列问题：为什么在无吸引力的产业中仍能有盈利水平很高的企业存在，而在吸引力很高的产业中却又存在经营状况很差的企业？受潜在高利润的诱惑，企业进入与自身竞争优势毫不相关的产业进行多元化经营，最终这些企业缘何大多以失败告终等。后来，波特对此缺陷有所认识，并在后期著作中指出，从企业的内在环境出发，提出以价值链为基础的战略分析模型。虽然价值链的分析方法几乎涉及企业的内部所有方面，但对主要方面（特定技术和生产方面）重视不足。在这样的情形下，以资源、知识为基础的核心竞争力理论便迅速地发展起来了。

3）核心竞争力理论。近些年来，信息技术的迅猛发展使竞争环境更加激烈，企业不得不把眼光从关注其外部产品市场环境转向内在环境，注重自身独特资源和知识（技术）的积累，以形成特有的竞争力。由此，以资源、知识为基础的核心竞争力理论应运而生。该理论存在以下的理论假设：假定企业具有不同资源（包括知识、技术），形成了独特的能力，资源不能在企业间自由流动，属于某企业特有的资源，其他企业难以得到或复制；企业利用资源的独特方式是企业形成竞争优势、实现战略管理的基础。传统的战略管理模型通过企业的产品市场定位对战略进行定义，而以资源、知识为基础的战略理论认为，企业经营战略的关键在于清楚自身的资源、知识和能力的状况基础上培养和发展企业的核心竞争力。企业应当充分利用资源和能力，跨越多个领域，而不仅仅将目标局限于特定领域提供特定产品或服务，成为主要的战略驱动力。

作为企业战略管理理论的新发展，核心竞争战略理论对当前众多大公司，特别是跨国公司的战略行为做出较为合理的解释，它既是对这些公司"知识管理""专长管理"实践经验的总结，反之又为它们制定新时期战略提供了理论指导。

4）信息管理理论。"信息管理"这个术语自 20 世纪 70 年代提出以来，使用频率越来越高。关于"信息管理"的概念，国内外也存在多种不同的解释。尽管学者们对信息管理的内涵、外延及发展阶段都有着种种不同的说法，但人们公认的信息管理概念可以总结如下：信息管理是为满足组织的要求，解决组织的环境问题，而对信息资源进行开发、规划、控制、集成、利用的一种战略管理。信息管理的优势，就是竞争的优势。彼得·德鲁克在《新型组织的出现》中指出，组织"为了保持竞争力（甚至仅仅是为了生存下去），它们将不得不把组织改造成为信息型组织，而且要尽快改造，弃旧固新。"

信息是表达、存储和分配知识的有效工具。因此，知识管理并不能脱离信息管理而单独存在，信息管理是实现知识管理的基础。但是知识管理毕竟不是信息管理，知识管理是对信息管理的扬弃，主要表现为以下三个方面。一是，信息管理以提供一次、二次文献为主，而知识管理不再局限于利用片面的信息来满足用户的需求，而是对用户的需求系统分析，向用户提供全面、完善的解决方案，帮助用户选择有用的文献，提高知识的获取效率。二是，信息管理仅局限于对信息的管理，而忽视对人的管理。其实在信息获取的整个流程中，人是核心。知识管理认为对人的管理既可以提供广泛的知识来源，又可以建立良好的组织方式用以促进知识的传播，这符合知识经济时代的要求。三是，知识管理通过对知识的管理扬弃了信息管理中被动处理信息资源的工作模式，它与企业知识交流、共享、创新和应用的全过程融合，实现企业业务流程的重组，使知识管理成为企业知识创新的核心推动力，给企业带来新的活力。因此，知识管理不仅仅是对收集、存储、整理和传递进行机械式的管理，还是把握知识之间的相互共享，逻辑性地创造出新的知识去满足社会发展需要的新型管理。信息管理偏重于搜集和利用外部的客观信息，为行为决策积累素材；知识管理偏重于为使用者提供知识思想，为知识创新提供条件。

（2）第二代知识管理理论——以人力资源为中心的知识管理理论。第二代知识管理理论，主要包括四大理论：人力资本理论、生命周期理论、嵌套知识域理论和复杂性理论。其中最重要的是人力资本理论。

1）人力资本理论。人力资本是知识管理的核心。知识经济时代组织可以通过获取知识整合的优势而获得竞争优势，而知识资源的源泉是人力资源。反之，组织获取人力资源优势的最终目的是获取知识资源的相对优势。组织运作中的关键是如何获取这种优势，这就涉及人力资源管理问题。

人力资源作为知识和技术的载体，是实现知识应用、为组织创造价值的最重要因素，也是组织资源要素中最活跃、最具创造力和最具能动性的部分。人力资源管理是组织知识管理实施的核心。良好的人力资源状况将为企业提供无穷的动力，为组织利用各种资源打造核心竞争力创造必要的条件。组织中知识的最根本载体是人，因此知识的获取、整合和利用过程与人力资源的获取、整合和利用过程密不可分。匹配于组织目标的有效的人力资源管理必然大大促进知识管理的进程。

人力资源管理强调知识是为组织创造高于竞争对手价值的最重要资源，强调组织应该有效获取、创造、利用和提高人力资源所需要的知识，以充分发挥其人力资源的作用和潜力，保证组织战略的正确实施，促进组织的持续稳定发展。就知识的获取而言，组织可以通过拥有知识的个体成员来获取，也可以通过组织内部的知识创造来获取，还可以通过组织间的合作来获取。这就是人力资源管理的核心所在。

2）生命周期理论。第一代知识管理理论假定知识自然存在，因此并不关心知识的产生；相反，第二代知识管理提出的生命周期理论认为，新知识在被用于编码和传递前，首先有其产生和验证的过程，继而代替旧知识，完成周期循环。该理论把知识的生命分为三个阶段：

知识产生、知识有效性验证和知识整合。

①知识产生。它是指对现有知识进行收集、初步编码及制定新知识发布规范的过程。其中知识源包括两类，一类是零散在各种资料和文档中的显性知识，而另一类隐性知识则需要借助知识表示和智能挖掘技术才能得以显性化，还可以通过建立专家目录的方式，借助专家定位的手段使这种人格化的经验性知识能为更多的人所分享。

②知识有效性验证。它包括制定有效性验证标准，进行知识审查、确认和分类，然后对知识在实际运用中的作用进行评价，最后是知识的正式编码。有效性验证即知识的筛选、过滤过程，确保用于传递的知识充分有效性。

③知识整合。这里的整合涵盖知识的共享和传递（通过讲授和培训实现），此外还包括新知识运用和知识成品加工。

3）嵌套知识域理论。知识是在两个层面上被掌握的：一是人作为个体，他们拥有组织的知识并将这些知识用于实践生产；二是作为集合中的一部分，他们同时掌握着整个集体的知识并将他们用于指导实践。每个人不仅要掌握自己的个体知识集，还要掌握整个团队的知识集。第一代知识管理的主要问题之一就是没有对个人学习和组织学习进行区别。

嵌套知识域理论把组织中的知识分为三个层次：个人拥有的知识；个人组成的团体拥有的知识；组织总体上掌握的知识。个人拥有的知识被嵌套进组织领域中。由于任何时候这三个层次间都存在着差异，从而形成了一定的张力。对这些张力进行适当的管理，会大大提高知识创新率和组织运作的有效性。

4）复杂性理论。最具代表性的是复杂自适应系统理论（Complex Adaptive System，CAS），该理论是霍兰于1994年提出的。该理论可以简单概括为"适应性造就复杂性"，基本思想是：系统中的成员称为具有自适应的主体（包括运作中的组织、独立的智能体，比如人）。所谓具有自适应性，就是指它能够与环境及其他的主体进行交互作用。主体在这种持续不断的交互过程中，不断地学习或积累经验，并且根据学到的经验改变自身的结构和行为方式。整个系统的演变或进化，包括新层次的产生、分化和多样性的出现，以及交叉、聚合而成的更大的主体的出现等，都是在这个基础上逐步派生出来的。

根据CAS理论，知识正是由那些智能体为适应外界变化而不断自我调整所遵循的规则组成的。通过复杂性理论，认识到知识是如何在智能体个体层面而形成，并上升为组织的形式被所有个体共享，成为组织知识的过程。

第二代知识管理与第一代知识管理相比，表现出如下的差异：由供应方导向型转为需求方导向型；由以技术为中心转为优先考虑基于过程的组织学习；管理的重心由知识的共享、传递转为新知识的持续生产和创新。这表明知识管理和组织学习过程的有机融合，知识管理贯穿整个知识生命周期，而不是仅仅局限于眼前的商业运作。

二、知识管理的发展趋势

被公认为同行中的管理先驱、哲学家、设计师和梦想家的戴布拉·艾米顿，在她的著作《知识经济的创新战略——智慧的觉醒》一书中，对知识管理的发展趋势进行了如下的阐述：

（1）知识管理无孔不入。无论它以什么形式定义，比如学习、智力资本、知识资本、智能、诀窍、洞察力或智慧，结论都是一样的，要么更好地管理它，要么让它衰亡。

（2）难以量化的东西必须被量化，如若不然，就无法估计它的价值。

（3）必须建立一个合作研究的基础。竞争前技术研究的集成对建立未来创业的稳固基础有着非常重要的作用，各个组织应该加强自主的研究与开发工作。

（4）创新过程必须是按照"自上而下"的模式设计。然而，自上而下的领导人员将继续作为管理的基本部分，因为传统的等级制度体系不可能一夜之间消失。基层活动的网络化有利于加强对变革的洞察力，而这些变革又可由那些最接近销售目标的人们来实现。

（5）洞察力正在迅速显示出其重要性。对于接受现实，迎接变革的人来说，根本没有时间关心障碍问题，创造未来才更刺激。理论是组织生存的根本。当领导者试图理解不同学科的规则与方针时，会不断促进学科之间的相互渗透。事实上，各个领域的不断发展，可以为开展最佳实践的"标杆活动"、促进知识的进一步传播与利用提供有力的支持。

（6）知识管理的实施可采用多种形式。这是因为每个组织具有独特的文化性，实施工作的内容和项目创新在不同组织之间也是不一样的，因此应根据实际情况，因势管理。

（7）管理框架是有用的，但不可僵化。一个指导性的框架对于检查和联系各种变量是重要的。因为通过考察已知因素可以识别新的变量及其相互联系，这对组织至关重要。框架提供了一种讨论和融合组织文化中形形色色不同价值观的手段。但这种过程必须是动态的，以便及时抓住满足未来需求的各种机会。

（8）必须理解和保证"集体"的本来特性。目前，组织被定义为包括多个利益的相关者在内的复杂组合，这种组合是最有价值的；同时要关注整体与局部之间的共生现象。

（9）技术是知识密集型组织顺利运行的必不可少的组成部分。

（10）知识现象必须加以管理而不能期待运气。为了获得最佳优势，必须把管理看作既是一门科学又是一门艺术。

第二节　知识管理的过程与方法

知识管理是一种管理活动，管理也是一种知识活动。所有的管理环节，即计划、组织、指挥、协调、控制都离不开大量知识的支持。管理就是决策，决策需要知识。在确定的环境中，管理者需要的是已经存在的成熟知识；在不确定的环境中，管理者需要进行知识创新，需要发挥预测事情未来走势的能力，从而出台应对策略。所以，管理的本质是知识管理。管理学的使命就在于不断地认清经济对管理产生的挑战，并不断地丰富管理学。彼得·德鲁克说："提供知识，去有效地发现现有的知识怎样应用能产生最好的效果，这就是我们所指的管理。"

一、知识管理体系

在建筑企业，知识管理体系包含三个层面内容：政府层面的知识、企业层面的知识、项目层面的知识。

政府层面的知识主要包含法律法规、规范及需要办理手续的各种流程。

企业层面的知识主要包含法人治理结构流程及规章制度，企业部门组织结构，流程及规章制度，绩效考核办法等内容。

项目层面的知识包含：投标方面、项目管理方面、劳务管理、相关软件方面的知识、后勤保障管理等内容。

二、知识的识别和获取

（一）知识的识别

建筑企业内部和外部的知识都不是自然可见的，必须使其透明化。组织有选择的鉴别知识，使其产生一定程度的透明，以帮助组织内的员工找准方向，更好地访问外部知识环境，达到协同，建立合作项目，进行有效交流。鉴别组织内部知识就是使组织意识到其拥有的能力。如组织有哪些专家，组织内部知识共享的规则是什么，哪个内部网络在信息交流方面起着重要作用等。

1. 组织内部知识透明化

（1）专家名录。它列出了在建设、咨询服务、开发过程中经常遇到的问题和可能的解答者。

（2）知识地图。它是专家、知识资产、知识资源、知识结构或知识应用的图形化表示，用户据此分类与已有知识相关的新知识，把任务与专家和知识资产联结起来。

（3）知识地形图，用来辨别拥有特殊技能和知识的人，并指明透明的知识级别。

（4）知识资产地图，显示某些特殊知识资产存储在何处，是如何存储的。

（5）地理信息系统。它是现实知识资产的地理分布情况。

（6）知识资源地图，显示在团队中、组织和在外部环境里，哪些人能给某些特殊任务提供重要知识。

（7）核心流程。组织日益围绕核心（事务）来进行自身组织，其中最重要的是要知晓需要哪些专家和知识结构来支持核心流程。组织同样需要鉴别外部知识资源。外部专家、教授、供应商和顾客都是知识的拥有者，行业协会、外部数据库、专业杂志和因特网都是知识资源。

2. 组织外部知识透明化

（1）外部专家网络。社会的许多领域都有专业协会和网络，为其成员提供重要的信息。

（2）咨询公司。许多建筑企业在开始重大项目时都寻求咨询公司的支持。面对日益增长的竞争压力，咨询公司在开发未来竞争力方面起着特殊的作用，它们在某些特殊知识方面能提供很好的知识服务。

（3）因特网。迅猛发展的因特网提供了另外一种鉴别信息和知识资源的方式。因特网上某些知识领域的公共数据库是一种很有价值的知识资源。

（4）组织内部网。建筑企业内部文档（市场研究、内部杂志、年度报告、说明和文章等）都可存放在网络上。有效的内部网允许用户搜寻组织内部数据库，更快地访问组织内部信息。

（二）知识的获取

1. 知识获取的任务

知识获取的任务在于把已有的知识包括经验、事实、规则等，从大脑或书本中总结和抽取出来并转换成某种形式的表示。建筑企业可以从内外部资源中输入重要的知识，也可以通过与用户、供应商、竞争对手的合作来获取知识。同时，由于知识的快速增长和知识的不断细化，建筑企业不可能开发它们需要的所有知识。因此，建筑企业必须在知识市场上做出正确的选择以得到重要的专家和使用技能。

知识获取的研究主要包括：对专家或书本上已有的知识的理解、认识、选择、抽取、汇集、分类和组织的方法；从已有知识和实例中产生新知识，包括从外界学习新知识的方法；检查或保持已获取知识集合的一致性（或无矛盾性）和完全性约束的方法，尽量保证已获取的知识集合无冗余的方法。

2. 知识获取的步骤

（1）确定阶段。本阶段要完成的工作包括确定问题、确定目标、确定资源和确定人员及其任务等，最主要的是问题的确定。完成知识的获取一般至少要有一个相关知识工程师和一个或多个领域的专家密切配合进行。

（2）概念化阶段。把上一阶段确定的一些对象、概念、术语及其间的关系等加以明确定义。并尽量用一些图形表示出来。

（3）现实表示与实现阶段。主要把上述概念化阶段已抽取出来的知识（包括对象、概念及之间的各种关系，以及信息流等的说明与描述等）进行适当的组织，形成合适的结构和规则等，并将其变成一种更真实的表示。

3. 知识获取的具体措施

（1）引进人才。引进人才政策应该与组织战略、知识目标相联系，有系统地制定组织人才引进计划。此外，建筑企业不仅要考虑如何吸引人才，还要考虑如何留住人才。

（2）开拓外部知识库。建筑企业可以通过建立各种合作形式来访问外部知识库。组织收购或兼并也是一种潜在的投资，也能缩小知识差距。战略联盟是一种基于共同目标而广泛合作的方式，每个合作组织都可以从对方获取物资、市场、知识、资金来部分弥补自己的不足。知识链是一种更进一步的合作，其目的是相互学习和获取知识，基于战略利益（如规模经济利益）是它有别于其他合作方式的地方。

（3）获取投资者的知识。投资者是指那些对组织活动有特殊兴趣和特别需要的人，它包括顾客、供应商、员工/员工代表、政治家、媒体、金融界及公众。建筑企业应与之建立密切联系，以反馈对组织有重要价值的信息。

（4）获取知识产品。多种获取技术存储媒体（如 CD-ROM、书本、数据库、录像带、网络等）的方式都可能为某些问题提供答案。

（5）获取智力资产。可通过各种形式的许可证协议获得专利的使用权：一方面购买软件，如建筑企业数据库软件包，它改变建筑企业处理数据、信息和知识的方式。当它们用来代替人工控制流程时，这些强大的软件包的效果就更明显。另一方面获取设计方案，如计划、蓝图和其他实际图纸，这种"知识包"是可被建筑企业直接使用的知识。

三、知识的应用

知识经济正在兴起，知识的创造和发展大大降低了组织成本，由于知识资源具有可复制、重复消费、边际报酬递增等特性，使传统的生产要素（资本、能源）逐渐失去其主导地位，知识资源成为创新的首要战略因素。建筑企业通过知识资源建立竞争优势，不仅要善于识别和获取知识资源，更应善于利用知识资源，提高知识资源为组织创造价值的能力，从而提高建筑企业的竞争力。

知识应用就是知识从理论到实践的转化过程。当建筑企业面临新的问题时，借助建筑企业所掌握的显性或隐性知识，应用到实践中以解决问题，为建筑企业创造价值。因此，知识应用是实现知识从知识形态本身到建筑企业价值转化的"拐点"。

（一）知识转换的 SECI 模式

知识转换有四种模式，简称为 SECI 模式：社会化（从隐性知识到隐性知识）、外在化（从隐性知识到显性知识）、组合化（从显性知识到显性知识）和内在化（从显性知识到隐性知识）。

1. 社会化（Socialization）

社会化是通过分享经验把隐性知识汇聚在一起的过程。因为隐性知识具有特殊的背景条件，难以公式化，所以获得隐性知识的关键就是通过共同活动来体验相同的经验。例如，新进员工接受组织文化社会化的过程，或通过师徒制观察、模仿、练习使之潜移默化，这里只有书面文字是不够的，而需要整体学习，隐性的智慧是通过人与人之间长期的潜移默化、耳濡目染传授给另一个人。社会化可以发生在组织之外，如组织成员与其客户或供应商相互作用，从而分享并利用对方的隐性知识，这样的社会化方式经常发生在新产品开发的过程中。

社会化很难管理，因为这是隐性知识之间的转换。要促进社会化，其成员首先要具备高质量的经验，这样他们的隐性知识才会增长。丰富的隐性知识可以促进知识创造，同时成为产生高质量知识的动力。其次，必须培养员工爱心、关怀、信任等情感，这样他们才能超越自我，分享隐性知识。

2. 外在化（Externalization）

外在化是四种知识转化模式中极其重要的一环。把隐性知识显性化时要充分利用比喻、比较、概念、假设或模型等多种方法和工具。知识转化的外化模式常见于概念的创造过程，其常用的方法是借助演绎和归纳手段，把头脑中的景象抽象化。当不能通过演绎和归纳找到明确的表述时，可以采用非分析的方法，通常可采用隐喻、类比和范例方法。

外在化是将隐性知识清晰地表述为显性知识的过程。在知识转换的四种模式中，外在化是知识创新的关键，因为它从隐性知识中引发出新的明晰的概念。当隐性知识变得明晰起来，知识就具体化了，就可以让人分享，从而成为新知识的基础，例如建筑师绘制蓝图。

3. 组合化（Combination）

组合化是指将显性知识的孤立成分组合成显性知识系统，即达到1+1>2的效果，这个系统比起组合成分更复杂，更具系统性。知识通过文件、会议、电话交谈和电脑通信网来进行交换和组合。通过筛选、添加、组合和分类等手段对现有知识进行重构，也能创造新的知识。例如，一个建筑企业管理顾问由知识库内提取各种创造、分享和存储的知识，再经过重新分类和整理进而整合成一个新的知识管理项目报告。

组合化也可包括概念的"分拆"。比如，中级管理人员可将某些概念，如公司远景或新产品概念，分拆后纳入具体的工作计划，如可操作的商业计划或设计任务。

组合化在实践中需要三个过程：一是从建筑企业内外收集并组合显性知识；二是将新的显性知识传递给组织成员；三是在建筑企业内把显性知识进行加工，使之更实用。创造性使用互联网及大容量数据库能促进这种知识转换模式。

4. 内在化（Internalization）

内在化是个人吸收显性知识并使其个人化为隐性知识的过程。通过内在化，已创造的知识就可由整个组织分享。内在化的知识可用来拓宽、延伸和重构组织成员的隐性知识。知识通过分享精神模式或技术奥秘而内在化于个人的隐性知识之中，即成为极有价值的财富。个人不断积累的这种隐性知识，通过社会化与他人分享，便会引发知识的新一轮螺旋上升。

知识是在隐性知识和显性知识连续的能动的相互作用中推陈出新，这种相互作用的形式就是SECI过程，也就是知识转换模式的依次交替：社会化、外在化、组合化和内在化。SECI过程并不局限于单一本体层，而涉及个人、项目、建筑企业或建筑企业间的各实体层面。建筑企业必须关心开发个人层面上积累创造的隐性知识，创造出的隐性知识在组织系统内经过四种知识转化模式而得到增强，从而在更高的层面上得以明晰。当隐性知识与显性知识的相互作用从低一级的本体层面向高一级的本体层面能动地提升时，出现了螺旋上升运动现象，称其为知识层面交错互动性的"知识螺旋上升"，它代表了一种动态过程。当其跃上更高的本体层面时，隐性知识和显性知识间相互作用的层次得到提高。从个人层面开始，这种螺旋运动经过不断扩展的相互作用的团体而上升，这种相互作用超越了小组、部门，甚至组织的界限。

（二）知识应用过程中的重要因素

知识应用过程主要是指利用知识生产过程得到显性知识去解决问题的过程。一方面表现为利用已有的知识，在工作中形成新的知识产品，如建筑企业的财务部门综合不同部门的信息和知识最终形成财务报告；而另一方面，随着员工将获得的显性知识运用到实践中，能够得到不同的体验，可促进员工自身知识储备的拓展。在知识的应用过程中，应对以下几点给予必要的关注。

1. 流程

传播和共享建筑企业的最佳实践经验。对于大多数建筑企业来说，在市场、制造、销售活动中都面临着知识的再利用问题。知识的再利用既包括以前积累的知识经验的再利用，也包括一些新的成功经验的再利用。组织要想在短期和长期的运作当中取得成功关键取决于组织是否能够快速获得所需知识。因此，建筑企业应该有意识、有目的、有系统地积累、组织、存储和重组建筑企业的知识，强化建筑企业记忆，建立共享和开发知识的机理机制。

促进建筑企业知识资源的整合和转移是最为普遍的知识管理计划。建筑企业为了打破孤岛、知识囤积和知识流失状况，通过利用网络技术和群体技术将建筑企业运作的所有环节连在一起，打破原有的上下级之间、部门之间的交流壁垒，使整个建筑企业实现快速的实时通信和沟通，缩短知识产出的时间。

以知识创新为中心的知识管理。为了提高建筑企业的研发能力，建筑企业除了要形成良好的知识跟踪和分析系统外，还要有一种"激励创新、包容失败"的企业文化，给创新人员提供更为宽松的创造环境，减少可能阻碍创新因素设置的障碍。同时，建筑企业还要形成以项目或目标为核心的创新团队运作机制，使建筑企业专有知识的创造过程有众人参与，这种方法既有利于培养人才，传播创新火种，又可以避免由于少数人垄断专有知识而给建筑企业带来损失。

2. 服务对象

建立以服务对象为中心的知识管理系统，其目的是通过获取、开发和转移服务对象的需求、偏爱和业务情况等知识来提高组织的竞争能力。以服务对象为中心的知识管理主要目的是提高服务对象满意度，增强服务对象的忠诚度，通过利用以往经验降低服务成本，实现更大的市场渗透，发展个性化服务等。

3. 员工

建立建筑企业员工对知识的责任感。这种战略支持员工建立对识别、保持和扩展自身知识以及更新和共享知识资产的责任感，让每个员工都认识到知识对他们担负高度竞争性工作的重要价值。有些建筑企业提出建立鼓励知识活动的激励措施，并将其纳入组织的个人以及评估体系中。此外，努力建立有利于知识管理活动的建筑企业文化也是该战略的主要内容之一。

4. 无形资产

将知识（无形资产）作为核心资产加以运营，充分发挥建筑企业的专利、许可证、品牌、商标、研发机制、服务关系、网络等专有知识的潜在价值和优势，使建筑企业的无形资产价值达到最大化，并通过对这些资源的持续投资、组合、保护和更新，使其成为建筑企业成长和发展的新增长点，并借此来维护建筑企业的竞争优势，将建筑企业的知识优势作为支持服务优势和发展优势的基础和核心力量。

5. 技术

建立知识管理系统（KMS），促进知识转移，这是被普遍采用的知识管理战略计划。通过建立获取、重建、存储和分配知识的系统和方法，把知识融入建筑企业的服务之中，达到缩短服务周期，降低服务成本和扩大有效服务的目的。大多数建筑企业都强调团队精神、服务关系和网络设施作为知识有效转移基础的重要性，并采取多种手段，鼓励知识转移活动。

（三）知识应用过程的具体措施

成功的建筑企业都有一个共同的特征，即对隐性知识进行了充分开掘和应用。由于隐性知识更强调联系或关系的主观性，所以隐性知识应用起来更困难。建筑企业克服这种困难的一个方法是，将不同职能部门和不同组织层次的人召集在一起工作，通过密切充分的交流，实现知识的共享和转移。建筑企业建立知识共享和传播网络时应注意以下几个方面：第一，通过计算机网络来传递知识。建立计算机网络的管理学习系统或知识管理系统是建筑企业的必然选择。如建立内部网、群件系统、专家系统等。第二，鼓励知识共享。通过采取激励机制，建筑企业应有步骤地建立知识拥有者之间的相互信任。信任的氛围对高效的知识共享有重要作用。建筑企业可以提供正面的和反面的奖励，使员工清楚知识共享的重要性，并把它转换成一种责任。第三，传播"最佳实践"。"最佳实践"对建筑企业有显著的经济效益，必须在建筑企业内不同部门间系统地传播与共享。

知识管理的重点是保证现有知识为建筑企业的利益而得到实际的应用。为了达到建筑企业的目的，知识管理的所有环节必须用来指导员工个体的和建筑企业的知识应用。使用中的知识是成功的知识管理最有意义的评估尺度，因为知识的生产性应用才是转换成可见过程中的唯一方法。一要鼓励员工使用知识。建筑企业必须创造员工实际使用知识的条件；建筑企业领导应该鼓励员工对现有的方法保持批判的态度；知识应该成为产生整体利益的资产，不管它出自何处。二要把知识用户看成服务对象。员工是否使用知识主要取决于其便利性。一种最好的办法是使知识库和知识结构界面友好。友好的主要特征是简单、实时、兼容性好。如果知识管理的各个模块无缝连接，可以提高知识库的使用效率。三要使用新获取的知识。建筑企业使用知识的程度主要取决于对它的使用所产生的潜在效益。知识的价值和使用的程度之间通常有正比的关系。

（四）案例

××（集团）股份有限公司是一家大型房地产集团，于 2003 年聘请了企业资源管理研究中心（Active Management Team，AMT）对其进行企业知识管理咨询和整合。

AMT 对怎么样成功推进知识管理提炼出了五个原则：战略为引、业务为体、知识为纲、技术为用、文化为本。针对××集团来讲，AMT 认为××集团业务运作上有一些自身的特点，这些特点对知识管理存在约束。如资源整合提升，这要求知识管理能够提供更好地管理外部知识、并能实现外部知识有效内化的手段，这需要借助外部专家/机构管理平台来提供支撑。AMT还发现，××集团目前的一些合作伙伴存在能力稀释的现象，那么如何提高对外部伙伴的甄别和管理能力呢？这需要有更科学的评价体系，这种评价体系不应该仅仅是质量、价格等指标，还应该包括对对方的知识能力的评估，这样也有利于企业更有针对性地管理好合作伙伴。

知识管理关注企业战略要求。如××集团有区域性发展策略，为实现异地快速拓展，就需要将以往项目中的经验有效总结，使其成为模块化可复制的知识；同时，各地的专业领域员工常常希望能够有跨地域的专业交流。项目最佳实践知识地图、专业知识社区（如建筑师社区）就是很好的支撑手段。

房地产开发业务更多的是围绕一个开发项目进行运作，项目周期长，涉及众多业务环节，包括项目可行性研究、市场分析、产品定位、规划及设计、建筑施工、工程监理等，因此需要对整个的项目进行科学化的跟踪和分析，以实现房地产项目的最优化管理，从而减少项目风险，降低项目投入成本，提高利润。

AMT为××集团提出的知识管理解决方案可以为××集团投资房产项目进行项目构想及可行性研究、制定项目的规划方案提供动态的、全面的知识信息支持。功能如下：动态的知识库维护，包括行业分析、地产分析、竞争对手分析等；定义知识地图；多人参与的知识积累，包括企业内部员工和外部合作伙伴；个性化的知识门户；快速的知识搜寻；知识订阅和知识分发；各种工具支持知识分析。

AMT和××集团组成的联合项目组采取了知识管理问卷调研和访谈的方式，对××集团的知识管理现状进行了评估。按照AMT的知识管理成熟度模型，将一个企业的知识管理发展阶段分为五个层级：知识无序、知识反应、知识意识、知识确认和知识共享，并从"人""流程"和"技术"三个层面对企业的知识管理文化、知识管理流程内容，以及知识管理系统进行综合评估。经过项目组评估，××集团知识管理成熟度基本上还处于"知识反应"阶段，正在向"知识意识"阶段过渡，公司存在大量知识应用的需求和举措。但是，这些应用大都属于零散的自发方式，缺乏统一的梳理和整合，也缺少配套的知识管理制度的支撑；在改变人的行为意识的知识文化营造方面，也需要进一步加强。

联合项目组在评估基础上，做出了××集团知识管理整体规划，从大的方面阐述了知识管理建设的内容和方向。

联合项目组为××集团提出了一个知识管理"2—3—4"工程，即针对两类知识领域，包括××作为地产开发商的主要知识领域和适应××未来战略发展的新知识领域，经过知识管理导入、知识管理提升和知识管理持续改进三阶段的建设，打造××集团知识管理的文化、知识、系统和管理四个方面的蓝图。

联合项目组从企业竞争优势的来源角度向××集团的员工强调了实施知识管理的必要性。提出一个企业如何从"基于资源"到"善于知识"。

在知识管理具体的建设中，项目组为知识管理的各方面设定了一些阶段性的成功标志。如系统上线并测试通过，这是一种成功；管理制度经过试运行效果良好然后全面推广，这也是一种成功。并提出，对系统实施很关键的一点，就是最开始要能够吸引或者强制员工去使用新的系统，再加上其他一些方法，比如知识地图，使员工真正感到参与其中会为他的工作提供很多的帮助，那大家才会有兴趣投入到知识管理的日常工作中来，然后才会逐渐改变大家的工作方式及行为方式，使知识管理持续地改进下去。

××集团知识管理成功运行后的分析如下。

目前，一些有远见的企业越来越意识到知识的重要性，一些软件公司针对这种需求，提出了所谓的知识管理解决方案，但考察这些解决方案，会发现它们基本上是从技术观点出发，在功能上大都是对以往企业文档管理的拓展，对企业隐性知识管理尤其不足。而事实上，知识管理应有更宽广的前景，不能仅仅将之视为一个 IT 项目，需要将知识管理与企业的战略紧密联系，并从组织、文化、过程以及技术等多个侧面来认识和实施知识管理。而从本质上来讲，知识管理并不能仅仅局限为一个项目，它应该是一个过程——使企业智商不断改善的过程。

××集团通过一系列知识管理实践，希望它能带来在项目开发时间、战略应变能力、成本、客户关系等各个方面的改善，具体如下所示：

缩短项目开发时间——通过加速知识流和知识整合；

扩大"注意力带宽"，以及早获得战略机遇或危机的信号——通过感知和获取遍布全球的知识和信息，并对之实现有效共享和管理；

降低协作成本——通过实施实践社区，以之来管理企业核心能力并加速知识创新；

改善客户忠诚度——通过建立面向客户的虚拟社区来实现；

加速各种创新实践在组织中的传播——通过组织知识座谈、知识咖啡馆等方式来实现。

考察××集团的知识管理实践发现，它超越了对于知识管理的传统技术观，认为成功的知识管理系统应是一个"社会—技术"系统。

在××集团的知识管理实践中，它还指出了一条通向成功知识管理的道路——以业务目标为导向，依据一定的知识战略，实施知识管理活动。它强调了一种融合思想，即应将企业业务目标、知识战略以及知识管理实施过程有机融合，知识管理实践应"从企业战略、业务目标中来，并到企业战略、业务目标中去"。

第三节　企业文化概述

一、企业文化的基本概念

什么是文化？文化有广义和狭义之分。广义的文化是指人类在社会历史发展实践中创造的物质文明和精神文明的总和。包括三个方面的内容：一是器物性文化，指人类历史上经过人类加工制作和改造的一切人造物。二是制度性文化，指人类在一定历史条件下制定的一系列行为规范和形成的风俗习惯，如法律、法规、政策、规则、风俗、禁忌、道德等。三是观念性文化，指作为一定社会经济、政治状况的反映的观念形态文化，如哲学、文学、艺术、宗教、科学等。广义的文化是体现了一个国家、一个组织或一个企业在某个历史阶段内生产力发展水平及与之相适应的科学技术水平和意识形态。狭义的文化是一种群体意识形态的文化，即精神文化，一般指群体的意识、思维活动和心理状态。

对企业文化的定义也有狭义和广义两种。狭义的定义认为，企业文化仅包含精神层面的内容。广义的定义认为，企业文化不仅包含精神层面的内容，而且包含与精神层面密切相关的制度层面和物质层面的内容。广义的定义更能够全面反映企业文化的内涵，也能够反映企业文化建设的实践。

总之，企业文化是企业全体成员在生产、经营和广泛实践中逐步形成的具有本企业特色的以价值观为核心的共同的思想、观念、作风、行为规范及物质表现的总和。

对企业文化的含义可以从广泛视角进行透视，可以将其理解为一种经济文化、管理文化及微观组织文化。

企业文化是一种经济文化。企业是一个独立从事商品生产经营活动，以获利为目的，具有法人资格的经济组织。因此，企业文化反映的是企业这个经济组织的价值观、最高目标、宗旨、基本信念和行为规范。在企业文化建设的实践中，企业文化通常表现为一种与经济活动密不可分的经济文化。企业文化本身受经济环境变化的影响，同时对企业的所有经济活动产生潜移默化的促进作用。

企业文化是一种管理文化。企业文化产生于管理文化，作为一种管理理论具有不同于一般文化的内涵。企业文化旨在通过计划、组织、指挥、协调、领导及控制等管理过程充分调动起全体成员的积极性和能动性，从而通过一种氛围和凝聚力发挥出全体员工的内在潜力，以顺利实现企业目标。因此，企业文化概念的提出，意味着企业管理领域已经将人的因素视为决定企业生存和发展的关键要素。企业文化在企业生产经营活动中更多地体现为一种管理文化。

企业文化是一种微观组织文化。文化虽然受到国家（地区）、民族的宏观文化的影响，却有着自己独特的微观个性色彩。因此，在企业文化建设实践中，不能用整个国家（地区）或者民族的宏观文化来替代企业文化。要在微观组织形成与变革的过程中，在嵌入了国家（地区）或者民族宏观文化的基础上，形成独具特色的企业文化。

二、企业文化理论的发展

企业文化理论作为一种管理理论，始于 20 世纪 80 年代，90 年代以后得到较快发展。企业文化理论发展大致分为两个阶段，即企业文化热阶段和企业文化理论丰富发展阶段。

（一）企业文化热阶段

20 世纪 80 年代初，美国学者对美国和日本的企业管理进行了广泛的比较研究，在美国的理论和实业界出现了"文化觉醒"观念，开始充分重视企业管理中企业文化的重要作用，先后出版了一系列关于企业文化的著作，既标志着企业文化的兴起，又标志着企业文化热阶段的到来。1981 年，美国加利福尼亚大学美籍日裔教授威廉·大内在其著作《Z 理论——美国企业如何迎接日本企业的挑战》中，分析了企业管理与文化的关系，认为美国企业应该在向日本企业学习的基础上，实行一种新型的"Z 型组织"，它兼有美国实行的"A 型组织"和日本赖以成功的"Z 型组织"之所长，即综合美日两种企业文化的优点，促进企业的发展。1981 年，帕斯卡尔和阿瑟斯在《日本管理艺术》一书中，提出了 7S 模型，提出在企业管理中，企业要想获得长远的成功，必须既重视制度（System）、战略（Strategy）和结构（Structure）这些硬因素的重要作用，又重视作风（Style）、最高目标（Super Ordinate Goals）、人员（Staff）和技巧（Skill）这些软因素的重要作用，其中反映了企业共享的价值观的最高目标是企业经营管理的核心要素。1982 年，迪尔和肯尼迪在《企业文化》一书中，提出了企业文化包括五个要素，即企业环境、价值观、英雄人物、礼仪庆典和文化网络，其中，价值观是核心要素。1982 年，美国著名管理学家彼得斯和沃特曼在《追求卓越——美国一流企业的经验》一书中，研究并总结了 45 家优秀的革新型公司的管理，发现这些公司都以公司文化为动力、方向和控制手段，因而取得了惊人的成就，这是企业文化的力量。上述四本著作被公认为企业文化理论的奠基之作，通常称之为企业文化的"四重奏"，将企业管理带入了企业文化热阶段。

（二）企业文化理论丰富发展阶段

20世纪90年代之后，除了在企业文化的概念、结构和内在作用机制的研究上有了进一步发展外，企业文化理论开始向新的研究领域发展。主要包括企业文化与企业经营业绩之间的关系、企业文化的测量、企业文化的诊断和评估等方面。如1992年美国哈佛大学教授科特和赫斯克特在《企业文化与经营业绩》一书中，研究了1987~1991年期间美国22个行业72家公司的企业文化和经营业绩之间的关系，分析了强力型文化、策略合理型文化和灵活适应型文化对企业长期经营业绩的影响。在此之后，大卫·麦斯特在《企业文化获利报告》一书中，通过实证分析定量地剖析了影响企业经营业绩的企业文化的具体内容。1991年，英国JAI出版公司的《组织变革与发展》第五卷刊出了有关企业文化测量的论文，使企业文化测量的研究开始受到理论界和企业界的关注。关于企业文化诊断和评估方面的研究文献，比较有代表性的是1992年出版的Roger Harrison等人的《诊断企业文化——量表和训练者手册》一书和1998年Kims Cameraon等人的《诊断和改变企业文化：基于竞争价值观理论模型》。这些理论文献对企业文化的丰富和发展起到了十分重要的作用，不仅丰富了企业文化的理论框架，而且为改变企业文化和个人行为方式提供了系统的策略和方法。

三、企业文化的结构

目前，通常将企业文化体系划分为三个层次，可以称之为精神层、制度层、物质层。这三个层次形成三个同心圆，如图12-1所示。

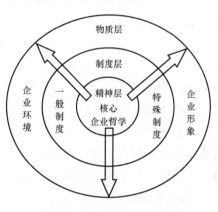

图12-1 企业文化结构图

（一）精神层

精神层处在企业文化的核心位置，这一个层次主要包括了管理者和员工共同坚守的信念、价值观、道德以及企业信仰，精神层是企业文化的灵魂，是制度层和物质层生根的土壤，企业文化中精神层的形成是企业文化走向成熟的根本标志。企业文化精神层主要包括以下六个方面：企业最高理想，企业哲学，企业精神，企业风气，企业道德，企业宗旨。

（二）制度层

制度层处于企业文化的中间地带，主要包括为约束组织和员工的行为而设定的各种制度，制度层规定企业成员在共同的生产经营活动中应当遵守的行为准则。它主要包括以下三个方面：一般制度，特殊制度，企业风俗。

（三）物质层

这是企业文化的最外层，是"企业创造"的"物质体现"，是形成企业文化精神层和制度层的物质条件。同时，企业生产的产品和提供的服务，是企业生产经营的成果，也是物质文化的主要内容。此外，企业创造的生产环境、建筑、广告等也是物质文化的主要内容。它主要包括：

（1）企业名称、标志、标准字、标准色。

（2）企业外貌、厂区环境、自然环境、办公室与现场布置情况。

（3）技术工艺特性。

（4）企业文化、体育、生活设施。

四、企业文化的特征

（一）整体性

企业文化是一种综合、立体、全方位的文化，强调整体性，要以企业作为整体，反映企业内部各方面系统之间的内在联系。通过树立企业的整体形象去影响、规范每个员工的思想观念和行为，为实现共同目标而努力工作。

（二）精神性

企业文化是一种以人为中心、以精神为指导的管理理论。企业文化核心价值观和最高目标具有明显的精神属性。缺少精神性的企业文化就是缺少灵魂的企业文化，也不是真正意义上的企业文化。但是企业文化的精神特征并不表明它可以脱离物质世界而独立存在。企业文化是在物质文明的基础上产生的，对企业提高生产力水平和提高产品服务质量具有很大的促进作用。

（三）人本性

企业文化十分重视员工的主体性，以人为本，要求全体员工把企业的发展与个人的发展结合起来。它强调人的思想、道德、价值观、行为规范等在企业管理中的核心作用。在企业生产经营管理过程中，要尊重人、关心人、信任人，形成强有力的团队，团结奋进，协作配合，激发每个员工自尊、自强的意识和创新精神，尽最大的努力开拓工作，推动企业发展。

（四）独特性

企业文化具有很强的个性。其独特性与企业生存发展的社会、地域、经济等外部环境相关，与企业所处的行业特殊性、自身经营管理特点相关，与企业家的素养风范和员工的整体素质内在条件相关。每个企业都有自己独特的文化，以区别其他企业。当然，即使同时代、地域、民族、行业的不同企业，也会形成富有个性的企业文化。

（五）时代性

企业文化受时代政治、经济文化、社会形势的影响，在生产经营过程中形成的企业文化必然带有时代特色，体现时代精神。因而必须以新的思想观念来丰富企业文化的内涵，并紧跟时代步伐，使企业文化具有明显的时代特征。

（六）开放性

优秀的企业文化必定具有全方位开放的特征，它决不排斥先进管理思想与经营观念的影响和冲击，而是努力引进、吸收其他企业文化先进的东西，促使自身不断完善和发展。开放性必然带来外地企业文化和本地企业文化、传统企业文化和现代企业文化的交融与碰撞，企业文化正是在这种交融与碰撞中成熟起来的。

五、企业文化的功能

企业文化是一种力量，可称之为企业文化力，这是企业的软实力。企业文化力具体体现在企业文化的功能上，能够增强企业内部的凝聚力和外部竞争力。根据国内外专家学者的研究，企业文化主要有六大功能，即导向功能、凝聚功能、激励功能、约束功能、育人功能和辐射功能。企业要想提升组织的文化力，树立良好的企业形象，促进员工发挥潜力、集中智慧、同心协力、开创未来，就要充分发挥企业文化的六种功能。

（一）导向功能

企业文化的核心是企业全体员工共同拥有的价值观，这种价值观会对人们的思想意识和行为产生一种导向作用。通过企业规章、厂风厂貌、人际关系原则等一些企业的"法规"，常常发出"无声的命令"，要求企业全体员工按照共有的价值观及以其为核心的企业文化的要求去行动。这种功能，特别表现出一种由心理约束对行为的自我管理，从而使员工更具有自觉性和主动性。

（二）凝聚功能

企业文化具有极强的凝聚力，是一种"强力黏合剂"，通过重视人的价值，珍惜和培养感情，促进员工团结，增强集体观念，把企业各个方面、各个层次的人凝聚起来，形成一个统一体，统一企业员工的信念和意志，激发员工的积极性和创造力，形成共同的价值观和思维、行为方式，因而可以促进企业形成凝聚力，使全体员工把自己的切身利益与企业的生存发展密切联系起来，把个人目标与企业目标统一起来，把感情和行为同企业整体联系起来，凝聚成企业活力的源泉。

（三）激励功能

企业文化的一个重要特征是重视人的作用，承认人的价值，发挥人的创造精神，激发人的使命感，古希腊人说："头脑不是要被填满的容器，而是一把需要点燃的火把。"企业文化应当发挥这种"火把"的功能，通过奋发向上的价值熏陶和良好文化氛围的引导，企业宗旨和目标的确立并加以具体化，不断激活人们内在自我实现的愿望，增强员工的使命感、责任感和荣誉感。企业文化的激励功能，可以在员工行为心理中持久地发挥作用，避免了简单的激励方法可能引起的短期行为。

（四）约束功能

在企业行为中，哪些该做，哪些不该做，企业文化常常发挥一种"软约束的作用"。除企业规章制度、责任制度作为一种"硬"约束可以发挥作用外，企业文化作为一种无形的、非强制的约束力量，能够弥补、丰富和加强对员工的整体约束力。一旦员工的某种行为违背了企业文化，不仅其本人心理上会感到内疚，而且公众舆论的作用会自动地使其纠正错误行为。

（五）育人功能

企业文化具有育人功能。精神文化在哺育人方面，具有全面覆盖性、浓缩集中性、外在内化性的优点。企业文化建设的过程，就是全体员工在各个层面上特别是精神层面上不断自我提升的过程，也是和谐企业创建的过程，是精神文明建设的过程。通过这项工作，培养员工热爱企业、关心集体、积极工作、热情服务的工作态度和良好的职业道德，提高员工的精神境界和思想觉悟。可以说有什么样的企业文化，就有什么样的员工素质、行为和产品。

（六）辐射功能

辐射功能是指企业文化的作用可以向外辐射。企业文化不仅在企业内部员工之间、各行业单位之间产生辐射作用，企业的良好精神面貌和作风，还会对企业周围的社区以及社会起示范效应作用。由于辐射功能的存在，良好的企业文化将会得到人们广泛的认同，形成社会信誉与企业效益及推进管理相关方面的多重效果。企业文化的辐射传播，使传统文化得以继承并发扬光大，使企业先进的价值观念等传播给社会，通过先进的企业文化为提高宏观管理水平、精神文明建设和和谐社会构建作出贡献。

第四节　建筑企业文化建设

建筑企业文化就像一只看不见的手在支持企业稳步前进，它具有指引建筑企业前进的导向作用、塑造团队精神的凝聚作用、促进员工奋进的激励作用、陶冶思想情操的教育作用和树立企业形象的宣传作用。企业管理者要充分认识企业文化在推进和谐企业建设中的重要作用，准确把握先进文化的前进方向，把培育优秀的企业文化作为提升企业核心竞争力的重要战略举措。

一、建筑企业文化建设的基本原则

建筑企业文化建设是一项复杂的系统工程，几乎涉及企业所有人和所有领域，不同的企业差异很大，但仍然可以找到一些可以遵循的基本原则。

（一）明确目标原则

建筑企业文化建设必须有明确的目标。这里的目标有两层含义：一是企业生存目标和发展目标。努力为社会、为消费者提供优良品质的产品和服务，并在此前提下实现利润最大化作为崇高目标，通过崇高的目标可以激发员工内在的积极性和使命感。二是企业文化建设目标。即培育每一位员工的创业精神，激发每位员工的工作热情，支持每位员工的创新行为，促使每位员工为企业负责、为他人负责、为自己负责，鼓励每位员工不怕艰险、不怕困难，鞭策每位员工全心全意地完成所承担的责任和任务，激励每位员工自觉自愿地实现企业目标和共同的愿望作为企业文化建设目标。只有明确目标，企业文化建设才能有的放矢，才能促进员工达到自主管理的境界，才能真正为企业成长发展提供生命源泉。

（二）价值取向原则

建筑企业员工共享的价值观是企业文化的灵魂。正如管理学家奥特曼和彼得斯提出的："过分依赖规章制度，管理结构和工作程序的管理是无效的，甚至是失败的。与此相反，建筑企业将其基本信念、基本价值观等灌输给员工，形成上下一致的企业文化，促使广大员工为自己的信仰工作，就会产生强烈的使命感，激发最大的想象力和创造力。"因此，建筑企业文化建设必须有明确的价值取向，企业文化的价值取向往往以企业信条的形式表达出来，但企业信条必须个性鲜明，不能平淡空泛。由于每个企业都有自己独特的发展目标、经营管理方式、发展历程和文化传统，因此在这些因素之上形成的企业文化必然是各具特色的。如某特级国有建筑企业提出的信条是"建一项工程，竖一座丰碑"；"盖一座大楼，育一批人才"；"踏一方热土，留一片美名"。这些都鲜明地体现了企业文化的价值取向，而如果以"团结、奋进、必胜"等这些具有通用性的语言作为企业信条，则就显得平淡空乏，无法突出企业文化的价值取向。

（三）群体认同原则

建筑企业文化建设必须通过采取有效措施使全体员工达成共识，否则，建筑企业的管理层做出再大的努力也将无济于事。而要唤起企业员工对企业文化满怀热情的认同感，就必须在明确企业目标和价值取向的基础上，通过采取有效措施加以实现。有效的措施不只是张贴标语、活动宣传、养花种草，更重要的是通过以身作则、疏导教育、制度建设、激励信任等多种方式潜移默化地在全体员工的内心深处培植出企业的文化底蕴。总之，只有措施得力，员工认可，企业文化才能真正建设起来，才能产生超常规的经营绩效。

二、建筑企业文化建设的流程

进行建筑企业文化建设的实质是开发建筑企业中无形的、无意识的文化资源，使之成为有形的、有意识的管理方法，最终成为推动建筑企业发展的动力。一般来说建筑企业文化的确立过程由以下的环节构成（图 12-2）。

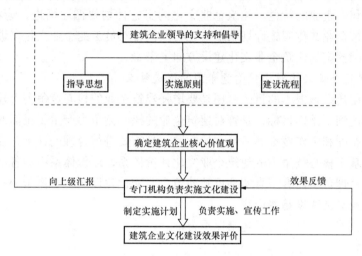

图 12-2　建筑企业文化建设流程图

（一）建筑企业领导的支持和倡导

建筑企业的领导不仅是企业文化的倡导者，更是企业文化的主舵者。企业文化的基础、重点和内容都是由建筑企业领导决定的。因此，建筑企业领导的支持力度是建筑企业文化建设成功的关键。此外，建筑企业领导的思想与战略是整个企业文化的行动指南，而且，在最终的考核与效果评价中这也是重要的指标，如图 12-3 所示。

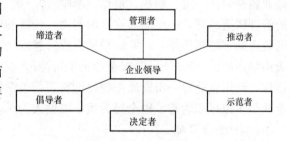

图 12-3　建筑企业领导在企业文化建设中的角色

（二）确定建筑企业核心价值观

一个建筑公司有什么样的核心价值观，就会产生什么样的建筑企业文化。

建筑企业的核心价值观必须有鲜明的个性，只有这样的建筑企业核心价值观才会具有吸引力和感召力。同时，建筑企业核心价值观的确定不仅要注重形式，而且要重视可行性，一旦确定下来，建筑企业文化建设就必须朝着这个方向一直走下去，只有这样才能够保障建筑企业文化的顺利实施。

（三）建立企业文化实施机构

建筑企业核心价值观确立以后，就应该及时建立相应的实施机构。实施机构可以更好地协助企业及员工达到文化建设的目标。实施机构要由专门的人员组成，不能由建筑企业人力资源部或组织宣传部一手包办，而应该在相应的部门之上建立独立的实施部门，专业人员制定整个的建筑企业文化的实施目标、实施计划，同时负责整个企业文化的宣传工作，向建筑企业的员工讲述企业文化建设的目的，收集反馈员工对于企业文化建设的意见和建议，并鼓励员工积极参与到企业文化建设当中来。在不断地计划、宣传、实施、反馈、纠偏、再计划的循环工作当中，日益完善建筑企业文化。

（四）制订企业文化实施计划

实施计划由建筑企业文化实施机构的专业人员制定，然后建筑企业的高层领导进行审批。建筑企业文化建设实施计划的制订，必须坚持科学合理、切实可行的原则，同时还要兼顾建筑业的实际和本企业的特色。建筑企业文化的实施计划要循序渐进，绝不能揠苗助长、急于求成。在建筑企业文化实施计划当中，还必须包含对员工的企业文化培训，从而将建筑企业的员工引导到预定的建筑企业文化建设方向上来。

（五）评价建筑企业文化对于核心竞争力的促进效果

建筑企业文化建设最根本的目的，还是要增强建筑企业的核心竞争力。建筑企业文化建设完成以后是否达到了预期目标，是否对建筑企业的核心竞争力产生了正面的影响，是否改善了员工的工作态度和工作效率等一系列的问题，都需要进行合理的评价，建筑企业应当结合产业特点建立基于核心竞争力的建筑企业文化评价体系，评价体系中的各项指标设置与权重分配都应科学合理，从而客观真实地反映建筑企业文化建设对核心竞争力的促进作用。

三、建筑企业文化建设基本内容

建筑企业文化建设的基本内容包括以下方面。

（一）企业精神

企业精神是企业文化的核心，是建筑企业在经营和管理实践活动中形成的能够反映员工意愿和激励干劲发展的精神支柱。因此，在培育和建设企业文化时，首先要抓住企业精神的培育。企业精神的概括和提炼应富有个性、特色和独具的文化底蕴。如湖南建工集团倡导的企业精神为：一流、超越、精作、奉献。"一流"是要求企业以一流的信誉赢得市场，一流的管理铸造品牌，一流的人才展示实力，一流的产品回报社会。"超越"即要求企业以超前的观念确定超越思路，超常的举措完成跨越发展，超越的体制实现制度创新，超群的势力扩大市场版图。"精作"是要求企业员工对待每一项工作都精益求精，对待每一项工程都精心运作，动用企业每一份资源都精打细算，与组织的每一位成员都精诚合作。"奉献"即要求企业员工以尽职为首，以全局为重，以助人为乐，以廉洁为本。

（二）企业目标

建筑企业目标是企业适应形势发展和需要提出的奋斗方向。企业目标是团结一致、努力拼搏的基础，用目标的实现来凝聚员工，为实现目标调动全体员工的积极性和创造性。

如某公司的经营目标是：创中国名牌，建一流企业。"创中国名牌"，就是要创立一个驰名全球市场的中国名牌；"建一流企业"，就是要建设一个具有国际竞争力的综合企业。

（三）经营宗旨

经营宗旨是在建筑企业生产经营过程中，企业员工上下所信奉的共同的基本信念和理想追求。正确的经营理念，对指导企业在市场中生存发展具有巨大的作用力。

如湖南建工集团的经营宗旨是：质量做到顾客满意，安全做到员工满意，环境做到社会满意。改变了企业过去以利润为中心的管理观念，明确企业最重要的工作目标就是用高质量的产品、全方位的服务满足社会广大顾客的需求，通过卓有成效的工作，让更多的顾客认同该企业的产品和服务。

（四）企业道德

企业道德是调节企业与社会、企业与员工、员工与员工之间相互关系的基本准则。企业道德包含职业道德和经营道德两方面。

（五）企业风气

企业风气是企业精神文明建设的重要内容，特别体现在企业的民主作风上。

（六）企业形象识别系统（CIS）

它是指企业形象的塑造、展示和识别，特别体现在企业的物质形象上。它的成果通常是视觉识别手册。它包括基础系统及应用系统。基础系统包括企业标志、企业标准色及常用规范标准组织等内容。具体包括：标志及含义、标志的获取、不可侵犯范围、标志组合等。应用系统是基础系统的实施，是视觉识别系统的具体构成部分。具体包括：Word 文件、信封、工程师日志、文件夹、名片、胸卡、桌卡、纸杯、手提袋、伞、旗帜、公司布置、项目布置等内容。

四、建筑企业文化建设应注重的关系

（一）"虚"与"实"的关系

建筑企业文化这种看似"虚"的理论，在企业文化建设的过程中，完全可以变为"实"的力量。根据美国 IBM 和日本 PASO 公司对世界 500 强的企业文化投入产出的计算，在企业文化方面投入 1 美元，其产出可达 227 美元，由此可见企业文化的力量。目前，理论界对于企业文化与竞争力之间关系的探讨不断深化，有一种观点认为，企业文化就是企业的核心竞争力。企业核心竞争力是最难模仿的能力，只有符合"偷不去、买不来、拆不开、带不走、流不掉和变不了"这六个条件，才可以称为企业的核心竞争力。因此，对于具有良好企业文化的建筑企业而言，企业文化就是企业核心竞争力。只有将企业文化这个"虚"的理论落实才能够有利于企业的长远发展。

（二）"形"与"神"的关系

"形"与"神"的浑然一体是建筑企业文化建设的最高境界。"神"体现于企业的价值取向、愿景和使命上，同时也体现在企业的伦理道德上。"形"是"神"的外在体现，本质上应该服务于"神"的需要。在建筑企业文化建设的实践中，"形"与"神"相互脱节的现象在许多企业中存在着，在"形"的方面关注过多，但是，由于没有深入到企业文化的"神"，往往事倍功半，甚至引起企业员工对企业文化建设的误解、冷漠和反感。因此，在建筑企业文化建设实践中必须把"形"与"神"，即形式与本质紧密结合起来。

（三）"上"与"下"的关系

建筑企业文化建设必须是"上"与"下"的不断互动的过程。目前有一种说法称为"企业文化是企业家的文化"，在某种意义上讲，这个命题成立。因为，如果没有企业领导的重视、安排和推动，企业文化建设就不会成为有意识的管理活动，企业文化对企业生存和发展的力量就难以充分地显现出来。但是，仅有企业领导的重视和推动，没有企业文化的真正"落地"，企业文化建设只能是飘在企业上空的一道美丽的彩虹而已，甚至成为形式主义。因此，企业领导与全体员工之间应形成一个整体，重视与部署相结合，推动与落实相结合，行动与效果相结合。则企业文化建设将更有效率，在企业经营发展中，也将更富有成果。

（四）"内"与"外"的关系

巴纳德在组织平衡理论中论述了一个组织能否具有生命力，或者能否持续下去，不仅依赖于组织的对内平衡，而且主要依赖于组织的对外平衡。在建筑企业文化建设过程中，同样需要重视这种企业内部与外部环境的平衡关系。企业文化建设全面协调可持续的科学发展，要求既要做好"内"在工作，又要做好"外"在协调。尽力做好内外平衡，处理好企业文化建设和企业外部环境的关系。

（五）"远"与"近"的关系

在企业文化建设中"远"与"近"也是要求考虑的问题。这里"远"与"近"的关系包括两层含义，一是企业文化建设的前瞻性问题，即企业文化建设不仅要立足于现状，而且要对更长远的文化需求作出预测和安排。二是企业文化建设的可持续性问题，既要有目前的目标、内容、模式和途径，又要不断赋予新的内涵，明确长远愿景。因此，企业在文化建设中不仅注重建立健全激励和约束机制，让全体员工在日趋完善的制度和日渐浓厚的企业文化氛围约束下，能够获得长期的激励。

五、建筑企业文化建设的特殊性

建筑企业文化是一种精神财富，是在物质财富发展到一定水平而产生的，随着建筑业的不断进步，建筑者们不断追求精神上的成果，而建筑企业文化的发展正体现了建筑业的文明程度，因此建筑企业文化具有不同寻常的意义和作用。它具有导向、激励、影响等作用。建筑行业的建筑企业要长期处于不败之地，设计出满足大多数人喜好的建筑，就必须创造一套适合自己企业发展的价值观，创造正确的企业文化迎合不同人群的需求，建筑企业文化是企业发展的核心动力，随着企业规模、经营范围的不断扩大，要正确处理好经营管理理念和企业文化的融合，使建筑企业文化发挥最大的作用，从而保证建筑企业在市场中立于不败之地。

（1）建筑企业是劳动密集型企业，在生产力构成中人的因素比例大，劳动者个人的质量意识、责任意识和协作意识都直接对产品质量、施工安全、劳动效率、工作成本等构成影响，因此，建筑企业文化建设非常重要，十分紧迫，必须加强。

（2）建筑产品生成过程是各种工序、各工种协同合作的过程，大量隐蔽工程除靠有限的检查把关外，主要靠员工的负责精神和自责性。员工的主动和被动是造成工程质量优劣的根源，必须通过建筑企业文化建设杜绝不良现象，培养良好习惯，提升职业道德水准。

（3）施工现场的分散性造成企业文化建设的离散性。由于项目建设的一次性，临时用工多，施工区域差别大，工作强度大，因此建筑企业文化建设难度大。需要企业文化建设工作更加灵活，更要有声势，更要有感染力，把企业文化建设工作做到施工现场是非常重要的特点，也是扩大对外影响的重要特色。

（4）建筑市场竞争激烈，企业文化建设特别为外界树立的企业形象在企业竞争中起着很大作用。一个建筑企业能科学施工、规范管理、和谐发展，为用户提供优质工程，就能得到社会高度的评价，就能把企业文化的精神财富转化为物质财富。

（5）建筑企业的文明施工是企业文化的直接体现，通过文明施工，带动、促进和完善企业全面管理，改善生产环境和生产秩序，培养尊重科学、遵章守纪、团结协作的大生产意识，从而促进企业的精神文明建设。企业针对施工现场、各要素制定的管理制度，以及各项资源的合理安排和调配，实现人与物、人与场所、物与场所、物与物的最佳结合，是企业群体意识与制度化管理的有机结合，使施工现场秩序化、标准化、规范化，必然带来企业的高效率和高效益。

第五节 基于核心竞争力的建筑企业文化建设

一、核心竞争力的概述

（一）核心竞争力的概念

核心竞争力是一个企业经过长期历史形成的、独有的、无物理形态或固定模式的、能够给企业带来长期持续超额利润和行为活力的综合素质和整体技能，是企业将技能资产和运作机制有机融合的"企业自组织能力"。

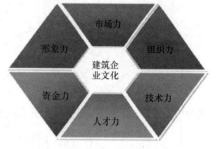

图 12 - 4　建筑企业核心竞争力

建筑企业的核心竞争力（图 12 - 4）包括市场力、人才力、组织力、技术力、资金力、形象力六个外显竞争力（图 12 - 5）和建筑企业文化这一个内在竞争力。企业文化是六个外显竞争力的核心，并对它们起到促进作用。

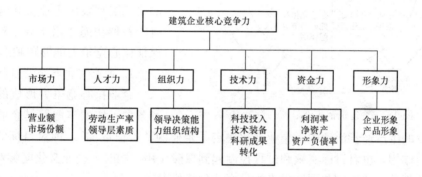

图 12 - 5　企业文化与核心竞争力的关系模型

（二）建筑企业核心竞争力的特征

具备核心竞争力的建筑企业在激烈的市场竞争中能够表现出长期的、公认的、稳定的竞争优势，建筑企业所具备的核心竞争力具有以下几个特征。

1. 无争议性

建筑市场公开的招投标模式决定了建筑企业核心竞争力的无争议性。建设单位通过公开招标选择承包人时，会引起社会公众、相关部门、潜在的投标人的重视。最终能够中标的都是核心竞争力较强的建筑企业。建筑企业在整个过程中能够产生公共效应和社会影响。

2. 阶段稳定性

由于建筑企业生产周期较长，生产的建筑产品具有永久性的特点，所以建筑企业的核心竞争力表现出相对的稳定性——即阶段稳定性。

3. 因果模糊性

不同的建筑企业往往具有自己独有的企业文化、组织结构、战略思想、信息流程等，这些属于建筑企业的软实力，它们与建筑企业核心竞争力之间有着千丝万缕的联系，但竞争者却难以模仿，这就是因为企业软实力与核心竞争力之间的因果关系具有模糊性。

二、核心竞争力和企业文化的作用机制

（一）企业文化对核心竞争力的作用分析

研究企业文化对企业核心竞争力的作用机制，有利于企业管理者从提升核心竞争力的角度来有意识地培植本企业的企业文化，一方面，企业文化是核心竞争力的重要组成部分，另一方面，企业文化又以独特的作用机制作用于核心竞争力的各个要素，影响到核心竞争力的发展与创新。从而，可以建立一个企业文化与核心竞争力的关系模型，如图 12 - 6 所示。

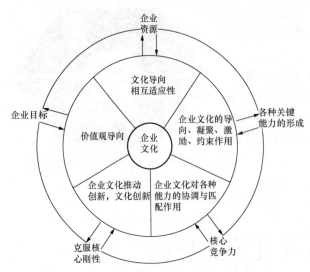

图 12 - 6　建筑企业外显核心竞争力

这个模型共分为三个层次，最核心的是企业文化，它能够辐射到核心竞争力形成的各个环节。模型最外层表示企业核心竞争力形成的五个环节，这五个环节分别是企业目标的制定、企业资源的获得、各种关键能力的形成，核心竞争力的形成、克服核心刚性，各个环节逐步递进。而模型的第二层则表示企业文化通过自身具有的各种功能作用于五个环节，从而保证核心竞争力能够顺利形成。

1. 企业文化与企业目标的制定

企业核心竞争力形成的逻辑起点和各项工作的本源都是企业目标的制定。在企业的生产经营活动中，企业文化决定了企业的"价值取向"，即对目标的选择和制定具有导向作用，也对目标实施和过程控制起到保障作用。同时，企业文化能够对企业战略做出相应的判断，并通过共同愿景来指导企业的战略方向。

2. 企业文化与企业资源的获取

企业资源包括有形资源和无形资源，是企业能力形成的基础，同时也是一切活动顺利实施的保证，企业要获得竞争优势，就必须获得具有不可模仿性和难以替代性的资源。而企业文化在对于企业资源获得方面的作用主要体现在：

（1）在人力资源方面，不同的企业文化影响到人才对于企业的选择，优秀的企业文化有助于企业吸引人才并留住人才。

（2）企业文化能够加速企业知识的获取与分享的速度，促进知识的传播与创新。

（3）优秀的企业文化本身也是一种无形资源，它根植于企业组织内部，为企业员工代代相传。这种资源使企业在竞争中占据主动。

3. 企业文化与关键能力的形成

企业核心竞争力的形成是一个复杂的系统工程，而企业核心竞争力形成最重要的一个步骤就是关键能力的培养，这些能力主要包括学习能力、管理能力、技术能力和市场能力等。企业文化对于关键能力的培养及形成机制如图 12 - 7 所示。

4. 企业文化与核心竞争力的整合

企业形成了各种关键能力后，并不意味着形成了核心竞争力，此时的各种关键能力还处于分散、未整合的状态，尚未形成一个有机的整体，企业要想将各种关键能力变为最终的核

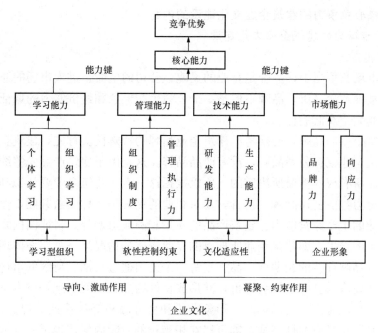

图 12-7 企业文化与各种关键能力的形成

心竞争力,还需要对各种能力进行有机协调,即形成能力键。在这个过程中,企业文化充分发挥其凝聚作用和导向作用,促使能力键形成,并使各种能力有机结合,形成核心竞争力。

5. 企业文化与核心刚性的克服

随着外界环境的变化和竞争对手的水平不断提高,当企业过度依赖现状,不主动进行改革创新时,就会使核心竞争力产生核心刚性。要克服这种刚性,必须依靠能力的创新来完成,而能力的创新依靠的是理念的创新,这种理念的创新源自企业价值观的变革与重塑。在具体实施时,企业文化激励创新的主体,指引着创新的方向,不断为核心竞争力的发展提供动力。

(二)企业文化是企业核心竞争力的源泉

企业文化是企业经营战略的指南针,是企业组织的灵魂,是企业创新的原动力,是企业竞争的最高境界。因此,企业文化是企业核心竞争力的源泉。利用企业文化增强企业核心竞争力,既降低经营风险,又降低经营成本,同时,为优势企业迅速壮大探索出一条捷径。

(三)核心竞争力是企业文化功能的体现

随着市场经济的不断发展,企业管理者普遍认识到企业文化对于企业发展的重要性,企业文化为企业提供源源不断的动力和凝聚力,而相比之下,技术只是一个企业发展的平台,因此,没有一套成功的企业文化,企业的生命力是有限的。企业文化基于企业本身生存与发展而存在,基于人才竞争和市场竞争而存在。

(四)品牌是企业文化作用于核心竞争力的具体体现

品牌是企业综合优势的集中体现,是企业经济实力的重要标志,也是市场经济条件下企业取得成功的主要支撑点。品牌不仅是一种竞争战略,同时也是一种形象战略和文化战略。

三、基于核心竞争力的建筑企业文化建设的内容

（一）基于市场力的建筑企业文化建设

1. 品牌文化塑造

在激烈的市场竞争当中，品牌是企业的灵魂、公司的生命、进入市场的通行证、占领市场的王牌，从某种意义上讲，品牌不但是一个公司生产形象和经济实力的象征，也是一个国家和民族工商业品位高低的标志。

要打造建筑企业的品牌，必须考虑建筑企业品牌的特殊性。首先，建筑企业品牌种类具有单一性。建筑企业仅有公司品牌，没有产品品牌。这是由于建筑产品先签约后生产、建筑企业不具有产品所有权的性质所决定的。所以根据这一点，建筑企业要认识到品牌塑造空间的局限性，集全力打造公司品牌。再者，建筑企业的品牌是多种因素共同工作用的结果，其中包括建筑企业的生产经营能力、建筑产品的质量和商业道德等。目前国内实行建筑企业资质管理所反映出的结果，即建筑企业所拥有的专业资质的情况从一个层面体现了该公司的品牌价值。第三，品牌保持的长期性。品牌是每一个公司通过长期、持续的市场竞争活动而形成的，建筑企业要取得良好的社会评价，并形成良好的品牌，就必须经过大量、长时间和有效的市场宣传、现场管理、技术创新、形象宣传和良好服务等一系列的智力投入才能形成。而一旦形成，品牌也具有惯性特征，即可以在相当长的时间内保持稳定，并能进一步促进建筑企业市场的开拓，而不会因为产出的增加而耗减。最后，公司品牌对名牌工程的强依赖性。"名牌工程"并非"著名品牌工程"，因为建筑企业是没有产品品牌的，之所以称为名牌工程，是一种习惯称呼，指的是名气大、质量优、通常还获过重大奖项的工程。建筑公司品牌的形成，对名牌工程有很强的依赖性。一个不容忽视的事实是，社会公众往往只知工程，不知公司，更不知品牌，往往以工程介绍公司。产生这种现象的根源在于建筑产品优越的展示性能给公众留下对工程的深刻印象，而建筑企业自身长期以来品牌意识淡薄，不重视品牌的确立和推广，公众很难形成对品牌的印象。因此，建筑企业必须将品牌塑造始终置于创建名牌工程的坚实基础之上。对于建筑企业来说品牌塑造应做到以下几个方面：

（1）准确地进行市场定位。

（2）精细地进行品牌传播。

（3）持续不断地进行品牌宣传。

（4）运用法律强有力地保护品牌。

2. 诚信经营文化

（1）加大企业文化信用建设力度。企业文化建设短期效果是实现长远目标的具体体现。结合当前的形势，在建筑企业文化建设中要着力抓好科学发展观的学习，特别是要深刻领会以人为本的思想，加强企业文化建设的指导作用；要抓好企业精神的培育和提炼，用企业精神凝聚员工队伍；要深化职业道德、社会公德教育，引导员工树立与社会主义市场经济相适应的经营管理思想，提高管理水平，增强广大员工落实各项规章制度的自觉性，保证企业在市场竞争中的竞争力。

（2）建立企业信用体系。建立信用管理机构，明确信用管理部门和管理人员。加强企业合同履约意识，倡导信用文化，建设一支讲信用的员工队伍。加强客户信用管理，通过对客户信用的管理来控制风险。全面收集客户信息，建立数据库，进行资信调查和资信评级，在

资信评级的基础上，根据工程合同额、执行合同等情况确定授信额度，并对客户信用评估实行动态管理。

（3）建立信用培育体系。抓认识，促提高，增强对诚信理念重要性的认识。抓教育，造舆论，提高诚信文化建设的说服力。抓规范，创机制，加大诚信道德建设的约束力。

（二）基于人才力的建筑企业文化建设

1. 坚持"以人为本"

充分地尊重人。把建筑企业管理的重心转移到如何做人的工作上来。在建筑企业管理中，往往强调把管理的侧重点放在建制度、定指标、重奖惩上，重视"管人"，只重视运用行政手段和经济手段来进行外部强制，而忽视了对人的尊重。重视发挥人的主观能动性，千方百计增强员工的主动精神和主人翁意识，才能形成一种人人关心经营、人人关心企业、人人关心文化、爱岗敬业、爱企如家的局面。

有效地激励人。企业管理者通过激励员工的方式可以充分挖掘员工中蕴藏的聪明才智，主要要做到以下两个方面：一是要保障员工的民主权益，激励员工广泛地参与企业的各种经营管理活动；二是要改变压制型的管理方法，用激励的方式鼓励员工的积极性和创造性，要变自上而下的层层监督和控制为员工的自我监督和自我控制。

2. 重视员工培训

（1）培训计划的编制。

1）人力资源部对培训需求进行调查和汇总分析，并制订培训计划，因工作需要而临时追加的培训，经人力资源部审核后列入计划。

2）人力资源部于年初下达培训计划。

3）岗位职责。岗位职责对象包括：第一责任人——人力资源部分管领导；第二责任人——人力资源部培训业务责任人。并根据部门和员工的培训需要，制订培训计划。

（2）组织实施培训。

1）人力资源部牵头负责员工培训的组织工作。

2）培训机构具体负责相关培训的实施工作；职能部门根据业务需要，分配员工进行专业培训。

3）在培训结束后，培训机构和职能部门负责对培训效果进行评估，并将培训记录报人力资源部存档。

4）岗位职责：对在岗员工进行岗位培训，培训应注重效果，培训费用应当使用得当。岗位职责对象包括：第一责任人——人力资源部分管领导；第二责任人——培训机构和职能部门分管领导；第三责任人——人力资源部培训业务负责人。

（三）基于技术力的建筑企业文化建设

1. 重视技术创新

对于建筑企业来说，所谓的技术创新是企业利用自己的智力资源获得新发明、新设计、新工艺等来提高自己的核心竞争力，从而获取经济利益的过程。

建筑企业的技术创新能力主要体现在先进适用技术的开发和应用；对科技开发的投入；与科研院所、高等院校的研究合作；拥有知识产权如专利、工法等的数量和质量；先进的工程技术、施工工艺和机械设备、手工机具等。我国建筑企业进行技术创新的主要战略有三种（表12-1）。

表 12 - 1　　　　　　　　　　　　　　**技术创新战略简析**

战略名称	优势	劣势	应用范围
自主创新战略	可以形成技术垄断； 提前积累应用管理经验； 获得超额垄断利润	投入高，风险较高	具有雄厚实力的大型国有建筑企业
合作创新战略	创新成本风险公担； 有效利用各自的优势资源； 缩减科研时间	技术开发依赖性强； 成果的分配不均，易发生矛盾； 开发过程处于被动	技术实力、资金实力相对薄弱，有一定的技术创新意向的中型建筑企业
模仿创新战略	投资成本低； 风险相对较小； 创新成果性价比高； 成果针对性强	容易造成侵权行为，需要承担相应法律责任	技术实力、资金实力较弱，但又处在激烈竞争中的中小型建筑企业

2. 创建学习型企业

对于创建学习型组织，不同的建筑企业会有自己不同的实现方式。应注意以下几点：

（1）创建学习机制。由于建筑企业生产活动具有离散性，在创建学习型组织的过程当中，往往出现重形式轻内容、重训导轻操练的现象，这都是创建学习型组织的重大障碍，强化对员工的培训是一项长期的工作，建筑企业管理者要着眼于营造员工终身学习的企业氛围，将学习时时融在工作中，提倡"工作学习化，学习工作化"。

（2）建立共同愿景。如果没有共同愿景就不会有学习型组织。创新企业文化体系应当能够引导员工把个人价值观与企业价值观融为一体，最终形成共同愿景并激发新的思考方式与行为方式。有了共同愿景，建筑企业的员工就会努力学习、追求卓越。这种努力并不是外界的压力造成的，而是员工发自内心的行为。

（3）改善心智模式。首先必须解决管理者的认识问题，在企业中开展管理层团队学习的修炼，使管理者认识到创建学习型组织是为了适应企业生存的需要，是为了实现员工与工作的真正融合，从而自觉改变心智模式，产生自我超越的欲望，焕发探索的激情。企业管理者的认识问题解决了以后，再改善员工的心智模式，让员工自觉地接受并认可创建学习型组织的意义，使员工本人自愿成为学习型组织的一员。

（4）通畅信息渠道。有些建筑企业内部的等级森严，这是创建学习型企业的障碍，因为它阻碍组织内部的信息交流和信息沟通。因此，要把企业的"扁平化"结构建设作为首要任务，要加快企业信息化网络系统建设，完善"反馈系统、反思系统和资源共享系统"，彻底消灭人与人之间的相互沟通的技术障碍。

（四）基于组织力的建筑企业文化建设

1. 建立和谐组织

和谐组织是针对建筑企业组织管理而言的。和谐组织的核心问题就是如何利用管理手段，建立高效的组织结构，发挥集体的力量，使组织内的成员有机结合起来，和谐共处，相互合作，保证整个企业稳定、有序、协调地运转。

2. 培育执行力文化

培育执行力文化有增强组织力的作用，主要体现在以下几个方面：

（1）执行力文化是组织对战略目标坚守的定力；

（2）执行力文化是组织对战略运营掌握的能力；

（3）执行力文化是组织对绩效追求过程中迸发的创造力。

培育建筑企业的组织执行力文化，主要有以下几个步骤：

（1）领导者的示范；

（2）创建执行力文化机制；

（3）中层管理者是执行力文化实施的关键；

（4）形成创建企业执行力文化的良好氛围；

（5）重视群体执行力文化形成的作用。

（五）基于资金力的建筑企业文化建设

1. 科学融资

（1）确定融资用途。一般来讲融资必须有明确的用途，否则就会造成融资闲置，并可能造成公司控制权的变化，继而影响治理结构，最终影响出资人利益。

（2）选择合适的融资方式。评审融资方式，首先要分析融资方式是属于债务性融资还是资本性融资。债务性融资的好处是公司控制权没有受到影响，融资成本可以税前列支，减少了部分收益赋税，但造成了资产负债率的提高，而且需要定时还款，可能会影响以后的资金周转活动。资本性融资活动的好处是筹到的资金可以长期在企业内部循环，没有还款压力，而且公司资产负债结构得到改善；不足的地方是公司控制权可能造成分散，红利分配被摊薄，资金成本不能在税前列支等。所以建筑企业管理者应认真分析公司的资产结构情况，比对融资方式对企业的各种影响，确定合理的融资方式。

（3）规范公司管理，按时完成融资工作。融资工作是一项任务紧、政策性强的工作。因为融资具有明确的使用方向和用途，所以，认真组织实施，规范公司管理，取得监管机构、社会和股民的认可，科学地完成融资活动是很重要的。

2. 业主关系管理文化

（1）明确业主关系管理的对象。主要的对象包括：

1）中央或地方政府及其行政部门；

2）国家各类各级事业单位；

3）从事建设开发的各类公司，如建设投资公司、房地产开发公司等；

4）从事各类经营的公司，为本企业进行投资建设；

5）海外工程客户。

对于施工为主、兼营房地产业等的企业，其客户范围要广泛一些，还要包括其他建筑辅助企业和建筑终端消费客户。

（2）业主管理的方法。

1）动态管理。相关的信息收集员要不断对业主的资料加以调整，及时更新资料，并主动对业主的变化进行跟踪，使业主管理保持动态性。

2）突出重点。通过整理分析资料找到重点业主，对业主进行异化分析。做好重点业主的公关工作，这是业主管理的重点。

3）灵活运用。建立业主信息档案后，相关人员应以灵活的方式主动提供给企业管理者，使资料变成活材料，让管理者能够及时掌握业主的信息，并对业主的动向做出判断。

（六）基于形象力的建筑企业文化建设

1. 建筑企业进行 CIS 建设的意义

CIS（Corporate Identity System）是"企业识别系统"。CIS 理论把企业形象作为一个整体进行建设和发展。企业识别系统基本上由三者构成：企业理念识别（Mind Identity，MI）；企业行为识别（Behavior Identity，BI）；企业视觉识别（Visual Identity，VI）。MI 是抽象思考的精神理念；BI 是行为活动的动态形式；VI 是视觉形象的个性识别。

建筑企业一般都是在确定业主的情况下，组织生产，类似于大规模定制的生产方式，所以，建筑产品是一种特殊的产品，再加上建筑产品还有单体面积大、造价昂贵、生产周期长、产品寿命长、生产场地不流动、不屏蔽的特点，所以建筑企业 CIS 是企业共性与项目个性的统一体。

如果说工业制造业把企业形象塑造的重点放在产品的形象上，那么建筑企业 CIS 建设的立足点则应该放在企业员工形象、办公环境和施工现场上。由于建筑产品生产地点的流动性，所以施工现场是建筑企业 CIS 建设的重点。

建筑企业必须把 CIS 建设贯穿于所有施工活动的全过程，实施动态管理。

2. 建筑企业理念识别（MIS）

（1）企业使命。企业使命是对企业自身存在目的的阐述，是企业从事生产经营活动的意图和目的，它表明企业依据何种思想观念来确定企业的行为、开展企业的各项生产经营活动。

建筑业是社会经济发展的基础产业，建筑企业本身只有融入社会建设和事业发展中，才能真正发展。在客观上优化社会环境，推动企业发展的同时促进社会进步。

（2）企业精神。企业精神是现代意识与企业个性相结合的一种群体意识。比如天元建设集团公司的"勤奋好学，务实求真，拼搏创新，忠诚奉献"；天健建设股份有限公司的"稳健中力求发展，发展中不忘稳健"。

（3）经营要义。企业的经营要义是企业为实现远景目标而制定的短期经营方针和管理政策，用以辅助企业理念的表达，它表明企业依据何种思想观念和管理政策来确定企业的行为、开展企业的各项生产经营活动以实现企业的中长期战略目标。企业的经营要义，本质上应反映企业的价值观念和思想水平。

3. 建筑企业行为识别（BIS）

建筑企业行为识别系统（Behavior Identity System，BIS 或 BI）是在企业理念识别系统得以确立的基础上形成的，用以规范企业内部行为，管理、教育企业员工的一切社会活动，企业行为识别系统通过所有工作的行为活动得以表达，使其成为全企业的传播之手，视之可见，处之可感，把企业理念通过对内、对外的活动全面地表达、再现出来。建筑企业 BI 设计主要包括以下方面，如图 12-8 所示。

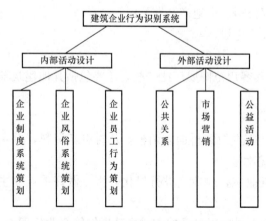

图 12-8　建筑企业行为识别系统设计

4. 建筑企业视觉识别（VIS）

建筑企业视觉系统包括生产现场设计、企业办公环境设计、企业应用物品设计三个部分。

（1）生产现场设计。施工现场是建筑企业的生产车间，由于许多工程项目位于城市的显要位置，因此，这些项目的施工现场就成为建筑企业向公众和社会展示自身形象的窗口，充分利用施工现场，宣传企业形象，展示企业形象，是建筑企业形象宣传的得天独厚的优势。

国内外大中型建筑企业施工现场识别设计情况不一，各具特色，各有特点。但就其主要内容来说主要有以下内容：施工现场大门、施工现场围挡、施工现场标牌、施工图牌（施工简介、效果图、平面图、组织结构、安全制度等）、项目经理部名牌、办公室门牌、内图牌（岗位责任制、施工网络图等）、导向牌、现场办公室、现场会议室或接待室、现场门卫室、现场宿舍用房、现场食堂、现场卫生间、现场机械设备（配电箱、储料罐、推土机、塔吊等）、施工人员着装（安全帽、工作服、胸卡等）、楼面形象（广告布、标语等）、旗帜（室外旗、室内落地旗、桌旗、彩旗）等。

（2）企业办公环境设计。

1）选择办公环境要素。常用的要素有：企业标准色（一般是两、三种颜色搭配使用）、企业标识（可放大或缩小）、企业标准组合（企业标识与企业全称的固定组合）等。实践中标识的辅助图案和标识的轮廓等也偶尔使用。

2）选择要素承载物。所谓要素承载物就是要使要素达到识别目的的办公环境的各具体物件和部位，如桌椅、大厅或会议室的主墙面等。

3）要素与承载物的契合。这是建筑企业办公环境策划成功的关键所在。应遵循：①不影响承载物件的使用功能。②承载物对要素选择性原则，要素要有选择地搭配在承载物上，而不是全部的原则。③留有适当空白的原则。不是所有的物件都要成为要素的承载物，一般来说只选择那些比较突出，有利于集中体现的物件和部位才能作为要素的承载物。

（3）企业日常应用物品设计。

1）企业日常应用物品的内容。日常应用品主要包括办公用品、礼仪用品、企业旗帜、装饰用品、交通工具等。

2）企业日常应用物品的设计原则。企业日常应用物品的设计原则包括：第一，符合规范原则。设计必须遵守国家法律法规，否则不但会影响用品的使用，造成损失，而且会丧失为企业形象服务的功能。例如：信封的设计，如违反了规定的格式、规格、尺寸则将会被禁止使用。第二，设计风格的一致性。日常物品的种类比较繁多，在设计中一定要注意风格的一致性，虽然应用于不同的要素，但应使人感觉到是一家公司的用品。第三，习惯性原则。对于生活中基本的原型物件在设计时要把握分寸，不能改变太多，否则会在使用中感到陌生，从而拒绝接受。第四，新颖性原则。人们习惯成自然的东西，如果不能在识别要素上进行创新，就不会给人留下深刻的印象，也达不到设计目的，所以应该有创意。

3）企业应用物品的适用性问题：

一是下级法人企业可以使用上级法人企业的视觉设计标志，上级法人企业不可以使用下级企业的视觉设计标志。

二是多数场合都要使用上级法人企业的视觉设计。

三是特殊场合，如招投标时，需要使用自己企业的招牌，只允许对标准组合进行修改，改成标志。一个建筑企业最好使用统一的标志与本企业名称的组合，其他一律不变。

第六节　施工项目的文化建设

一、施工项目文化的概念

项目是指一系列独特的、复杂的并相互关联的活动，这些活动有着一个明确的目标或目的，必须在特定的时间、预算、资源限定内，依据规范完成。施工项目是建筑施工企业对一个建筑产品的施工过程，也是建筑施工企业的生产对象。它可以是一个建筑施工企业的生产对象。它可以是一个建设项目的施工，也可以是其中的一个单项工程或单位工程的施工。

中国建筑业协会调研员、企业文化专家、精细管理工程创始人刘先明指出：项目文化是施工企业为主体和主导，以工程建设项目为施工企业文化建设的延伸点、载体、阵地，而建设、呈现、沉淀的一种文化。项目文化是施工企业的企业文化延伸、落地到工程项目上的具体表现；项目文化是施工企业文化的重要支撑，项目文化是对施工企业文化的丰富；史艳丽指出项目文化是以工程现场为载体的阵地文化，是以品牌形象为外在表现，以企业理念为内在要求，以项目团队建设为重点对象的阵地文化。

综上所述可以将施工项目文化定义为：施工项目文化是企业文化在项目管理上的延伸和体现，体现了企业的核心价值观。同时又是以施工现场为平台，以企业文化为内在要求，以施工项目团队建设为重点建设对象，有利于项目管理高效运作和项目管理取得成功的一种应用型文化。

二、施工项目文化的结构与特征

（一）施工项目文化的结构

施工项目文化的结构，包括物质文化、精神文化、行为文化和制度文化。其中，物质文化包括企业环境、产品、标识、标志；精神文化包括企业精神、价值观、运营哲学；行为文化包括人际关系、文体活动、员工行为；制度文化包括组织结构、项目工作制度。

（二）施工项目文化的特征

显性文化。项目文化既有外在的显形，又有各个行为主体的内在隐形。每一个施工现场，不管是甲方、乙方、监理、总承包方、分包方，都是来自不同的行为主体，但在这个施工现场即项目中，各个主体都应遵循一个显性形象，彰显显性文化。这就是说，在同一个项目上，显性文化只有一个，以合约方为主体的那个载体的文化为显性文化来统一形象。

露天文化。项目对社会的影响力靠施工现场的露天性来体现，如果说企业文化把项目文化作为窗口，就是因为项目文化具有露天性。充分利用露天文化的特点，加大它的宣传力度就是这个企业所创造的 CI 形象。

劳动文化。任何一个项目都是劳动密集型所构成的，没有劳动的过程就没有项目的形成，所以，劳动文化是项目文化最为重要的特征。

三、施工项目文化的现状及问题

（一）项目文化建设的现状

在企业的施工项目中对项目的建设工作是企业经济收益的重要来源，所以导致各项目部的管理层往往过多注重是否可以为企业带来切实的和直接的利益，容易忽略对项目部文化的建设工作。项目的文化建设工作是一项需要长期投入人力、物力的工作，需要与企业文化相结合。在项目成立初期效果并不明显，这就使得一些管理者在投入一定的人力、物力对项目部文化进行建设后，发现并没有达到预期的效果，便放弃了对项目的文化建设工作。这是施工行业在文化建设工作中普遍存在的现象，并且由于各项目情况不一，有些项目持续时间较长，通过项目文化建设能够渐渐取得成果，但有些项目持续时间较短，还未显著提高工作效率的时候项目已经结束。这就更加令项目部管理层容易选择性忽略项目部文化建设工作，即便参与也虎头蛇尾情况较多。具体表现为"无用论""领导论""政工论""难办论""娱乐论"等。

（二）项目文化建设的问题

1. 项目时间跨度短，不利于项目文化塑造

工程项目建设的周期相对比较短暂，导致项目文化必然带有强烈的短期色彩。项目文化从诞生、成长到成熟需要长时间的培育，而实践中的项目建设过程往往是冲突、纠纷不断的过程，甚至于工程完工后依然遗留下大量的纠纷，文化建设无从谈起。因此，在相对有限的时间内成功地建设项目文化困难重重。此外，项目的一次性特征导致项目文化建设也是一次性的，无法像企业文化一样有机会进行调整和改进，其不确定性和风险性很大，这也是项目文化不受重视的原因之一。更重要的是，项目文化"功利色彩"明显，强调短时间内必须快速产生成效，项目文化所倡导和推动的东西都直接针对项目的实际情况，是为提高项目的效率、改善项目运行效果的，因而是一种实用性和商业性明显的文化。总之，在短时间内建设项目文化挑战巨大。

2. 传统的管理模式割裂了不同文化之间的互融

为了顺利实现项目目标，传统的组织管理模式注重不同界面之间的衔接与配合，例如设计与施工、竣工与移交等，却忽视了组织间的深度配合与协同工作，迫使参建方只能局限于自己的目标和区域。以设计或施工总承包为例，这种模式过分强调实施过程的阶段性，将原本统一的过程人为"碎片化"，致使项目内容支离破碎，项目参与方之间也就不可避免地"对立"起来。

此外，这种模式无法发挥参建各方的专业优势，阻碍了相互之间的沟通与协同，最终导致工期延误、质量下降等一系列问题。这种割裂及相互之间的对立客观上促使参建各方封闭保守，从而形成了信任度低、品位低的文化现象。因此，不同文化之间的融合需要相对公开的环境，否则只能是形成相互冲突的局面。

3. 文化因素繁杂，难以形成文化合力

项目组织内的成员来自不同的组织、部门，有着巨大的文化背景差异，项目文化建设必须对其进行整合管理，形成文化合力，这无疑会增加项目文化建设的难度。因此，项目文化建设比企业文化等其他组织文化建设更加困难。项目文化大致也可以分为三种：凌越型、折中型、融合型。

凌越型（Beyond），即组织内一种文化凌越于其他文化之上而扮演着统治者的角色，组织内的决策及行为均受这种文化支配，而其他文化被压制。

折中型（Compromise），即两种文化的折中或者妥协。当两种文化相同之处多，不同之处少时，可以求同存异，以保持组织的稳定与发展。

融合型（Synergy），是指不同文化间在承认、重视彼此间差异的基础上，相互补充、协调，从而形成一种和谐的组织文化。

基于建筑业存在的冲突问题，项目文化建设过程中，上述三种文化类型应当以融合和折

中为主，在充分尊重各方文化的基础上，塑造既有鲜明特色又相对包容的项目文化。

4. 项目文化建设缺乏相关人才和条件

施工单位的员工大多学历背景是理工类，在实施以成本管理为核心的项目管理中，他们多关注施工工艺、施工进度，对文化建设就很少关心，缺乏相应的企业文化知识。施工单位项目部一般是在偏僻、贫穷的地方，交通不便，信息不畅，工作、生活条件都较为艰苦，缺乏企业文化建设的物质条件与技术条件，即使部分项目在市区，也因缺乏真正懂得文化建设的人才，很难构建真正的企业文化。

四、施工项目文化建设的意义

（一）施工项目管理的趋势

项目文化管理是项目管理最高层次的一种体现，做好项目文化建设，可以提升项目管理水平，做好项目文化建设也是企业获得发展的一项客观要求，加强文化建设，推动企业的稳定发展。

（二）挖掘员工潜力

健康的项目文化提高项目成员对项目的参与度、适应性，唤起项目成员的进取精神和克服困难、主动改善项目环境的意识，使员工的潜能得以发挥，自我价值也可以在较高的境界上得以实现。有助于提高员工的整体素质。

（三）提高施工企业的竞争力

项目文化是施工企业中员工凝聚力的源泉。施工企业加强项目文化建设，可以在项目部内形成优秀的理念，对成员进行约束与感染，调动创造性与主动性。从而不断提升项目的运作效率，进一步促进企业发展。

五、施工项目文化建设的原则

（一）为企业发展服务的原则

项目文化建设必须符合企业总体发展方向、融入企业发展战略才能有生命力和存在的价值，也才能随着项目的健康发展而逐渐繁荣，就是说，必须摆正项目文化建设工作在项目各项建设中的位置，服务和顺应企业和项目的总体发展大局，这是做好工作的前提。

（二）以人为本的原则

项目文化建设必须符合企业总体发展方向、融入企业发展战略才能有生命力和存在的价值，也才能随着项目的健康发展而逐渐繁荣，就是说，必须摆正项目文化建设工作在项目各项建设中的位置，服务和顺应企业和项目的总体发展大局，这是做好工作的前提。

（三）实事求是、重在实效的原则

项目文化之所以得到工程建设行业的普遍重视，正是因为许多中外企业在项目文化建设中取得了不凡的经营管理业绩。项目文化建设必须从实际出发，贴近生活，贴近员工，解决实际问题，取得实实在在的效果，这是做好工作的基本出发点。

（四）统一性原则

要坚决推行总公司的主体文化，防止和纠正各行其是的小团体主义和本位主义，强化文化纪律，增强总公司的整体凝聚力和品牌影响力，这是开展工作的基本要求。在全总公司内，坚持使用统一的企业标志、企业价值观、企业精神和企业歌曲，打造总公司品牌。项目无论规模大小、工期长短，都要严格执行总公司《企业识别系统（CIS）规范手册》的使用要求，任何项目都不得另有价值观和企业精神的提法，这是开展项目文化建设的纪律。

（五）突出特色的原则

项目文化贵在特色，在坚持总公司企业精神、核心理念、企业标志、企业价值统一的前提下，各项目部要根据自身特点，提炼出个性鲜明的项目管理理念，充分展示各自的传统特点、工程特点、地域特点、群体特点，增强员工的亲切感和认同感，这是推进工作深入扎实开展的基本态度。

（六）重在创新的原则

项目文化的发展动力在于创新，要坚持不懈地推进管理理念创新、制度创新、载体形式创新和工作方法方式的创新。从项目实际出发，深入抓好系列制度的构建和完善，以先进的文化理念推进管理创新，使企业文化与项目管理全方位结合，全面提升管理水平，推进生产过程的科学化、生产方式的文明化、经济效益的最大化和社会效益最佳化，有力推进文化强企，这是做好工作的基本方法。

六、施工项目文化建设的内容

施工项目文化建设是施工企业文化建设落地生根的主阵地。加强施工项目文化建设必须以企业文化为统领，结合项目实际，建设独具特色的项目文化。主要包括五个方面的内容：树立项目管理理念，发挥项目文化理念引领的作用；培育项目精神，使企业核心价值体系更加深入人心；明确项目建设目标，确保企业文化战略在项目中的贯彻执行；加强制度文化建设，规范管理活动和员工行为；加强项目物质文化建设，展示企业形象。

以京沪高速铁路济南西客站工程项目文化建设为例进一步分析施工项目文化建设的内容。以京沪高速铁路济南西客站工程项目文化的指导思想与总体目标为基础，确定了项目文化的研究方法与研究路径，初步形成了具有济南西客站特色的项目文化（表12-2），并从四个角度展示一个愿景的丰富内容，从和谐、安全、优质、高效、规范和科学六方面对现实价值与未来价值进行定位。按照统一部署和安排，确保工程建设有序推进和安全、优质、高效地按期完成确定行业使命；打造济南市重要地标，使其成为济南大型交通枢纽和济南经济增长新的动力源方面确定地域使命；系统研究项目文化，实践工程项目文化，丰富管理文化的内涵等方面确定文化使命。

表 12 - 2   济南西客站特色的项目文化

提纲	主要内容
零的突破	实现主体工程零缺陷，构建项目文化零的突破
一个愿景	凝聚精英团队，创建丰碑工程
二个定位	现实价值定位；未来价值定位
三项使命	行业使命；地域使命；文化使命
四种力量	组织凝聚力；决策执行力；团队战斗力；文化影响力
五大精神	奉献精神；团队精神；争先精神；务实精神；创新精神
六个意识	安全意识；质量意识；环保意识；服务意识；高效意识；大局意识
七项职能	融合职能；凝聚职能；导向职能；协调职能；激励职能；辐射职能；创新职能
八大任务	强化项目安全意识与措施；确保项目工程质量与进度；优化项目资源与环境组合；激励项目相关单位与个人；构建项目文化学习型组织；凝练项目文化核心价值观；发挥项目文化的辐射作用；探索项目文化建设新途径

续表

提纲	主要内容
九类制度	安全生产制度；质量管理制度；技术管理制度；财务管理制度；日常办公制度；应急管理制度；培训学习制度；考核激励制度；其他相关制度
十大项目文化工程	文化融合工程；安全保障工程；质量控制工程；制度规范工程；施工组织优化工程；成本控制工程；进度监控工程；效率提升工程；绩效考核工程；科技创新工程
无限实践	持续改进，不断完善，循环上升

七、施工项目文化建设的措施

施工项目文化的建设需从物质文化、行为文化、制度文化、精神文化四个层次分别进行研究。

（一）物质文化的建设

项目物质文化是有形有声、能感触到的外显的文化形象部分，是一种氛围文化。体现了项目部员工勤奋进取的精神面貌，有序整齐和有特色的项目风貌。它涉及施工现场、施工设备、生活设施、项目文件管理等诸多方面。

施工现场整洁规范、施工设备管理规范、生活住房温馨谐美、项目文件管理规范精细。

（二）行为文化建设

项目行为文化是项目部员工在经营管理、施工劳动和学习娱乐中产生的活动文化，是项目经营作风、精神面貌和人际关系的动态体现，是项目精神和项目价值观的折射。主要从以下几个方面进行建设。

1. 业主方的牵引

项目文化并没有来自于某一参建方，或以其为项目文化建设的主构架，而是围绕项目目标，统筹不同的文化背景，以项目利益高于一切为核心，形成稳定、和谐、高效的项目文化。但是，由于业主方的主导地位，由其牵头组织实施项目文化建设完全可行。

2. 项目经理发挥导航作用

项目经理在项目部的日常经营管理中有着极其特殊的作用，是工程项目的统帅。项目经理的人格魅力、文化品位、智商高低、领导艺术、决策才能、价值观念、伦理道德、经营哲学以及创新精神等都是项目文化的丰富内涵。项目经理是项目文化的一面镜子，卓越的项目文化是项目经理素质的综合反映。健康的项目文化不会自然形成，而是靠项目经理在其项目运作实践中培育营造出来的。项目部应建立以项目经理为组长的文化建设领导小组，主导项目文化建设的策划和推动。

3. 班组长体现标杆作用

项目班组长在项目部中充当一个兵头将尾的角色，其作用却不可小觑，他们长年累月摸爬滚打在生产第一线，现场的安全状况、生产情况、材料使用等了如指掌。班组长应做到五勤，即脑勤、腿勤、手勤、嘴勤、眼勤。加强自身的文化素质建设，能够合理安排工作，善于吸取员工合理化建议，发现问题能及时、妥善解决，在员工心中树立起标杆的作用从而带动整个班组的文化建设。

4. 项目部普通员工的团结协同

员工群体行为体现着项目队伍的精神风貌和文明程度。因此，员工群体行为的培育和塑造是项目文化建设的重要组成部分。要培育、塑造员工好的群体行为，必须做好各项工作，帮助员工规划职业发展方向，尊重员工的职业需求，为员工提供发展路径和平台，制定相应的培训规划和人力资源职业发展规划，并提供相应的知识培训和技能锻炼，为员工的发展提供平台，提高员工的知识技能和工作能力，释放员工的潜能。引导员工自觉调整个人价值目标与项目目标保持一致，达到员工与项目的共同发展。

（三）制度文化建设

项目的制度文化包括项目的组织机构和规章制度。它发挥着传导核心文化，驱动表层文化的作用。同时项目制度文化是为了实现工程项目自身的目标对员工的行为给予一定限制的文化。它具有共性和强制的行为规范要求。一定制度的建立会影响着人们选择新的价值观念，因此项目部需要制定科学合理的制度文化。制度文化的建设需要从以下两点着手。

1. 项目组织结构

项目的组织结构建又可以从两个方面进行分析。

（1）组织模式变革及信息技术的应用。文化的形成离不开顺畅的沟通环境。现代信息技术的成熟和广泛应用为工程项目的文化建设提供了硬件支持，例如项目信息门户（PIP）等信息沟通平台，为项目参与各方在 Internet 平台上提供了一个获取个性项目信息的单一入口，为工程项目参与各方提供了一个高效率的信息沟通和协同工作的环境。同时，组织模式的变革也必不可少，扁平化的组织模式既是信息技术成功应用的基础，也是项目文化建设的必要条件。

而运用 Partnering 模式，有利于改善参建各方之间的合作关系，既有助于实现传统的三大目标控制，也有利于参建各方之间的配合与协作，促进工程项目管理过程及结果的优化。

（2）加强组织文化的塑造。某种意义上，项目层面上的文化冲突是组织文化冲突的延伸。项目文化孕育于企业文化之中，是其子文化，从属于母组织的文化属性。项目成员在项目文化塑造的过程中必然会受到固化的文化理念、价值观念、行为规范、传统习惯等方面的影响。塑造项目文化无法回避组织文化的影响。因此，从源头上树立合作、信任的文化基调对于项目文化的建设意义重大。

同时，鉴于项目管理与企业战略管理之间的关联，以及竞争压力的加大，不同参建方主动加强组织文化建设的愿望甚至于超过了项目本身或业主方，这也为组织文化的塑造创造了良好的外围条件。

2. 项目工作制度

项目部各项工作制度能够贯彻落实是制度文化建设的必要条件。建设制度文化就要做到制度、流程与员工的有机结合。

（1）施工质量管理制度。

（2）进度管理制度。

（3）安全施工制度。

（4）成本管理制度。

（5）样板管理制度。

3. 精神文化建设

项目精神文化是工程项目文化的深层部分，在整个项目文化系统中，处于核心的地位。

其最核心是项目精神，外层是项目愿景、项目目标等各种理念。项目的成功需要全体员工透射出强烈的向心力和凝聚力，将全部的力量和智慧投入到项目的工作中去。精神文化恰好能发挥这方面的巨大功能。项目精神文化建设主要确定以下内容：

（1）项目精神。项目精神是公司精神与项目个性相结合的一种群体意识，源于项目生产经营的实践，是项目部全体员工共同一致、彼此共鸣的内心态度、意志状况和思想境界，是项目文化的基石。由于项目的独特性，每个项目部都应根据本项目的特点形成属于自己的项目精神。如"勤奋团结、拼搏奉献、以诚取信、求实创新""诚信、创新永恒，精品、人品同在""求实创新、拼搏奉献"等。

（2）项目愿景。大家愿景是员工发自内心，愿景可以凝聚公司上下的意志力，透过组织共识大家努力的方向一致，个人也乐于奉献，为组织目标奋斗。每个企业的发展都会有属于自己的愿景。各项目部将公司的愿景与项目部本身相结合，打造既体现公司意愿又具有项目个性的项目愿景。既体现了企业的追求，又描绘了项目部对美好未来的良好心理预期和坚定的集体信念。

（3）学习型项目部。项目文化更应该是学习型的文化。通过对员工思想的正确培养，来营造出良好的学习氛围，激发员工在工作之余提高学习的积极性，通过学习来实现自我提高。重视团队学习，促进项目成员共享知识，扩充个人知识的广度，从而建立起整个项目部一起学习的良好风气，增加企业的内部竞争力。

项目文化是企业文化在项目管理上的延伸和体现，无论是企业的价值观、经营理念还是品牌建设都与项目管理紧密联系在一起，最终体现在项目管理上，所以要强化项目文化建设。要把项目文化作为企业文化的重点，将项目文化建设融入项目管理的日常生活当中，凝聚在企业产品质量、信誉、品牌和市场竞争力之中，体现在企业各级管理者的管理行为之中。

本 章 习 题

1. 试论述知识管理对企业文化建设的作用。
2. 简述企业文化的功能及其在企业管理中的作用。
3. 什么是建筑企业文化？有何特殊性？
4. 简述建筑企业文化建设的流程。
5. 基于核心竞争力的建筑企业文化建设的内容包括哪几方面？
6. 案例分析题。

案例：企业文化

某建筑企业甲，该企业的员工必须遵守许多规章制度；每一个员工都有其特定的工作目标，管理者严格管理员工以确保不发生偏差；员工对其工作几乎没有任何决策权，当出现任何不平常的问题时，都必须向上司报告，由上司来决定如何处理；企业要求所有的员工都必须按正式的权力线进行信息传递；管理人员不相信员工的诚实和正直，因此，它实行严格的控制，企业雇佣的管理者或员工都要按一定的程序先在基层各个部门锻炼，成为多面手而不是专业人员；企业高度赞扬和奖励的是努力工作、团结协作、不犯错误和忠诚。

某建筑企业乙，该企业的规章制度很少；员工们被认为是努力工作和值得信赖的，因此监控是比较松散的；它鼓励员工自己解决问题，但当他们需要帮助时，可随时向其上司请教；各部门分工明确；企业鼓励员工开发其专业技能；同事之间和部门之间存在不同意见或差异被认为是正常现象；企业根据管理者所在部门的业绩和该部门与企业其他部门之间的配合情况来评价管理者；晋升和奖励倾向于那些为企业作出最大贡献的员工，即使他有不同的观点、异于常人的工作习惯或独特的个性。

问题：（1）何谓企业文化？建筑企业文化对企业管理有何促进作用？

（2）根据背景材料总结上述两家建筑公司的企业文化。

第十三章　国际工程承包

 本章概要

1. 国际工程及国际工程承包概述；
2. 国际工程承包市场划分、现状及发展趋势；
3. 我国国际工程承包行业发展现状分析。

第一节　国际工程承包概述

一、国际工程

（一）国际工程的概念

国际工程（International Project）是指一个工程项目的咨询、设计、融资、采购、施工以及培训等各个阶段的参与者来自不止一个国家或国际组织，并且按照国际上通用的工程项目的管理理念进行管理的工程。简言之，国际工程是指允许由外国公司来承包建造的工程项目，即面向国际进行承包建设招标的项目。

根据这个定义，可以从三个方面去更广义地理解国际工程的概念和内容。

1. 国际工程包含国内和国外两个市场

国际工程既包括我国公司去国外参与投资和实施的各种工程，也包括国际组织、外国政府和国外的公司到中国来投资和实施的工程。在全球经济化、全球信息化与大数据的发展背景下，我国必须继续深入推进改革开放，使得工程建设市场也更加开放，在国内也会遇到大量国内习惯上称为"涉外工程"的国际工程，主要包括建设资金来源于国外、咨询或总承包商是外国公司的项目。所以参与国际工程不仅是走向国外市场的需要，也是巩固和占领国内市场的需要，同时还是我国建设行业的管理逐步与国际接轨的需要。应该说明的是，香港、澳门的工程也属于国际工程范围。

从宏观经济学的角度看，国内"涉外工程"列入国内生产总值（GDP），而国外的国际工程应当列入国民生产总值（GNP）。

2. 国际工程包括咨询和承包两大行业

（1）国际工程咨询，包括对工程项目前期的投资机会研究、预可行性研究、可行性研究、项目评估、勘测、设计、招标文件编制、项目管理、监理、后评价等工作。咨询业是以高水平的脑力劳动为主的智力再加工行业，一般都是为业主一方服务的，但也可应承包商的聘请为其服务。

（2）国际工程承包，包括对工程项目进行投标、施工、设备和材料采购及设备安装调试、分包、提供劳务等工作。按照业主的要求，有时也做施工详图设计和部分永久工程的设计。

目前国际上的大型工程项目正在广泛采用发展设计—招标—建造（Design-Bid-Build，DBB）模式、设计－建造（Design-Build，DB）模式、建设管理（Construction Management，CM）模式和建造—运营—移交（Build-Operate-Transfer，BOT）等模式。综上所述可以看出，国际工程涵盖着一个广阔的领域，各国际组织、国际金融机构、外国政府等投资方、各咨询公司和工程承包公司等在本国以外地区参与投资和建设的工程项目的总和，就组成了全世界的国际工程。

3. 国际工程提供的是一种服务

国际工程项目实施的成果归业主所有，咨询工程师是受业主雇佣在项目实施期间为业主进行项目管理的，承包商则是受业主雇佣完成项目的实施。从本质上看，咨询工程师和承包商出售给业主的是自己的技术能力和管理能力，是一种服务，而不是项目本身。因此，在国际贸易和 WTO 的贸易规则中，国际工程咨询和承包均被明确列入服务贸易的范围内。

（二）国际工程的特点

同一般的国内工程相比，国际工程存在着如下特点。

1. 跨多个学科的系统工程

国际工程不但是一个跨多个专业和多个学科的新学科，而且是一个不断发展和创新的学科，因而从事国际工程的人员需要掌握项目管理、法律、金融、外贸、保险、财会等多方面的专业知识。从工程项目策划到项目实施，整个项目管理过程十分复杂，因而国际工程是跨多个学科的、对人才素质有很高要求的、复杂的系统工程。

2. 合同主体的国际性

国际工程是一项跨国的经济活动，涉及不同的国家，不同的民族、宗教，不同的政治、经济和文化背景，不同参与方的经济利益，因而合同中有关各方不容易相互理解，常常产生矛盾和纠纷。

3. 合同范本的多样性

由于参与各方来自不同的国家和地区，每个国家都有其长期以来实施的合同版本。目前国际上的合同版本有 ICE、FIDIC、JCT、AIA 等，这些合同版本有不同的实施背景，因此，增加了国际工程实施的复杂性和难度。

4. 风险与利润并存

国际工程是一个充满风险的事业，每年国际上都有一批工程公司倒闭，又有一批新的公司成长起来。一项国际工程只有订好合同、管理得当，才会获得一定的利润。因此一个公司要想在这个市场中竞争并生存，就需要努力提高公司和成员的素质。

5. 市场占有的不均衡性

国际工程市场是从西方发达国家许多年前到国外投资、咨询和承包开始的，他们凭借雄厚的资本、先进的技术、高水平的管理和多年的经验，占有绝大部分国际工程市场。但近年来，随着中国经济的进一步发展，中国在国际工程市场中也占到了近三分之一的份额。

国际工程市场总体上是一个持续稳定的市场：国际工程市场遍布五大洲，虽然某些地区的政治形势和经济形势在某一个阶段并不十分稳定，但大部分地区的多数国家是稳定的。就全球来说，只要不发生世界大战，尽管国际资金流向可能有所变动，但用于建设的投资数额一直较高，因而可以说国际工程市场总体来说是稳定的。从事国际工程的公司必须加强调查研究，善于分析市场形势，捕捉市场信息，不断适应市场的形势变化，才能立于不败之地。

二、国际工程承包介绍

（一）国际工程承包的概念

国际工程承包是指项目业主将一项国际工程委托给合格的承包商，并按照一定的价格和条件签订工程承包合同，承包商按合同规定提供技术、资本、劳务、管理、设备、材料等，按时按质完成合同规定全部的工作，项目经业主对工程验收合格并接收工程后，根据合同规定的价格和支付方式，向承包商支付全部合同价款的全部活动。国际工程承包是一种综合性的国际经济合作方式。

（二）国际工程承包的特点

国际工程承包的特点可从工程承包的共同特点和国际工程成本的独有特点——国际性来考虑。前者包括工程项目的不可移动性、履约时间——施工周期的长期性和履约过程的渐进性和连续性等特点。后者包括合同主体的多国性、货币和支付方式的多样性、国际政治或经济影响因素权重加大和规范标准庞杂或差异甚大的特点。

（三）国际工程承包的基本程序

国际工程承包的基本程序包括投资前期准备、项目的实施和生产运营三个阶段。

投资前期准备阶段包括投资机会研究阶段（项目的必要性和可能性的分析）、可行性研究阶段（对项目进行全面的技术经济论证）和投资决策阶段。

项目的实施阶段包括咨询设计阶段、招标投标阶段、缔约阶段和施工阶段。咨询设计阶段包括概念设计和基本设计。在缔约阶段中，合同按承包工程的范围划分可分为产品到手合同、统包合同或交钥匙合同、主承包合同和分包合同；按承包工程的计价方式划分可分为固定总价合同、固定单价合同和成本加酬金合同。

（四）国际工程承包知识体系构成

国际工程承包是在国际环境下由多个来自不同国家的参与方，按照工程管理的国际惯例完成工程项目建设任务的全部管理活动。国际工程项目管理的内容包括范围管理、风险管理、沟通管理、质量管理、进度管理、成本管理、人力资源管理、采购管理、健康－安全－环境（HSE）管理以及上述内容的集成管理。支撑国际工程承包的相关知识包括专业领域、项目管理国际环境、通用管理、关系管理等方面的知识。

专业领域知识主要指与具体工程项目密切相关的专业知识，如化工、水利水电、港口码头、土木工程等专业领域的知识。

项目管理国际环境知识主要指工程项目所处的国际政治经济环境，包括国际工程承包市场的现状与发展趋势、国际工程承包市场的内外部环境等知识。

通用管理知识主要指财务管理、合同与商法、物流与供应链、战略规划和信息技术等方面的知识。

关系管理知识主要指沟通、冲突管理等人际关系管理知识和领导、激励谈判、对组织施加影响和解决问题等组织管理知识。国际工程承包知识体系构成如图13-1所示。

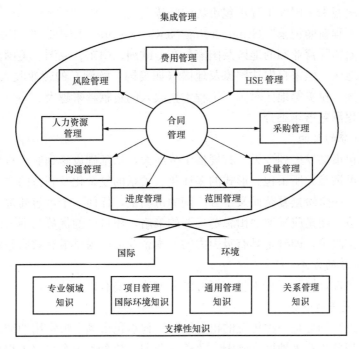

图 13-1 国际工程承包知识体系构成

第二节 国际工程承包市场划分与展望

一、国际工程承包市场与世界经济发展

在第二次世界大战期间，国际工程承包市场受战争影响而衰落。但在战后，许多国家集中于医治国内的战争创伤，建设规模巨大，建筑业得以恢复并开始迅速发展。到了 20 世纪 50 年代后期，由于本国工程承包市场趋于饱和，加之国际资本也开始投向不发达国家寻求原材料资源，并且联合国开发机构和国际金融组织也纷纷给第三世界发展中国家提供贷款和援助，于是国际工程承包市场又开始活跃起来，到 20 世纪 70 年代终于迎来了它的黄金时期。

中东地区的石油储量约占世界的 2/3，这一宝贵的资源在战后逐渐成为"世界的血液"。在 20 世纪 70 年代初期，世界石油价格大幅上涨，中东地区的产油国外汇收入剧增，他们开始借助雄厚的资金实力来迅速发展国民经济建设，以改变长期贫困落后的面貌。但这些国家既缺乏生产、设计、施工等方面的技术，又缺乏熟练的劳务和必要的资源，因此各国的咨询、设计、建筑施工和专业安装公司，以及各类设备和材料的供应商随之云集，数百万名外籍劳务也涌入中东，使这一地区成了国际工程承包商竞争角逐的中心场所，出现了国际工程承包史上的黄金时代，至 1981 年达到了它的顶峰。随后，1982 年出现了国际石油滞销，石油价格回落，加上战争的影响，中东地区的经济发展遭到严重打击，繁荣了十年的中东国际工程承包市场逐渐低落下来。

由此可以看出，国际工程承包市场的兴衰是与经济发展形势紧密相连的。因此不难理解，在中东经济回落的 20 世纪 80 年代后期和 90 年代前期，东亚及东南亚地区的国际工程承包市场逐步走向繁荣。中国香港的国际金融中心地位日益确立、亚洲四小龙的腾飞以及中国经济的启动再次迎来了国际工程承包市场的旺势。

根据美国"工程新闻记录"（Engineering News - Record，ENR）的相关数据，全球 225 家最大国际承包商国际营业额的地区及国家分布，欧洲、中东、亚洲、美国为国际工程承包收入的主要来源地区。但来自发达国家及地区（如美国、欧洲）的营业收入占比逐年下降，亚洲、中东、非洲、拉美等地区对国际工程承包收入的贡献越来越大。

二、国际工程承包市场细分

（一）市场细分的目的

国际工程承包市场发展到今天，其规模十分庞大，从基础设施到航天科技，从民用到军用的各个领域，可谓是无所不包。形式的多样化、关系的复杂化及利益的多元化等特征也越来越明显。在这样一个纷繁复杂而又十分广阔的市场上，任何一个承包商都不可能也不应该到处与人盲目竞争，而是应采取"田忌赛马"的策略，用自己的优势与别人的劣势竞争，作出恰当的企业定位决策，即确定具有吸引力的、本企业可以提供最有效服务的细分市场。

（二）市场细分的方法

依据不同的条件，国际工程承包市场的细分方法主要有以下几种。

1. 按地理区域进行细分

按地理区域进行细分是一种传统的也是国际工程承包市场上最常用的细分方法。按此方法，通常将全球划分为亚太地区、欧洲、北美、非洲、拉美和中东六大工程承包市场。

每一个市场又可以分为几个小市场，如欧洲市场又可以分为传统欧洲工程承包市场和新兴欧洲工程承包市场。其中传统欧洲工程承包市场以英、法、德、意为代表；新兴欧洲工程承包市场以中东欧及俄罗斯为代表。

2. 按行业特点进行细分

按行业特点进行细分也是比较常见的，美国"工程新闻记录"（Engineering News - Record，ENR）就经常采用这一细分方法来评判分析每年的国际工程承包市场。按此方法可以将国际工程承包市场细分为房屋建筑、交通运输、制造业、工业、石油化工、水利、电力、电信、废水/废物处理、危险废弃物处理等市场。从近几年的统计数据来看，交通运输市场、石化市场和房屋工程承包市场形成三足鼎立，而交通运输市场无论其规模还是发展速度都是三者中的佼佼者（图 13 - 2）。

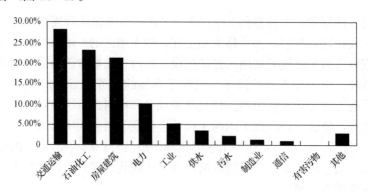

图 13 - 2 国际工程承包市场细分（摘自：美国"工程新闻记录"）

3. 按技术类型进行细分

按技术类型也可将市场进一步细分，如水利工程市场可进一步细分为设备采购、水下挖土、石方爆破等小的市场。

三、国际工程承包市场发展现状及趋势

(一) 国家工程承包市场规模分析

根据 ENR 相关数据，2020 年，国际承包商 250 强实现全球营业收入总额为 18 259 亿美元，比上年度增长 3.7%，增幅虽较上年度收窄，但考虑到海外市场收入规模超过 10% 的大幅减少，能够实现总收入的增长已经殊为不易，也进一步凸显了本土市场对于国际工程承包商的重要意义，国际承包商 250 强 2020 年在本土市场收入强势增长 9.2%。可以说，本土市场的战略意义逐渐增强，这一点从新签合同额的变化来看也同样显著，2020 年国际承包商 250 强在本土市场的新签合同额大幅增长 20.2%，而海外市场新签合同额则急剧收缩 16.8%。

2020 年，国际承包商 250 强的海外市场平均营业收入额为 16.8 亿美元，超过这一平均收入水平的仅为排名前 52 家国际承包商，仅占全部 250 强的 20.8%；本年度 250 家国际承包商海外市场营业收入额中位数为 4.1 亿美元，较上年度的 5 亿美元减少了 18%。

2020 年，国际承包商前 10 强实现海外市场营业收入 1875 亿美元，占到本年度国际承包商 250 强海外市场营收总额的 44.6%，占比近半，比重较上年度小幅增加 1.6 个百分点；而排名在榜单后 10 名的第 241～250 位的 10 家企业，海外市场营业收入合计仅为 3.4 亿美元，尚不足占国际承包商 250 强海外市场营收总额的 0.1%，国际工程承包市场发展的集中趋势愈加明显。

(二) 业务领域分布情况分析

按照 ENR 对国际工程承包市场划分的 10 大细分业务领域进行统计，国际承包商 250 强 2020 年在不同业务领域的业绩见表 13 - 1。

表 13 - 1　　　　　　　2020 年国际承包商 250 强的业务领域分布

业务领域	收入 (亿美元)	占比 (%)	业务领域	收入 (亿美元)	占比 (%)
交通运输	1305.4	31.1↑	水利	110.6	2.6↓
房屋建筑	1001.8	23.8↓	电信	85.6	2.0↑
石油化工	576.5	13.7↓	排水/废弃物	68.7	1.6↓
电力	471.4	11.2↑	有害废物处理	4.6	0.1→
工业	168.1	4.0↑	其他	280.2	6.7↑
制造业	130.7	3.1↑			

注　箭头方向表示 250 家企业在各业务领域实现收入占比较上一年度占比水平的增减变化。

在不同的业务领域中，传统的交通运输、房屋建筑及石油化工仍是所占比重最大的，三者相加所占比重达到 68.6%，但除了交通运输领域收入占比略增了 0.1 个百分点之外，其他两大领域的收入占比都较之上年度有所降低；与之形成对比的是，在整体规模大幅收缩的情况之下，工业、制造业和电信三大业务领域都十分难得地出现了营业收入合计和占比的双增长，尽管总规模还相对较小，但这种变化也可以在一定程度上显示出行业格局变化的分化情况，至于是否能够据此形成对未来变化趋势的预判，则需要持续观察接下来几年的数据变化情况。

（三）区域性市场分析

按照 ENR 划分的区域性市场进行统计，国际承包商 250 强 2020 年在不同区域的表现见表 13-2。2020 年，ENR 对于全球市场的区域划分做了一定调整，将澳洲市场、亚洲市场及非洲市场分别单独进行统计，按照此种统计口径，与往年情况进行比较，可以发现欧洲市场的规模及所占比重有所增长，美国市场虽收入规模有所降低，但所占比重增加，超过中东市场成为第三大区域性市场。

表 13-2　　　　　　　　2020 年国际承包商 250 强收入在区域性市场的分布

区域性市场	收入（亿美元）	占比（%）	区域性市场	收入（亿美元）	占比（%）
欧洲	1059.8	25.2↑	拉丁美洲	195.9	4.7↓
亚洲	905.1	21.5＊	澳洲	168.0	4.0＊
美国	681.2	16.2↑	加拿大	134.9	3.2↓
中东	555.2	13.2↓	加勒比地区	20.5	0.5↓
非洲	482.7	11.5＊	南极/北极	0.3	0.0↓

注　箭头方向表示 250 家企业在各区域市场实现收入占比较上一年度占比水平的增减变化。
　　＊表示分区发生变化。

（四）国际承包商 250 强所属国家及地区分析

2020 年，国际承包商 250 强企业中来自中国（除香港）的企业数量是最多的，比上一年度增加 4 家，达到 78 家；数量排第二的是欧洲的 44 家企业，再次是美国企业，比上一年度增加 6 家，达到 41 家，超过了土耳其入榜的企业数量。

从海外市场收入数据来看，收入占比最高的仍是欧洲工程承包企业，尽管营收合计额较之上年度有所下降，但在国际承包商 250 强海外营收总额中的占比超过了一半达到 51%，中国（除香港）78 家企业实现海外市场营收 1074.6 亿美元，占比较上年度微增，达到 25.6%；美国和土耳其虽入榜企业数量较多，但合计占比都不超过 5%，见表 13-3。

表 13-3　　2020 年国际承包商 250 强所属国家及地区分布（收入：亿美元、比重:%）

国家/地区	公司数目	海外市场收入	占比	中东		亚洲		澳洲		非洲		欧洲		美国		加拿大		拉丁美洲/加勒比地区	
				收入	占比	收入	占比	收入	占比	收入	占比	收入	占比	收入	占比	收入	占比	收入	占比
美国	41	204.3	4.9	21.6	3.9	25.0	2.8	10.2	6.1	13.8	2.9	52.0	4.9	0.0	0	36.1	26.8	45.2	20.9
澳大利亚	5	70.2	1.7	0.8	0.1	16.9	1.9	0.0	0.0	5.0	1.0	11.7	1.1	26.7	3.9	7.8	5.8	1.3	0.6
加拿大	3	14.4	0.3	5.1	0.9	1.2	0.1	0.4	0.2	2.3	0.5	1.7	0.1	2.7	0.4	0.0		1.0	0.5
中国	78	1074.6	25.6	188.9	34.0	443.5	49.0	12.7	7.6	294.4	61.0	72.6	6.9	14.1	2.1	2.4	1.8	45.9	21.2
欧洲	44	2143.2	51.0	140.9	25.4	221.1	24.4	132.9	79.1	94.7	19.6	808.9	76.3	556.1	81.6	72.7	53.9	115.9	53.5
英国	2	66.8	1.6	14.1	2.5	0.1	0.0	0.1	0.0	5.4	1.1	9.9	0.9	28.5	4.2	0.3	0.0	0.6	0.3
荷兰	3	79.5	1.9	4.1	0.7	6.1	0.7	1.5	0.9	1.8	0.4	61.2	5.8	0.7	0.1	1.1	0.8	3.0	1.4
法国	3	459.9	10.9	3.3	0.6	30.3	3.3	27.0	16.1	32.6	6.7	264.2	24.9	47.4	7.0	39.1	29.0	16.1	7.4
德国	5	333.3	7.9	4.5	0.8	115.6	12.8	0.9	0.6	1.6	0.0	38.4	3.6	160.0	23.5	8.8	6.5	3.6	1.7
意大利	12	201.5	4.8	43.7	7.9	28.7	3.2	6.8	4.0	38.0	7.9	47.0	4.4	23.8	3.5	3.0	2.3	10.6	4.9
西班牙	10	626.1	14.9	48.5	8.7	21.4	2.4	90.3	53.8	8.6	1.8	135.6	12.8	228.6	33.6	19.5	14.5	73.7	34.0

国家/地区	公司数目	海外市场收入	占比	中东		亚洲		澳洲		非洲		欧洲		美国		加拿大		拉丁美洲/加勒比地区	
				收入	占比	收入	占比	收入	占比	收入	占比	收入	占比	收入	占比	收入	占比	收入	占比
其他	9	376.1	8.9	22.1	4.0	12.0	1.3	6.4	3.8	6.8	1.4	252.7	23.8	67.2	9.9	0.8	0.6	8.2	3.8
印度	5	59.7	1.4	40.6	7.3	5.3	0.6	0.0	0.0	11.8	2.5	1.0	0.1	0.6	0.1	0.2	0.2	0.2	0.1
日本	11	162.9	3.9	5.1	0.9	66.2	7.3	8.9	5.3	5.2	1.1	6.7	0.6	57.0	8.4	13.6	10.1	0.4	0.2
韩国	11	214.2	5.1	73.0	13.1	97.1	10.7	2.8	1.7	7.7	1.6	23.3	2.2	3.2	0.5	2.0	1.5	5.0	2.3
土耳其	40	182.9	4.4	59.5	10.7	19.2	2.1	0.0	0.0	19.1	4.0	80.3	7.6	3.5	0.5	0.0	0.0	1.2	0.6
其他	12	76.9	1.8	19.7	3.6	9.5	1.0	0.0	0.0	28.6	5.9	1.6	0.1	17.4	2.6	0.0	0.0	0.2	0.2
合计	250	4203.2		555.2		905.1		168.0		482.7		1059.8		681.2		134.9		216.4	

（五）国际工程承包市场发展趋势分析

过去 10 年，国际承包商 250 强企业实现海外市场营业收入总规模变化及增减速度情况见表 13-4（表中 2011 年数据为国际工程承包商 225 强企业数据）。

表 13-4　　　　　2011～2020 年国际承包商 250 强海外市场收入合计

年份	海外市场收入合计（亿美元）	年增速（%）	年份	海外市场收入合计（亿美元）	年增速（%）
2011	4530	18.06	2016	4681	-6.59
2012	5111	12.83	2017	4824	3.05
2013	5440	6.44	2018	4873	1.02
2014	5216	-4.12	2019	4731	-2.91
2015	5011	-3.93	2020	4204	-11.14

国际承包商传统的成本、工期和管理风险由于疫情这一因素被加倍放大，其变动趋势更加难以预测，具体表现在：材料采购的不确定性增加，由于供应链受到冲击，原材料的生产往往难以持续保障，工程原材料订货提前期发生了变化；物流成本大幅增长，物流活动受人员流动受限的影响，时间难以保障，成本大幅增加，推动了工程成本的增长；管理难度提升，由于人员国际流动客观受阻，企业跨境管理难度加大。面对这些问题，国际工程承包企业为了确保企业生存，并力求在困难的环境中实现发展，也在探索新的应对之道，有的企业着眼于供应链的多元化，通过建立更加多元的合作伙伴关系，来解决工程原材料的采购问题，尽可能地降低采购成本；企业加快数字化施工技术的应用，通过数字技术来应对市场的不确定性；同时，线上办公成为企业进行国际工程项目管理和合作的有效途径，有的工程承包企业迅速积累了线上工作的经验并在分布在不同区域的项目上加以应用，取得了较好的效果。

世界各国都在寻求如何拉动经济活动恢复增长，而城市化进程推进和基础设施建设活动被视为行之有效的方法。许多国家纷纷主导或推出基础设施建设或投资计划，通过基础设施投资活动带动相关领域的生产和社会生活的恢复，同时也是推动城市建设的重要手段，诸如机场道路等设施的建设成为投资活动的首选，同时，基础设施项目往往具有更长的建设周期，带来中长期的业务拓展，因而工程承包企业对于参与基础设施建设活动一直都保持着很高的热情，但如何保证项目盈利能力，有效把控风险则成为国际工程承包商需要考虑的关键问题。

当前越来越多的人开始进一步反思环境保护、气候变化及人与自然关系等问题。这些议题的讨论转化成了新的行业热点，例如绿色基础设施的投资建设、新能源利用、环境保护及建筑业数字化转型等。当越来越多的国家和地区确定碳中和目标及时间表之后，建筑行业作为碳排放的大户，必须进行行之有效的变革，探索新的发展模式、应用新的技术，才能达到排放目标。

第三节　我国国际工程承包现状分析

一、我国国际承包工程发展现状

从发展规模来看，我国国际工程承包行业自改革开放以来得到了迅速发展，营业额由1985年的6亿多美元增加到2019年的1200亿美元。同时，我国国际工程承包行业企业数量达到3000多家，工程项目涉及全球180多个国家和地区，业务涉及基础设施建设的各个领域。在我国国际工程承包行业已经成为"走出去"战略的重要构成部分。

根据ENR报告分析，2021年度国际承包商250强中，中国（除香港）的企业数量达到78家，比上年度增加4家。78家中国（除香港）企业共实现海外市场营业收入1074.6亿美元，比上年度收入合计额减少10.5%，降幅略低于250强企业总体海外收入的缩减幅度，收入合计占国际承包商250强海外市场营收总额的25.6%，这一数值微增0.2个百分点。

从2016~2020年度榜单来看，入榜企业数量、前100强企业数和海外市场企业收入占比都有增长，海外市场营业收入占比5年增长近5%，中国（除香港）企业竞争力在逐步提升。

表 13 - 5　　　2016~2020 年进入国际承包商 250 强的中国（除香港）企业情况

年份	企业数量	前100强企业数量	海外市场营业收入合计（亿美元）	占比（%）
2020	78	27	1074.6	25.60
2019	74	25	1200.1	25.40
2018	76	27	1189.7	24.40
2017	69	25	1141.0	23.70
2016	65	22	987.2	21.09

在九大业务领域中，中国（除香港）企业在除电信行业之外的业务领域10强榜单中都占有一定的席位。在交通运输行业10强中，冠军仍是中国交通建设集团有限公司，去年排在第10名的中国铁路工程集团有限公司前进两名排名第8位，排在第9位的是中国铁道建筑有限公司；在房屋建筑行业10强中，中国建筑集团有限公司排在第3名，中国交通建设集团有限公司排名第9位；石油化工行业10强中，中国石油工程建设（集团）公司排名第4位，中国化学工程集团有限公司排名第5位；在电力行业中，10强中中国（除香港）企业占有5席，分别是排在第1、3和5~7位的中国电力建设集团有限公司、中国能源建设集团有限公司、中国机械工业集团公司、上海电气集团股份有限公司和中国中原对外工程有限公司；工业行业10强中，入榜的是中国冶金科工集团有限公司，排名第5位；制造业10强中，中国中材国际工程股份有限公司排在第2位；在水利行业10强中，中国电力建设集团

有限公司排名第 5 位，中国能源建设集团有限公司排名第 7 位；而在排水/废弃物处理行业中，中国交通建设集团有限公司排在第 4 位，中国能源建设集团有限公司新入榜排在第 7 位。

二、我国公司在各地区承包市场中的发展

2016～2020 年，国际承包商 250 强中的中国（除香港）企业海外市场收入总和中的区域性市场构成的比重见表 13-6，为方便趋势分析，表中仍将亚洲和澳洲地区市场的数据汇总处理。从区域构成来看，亚洲/澳洲地区、非洲地区是中国（除香港）企业最重要的区域性市场，中东地区市场的成长性非常明显，而其他区域性市场在中国（除香港）企业收入中占比较小，变化趋势也不显著。

表 13-6　2016～2020 年 ENR 国际承包商 250 强中的中国（除香港）企业总收入的市场构成（%）

年份	中东	亚洲/澳洲	非洲	欧洲	美国	加拿大	拉丁美洲/加勒比地区
2020	17.6	42.5	27.4	6.8	1.3	0.2	4.3
2019	14.6	45.2	28.5	4.1	1.9	0.2	5.3
2018	14.4	43.7	30.7	3.6	1.4	0.1	6.1
2017	14.4	42.2	32.7	2.6	1.7	0.3	6.1
2016	13.6	38.8	35.0	2.8	2.0	0.1	7.8

在地区市场业务前 10 强榜单中，我国企业除未能进入欧洲、美国、加拿大市场的前 10 强外，在其他市场榜单中均占有席位。各国承包商在各区域市场各有所长，中国企业在非洲与亚洲市场继续保持领先地位，份额分别达到 61.9% 与 43.4%，在中东市场份额为 24.7%，在拉丁美洲和加勒比市场份额为 23.7%；美国企业业务主要集中在加拿大，市场份额为 44.1%；欧洲企业业务在欧洲、美国与拉丁美洲和加勒比市场优势较为明显，市场份额分别达到 79.8%、78.5% 与 60.3%，在加拿大、亚洲、中东市场，市场份额分别为 42.3%、33.6%、28.5%。

1. 亚洲（澳大利亚）市场

亚洲市场 2019 年的地区收入为 1252 亿美元，该区域收入前 10 名企业总计实现了 644 亿美元。中国交建（第 1 位）、中国建筑（第 4 位）、中国电建（第 5 位）、中国中铁（第 8 位）等 4 家企业入围该区域前 10 强，老牌承包商 ASC、HOCHTIEF、BOUYGUES、VINCI 也均入围亚洲市场前 10 强。

2019 年亚洲地区经济发展增速虽然仍居全球首位，但整体增速将有所放缓，各国经济发展差异性更强。受亚洲国家央行加息、地缘政治关系变化、中美贸易战、商业银行监管政策调整等多方面因素的影响，亚洲基础设施融资环境正在出现深刻变化，银行贷款的结构性问题以及私人资本谨慎参与基础设施投资是当前亚洲基础设施融资面临的主要困难。据亚洲开发银行估算，亚洲地区基础设施融资缺口约为每年 4590 亿美元，且随着相关国家基础设施开发建设需求的提升，这一缺口还将继续扩大。为吸引国外私人投资者、改善本国投资环境，印尼政府先后颁布一系列结构性政策，其中包括 14 项具体措施的一揽子经济宽松计划，涵盖提升建筑行业效率、给予免税待遇、颁发许可证（投资、土地证书）等多个方面。印度政府也在探索政府与私人资本合作的新型基础设施融资模式，同时进一步协调和简化土地征收流程，尽可能减少对基础设施建设进度的影响。为摆脱经济对石油的过度依赖，西亚国家

也纷纷出台吸引海外投资的优惠政策，以塑造更为多元化的经济结构。阿联酋、阿曼、卡塔尔等国放宽了对海外投资的限制。阿联酋通过了新立法，放宽对阿联酋境内企业的外资所有权限制，允许外商拥有 100% 的公司所有权，新的所有权法预计将推动外商投资增长 15%；阿曼出台新的外国投资法，为投资者提供税费减免优惠；卡塔尔也出台新政策，将外商100% 的公司所有权拓展到更多领域。

2. 欧洲市场

欧洲市场 2019 年的地区收入为 1058 亿美元，该区域收入前 10 名企业总计实现了 698亿美元。排在该市场前 5 位的承包商分别是 VINCI、STRABAG SE、BOUYGUES、FER-ROVIAL 和 SKANSKA。

目前，荷兰、德国、法国、希腊、卢森堡、意大利等欧洲国家已陆续出台并有序推进分阶段复工复产计划，多项经济指标开始出现恢复迹象，制造业下滑势头明显放缓，民众对整体经济的乐观情绪有所改善，消费者信心在逐步恢复。经济活动出现恢复迹象，但经济改善尚不明显。预计未来 5 年，欧洲基建市场的增长将逐步放缓。2020 年，欧洲基建市场增长率约为 2%，在全球各大区域排名第 4，但是随着拉丁美洲和北美建筑市场发展，以及法国、西班牙和德国等市场较大的国家逐渐显现增长乏力，到 2024 年，欧洲可能将排到第 6。预计西欧在 2020～2024 年总体基建市场年均实际增长率将达到 1.8%，而中东欧将超过这一增长率，年均增长 3%。这一增长差距主要是因为中东欧平均市场规模较小，正处于发展扩张阶段，且有可能获得欧盟直接投资的重要份额。德国虽然拥有欧洲最大的建筑市场，行业价值超过 1700 亿美元，但预计将成为该地区同期增长最慢的国家之一，年均实际增长率为 1.2%。

3. 美国市场

美国市场 2019 年的地区收入为 714 亿美元，该区域收入前 10 名企业总计实现了 581 亿美元，行业集中度较高。该市场排在前 5 位的承包商分别是 ASC、HOCHTIEF、SKANS-KA、LENDLEASE 和 OBAYASHI。

美国的大部分基础设施建于 20 世纪 30～60 年代，目前大量设施老化严重。根据美国土木工程协会基础设施报告，美国的基础设施整体评级为 D+，其中航空业、饮用水、公路和公共交通均处于极度不佳状态。2018 年美国建筑业增加值达到 8391 亿美元，占 GDP 比重为 4.1%。2018 年 2 月，白宫向国会提交了基础设施建设投资计划，打算未来 10 年内利用2000 亿美元联邦资金撬动 1.5 万亿美元的地方政府和社会投资，改造美国年久失修的公路、铁路、机场以及水利等基础设施。2019 年 5 月 1 日，特朗普与国会民主党领袖在白宫会晤就基建问题达成共识，双方就未来 10 年拨款 2 万亿美元启动大规模基础设施建设达成共识。根据协会的评估，美国到 2025 年之前需要投入 4.5 万亿美元进行设施维修和改善，而目前仍然有 2 万亿的缺口。

4. 中东（海湾）市场

中东市场 2019 年的地区收入为 712 亿美元，该区域收入前 10 名企业总计实现了 266 亿美元。中国电建（第 6 位）、中国建筑（第 7 位）、中国能建（第 8 位）等 3 家企业入围前 10强。该市场前 5 位的承包商分别是 TECNICAS REUNIDAS SA、PETROFAC、CONSOLI-DATED CONTRACTORS GROUP、LARSEN & TOUBRO 和 HYUNDAI ENGINEER-ING & CONSTRUCTION。

中东项目市场在 2019 年底表现不佳，12 月授标额仅为 58 亿美元，2019 年四季度授标额仅为 158 亿美元，跌至自 2014 年以来最低。从整个地区来看，尽管 2019 年表现并不尽如人意，但中东项目市场仍然具有巨大潜力。进入 2020 年，由于国际油价大幅下跌，依赖油气出口的国家将面临资金困难，进而对大型项目投资带来负面影响；尽管 OPEC＋达成减产协议，但全球原油需求严重下滑将导致油价在低价徘徊；尽管沙特仍在推进其可再生能源计划，阿美石油公司也继续推进其海上项目招标，但卡塔尔、阿曼和科威特等海合会国家已经在调整其投资和建设计划；迪拜财政部门已要求将支出减少 50％并暂时冻结新的公共建设项目，伊拉克政府宣布新冠疫情对所有项目构成不可抗力，给伊拉克建筑市场带来不确定性；埃及旅游业产值达 125 亿美元，约占国内生产总值 12％，旅游相关产业投资的全部取消或暂停，对商用建筑项目带来重大打击。

5. 非洲市场

非洲市场 2019 年的地区收入为 552 亿美元，该区域收入前 10 名企业总计实现了 276 亿美元。在非洲市场，中国企业依旧表现突出，中国交建（第 1 位）、中国电建（第 2 位）、中国中铁（第 3 位）、中国铁建（第 4 位）、中国建筑（第 5 位）、国机集团（第 8 位）等 6 家企业入围前 10 强。

尽管非洲仍是全球经济增长最快的地区之一，但非洲各国存在财政赤字和债务高企等结构性问题，经济发展不确定性依然较大。从区域来看，埃塞俄比亚、肯尼亚、坦桑尼亚等国近年来加大基建投资的拉动；科特迪瓦、加纳、塞内加尔等国需求旺盛；北部非洲、中部非洲在不稳定的政治、安全、社会环境影响下复苏缓慢；南部非洲经济增长最慢，南非、安哥拉两大经济体发展动力依然脆弱。

总体来看，政治、安全、气候等影响经济发展的内部问题与大宗商品价格低于预期、国际贸易紧张局势升级等外部环境相互交织。非洲国家基础设施支出仅占 GDP 总额的 2％，与经合组织及麦肯锡咨询公司预估的 6％相去甚远。非洲每年所需资金约在 6140 亿～6380 亿美元左右，庞大的资金缺口及非洲国家自身负债水平的不断攀升，使得传统的政策性、优惠性、援助性资金无法适应新形势下非洲国家基础设施的融资需求。当前，非洲基础设施融资呈现两个新特点：一是，受欧洲国家"重返非洲"以及美国"繁荣非洲"等战略的影响，世界银行、欧美多国政府及金融机构普遍扩大对非资金支持规模。二是，国际私人资本对非洲的投资热情有所升高，但 PPP 等公私合营模式在非洲大面积应用难度仍然较大。受到资金规模、技术实力等方面因素的限制，本土承包商在非洲基础设施领域作用有限，高达 72％的非洲基础设施项目建设依靠国际承包商来实施。除中国承包商外，葡萄牙 Mota - Engil 公司、法国 VINCI 公司、西班牙 Iberdrola 公司、美国 GE 公司、德国 Siemens 公司等对非洲市场的关注和参与度较高。其中，葡萄牙 Mota - Engil 公司先后在乌干达、卢旺达等国承揽公路及机场改建项目，合计金额近 6 亿美元，资金主要来自世界银行等国际性金融机构的贷款。法国 VINCI 公司则继续保持在北非市场的竞争优势，其在埃及建筑市场占有率位居第 3，并与非洲本土公司组成联营体竞标肯尼亚 PPP 公路项目。美国 GE 公司在贝宁、科特迪瓦承揽新能源建设及变电站改造项目，并为匈牙利企业承揽的加纳电站项目提供融资服务及配套发电设备。

6. 拉丁美洲（加勒比）市场

拉美市场 2019 年的地区收入为 268 亿美元，该区域收入前 10 名企业总计实现了 149 亿美元。在该市场，中国交建（第2位）、中国铁建（第6位）、中国电建（第9位）等3家企业上榜，此外 ACS、SACYR、VINCI、TECHNIPFMC 也在该区域处于领先地位。

在近一轮民主化进程中，拉丁美洲国家普遍建立了民主政治制度，然而巴西、委内瑞拉、巴拉圭、洪都拉斯等国家近年来相继出现制度性或体制性危机，其中尤以委内瑞拉为甚。部分拉丁美洲国家经济政策方向不稳定，也将抑制经济增长。由于拉丁美洲物价水平尚未恢复到 2014 年暴跌前的水平，且紧张的政府财政资金往往优先投入在包括社会性支出在内的其他领域，因此，拉丁美洲各国政府用于促进基础设施发展的投资将非常有限。智利、哥伦比亚和秘鲁因其相对较低的行业风险，成为该地区通过私有资本参与基础设施项目的最佳市场。目前，本地企业和国际承包商同时活跃在拉丁美洲基建市场。其中，拉丁美洲本地企业以 42.6% 的占有率位于主导地位，巴西、阿根廷等大国的企业除了在本国市场遥遥领先外，在本区域内的其他国家市场也占有较大份额；紧随其后的是以西班牙企业为代表的欧洲承包商，他们主要活跃在市场风险较低的拉美国家（如哥斯达黎加、智利、乌拉圭、危地马拉、秘鲁、墨西哥等），占据拉美近 1/3 市场份额。玻利维亚、厄瓜多尔、委内瑞拉等风险和收益并存的小型市场是中国企业的主要舞台，同时，中国企业在巴拿马、阿根廷和哥斯达黎加等国的业务也有较快发展。根据领先数据和分析公司 GlobalData 更新的统计，在 2019 年出现下滑后，拉美建筑业在 2020 年进一步萎缩。随着新冠疫情的蔓延以及大宗商品价格暴跌，以 2019 年为基准，2020 年拉丁美洲建筑业产值下降了 26.5%，相当于 690 亿美元。

三、我国公司在国际承包市场发展的不足

我国对外公司和发达国家的公司相比还存在着很大的差距，主要表现在：

（1）制度性差异较大。在国际工程项目的实施过程中，由于项目参与者来自不同区域，在语言习惯、文化背景等方面有明显差异，容易诱发新的问题。不同国家的制度环境有明显不同，在经济、法律法规、社会、文化习惯等方面也存在显著差异。我国在拓展国际承包工程市场份额的同时，也面临着严峻的挑战，不同地区因行为习惯、法律法规和工程标准等方面的差异性，与本土企业相比，外来企业不太熟悉当地环境，特别是先天性的"外来者劣势"不利于市场开拓行为的有效开展。这种外来者劣势在为承包商市场拓展带来影响的同时，也体现在项目的实施过程中。受到这种因素的影响，企业发展依托与原有环境下形成的逻辑惯性、行为惯性及制度惯性等，容易诱发承包商的不适应性，可能会诱发新的履约问题。像我国标准体系与英国标准、美国标准和法国标准等存在显著差异。我国标准的制定坚持以政府发展为主导，其有计划经济的特点，如我国房建、铁路及水工等方面有自制的混凝土结构设计及施工规范。与此同时，由于社会文化背景的不同，国外工程师与我国承包商在思维方式上有显著不同，在工作中可能会出现偏差，这在某种程度上影响了项目的实施。

（2）企业经营能力有待完善。我国企业内部业务发展整体质量不高。就目前来说，我国国际工程承包行业，其发展方法仍旧较为粗放，营业额的增长重点体现在项目数量上，质量相对欠缺。由于部分企业管理水平低下，盈利能力差，综合服务能力及融资能力没有得到有效加强，并且还存在着一味地追求项目数量，导致企业管理水平与国际水平存在较大差距。到 2020 年，国际承包工程的发展有 65% 以上都属于带资产承包，而我国仅有约 11.7% 的企业满足这一发展趋势。此外，国内企业大部分集中向低端产业链、利益较低的领域发展，基本依靠成本在国际市场中竞争，此方式在经济发达的地区并不适用，这一问题也是国内企业面临的最突出的问题。

我国企业的经营秩序不规范，国际承包商之间还没有形成分工合作、诚信自律的体系。经常会出现部分企业低价竞争或过度竞争现象，导致项目工期及质量无法得到保证，从而损害了国家与企业的利益。在国际市场竞争中，同一个项目面临多个企业同时竞争，争相压价现象时常发生，而国内企业在此过程中往往很难中标，即使中标，项目也很难盈利，甚至造成巨大损失。

（3）中高端市场占有率偏低。我国对外承包工程企业及国内相关产业链国际化经营尚不充分，能够熟练掌握多种技术标准和国际化管理技能、具备相关实践经验的人才整体不足，导致我国对外承包工程企业主要集中在亚非等中低端市场和施工建设环节，欠发达国家所占比例较大，而在欧美等中高端市场，以及产业链前端的咨询、设计、监理和后端的投资运营领域，市场占有率明显偏低。例如，在 2018 年 ENR 国际工程设计公司 225 强中，我国企业营业额占比仅为 6.6%，远远低于同期施工类对外承包工程项目营业额 24.4% 的占比。受全球经济下行、大宗商品价格下跌的影响，上述目标市场经济增长缓慢，甚至出现负增长，不少国家主权债务规模不断积累，还款压力加大，进一步举债的空间和意愿下降。在此背景下，已签约项目被推迟、停工甚至取消的情况不断增加，导致开工率持续下降。

总之，近几年中国企业对外承包项目数量和金额都取得了较快的增长，合作领域不断拓宽，业务承揽方式更加多元，但是与国际一流企业相比差距依然存在，中国企业应提高其制度性差异管理能力以及企业经营能力，在巩固亚洲、非洲等传统市场的基础上，继续加大对新兴市场的开拓力度，加强重点区域的渠道建设，在产业链的延伸和横向一体化的拓展方面进行深入研究，在做大规模的同时，构建国际化的核心竞争力，真正地"走出去"，与世界一流企业并驾齐驱。

 **本 章 习 题**

1. 试论述国际工程的概念、范畴及特点。

2. 根据 ENR 的资料分析近几十年来国际工程承包和咨询市场的变化趋势和走向。请查阅 ENR（每年八九月份中的某一期）或国际经济合作杂志（每年 10 月和 12 月）中的有关文章，补充 225 家大承包商、200 家大设计公司及我国进入这两项排名的公司数。

第十四章　建筑企业信息管理概论

 本章概要

1. 建筑企业信息管理的主要内容、我国建筑企业信息管理现状及发展趋势；
2. 建筑企业信息管理系统及相关管理软件的应用；
3. BIM 及 BIM 应用概述；
4. 大数据的概念、应用范围及大数据在工程管理领域的应用。

第一节　建筑企业信息管理概述

随着人类社会从物联网时代迈入大数据时代，人类面临着纷至沓来的庞大信息量和信息处理工作量，决策越来越依赖于信息的内容质量和时间质量，信息管理水平的高低优劣直接制约着管理活动的水平和质量。特别是信息作为一种潜在的巨大资源为越来越多的企业管理者所认识。然而，目前在我国建筑行业中，信息技术的应用还主要停留在表层，严重地制约了建筑企业的发展。

住房和城乡建设部颁布的《施工总承包企业特级资质标准》中，明确规定施工总承包特级资质企业具备"企业已建立内部局域网或管理信息平台，实现了内部办公、信息发布、数据交换的网络化；已建立并开通了企业外部网站；使用了综合项目管理信息系统和人事管理系统、工程设计相关软件，实现了档案管理和设计文档管理"的条件。可见建筑企业信息化建设在我国建筑企业资质审核过程中以及提高自身项目管理水平和核心竞争力的重要性。

信息化可以把企业先进的、科学的管理流程和方法固定下来，确保管理水平在改进中提高。国内的建筑企业要为长期的可持续发展寻求新的道路，就必须在新形势下重新审视其战略管理的各项要素，反思其 IT 战略规划和信息化建设过程，重新构建企业的经营哲学，整合企业价值点，提升企业核心竞争力。

一、建筑企业信息管理相关概念

（一）信息的基本概念

1. 信息的含义

到目前为止，对于"信息"还没有一个准确的定义。通常所说的信息是指凡能描述一定客观事物，帮助人们沟通的所有符号，包括文字、数据、语言、图像、声音、图表、手势等结构化数据、半结构数据和非结构化数据。

借助于对信息的各种定义，可以从本质上理解信息的含义。信息的本质是：客观上，信息反映了某一事物的现实状态或基本情况，它体现出了人们对事物的认识和理解程度；主观上，信息是人们从事某项工作或行动所需要的客观依据，它和人的行为密切相关，并通过信息接受者的决策或行为体现出它所具有的价值；信息是人们对数据有目的地加工处理后所得到的结果，它的表现形式要根据人们的需求情况来确定。

2. 信息的特征

（1）真实性。信息是人们决策和行动的依据，因此，信息必须反映事物或现象的本质及其内在联系。真实性和准确性是信息的基本特征，缺乏这一特征，不能成为信息。

（2）层次性。信息的层次性与管理的层次性是相对应的，不同管理层次对于信息的需求是不同的。因此，信息按不同管理层次的需要可分为不同的等级。一般分为战略级、战术级和执行级。不同级别的信息，在其内容、来源、精度、加工方法、使用频率、使用寿命和保密程度上都是不同的。

（3）不完全性。人的感官及各种测试手段的局限性导致了对信息的收集、转换和利用不可避免地存在主观因素，因此，对信息资源的开发和识别难以做到全面，进而导致了信息不完全性的特征。

（4）可压缩性。压缩信息是指对信息进行概括和归纳，使其精炼和浓缩，并保留信息的本质。根据信息的可压缩性，可以把那些无用的、不重要的和冗余的信息去掉，而保留那些对决策或行动有价值的信息。

（5）可扩散性。可扩散性是信息的一种本性，它总是力图通过各种渠道和手段向外扩散。信息的扩散性会产生两种影响。一方面它有利于信息的传播，另一方面它不利于保密，会造成知识的贬值，给信息的拥有者带来损失。因此，在推动信息有利传播的同时，往往还要利用各种手段阻止信息的不利扩散。

（6）可传输性。信息具有可传输性，其传输途径包括文件、报纸、书刊等，电信手段也是信息传输途径之一，与其他手段相比，其传输效率更高。信息的可传输性使其能够开阔人们的眼界，提高人们认识世界的能力，推动社会的进步。

（7）共享性。信息的共享性表现为同一条信息可以为众人所拥有，并且可以同时使用。

（8）再生性。用于某种目的的信息，可能会随着时间推移而失去其原有价值。但是，对于另外一种目的，它可能又有了新的用途，显示出新的价值，这就是信息再生性的体现。利用信息的再生性从无用的信息中提炼出对自己有用的信息也是收集信息的重要手段。

（9）价值性。信息是有价值的。信息能够对人们的行为产生影响，会引起人们决策行动的变化，这种变化所增加的收益减去获得信息的成本，就是信息的价值。

（10）动态性。事物是在不断变化发展的，信息也必然随之运动发展，其内容、形式、容量都会随时间而改变。

3. 建筑企业信息的分类

（1）根据信息的内容分类。建筑企业信息可以划分为技术信息、生产经营信息、管理信息。技术信息，是关于企业所需的技术进步或技术开发方面的信息。比如生产技术、产品技术及其标准、实验数据、技术动向等。生产经营信息，是关于建筑企业生产、经营、市场等方面的信息。比如原材料的来源和价格、项目的投标情况、市场动态竞争以及竞争对手的情况等。管理信息，是管理者在管理过程中产生的各种信息。比如各级部门的指示、决策、文件、情况报告、管理制度等。

（2）根据信息来源的不同分类。建筑企业信息根据来源不同可划分为内源性信息和外源性信息。内源性信息是企业内部产生的信息，外源性信息是从经济环境中获得的信息。

（3）根据信息的价值程度分类。建筑企业信息可划分为高值信息、潜值信息、低值信息、无值信息和负值信息。

（二）建筑企业信息管理的内涵

建筑企业信息管理包括两个层次：

一是建筑企业的信息化。建筑企业的信息化是指建筑企业为了实现确定的目标对信息进行的采集、加工、存储、传播和利用，对信息活动各要素（信息、人、机器、机构等）进行合理的计划、组织、指挥和控制，以实现信息及其他有关资源的合理配置，有效地满足企业自身的发展和获得企业可能的最大效益的全过程。建筑企业信息化是指建筑企业转变传统的经营管理理念，通过运用先进的信息技术去整合企业现有的生产、经营、设计、制造、管理，及时地为企业不同的决策层次提供准确、有效的数据信息，以便对需求做出迅速的反应，其本质是加强建筑企业的"核心竞争力"。

二是建筑企业的信息化管理。以信息化带动工业化，实现建筑企业管理现代化的过程，是将现代信息技术与先进的管理理念相融合，转变企业生产方式、经营方式、业务流程、传统管理方式和组织方式，重新整合企业内外部资源，提高企业效率和效益、增强企业竞争力的过程。

二、建筑企业信息管理的主要内容

建筑企业信息管理的核心是把信息作为一种极其重要的资源，因此信息管理的首要工作是有效地对这种资源进行管理，即通过建立企业的信息管理系统对信息进行有效管理，能够对产生的不同信息进行及时高效地收集、加工、处理，从而形成真正对企业经营管理起到关键作用的有效信息。再者就是以此为基础，实现建筑企业的各种生产经营活动的整合。

建筑企业信息化根据企业经营管理的范围可以划分为两个层面：一是建筑企业管理层面上的信息化，包括信息的采集、文档的传递等基本工作流程，还包括经营、计划、预算采购、供应、设备、人力资源、财务、后勤、客户关系等方面的信息化；二是工程项目管理层面上的信息化，包括进度计划、网络计划编制、施工平面图、项目成本控制、机具设备管理、合同管理、材料管理、图纸管理、安全管理等方面的信息化。

建筑企业信息化建设是企业实现信息管理的必要条件。建筑企业必须从思想观念、管理模式、技术设备、组织机构等许多方面实现企业的信息化改造。只有这样，才有可能实现信息管理，其他信息管理的任务才有可能完成。建筑企业信息化建设的主要任务包括施工生产制造管理系统的信息化（计算机辅助设计 CAD、计算机辅助制造 CAM 等的运用）；企业内部管理业务的信息化（管理信息系统 MIS、决策支持系统 DSS、企业资源计划管理 ERP、客户关系管理 CRM、供应链管理 SCM、知识管理 KM 等）；企业信息化资源的开发与利用（企业内外信息资源的利用、企业信息化人才队伍培训、企业信息化标准、规范及规章制度的建立）；企业信息资源建设（包括信息技术资源的开发、信息内容资源的开发等）。

三、我国建筑企业信息管理现状

（一）基本现状

从 20 世纪 80 年代开始，信息技术在建筑企业中的应用不断发展。从计算机的应用，到单个行业软件的应用，再到企业资源计划管理（ERP）的普及等，这个过程反映了我国建筑企业信息化整体水平在不断提高。而信息化水平的提高，使企业的综合管理能力不断加强。近几年来，集成性的行业系统软件在建筑企业中得到了广泛的应用，这种集成系统主要包括以下几个方面。

（1）日常业务处理为主导的办公自动化系统。该系统的主要功能是对企业内部职能部门进行有效的管理，通过系统来记录每天发生在每个部门、每个职员身上的事情，然后由计算机进行汇总和处理。从而将各职能部门事务管理中的信息汇成信息流，形成有效的信息资源，供企业内部共享。如中国建筑工程总公司的管理信息通用平台，其主要模块包括：日常管理、信息发布、电子邮件、个人信息、公共信息、会议管理、公文管理等方面，这种类似于办公自动化的集成化系统大大提高了企业的办公效率。

（2）工程项目管理为核心的项目管理系统。该系统涵盖项目管理的诸多方面，从功能模块的设置上来看，此类系统旨在建立全面的项目管理平台，包括项目进度管理、施工过程控制、质量、安全、材料、财务、设备、人事、档案、计量、实验、图纸等方面的管理模块，几乎包含了项目管理的各个层面。但是由于大多数建筑施工环境不够理想，加上系统的集成有很大的困难，导致各系统的独立性较强，彼此间缺乏数据的横向交流。

（3）市场经营为目标的招投标管理系统。该系统的主要目的是对整个市场信息和招投标过程进行管理，主要包括市场信息管理、工程量计算、定额管理、预算报价、标书制作、合同管理等方面。目前在这方面已经有比较成熟的软件，如广联达、清华斯维尔等，而且在很多建筑企业中得到了广泛的应用。

（二）存在的问题

随着信息技术在建筑企业中的进一步应用，企业的信息系统已经发生了重大转变，逐步从单个系统的应用，发展到以企业核心业务为主体的系统集成模式，这种转变是建筑企业信息化发展的必然要求。但是，目前建筑企业信息化仍然存在着以下问题：

（1）信息化意识不强。建筑企业高层领导对信息化存在偏见，认为信息化就是购买计算机和网络系统及项目管理软件，不愿意在项目管理系统的设计、有效运作、规范化等方面花费时间和费用，所以导致整个企业组织对信息化管理的认识存在偏差。

（2）复合型的信息化人才缺乏。既懂IT技术又懂建设业务流程和企业管理的复合型骨干人才稀缺，在很大程度上制约了企业信息化建设发展的质量和速度。

（3）信息化系统的集成度不高，甚至完全独立。尽管在企业内部已经形成了内部的局域网，但是这种系统的集成只是一种应用软件功能的简单叠加，而且这种集成也是以功能为导向，忽略了企业内部的业务过程，并没有形成真正意义上的资源与信息共享。

（4）信息化系统缺乏对外部信息的整合。系统的集成还仅仅局限于内部，并没有延伸到企业的外部。而一个建筑企业在其商务活动中，往往要涉及很多合作伙伴，如合约方、监理、银行部门、材料供应商、劳务分包商、设计院甚至政府部门等，如果缺少与外部要素的有效沟通，不仅使企业内部缺少活力，而且将导致企业对市场变化反应迟缓。

（5）项目信息管理粗放。其特征主要表现为不重视计划管理，实施计划不准确不完整、信息利用率低、职能部门之间缺乏沟通、决策调整不及时、成本监控力度低等方面。

四、建筑企业信息化的发展趋势

（一）无线技术的应用

对于建设项目来说，要科学组织、指挥、协调和控制项目的实施过程，就必须进行有效的信息沟通，无线技术可以方便、快捷架设现场的局域网络，还可以为现场的移动办公提供辅助手段。基于 GPRS 手机、掌上电脑和短信应用的无线技术，在企业发生重大事件时不仅可及时发送到责任人手机，而且可以通过手机和掌上电脑进行业务处理，使企业工作人员，尤其是领导从办公桌上解脱出来，提高劳动生产率、办公效率和工作灵活性。出差人员可随时随地办公，节约信息传递费用，提高管理效率。利用无线技术对资源管理平台进行日常业务操作，其实用性强，且极大地方便了经常不在电脑旁的企业高层领导和现场施工管理者，并使"实时办公"成为可能，而不仅仅是一个梦想。

（二）协同商务

建筑企业协同商务的要点主要包括三个方面，即物资采购协同、项目施工协同、业务流程协同。

1. 物资采购协同

在建筑企业的施工项目中，物资材料在成本中占有相当大的比重，一般都在 70% 左右。因此物资采购管理的好坏对项目管理起着十分重要的作用，它不但关系到项目质量的好坏，而且与企业项目成本、利润直接相关，甚至还影响到企业综合竞争能力。这就要求企业必须建立一个基于全国，甚至全球的材料市场信息平台，加大对材料市场信息的协同力度，提高企业的市场反应能力，降低企业成本。

2. 项目施工协同

在整个建筑企业的商务环节中，项目施工是企业的一个重要环节，其过程也比较复杂，涉及工程质量、进度、材料、分包、劳务、合同变更等多方面，如果以上这些因素都是孤立的，信息不能及时共享，就很难保证整个项目的顺利完成。因此信息对项目的满足程度将直接决定企业的生存力和竞争力。

3. 业务流程协同

现代建筑企业的管理有个重要的变革因素，那就是业务流程的变化。业务流程的变化往往导致管理模式的变化。而传统的建筑管理模式忽略了对先进的、科学的业务流程的借鉴，不能及时调整现有管理过程中不合理的部分，而业务流程协同能有效地对企业内外部业务流程进行整合，极大地提高了企业业务处理速度与效率。

（三）集成化网络应用

建筑企业内部需要与下属分公司、分布在外地的项目部进行沟通，外部需要与政府职能机构、客户以及项目相关方进行信息交互，所以集成化的网络应用是建筑企业信息化的必然趋势。通过网络化集成，实现现场工程质量管理和项目管理与总部系统的一体化，为客户创造一种真正的商业价值提供了良好的可能。基于 Web 方式的技术架构，实现信息的共享和传输，包括图纸、照片、音频数据、打印数据和电脑数据。

建筑行业面临的市场竞争不仅来自国内，而且还来自技术和资金均占有很大优势的国外同行。随着电子技术、计算机技术的提高和普及，信息化已经是大势所趋，只有迅速提升施工企业的信息化水平，并通过信息化拉动建筑企业向智能型和管理型企业转变，才能使企业在激烈的市场竞争中取胜。目前，由我国政府牵头组织实施的电子办公、电子政务、金桥工程、金卡工程已经普及多年，并取得了相当不错的成果和良好的社会效应，使信息系统向集成化的网络应用成为可能。

第二节　建筑企业信息化管理

一、建筑企业信息化管理系统

建筑企业信息化管理系统是建立在硬件网络及系统软件平台、MIS 及 ERP、办公自动化系统、企业数据仓库以及企业决策支持系统五个层次的基础上，将建筑企业业务管理、办公管理和决策支持融为一体，从而降低企业管理成本，提高工作质量与效率，并确保管理体系的稳定，极大地提高工作效率。建筑企业信息化管理系统可以实现集团公司总部与分公司之间、分公司与分公司之间、部门与部门之间的信息共享与异地协同工作，使建筑企业的信息资源能够全方位地共享和流通，并使建筑企业的管理模式更趋合理化和规范化。

（一）建筑企业信息化管理系统的特点

目前，企业管理信息系统的发展经历了单机单项应用、管理信息系统（MIS）、物料需求计划系统（MRP）、制造资源计划系统（MRPX）以及企业资源计划系统（ERP）五个阶段。建筑企业信息化管理系统发展的新阶段是上述五个企业管理发展阶段的进一步深化。随着对互联网应用水平的不断提高，建立在企业自动化平台基础上，解决 MIS、MRPX/ERP 和 DSS（决策支持系统）之间的信息交换已成为可能。结合互联网远程数据传输快捷、方便以及传统的网络通信技术安全、稳定的特性，可以有效地实现企业内部各种应用系统的信息共享，并开放各种应用系统资源，确保企业从总体上对系统数据进行分析和处理。企业信息化管理系统的应用有利于提高企业管理能力，有利于提高企业领导科学决策的能力，从而为企业带来巨大的经济效益。

（二）建筑企业信息化管理系统的系统规划

企业内部网是建立在以网络为集成设施的信息系统基础上，采用因特网的技术和设备构筑而成的企业内部互联网。许多省级建工集团都已按照《2003—2008 年全国建筑业信息化发展规划纲要》建立起内部网（并与外网，即大众门户网站实现互联）。内部网提供了比传统的企业网络更加完善的服务，具有很强的安全保密措施。它可提供的服务有：

（1）基于文件传输协议（FTP）进行文件的传输。

（2）在 Web 服务器（Web Service 技术由 IBM 和 Microsoft 推出）上以 HTML（超文本标记语言）页面方式发布企业信息。

（3）通过 Web 服务器与数据库建立联系，使用户访问数据库。

（4）对不同用户设定不同访问权限，加强网络的安全性。

（5）安装电子邮件服务器，使企业与员工间或员工与员工间通过电子邮箱进行通信等。

（三）建筑企业信息化管理的软件系统规划

建筑企业信息化管理的软件系统中应包括三个子系统，它们构筑于统一的软件平台上，使用统一的授权机制。各子系统间实现网络互联与信息共享，比如进度与合同、费用的关联，办公文档与合同、项目的关联等。

1. 综合办公子系统

综合办公子系统主要协调数据，使办公数据与主营业务相挂钩，实现办公自动化与主营业务的有机结合，真正实现主营业务实施的信息化。

2. 决策支持子系统

决策支持子系统主要以决策数据为支持，使工程各方领导根据自己的权限进行决策，并可随时查询相关的决策数据。

3. 工程项目管理子系统

工程项目管理子系统主要以业务数据为支持，使业务管理人员能及时掌握工程项目各项业务动态，并进行分析、管理，进而提高管理人员的业务水平。

决策支持子系统和工程项目管理子系统都以工程项目建设管理数据支持系统为基础，工程项目建设管理数据支持系统由一组业务管理系统组成，这些业务管理系统不断扩展，使管理数据既有集中又有分散，有利于数据的采集和管理决策，从而实现数据的深入共享，满足工程各方组织体系成员的需要。

二、管理软件的应用

现在的应用软件非常多，应用范围各异，大致有这样一些功能的软件：以网络分析为核心的通用项目管理软件，例如 P6、Project、Open Plan、Link Project 等；特殊功能的软件，例如施工技术软件、工程概算及预算软件、合同控制软件、风险分析、项目后勤管理、项目评估软件等；仅在日常工作中起辅助作用，作为日常工作和信息处理工具的工作岗位软件，例如文本处理软件、表处理软件、制度软件、数据库软件等。

（一）流行的国外项目管理软件

根据管理软件的功能和价格水平，大致可分为两种：一种是提供专业项目管理人士使用的企业级项目管理软件，这类软件功能强大、价格较高，如 Primavera 公司的 P6、Gores 技术公司的 Artemis、ABT 公司的 Work Bench、Welcom 公司的 Open Plan 等；另一种是 PC 级的项目管理软件，应用于一些中小型项目管理，这类软件虽然功能不很齐全，但价格便宜，如 Time Line 公司的 Time Line、Scitor 公司的 Project Scheduler、Primavera 公司的 Sure Trak、Microsoft 公司的 Project 等。

1. P6

P6 是美国 Primavera System Inc. 公司研发的项目管理软件 Primavera6.0（2007 年 7 月 1 日全球正式发布）Oracle Primavera P6 的缩写，暨 Primavera 公司项目管理系列软件的最新注册商标。P6 是国际上最为流行的高档项目管理软件之一，已成为项目管理的行业标准。

Oracle Primavera P6 EPPM 荟萃了 P3 软件 20 年的项目管理精髓和经验，采用最新的 IT 技术，在大型关系数据库 Oracle 和 MS SQL Server 上构架起企业级的、包涵现代项目管理知识体系的、具有高度灵活性和开放性的、以计划—协同—跟踪—控制—积累为主线的企业级工程项目管理软件，是项目管理理论演变为实用技术的经典之作。

最新版本 P6 软件可以使企业在优化有限的、共享的资源（包括人、材、机等）的前提下对多项目进行预算、确定项目的优先级、编制项目的计划，并且对多个项目进行管理。它可以给企业的各个管理层次提供广泛的信息，各个管理层次都可以分析、记录和交流这些可靠的信息并且及时地做出有充分依据的符合公司目标的决定。P6 包含进行企业级项目管理的一组软件，可以在同一时间跨专业、跨部门，在企业的不同层次上对不同地点进行的项目进行管理。

2. Microsoft Project

Microsoft Project 是一个功能强大而灵活的项目管理工具，它具有项目管理所需的大多数功能，包括项目计划，资源的定义和分配，实时的项目跟踪，多种直观易懂的报表及图形，用 Web 页面方式发布项目信息，通过 Excel、Axess 或各种 ODBC 兼容数据库存取项目文件等。该软件使用非常方便，既可用于简单的项目，又可用于复杂的项目，它能够帮助项目管理人员建立项目计划、对项目进行管理，并在执行过程中追踪所有活动，使用户实时掌握项目进度的完成情况、实际成本与预算的差异、资源的使用情况等信息。我国已经有许多单位和个人在使用它，有的已经取得成效。

3. Sure Trak Project Manager

Primavera 公司是一家专业从事项目管理软件开发与服务的公司，除了有针对大型、复杂项目的 P3、P6 项目管理软件以外，还有管理中小型项目的 Sure Trak。Sure Trak 亦称小 P3，与 P3 的数据完全兼容。因此，可在总部使用 P3 而在项目工地所在地使用 Sure Trak，项目与总部间进行数据交换时，P3 会自动识别并接受 Sure Trak 的数据。Sure Trak 是一个高度视觉导向的程序，利用 Sure Trak 的图形处理方式，项目管理人员能够简便、快速地建立项目进度计划并实施跟踪。它支持多项目进度计算和资源计划，并用颜色区分不同的任务。对于不同的人以不同方式建立的项目，Sure Trak 也能把它们放在一起作为项目组管理。此外，Sure Trak 还提供 40 多种标准报表，可任意选取、输出所需要的信息。利用电子邮件和网上发布功能，项目组成员可进行数据交流，如上报完成情况、接收上级安排的任务等。

（二）国内的项目管理软件

我国项目管理软件的使用开始于 20 世纪 80 年代，当时大多数企业使用国外项目管理软件，最早是山西潞安煤矿引进 P3。因为对国外项目管理模式缺乏了解，使得国内使用人员对国外软件的理解不深，导致软件在使用过程中很被动。到 20 世纪 90 年代，国内项目管理人员才逐渐理解了国外项目管理的思路，并在引进国外软件的基础上积累了部分经验和数据，成功开发出适应国内情况的项目管理软件。这些国内软件可完成的主要工作有：编制进度计划；通过进度和资源结合使用，进行资源的优化配置和成本分析；进行进度检查和调整，实现动态控制等。下面对国内项目管理软件进行简单介绍。

1. 梦龙智能项目管理软件

"梦龙智能项目管理系统"在中国科技会堂通过专家鉴定，专家一致认为"该系统在核心技术上与国内外同类软件相比，处于国际领先水平，并有望成为功能强劲、适用面宽的高效智能的国际通用软件，同时也解决了华罗庚先生'统筹法'和'优选法'推广应用难的问题"。近年来，公司继续发挥项目管理产品的传统优势，以项目管理实践为基础，继续深入研究，从理论上创新，率先提出了"逐层解构"、矩阵式授权等企业级项目管理创新理念，在保留原有核心技术的同时，隆重推出了 Link Project——企业级项目管理平台。

（1）总体系。Link Project 项目管理解决方案，以软件为工具，为客户搭建了一个项目管理多角色、多业务、多级别的管理环境，确保项目管理人员的职能在项目管理中充分发挥作用，不但使一般项目管理人员在短时间内掌握"原来只有专家才能掌握的项目管理技能"，而且还能对项目进行科学预警、实时控制与综合决策。

Link Project——以项目管理知识体系为理论基础，跨越公司、分（子）公司和项目部的企业级项目管理平台，实现项目信息的快速流动和处理。

Link Project——以项目管理执行体系为实践基础的企业级项目管理平台，以成本管理为中心，合同管理为主线，资金管理为主要管控手段，实现对项目管理核心要素的关联管理。

Link Project——以软件工具为载体，融合项目管理执行体系标准方法，是不断提升企业级项目管理执行力的首选工具。

Link Project——以项目管理评价体系诊断项目管理成熟度的平台，持续提升企业项目管理水平。

（2）模块简介。具体有以下内容。

企业项目管理框架——建立企业级和项目级管理体系，根据企业实际情况建立企业项目信息库，再根据项目特点进行项目结构分解和组织机构分解，将复杂项目分解成可控的执行单元，并采用T平台权限管理进行访问控制，建立多项目和单项目管理的统一框架，支持各业务模块的快速开发。

项目综合管理——对企业同时期所有项目进行多视角分类，汇总项目基本信息以及进度、成本、合同、物资等情况，并对数据进行综合分析，为项目决策提供依据。

项目成本管理——综合合同、预算、物资、设备、进度等数据，对项目成本进行汇总分析，实现成本精细化、动态管理。

项目合同管理——提供合同签订、审批、履行、支付、变更、索赔等功能，对项目中所有合同的资金现状进行分类、汇总和统计，准确地报告资金盈亏状况及应收已收、应付已付情况，供用户参考决策。

项目物资管理——建立物资编码和价格信息库、物资供应商信息库等基本信息库，提供物资计划、采购、合同、库存、结算付款等管理模块，并进行相应的汇总统计和报表处理。在此过程中，通过各种手段采集物资价格，控制物资消耗量，以期降低物资成本。

分包管理——提供分包商管理、分包合同、分包计量等几大模块，实现有效的分包管理。

项目进度管理——国际领先的网络计划技术，制定项目进度计划，跟踪项目进度，使用前锋线分析法计算工期偏差，为计划调整提供决策参考。

计划统计管理——制订工程量、产值计划，汇报工程量和产值完成情况，形成相关统计报表，并将数据自动进入成本管理模块，为项目成本分析提供信息。

设备管理——提供设备台账、采购、租赁、折旧、维修、运行、备品备件等管理模块，实现设备资源动态调配和设备成本管理。

质量管理——提供质量知识库、质量计划、结果动态记录、创新创优等管理模块，实现项目质量管理。

安全管理——提供安全知识库、安全计划、安全检查、安全培训、事故管理等模块，实现项目安全管理。

风险管理——设定风险指标和预警值，从各模块提取数据，进行风险提醒，保障项目正常运行。

项目资料管理——功能完备的项目资料库，可以分类建立资料室和档案目录，资料室实行分级管理，通过用户权限和文档密级双管齐下控制访问权限。支持项目文档资料录入以及归档、借阅、版本控制等，并提供强大的检索功能。利用项目资料管理轻松完成图档、质量文档、安全文档、竣工资料等项目相关资料的管理工作。

2. 普华项目管理软件

PowerOn 是上海普华科技发展有限公司自主研发的一套既融入了国际先进的项目管理思想，又结合了国内管理习惯及标准的企业级多项目管理集成系统。PowerOn 以项目管理知识体系为主导思想，以成熟的 IT 技术为手段，将现代项目管理理论、国内项目管理规程与习惯、项目管理专家的智慧、P3 系列软件等集成到一起，通过专业管理＋平台＋门户的模式，实现长期以来大家渴望的"以计划为基准，衍生出职能部门配合计划，达到将各项业务以计划形成串联的目的，使项目管理水平质的提高成为可能"。

PowerOn 以项目为主线，以计划为龙头运筹协同，以合同为中心全面记录，以费用管理为核心深度控制，嫁接先进的、与国际接轨的项目管理方法体系（理论、工具、技能和方法），依托 17 年的项目管理应用实践经验，为项目型企业构建跨区域、分布式的多项目管理平台，涵盖企业从业务操作层、管理层、决策层三个不同层次的实际需求，满足单项目管理、多项目管理、项目组合管理及企业集约化经营的要求。

（1）以项目为主线。使得项目型企业集团总部、分公司、子公司、项目部等职能部门能够在一个平台上协同工作，完成从市场开拓、经营开发、投标报价、设计、采购、开工、施工、竣工移交的项目全过程标准化、规范化管理。

（2）以进度计划为龙头运筹协同。通过主进度计划、各种专项辅助计划，及计划与具体业务管理过程的关联，使得所有的业务都在主进度计划主导下协同进行。

（3）以范围管理为导向集成管理。以项目的工作分解结构（WBS）为导向，把与工作相关的资源（人、材、机）、支付项（也可以是工程量清单项）、费用、质量、安全、环境、健康、图纸、文件全部集成到一起，实现集成管理。

（4）以赢得值作为项目经理的控制杠杆。通过赢得值评估现状和预测未来。

（5）以合同为中心全面记录，以费用/成本管理为核心深度控制。借助以 CBS（费用科目体系）为纵列、以费用类型为横向栏位构建的"费用工作表"，实现对费用管理的事先计划、事中控制、事后分析。

（6）以项目协调企业人材机、资质证书等诸多资源，做动态调拨与使用，提高资源使用效率。

（7）以流程管理为纽带。系统内置的工作流引擎，支持日常办公事务，及所有与项目管理相关业务的审批流转，实现办公自动化，规范管理、提高协作效率。

（8）以知识管理为支撑。通过日常应用提炼出符合企业自己特色的项目管理模式与做法（如编码、文档模板、业务管理表单、过程），做到知识、技能和方法的沉淀与复用。帮助新开工项目、新员工缩短学习时间，快速适应工作。

（9）多层次、跨区域的管理布置。针对项目型企业项目点分散、通信条件差，有些国内外项目部无法连接互联网等特点，系统支持集中式部署、分布式部署和混合式部署。

（10）以项目管理的诉求有效集成企业其他 IT 系统。通过 PowerOn 可以有效地集成企业的其他软件或 IT 系统，如财务系统、HR 系统、档案系统、设计系统、采购系统、图档系统、OA 系统、概预算软件等。

（11）基于 SOA（Service-Oriented Architecture）架构，搭积木式的系统开发与配置功能。用户不但可以快捷地对系统现有的功能组件进行调整，而且可以增加新的功能组件，然后通过搭积木式的组件装配，灵活构建符合企业特色的项目管理系统。

第三节 BIM 应用概述

一、BIM 概述

建筑信息模型是由美国佐治亚理工学院建筑与计算机专业的恰克·伊士曼（Chuck Eastman）博士提出的："建筑信息模型整合了几何模型信息，建筑的功能及能力要求，建筑的施工进度，建造工艺以及一系列建筑在全生命周期中所需的信息。"建筑信息模型（Building Information Modeling，BIM）技术作为继 CAD（计算机辅助设计）技术后出现的建设领域的又一重要的计算机应用技术，在一些发达国家已经得到了迅速发展和应用，美国 60％建筑设计及施工企业应用 BIM。

（一）BIM 的定义及其内涵

美国国家 BIM 标准给出了 BIM 较为全面的定义：BIM 是一个设施（建设项目）物理和功能特性的数字表达；BIM 是一个共享的知识资源，是一个分享有关这个设施的信息，为该设施从概念到拆除的全生命周期中的所有决策提供可靠依据的过程；在项目不同阶段，不同利益相关方通过在 BIM 中插入、提取、更新和修改信息，以支持和反映其各自职责的协同作业。

美国国家 BIM 标准对于 BIM 的认识基于以下两个基本观点：模型是建设项目物理和特性的一种数字表达；作为共享是指资源为项目全寿命周期范围内各种决策提供一个可靠的基础。

同时该标准在技术层面上也提出了三点要求：一个共享的数字表达；包含的信息具有协调性、一致性和可计算性，是可以由计算机自动处理的结构化信息；基于开放标准的信息互用，能以合同语言定义信息互用的需求。

由此可以总结得出，项目不同实施阶段的信息可以通过 BIM 实现集成，BIM 可以为项目参与的各方提供所需的共享信息，BIM 为项目全寿命周期的管理奠定了必要的信息基础。但是 BIM 的技术标准要求不同阶段、不同参与主体活动过程中产生的信息应当具备协调性、一致性和可计算性，所以要达到 BIM 技术标准较难。

（二）BIM 的应用

（1）BIM 通过数字信息仿真模拟建筑物所具有的真实信息。不仅是几何形状描述的视觉信息，还包含大量的非几何信息，如材料的强度、性能、传热系数、构件的造价、采购信息等。BIM 是通过数字化技术，在计算机中建立一个虚拟建筑物。一个建筑信息模型就是提供了一个单一的、完整一致的、逻辑的建筑信息库。

（2）BIM 技术的核心是一个由计算机三维模型所形成的数据库。不仅包含设计信息，而且还可容纳从设计到建成使用，甚至是使用周期终结的全过程信息。并且各种信息始终是建立在一个建筑三维模型数据库中，可以持续及时地提供项目设计范围、进度及成本信息。这些信息是完整可靠并且完全协调的。

（3）BIM 能在综合数字环境中保持信息不断更新并可提供访问。使工程参建方可清楚全面地了解项目。这些信息在建筑设计、施工和管理的过程中能促使加快决策进度、提高决策质量，从而使项目质量提高，收益增加。

（4）BIM 的应用不仅局限于设计阶段，而是贯穿于整个建筑工程项目全生命周期的各个阶段：设计、施工和运营管理。BIM 电子文件，将可在参与项目的各建筑行业企业间共享。建筑设计专业可直接生成三维实体模型；结构专业则可依照模型进行计算；其他专业可以据此进行建筑能量分析、声学分析、光学分析等；施工单位则可进行备料及下料；发展商则可取其中的造价、门窗类型、工程量等信息进行工程造价总预算、产品订货等；而物业单位也可以用之进行可视化物业管理。

BIM 在整个建筑行业从上游到下游的各个企业间不断完善。从而实现项目全生命周期的信息化管理，建筑信息模型是数字技术在建筑工程中的直接应用，以解决建筑工程在软件中的描述问题，使设计人员和工程技术人员能够对各种建筑信息做出正确的应对，并为协同工作提供坚实的基础。

（5）BIM 同时又是一种应用于设计、建造、管理的数字化方法，该方法支持建筑工程的集成管理环境，可以使建筑工程在其整个进程中显著提高效率和降低风险。

（6）BIM 支持建筑工程全生命周期的集成管理环境，因此，建筑信息模型的结构除包含与几何图形及数据有关的数据模型外，还包含与管理有关的行为模型，两者结合通过关联为数据赋予意义。因而可用于模拟真实世界的行为。如模拟建筑物的结构应力状况、安全状况、传热状况等。

（7）应用建筑信息模型（BIM）可以支持建筑项目各种信息的连续应用及实时应用，这些信息质量高，可靠性强，集成程度高且完全协调，可提高设计乃至整个工程的质量和效率，显著降低成本。可使建筑工程更快、更省、更精确，各种工种配合得更好和降低图纸出错的风险的概率。惠及将来建筑物的运作、维护和设施管理，节省费用。

综述以上内容，BIM 作用就是最大地避免了由于阶段划分、社会专业分工不同带来的"信息断裂"的问题。在信息共享的基础上，将大大提高建筑业的生产效率，提升建筑工程的集成化程度，使设计、施工到运营整个全生命周期的质量和效率显著提高、成本降低，给建筑业的发展带来巨大的效益。

二、实现 BIM 的基本技术条件

BIM 技术的目标是使建筑在其全生命周期中，各个专业人员可以利用建筑信息的共享，从而做到真正的协同工作。而实现这个目标，需要构建一个以信息技术为核心，各个专业利用图形平台等工具进行协同工作的 BIM 建筑信息平台。

（一）数据层

数据层为基础平台，为 BIM 数据库，用以存储建筑信息，从而可以被建筑行业的各个专业共享使用。该数据库的构造应注意以下三点：

（1）此数据库用以存储的建筑信息模型，是整个建筑在全生命周期中所产生的所有信息，每个专业都可以利用此数据库中的数据信息来完成自己的工作，从而做到真正的建筑信息的共享。

（2）这个数据库可以储存多个项目的建筑信息模型，因为目前的主流信息储存方式是以文件为单位的储存方式。

（3）数据库的储存形式，应遵循其标准。目前，IFC 标准即工业基础类，是 BIM 技术中应用比较成熟的一个标准，用以储存建筑模型信息，它是一个开放、中立、标准的用来描述建筑信息模型的规范，是实现建筑中各专业之间数据交换和共享的基础。它是由 IAI，现为 Building SMART International，在 1995 年制定的，它使用 EXPRESS 数据定义语言所写，标准的制定遵循了国际化标准组织（ISO）组织开发的产品模型数据交换标准，其正式代号为（ISO 10303—21）。目前 IFC 标准由 MSG 负责开发，ISG 负责应用协调工作，两部门共同参与 IFC 软件的认证工作，现 IFC 的最新版本为 2010 年 9 月份发布 IFC2x4RC2版本。

（二）图形平台层

第二层为图形显示编辑平台，各个专业可利用此显示编辑平台，完成建筑的规划、设计、施工、运营维护等工作。BIM 的核心不在于建模，不在于完成建筑设计从 2D 到 3D 的理念转换，不是类似建模这种单纯的图形转换，其核心是建筑信息的共享与转换。图形平台仅仅是项目信息立体化的一种手段。

（三）专业层

第三层为各个专业的使用层，各个专业可利用其自身的软件，对建筑完成如规划、设计、施工、运营维护等专业工作。首先，在此平台中，各个专业不再是传统工作方式，从其他专业人员手中获取信息，经过信息的处理后，才可以为己所用；其次，可以直接从数据库中提取最新的信息，此信息在从数据库中提取出来时，会根据其所在专业，自动进行信息的筛选，当传输到专业人员手中时可直接使用，并且当原始数据发生改变时，其相关数据会自动随其发生改变，从而避免了因信息的更新而造成错误。

以上三层就构成了基于 BIM 技术的建筑信息平台的框架。从而真正实现建筑信息的共享与转换，使得各专业人员可以得到自己所需的建筑信息，并利用其图形编辑平台等工具进行规划、设计、施工、运营维护等专业工作，工作完成后，将信息存储在数据库中，当一方信息出现改动时，与其有关的相应专业的信息会发生改变。

建筑行业是一门包含多个部门、多个专业的行业，所以需要大量的专业软件。而目前市面上主流的 BIM 软件主要有 REVIT 系列软件。在相当长的一段时间内，BIM 的相关软件开发都是不完全的，所以需要利用目前的非 BIM 功能软件进行配合。而使用这些软件，必须开发相应的文件格式转换软件，使其可以转换为相关的功能软件格式。

三、多维工程信息模型

（一）二维（2D）

2D 是对绘画和手绘图的模拟。是一种抽象的符号和字符表达方式。其基本的处理对象为几何实体，包括点、线、圆、多边形等，目前使用的各类方案图、初步设计图和施工图都是 2D 的。对电子版本的 2D 图纸有一个形象的叫法"Electronic Paper"（电子纸）。

（二）三维（3D）

有两种类型的 3D。第一类是 3D 几何模型，最典型的就是 3DS MAX 模型，其主要作用是对工程项目进行可视化表达；第二类是 BIM 3D 或 BIM 模型。此外，还有一种称之为3.5D 的技术，即在 3D 几何模型基础上增加有限的对象技术。如风吹树动或人员移动等。BIM 3D 包含了工程项目所有的几何、物理、功能和性能信息，信息一旦建立，不同的项目参与方在项目的不同阶段都可使用信息对建筑物进行各种类型和专业的计算、分析、模拟工作。

（三）四维（4D）

4D 是 3D 加上项目发展的时间，用来研究建筑物可建性（可施工性）、施工计划安排以及优化任务和工作顺序。

（四）五维（5D）

5D 是基于 BIM 4D 的造价控制、工程预算，起始于巨量和烦琐的工程量统计，有了 BIM 模型信息，工程预算将在整个设计施工的所有变化过程中实现实时和精确。随着项目发展，BIM 模型精度不断提高，工程预算将逼近最后的数字。

（五）六维（6D）

6D 定义为"做性能好的建筑"。6D 应用使性能分析可以配合建筑方案的细化过程逐步深入，做出真正性能好的建筑。如建筑幕墙性能分析的一些内容：抗风压性能分析及试验模拟；抗震性能分析及试验模拟；气密分析及试验模拟；水密性能分析及试验模拟；热工分析及节能。满足规范要求，满足社会和业主对低能耗、高性能、可持续建筑的要求。

四、BIM 在建筑企业的应用

目前，许多企业的应用是在项目层面，随着 BIM 的发展，许多建筑企业在企业层面应用 BIM，通过企业 BIM 中心等形式建立了有效的管理与支撑平台。一方面，对项目提供支撑，另一方面，降低企业管控风险。其在企业层面的应用主要有以下方面。

（一）企业投标应用

1. 商务标

招标单位一般给建筑单位的投标时间较短。如按传统方式，这么短的时间内，不太可能对招标工程量进行详细复核，只能按照招标工程量进行组价，得出总价以后进行优惠报价。但有了 BIM，可以快速准确算量。某标书算量如图 14-1 所示。

工程名称：建大·教授花园 H-1 号楼

序号	项目编码	项目名称	项目特征	计量单位	工程数量	综合单价	合价	其中暂估价
1	010101001001	平整场地	1.土壤类别:四类土 2.弃土运距:2000m	m²	834.82			
2	010101003001	挖基础土方	1.土壤类别:四类土 2.基础类型:条形 3.挖土深度:4m 以外	m³	1146.3612			
3	010103001001	土(石)方回填	1.回填材料要求:密实状态 2.回填质量要求:夯填土	m³	562.755			
4	010302001001	实心砖墙	1.墙体类型:实砌砖墙 2.砖品种、规格:C20 混凝土空心砌块 2.3.砂浆强度等级:	m³	1751.134			
5	010401001001	带形基础	1.基础形式、材料种类:机制标准红砖 2.混凝土强度等级:C30	m³	54.4673			

图 14-1 基于 BIM 的算量

2. 技术标

建筑企业要想中标，技术标也非常关键，尤其是很多高大难的工程，业主对技术标要求非常严格。可以用 BIM 做技术标方案或施工场地布置等。某工程技术标的场地布置如图 14-2 所示。

（二）企业级管控应用

企业级的 BIM 实施必须建立一个 BIM 系统共享平台，通过互联网技术关联 BIM 数据信息，主要管理决策部门可以共享项目 BIM 信息模型所反映的工程信息。将 BIM 应用的价值最大化。其应用过程如图 14-3 所示。企业的主要管理职能有：企业 BIM 平台应管理所有在建的项目 BIM 信息模型；建立基于 BIM 的企业级基础数据信息库。

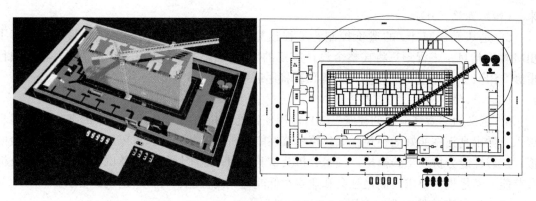

图 14 - 2　基于 BIM 的场地布置

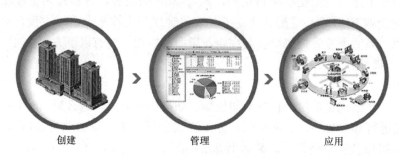

图 14 - 3　基于 BIM 的管控

五、BIM 在中国应用的发展

从全球化的发展视角来看，BIM 已成为一种发展主流。BIM 的优势不仅仅体现在协同设计方面，在项目生命周期的各个环节都能发挥重要作用。同时，在未来建筑业工业化推进的进程中，BIM 作为三维信息模型，其装配模拟、采购、制造、运输、存放、安装的全程跟踪等手段，解决了信息创建、管理和传递等问题，为大规模、自动化提供强大技术支撑。此外，随着绿色、低碳概念逐步深入，BIM 技术在计算日照、模拟风环境保护，能耗分析、水耗分析以及碳排放量等定量指标的计算分析等方面表现其强大优势。

现阶段而言，BIM 在我国的应用还主要以设计单位的使用居多，也有些大型的施工企业利用 BIM 做施工现场的规划、施工方案的优化与施工过程的碰撞检查，提高施工的效率与安全性。由于我国对运营维护的重视程度还不够，BIM 在设施管理中的使用还基本上处于起步阶段。但是随着 BIM 的逐步推广而深入到建筑行业的各个领域，将对建筑产业的发展产生深远的影响。

第四节　大 数 据 概 述

一、大数据时代的发展背景

2012 年 3 月 22 日，奥巴马政府宣布投资 2 亿美元拉动大数据相关产业发展，将"大数据战略"上升为国家战略。奥巴马政府甚至将大数据定义为"未来的新石油"。并表示一个国家拥有数据的规模、活性及解释运用的能力将成为综合国力的重要组成部分，并且在未来，对数据的占有和控制甚至将成为陆权、海权、空权之外的另一种国家核心资产。

2012 年 7 月 12 日，联合国发布了大数据政务白皮书，总结了各国政府如何利用大数据更好地服务和保护人民。在这本名为《大数据促发展：挑战与机遇》的白皮书中，联合国指出大数据对于联合国和各国政府来说是一个历史性的机遇，并探讨了如何利用包括社交网络在内的大数据资源造福人类。该报告是联合国"全球脉搏"项目的产物。"全球脉搏"是联合国发起的一个全新项目，旨在利用消费互联网的数据推动全球发展。利用自然语言解码软件，可以对社交网络和手机短信中的信息进行情绪分析，从而对失业率增加、区域性开支降低或疾病暴发等进行预测。

联合国指出大数据时代已经到来，人们如今可以使用的极大丰富的数据资源，包括旧数据和新数据，来对社会人口进行前所未有的实时分析。

2013 年 3 月 29 日，美国政府宣布"大数据研究和发展倡议"，提出通过增强收集海量数据、分析萃取信息的能力，加快美国在科学与工程领域发明的步伐，增强国家安全，转变现有的教学和学习方式，同时希望与 IT 行业和相关机构携手迎接大数据的机遇和挑战。

二、大数据的基本概念

（一）大数据的定义

大数据是一个较为抽象的概念，正如信息学领域大多数新兴概念，大数据至今尚无确切、统一的定义。

麦肯锡将大数据定义为：无法在一定时间内用传统数据库软件工具对其内容进行抓取、管理和处理的数据集合。

在维基百科中关于大数据的定义为："大数据"是由数量巨大、结构复杂、类型众多的数据构成的数据集合，是基于云计算的数据处理与应用模式，通过数据的集成共享、交叉复用形成的智力资源和知识服务能力；大数据（Big Data），或称巨量数据、海量数据、大资料，指的是所涉及的数据量规模巨大到无法通过目前主流软件工具，在合理时间内达到截取、管理、处理，并整理成为帮助企业经营决策更积极目的的信息。2012 年，高德纳修改了对大数据的定义："大数据是大量、高速、及/或多变的信息资产，它需要新型的处理方式去促成更强的决策能力、洞察力与优化处理。"

（二）大数据特征

大数据不是一种新技术，也不是一种新产品，而是一种新现象，是近来研究的一个技术热点。大数据具有以下四个特点，即四个"V"。

（1）数据规模大（Volume）。大型数据集，从 TB（1 024GB＝1TB）级别，跃升到 PB（1 024TB＝1PB）级别。

（2）数据种类多（Variety）。数据来自多种数据源，主要包括结构化数据、非结构化数据和半结构化数据。结构化数据是将事物向便于人类和计算机存储、处理、查询的方向抽象的结果，例如表格、关系型数据库；非结构化数据没有统一的结构属性，难以用表结构来表示，例如音频、视频、图片；半结构化数据就是介于完全结构化数据和完全无结构的数据之间的数据，例如 HTML 文档，文档中的数据结构和内容混在一起，没有明显的区分。

（3）数据要求处理速度快时效高（Velocity）。处理速度快，时效性要求高。这是大数据区分于传统数据挖掘最显著的特征。

（4）数据价值密度低（Value）。随着物联网的广泛应用，信息感知无处不在，信息海量，但价值密度较低。

这些特性使得大数据区别于传统的数据概念。大数据的概念与"海量数据"不同，后者只强调数据的量，而大数据不仅用来描述大量的数据，还更进一步指出数据的复杂形式、数据的快速时间特性以及对数据的分析、处理等专业化处理，最终获得有价值信息的能力。

三、大数据的应用与挑战

（一）大数据的应用

（1）预测农场来年产量，向农户出售个性化保险。在农业领域，硅谷有个气候公司，从美国气象局等数据库中获得几十年的天气数据，将各地降雨、气温、土壤状况与历年农作物产量的相关度做成精密图表，预测农场来年产量，向农户出售个性化保险。

（2）筛选出财务健康和讲究诚信的企业。阿里公司根据在淘宝网上中小企业的交易状况筛选出财务健康和讲究诚信的企业，对他们发放无需担保的贷款。目前已放贷 300 多亿元，坏账率仅 0.3%。

（3）追踪疾病的传播。在医疗保健领域，"谷歌流感趋势"项目依据网民搜索内容分析全球范围内流感等病疫传播状况，与美国疾病控制和预防中心提供的报告对比，追踪疾病的精确率达到 97%。

（4）分析实时流动人口来源、出行，实时交通客流信息及拥堵情况。在社会安全管理领域，通过对手机数据的挖掘，可以分析实时动态的流动人口来源、出行，实时交通客流信息及拥堵情况。

（5）犯罪预测。美国麻省理工学院通过对十万多人手机的通话、短信和空间位置等信息进行处理，提取人们行为的时空规律性，进行犯罪预测。

（6）基于大数据分析的实验科学。在科学研究领域，基于密集数据分析的科学发现成为继实验科学、理论科学和计算科学之后的第四个范例，基于大数据分析的材料基因组学和合成生物学等正在兴起。

（二）大数据的挑战

目前，大数据技术的运用仍存在一些困难与挑战，体现在大数据挖掘的四个环节中。

（1）在数据收集方面。要对来自网络包括物联网和机构信息系统的数据附上时空标志，去伪存真，尽可能收集异源甚至是异构的数据，必要时还可与历史数据对照，多角度验证数据的全面性和可信性。

（2）数据存储。要达到低成本、低能耗、高可靠性目标，通常要用到冗余配置、分布化和云计算技术，在存储时要按照一定规则对数据进行分类，通过过滤和去重，减少存储量，同时加入便于日后检索的标签。

（3）数据处理。有些行业的数据涉及上百个参数，其复杂性不仅体现在数据样本本身，更体现在多源异构、多实体和多空间之间的交互动态性，难以用传统的方法描述与度量，处理的复杂度很大，需要将高维图像等多媒体数据降维后度量与处理，利用上下文关联进行语义分析，从大量动态而且可能是模棱两可的数据中综合信息，并导出可理解的内容。

（4）结果的可视化呈现，使结果更直观以便于洞察。目前，尽管计算机智能化有了很大进步，但还只能针对小规模、有结构或类结构的数据进行分析，谈不上深层次的数据挖掘，现有的数据挖掘算法在不同行业中难以通用。

四、大数据在工程管理领域的应用

在工程建设和设施运营过程中产生了大量的数据，主要包括管理数据、经济数据、组织数据、技术数据、市场数据、用户数据和其他相关数据。而这些数据来自于政府主管部门、市政设施单位、建设单位、工程建设咨询单位、监理单位、设计单位、施工单位和供货单位等。

在项目实施过程中的设计阶段，有设计任务书、设计图纸、概预算等相关的数据，招投标阶段是招标、投标、评标、决标文件等，施工阶段主要是施工组织数据、施工预算、施工计划，竣工阶段是竣工文件等非结构化、半结构化和结构化的数据，以及项目前期和运营期产生的数据，通过数据挖掘，应用于工程建设决策期的策划与管理工程建设实施期的决策和管理、设施运营期的管理、政府对投资建设的管理、金融机构对投资建设的管理、工程风险管理等。

随着大数据时代的到来，组织将会缺少数据采集、收集和分析方面的人才，组织要在平时多对员工进行这方面的培训，以确保员工能适应相关的工作。对此，组织应该在内部培养三种能力：第一，整合组织数据的能力；第二，探索数据背后价值和制定精确行动纲领的能力；第三，进行精确快速实时行动的能力。

 本 章 习 题

1. 简述信息的基本概念。
2. 了解数据和信息的区别和联系。
3. 建筑企业信息管理的主要任务是什么？
4. 简述企业信息化的基本概念。
5. 了解我国建筑企业信息化的程度，以及信息化的主要应用。
6. 我国建筑企业信息化应注意哪些问题？
7. 陈述你所了解的项目管理常用软件，这些软件你认为还存在哪些不足？
8. 请你查阅有关 BIM 的资料，谈谈 BIM 应用的前景。
9. 简述大数据的应用与挑战。

参 考 文 献

[1] 张涑贤，姜早龙 . 建筑企业经管理 [M]. 北京：人民交通出版社，2007.

[2] 田金信 . 建筑企业管理学 . 2 版 [M]. 北京：中国建筑工业出版社，2006.

[3] 桑培东，杨杰 . 建筑企业经营管理 [M]. 北京：中国电力出版社，2010.

[4] 桑培东 . 建设工程经济与企业管理 [M]. 青岛：中国海洋大学出版社，2006.

[5] 桑培东 . 建筑企业管理 [M]. 北京：中国矿业大学出版社，1992.

[6] 桑培东，亓霞 . 建筑工程项目管理 [M]. 北京：中国电力出版社，2008.

[7] 周三多 . 管理学 [M]. 北京：高等教育出版社，2018.

[8] 龚晓海 . 工程建设企业质量管理：2000 版 ISO 9000 族标准在建设工程企业的应用 [M]. 北京：中国水利水电出版社，2002.

[9] 《中小建筑企业经营管理者培训教材》编委会 . 中小建筑企业经营管理者培训教材 [M]. 北京：中国建筑工业出版社，2009.

[10] 尤建新，周文泳，武小军，等 . 质量管理学 [M]. 北京：科学出版社，2014.

[11] 王孟钧，陈辉华，刘少兵 . 建筑企业战略管理 [M]. 北京：中国建筑工业出版社，2007.

[12] 尤建新，曹吉 . 建筑企业管理 [M]. 北京：中国建筑工业出版社，2008.

[13] 韩伯棠 . 管理运筹学 [M]. 北京：高等教育出版社，2020.

[14] 张智利，潘福林 . 企业管理学 [M]. 北京：机械工业出版社，2007.

[15] 唐健人，陈茂明 . 建筑企业经营管理 [M]. 北京：机械工业出版社，2004.

[16] 陈志田 . 管理体系一体化总论 [M]. 北京：中国计量出版社，2002.

[17] 刘志强 . 建筑企业管理 [M]. 武汉：武汉理工大学出版社，2013.

[18] （美）霍恩格伦等 . 成本会计：以管理为中心 [M]. 大连：东北财经出版社，2000.

[19] 一级建造师执业考试用书编写委员会 . 建设工程项目管理 [M]. 北京：中国建筑工业出版社，2020.

[20] 陈茂明 . 建筑企业经营管理 [M]. 北京：中国建筑工业出版社，2003.

[21] 何伯森 . 国际工程承包 [M]. 北京：中国建筑工业出版社，2015.

[22] 宋春岩，付庆向 . 建设工程招投标及合同管理 [M]. 北京：北京大学出版社，2008.

[23] 沙凯逊 . 建设项目治理 [M]. 北京：中国建筑工业出版社，2013.

[24] 宋洪远 . 中国新农村建设：政策与实践 [M]. 北京：中国农业出版社，2012.

[25] 周国华，黎艳虹，吕虹云 . 工程设计企业项目组织结构变革研究 [J]. 管理工程学报，2005.

[26] 桑培东，肖立周，李春燕 . BIM 在设计—施工一体化中的应用 [J]. 施工技术，2012.

[27] 桑培东，李军，刘学峰，等 . 基于 BIM 的建设项目成本动态监控可行性研究 [J]. 价值工程，2013.

[28] Sang - Peidong. Bibliometric Analysis on BIM Researchin China [J]. Applied Mechanicsand Materials，2013.

[29] 马建光，姜巍 . 大数据的概念、特征及其应用 [J]. 国防科技，2013.

[30] 严霄凤，张德馨 . 大数据研究 [J]. 计算机技术与发展，2013.

[31] 张宇 . 2021 年度国际承包商 250 强榜单解读 [J]. 工程管理学报，2021，35（4）：147 - 152.

[32] 马睿宁、李颖、满庆鹏、胡国华 . 解读 2020 年度全球承包商 250 强 [J]. 工程管理学报，2021，35（4）：6.